스타니스랍스키 시스템

Stanislavsky System

이 책은 스타니스랍스키의 저서 3권을 한 권의 책으로 묶고 요약한 책이다. 그런데 국내에서 번역한 스타니스랍스키의 저서들은 러시아에서 발행된 저서들과 내용이 다르다. 엘리자베스 햅구드가 영어로 번역한 책들을 다시 번역했기 때문이다.

햅구드가 번역한 스타니스랍스키의 저서 3권(An actor prepares, Bilding a character, Ceatinga role) 중에서 〈Ceatinga role〉을 제외한 두 권의 책은 문제점이 많다. 이러한 문제점은 러시아의 원본을 철저하게 검토한 나상만 박사의 감수를 거쳐 수정, 보완되었다.

이 책은 스타니스랍스키 시스템에서 중요하게 다루고 있는 'Этуд(에튜드)'의 용어를 복원시켰다. 또한 감수자와 Jean Benedetti가 동시에 주장하고 있는 햅구드의 번역 용어를 과감하게 버리고 러시아 원본의 용어에 충실하게 따랐다. 대표적인 용어가 과제, 초과제, 제시된 상황, 비트, 일관된 행동, 교류 등이다.

이 책은 햅구드의 번역본에서는 찾을 수 없는 스타니스랍스키의 최후의 결론들이 포함되어 있다. 스타니스랍스키 사후에 발견된 '배우수업'의 유고로 〈행동〉의 장에 대한 보충, 배우의 순박성, 〈교류〉의 장에 대한 보충, 배우와 관객의 상호관계를 다루고 있는 소중한 자료다. 이 내용은 감수자의 허락을 얻어 그의 저서 〈나상만의 연기학 어떻게 볼 것인가〉에서 옮겨왔다.

스타니스랍스키 시스템의 3권 저서의 제목과 러시아어는 아래와 같다.

1. 〈체험의 창조과정에서 배우의 자신에 대한 작업〉
   Работа актера над собой в творческом процессе переживания
2. 〈체현의 창조과정에서 배우의 자신에 대한 작업〉
   Работа актера над собой в творческом процессе воплощения
3. 〈배우의 역할에 대한 작업〉
   Работа актера над ролью

Stanislavsky System

스타니스랍스키
시 • 스 ■ 템

이종한 편저
나상만 감수

스타니스랍스키 원저

솔과학

배우가 되게 해주는 시스템

배우 박근형

진정한 예술가로서의 배우가 되게 해주는 시스템이 있으니

모든 배우들이 알고싶어 하지만 쉽게 접근하기 힘든 '스타니스랍스키 시스템'이다.

스타니스랍스키시스템을 처음 접하게 된 것은 나의 연기인생의 출발점에서였다.

휘문고등학교를 졸업하고, 1958년 충무로에 있던 한국배우전문학원에 들어가서 나소운 선생님을 만난 것은 운명이었다. 다음 해에 새로 생긴다는 중앙대학교 연극영화학과에 응시하려면 연기에 대한 것을 조금이라도 알아야겠다는 생각으로 연기학원에 들어갔다. 당시 배우이시며 작가이신 나소운 선생님이 일본어로 쓰여진 '배우수업'을 직접 번역하면서 연기의 바이블이라는 '스타니스랍스키 시스템'을 가르쳐 주셨다. 나소운 선생님의 강의를 한 자도 빠짐없이 백지에 받아 적고 철사로 꾀어서 한 권의 책을 만들었고, 그것이 내게 가장 소중한 내 연기 인생의 나침판이 되었다.

당시 학원의 우리 반 학생들은 68명이었는데, 학원에 강의가 없는 날에는 김인걸 원장님이 우리를 영화촬영 현장으로 데려가서 엑스트라로 출연을 시키셨다. 그 중에 나와 뜻이 같는 9명(남 6, 여 3)이 있었는데 우리는 얼마 안 되는 그 출연료를 쓰지 않고 모아서 하나의 통장에 저축을 했다. 우리의 꿈은 이 스타니스랍스키의 연기이론을 희곡으로 연습해서, 그 유명한 '원각사'에서 멋진 공연을 하는 것이었다. 그래서 우리는 '협연'이라는 극단을 만들었다. 수업시간에 배운 스타니스랍스키 연기이론을 수업 후에 우리끼리 모여서 1년 동안 10편의 연극을 연습하였다. 그리고 드디어 임희재 극본의 '꽃잎을 먹고사는 기관차'를 원각사에서 첫 공연을 할 수 있었다.

연기 인생을 스타니스랍스키 시스템으로 시작할 수 있었다는 것은 엄청난 행운이었다. 1958년에 처음 이론으로 배우며 실습으로 첫 공연을 한 후로부터 64년이 지난 지금까지 나의 연기 인생의 바탕에는 스타니스랍스키 시스템이 깔려있다. 대학에서의 연기공부와 실습, 그리고 수많은 연극공연, 그리고 끊임없이 출연해 왔던 영화와 TV 드라마들을 연기하면서 한 번도 스타니스랍스키 시스템에서 떠나본 적이 없었다. 지금도 계속 응용하고 있고 앞으로도 그럴 것이다. 사실 지금까지 출판된 '스타니스랍스키 시스템'의 모든 책을 다 읽기에는 큰 인내심이 필요한 게 사실이다. 그러나 진정한 배우가 되려면 꼭 숙달해야 한다.

정말 다행인 것은 천 페이지가 넘는 '배우수업', '성격구축', '역할창조'의 세 권의 시스템이 한 권의 책으로 요약된 새로운 책이 나왔다. 이제

이 책을 소개하려고 한다. 이 책은 우선 읽기가 쉽고 읽으면 핵심을 바로 알 수 있다. 장황하고 어려운 말로 헷갈리게 만들지 않는다. 그리고 읽은 것을 다시 찾아보기도 쉽다. 끝없이 펼쳐지는 화려한 말잔치 대신에, 주요 항목마다 제목을 붙여서 단락별로 명쾌하게 씌어져 있다. 한 눈에 보이고 머리 속에 쉽게 들어온다. '스타니스랍스키 시스템'을 처음 접하는 신인배우들에게 특히 좋고, 시스템을 알고 있는 기성배우들이 필요한 부분을 쉽게 찾아보기도 좋다. 이 책은 예술가로서 진정한 배우가 되게 만들어주는 시스템으로서 '스타니스랍스키 시스템'의 핵심이 생생하게 살아있는 책이다.

스타니스랍스키

배우 배종옥(언론학 박사)

연기를 공부하겠다고 대학에 들어가서 젤 처음 접한 책이 스타니스랍스키의 '배우수업'이었고 '매직 if'였다. 그 때는 책 속의 말들이 그저 이해하기 힘든 이론들이라고 생각했다. 오랜 시간이 흐른 지금 다시 이 책으로 읽어보니 배우이기를 꿈꾸는 이들에게 꼭 필요한 책이다. 매 챕터마다 나의 연기방식과 비교하면서 읽는 재미가 있었다. 어떤 건 같고 어떤 건 달랐지만 연기에 대해 이렇게 섬세한 자각과 반성 그리고 발견을 한 스타니스랍스키가 새삼 대단한 사람이란 생각이 든다.

배우로 이름을 얻고 활동을 하면서 가장 나를 힘들게 했던 부분은 내가 타고난 배우가 아니라는 점이었다. 천연덕스럽게 맡은 역할을 멋지게 해내는 동료들을 보면 기가 죽기 십상이었다. 그래서인지 늘 나의 질문은 "어떻게 하면 연기를 잘 할 수 있을까"였다.

20대 한창 주가를 올리고 난 후, 이미지캐스팅으로 반복되는 역할들에 나는 지쳤다. 그런데 문제는 거기서 빠져나오는 방법을 알지 못했다는 거다. 내가 어떤 문제를 갖고 있는지 어떻게 풀어가야 하는지 오리무중이었다. 물론 선배님들과 선생님들에게 배우기도 했지만 나를 설득할 수 있는 확실한 무언가를 잡지 못했다.

그래서 난 뉴욕으로 떠났다. 낯선 곳에서 낯선 사람들과 통하지도 않는 말들로 공부를 하고 뉴욕의 이곳저곳을 미친 듯이 돌아다녔다. 그러던 어느 날 내가 우물 안 개구리였다는 걸 알게 됐다. 수없이 많은 예술가들과 멋진 예술품들과 공연들을 보면서 내 생각들이 변해갔다. 내가 아는 것이 전부라고 그 이상 뭐가 있냐고 투덜대는 것이 얼마나 어리석은가! 또 내가 학교에 제출하겠다고 준비했던 자료들에서 나의 문제점들이 객관적으로 보이기 시작했다. 인물을 표현하기 위해 자꾸 무언가 쓸데없는 말과 행동을 하고, 그 인물에 침잠하지 못하고 겉으로 표현하는 연기를 하고 있었다.

그 이후 난 많이 변했다. 역할을 맡으면 그 인물에 집중한다. 내게 주어진 모든 시간을 그 사람으로 살려고 노력한다. 촬영현장에 가면 내게 주어진 세트에서 잠도 자고 차도 마시고 대본도 본다. 그 사람이 사는, 숨 쉬는 공간을 이해하고 싶어서다. 그런데 그 이야기를 스타니스랍스키가 이 책에서 하고 있다.

진정한 삶의 느낌을 실제로 느끼는 것과 우연한 상상의 감정을 생각만 하는 것은 전혀 다른 것이다. 자신이 그 상황을 살고 있는 존재라는 것을 상상만 할 뿐 진짜로 그 상황을 느끼려고 하진 않는다. 우연한 상상의 감정으로는 그릇된 환상에 빠져 쥐어짜는 기계적 연기만을 하게 된다.

'그 곳에 진짜 존재하는 느낌이 드는 순간이 있다'라고 말하고 있다. 바로 그럴 때 연기를 하면서도 자유로운 나와 만난다.

그렇다면 그건 그 인물일까? 나일까? 그것도 스타니스랍스키가 말한다.

나의 이미지 속에 나를 숨기지 않고는 가장 본질적이고 은밀한 모습을 보일 수 없다, 결국 은밀한 나의 모습을 역이라는 가면 뒤에서 당당히 드러낼 수 있었다는 것이다. … 결국 '인물화'라는 것은 배우를 숨겨주는 가면을 만드는 것이다. … 가면 뒤에서 자신의 벌거벗은 영혼의 모든 것을 보여주는 것이다. 이게 바로 인물화의 특징이고 속성이다. 진정한 변신으로 만들어낸 인물화는 대단해서 일종의 환생이라고 할 수 있다. 배우는 관객에게 '자기 자신'을 보여주는 게 아니고 자기의 '창조된 이미지'를 보여줘야 한다. 그래서 예술가로서의 배우, 이미지 창조자로서의 배우는 바로 이 인물화를 통해서 '맡은 배역의 화신'이 될 수 있다.

이렇게 공부하지 않아도 그냥 척척 해내는 배우들도 있다. 하지만 그들은 매우 특별한 경우이며 사실 그들은 오랫동안 배우로서 살아가지 못했다. 자신이 갖고 있는 매력이 전부였던 배우들은 그 매력의 시간이 지나면 퇴색되어 사라졌다. 내가 좋아하는 우타하겐의 말이 있다. '준비되지 않은 배우는 햄릿을 할 수 없다.'

이 책에 있는 '훈련되지 않은 재능은 다듬지 않은 원자재일 뿐이다'라는 말도 좋다. 늘 준비하고 기다리는 게 배우의 삶이라던가? 멋진 배우가 되는 길은 아마도 험준한 산을 오르는 작업과 같을지도 모른다. 그 길에 이런 스승이 있다는 건 참으로 반가운 일이다.

많은 연기 이론서들이 범람하는 지금 아직도 스타니스랍스키냐고 누군가 말한다면? 그래도 그렇다고 말하고 싶다. 이 책은 그의 고민과 이종한 선생님의 고민이 고스란히 담긴 책이다. 오랜 시간 현장에서 작업하면서 많은 신인배우들을 발굴하셨고 가르치신 경험이 이 책에 녹아있다. 나 역시 아무것도 모르던 신인 배우 때 선생님을 만났다. 마침 배우를 그만하겠다고 생각했을 때였다. '왕룽일가'라는 작품이었는데 지금 생각해보면 그때 선생님의 가르침이 스타니스랍스키의 방법이었다. 항상 연습시간 1시간 전에 가서 미리 연습을 했다.

"종옥아 저 문에서 들어와봐." 난 그냥 시키는 대로 했다.

"들어오면서 무슨 생각을 했어?"

"그냥 들어왔는데요."

"글쎄, 그래도 그 행동에는 어떤 목적이 있을 텐데? 늦어서 빨리 가야한다든가, 아니면 연습이 싫어서 도망치고 싶은 생각이라던가, … 목적이 있으면 문을 열 때도, 또 들어와서 의자에 앉을 때도 아마 행동이 달라질 걸?"

"아… 네 다시 해볼께요."

그 작품 이후 난 세상에 배종옥이라는 이름을 알렸다. 그때 '왕룽일가'의 미애는 "지겨워"라는 말을 입에 달고 사는 시골처녀였는데, 한때 "지겨워"는 온 국민의 유행어였다. 아마도 그 때부터 선생님은 배우들의 연기방법론에 관심이 많으셨던 것 같다. 그런데 선생님의 책에 추천사를 쓰게 되다니, 나로선 너무나 영광스런 일이다. 책을 쓰시면서 고민했을 선생님의 모습이 그려진다. 아무쪼록 이 책이 배우를 꿈꾸는 많은 이들에게 영감을 주는 책이 되길 바란다. 선생님 고생 많으셨습니다. 그리고 늘 고맙습니다.

경하드려요

배우·연출가 강양은(청운대학교 교수)

스타니스랍스키 시스템의
새로운 출간을 축하드려요.
학술대회 발제에서도
좋은 깨달음을 나눠주시더니
이 책에서도 역시네요 …
세 책을 모아 한 책으로
짧고도 긴 순간들을
힘과 마음을 쏟으시어
배우 분, 배우는 분들께
큰 도움이 될 이 책 …
언어와 언어 사이를
불편히 끌려 다니다가
실종됐던 그 에튜드를
이렇게 살려놓으셨네요.
교수님 경하드려요 …

이 책을 교재로 하여 함께 공부하고 싶다

배우 김명국(대명대학교 교수)

이종한 감독님의 편저 '스타니스랍스키 시스템' 에 글을 쓰게 됨을 감사드린다.

이미 출판된 〈배우수업〉, 〈역할창조〉, 〈성격구축〉은 연기 입문 시기에는 물론 연극과 영화, TV드라마를 하면서 좋은 연기에 대한 갈증과 허기짐을 느낄 때 수시로 꺼내 봤던 책이다. 그런데 읽을 때마다 이해가 힘드는 것들이 많았다. 번역자의 단어나 어휘의 선택에 따라 원본의 의도와는 달라질 수도 있겠다는 것을 항상 느껴왔다.

이 감독님은 1970년대 대학시절부터 지금까지 꾸준히 연기에 대한 끊임없는 학구열과 의무감으로 스타니스랍스키의 험준한 산을 넘고자 꾸준히 노력하신 결과물로서 이 책을 출간하게 되었다. 그래서 이 책은 초보 배우나 기성 배우 모두가 이해하기가 쉬우니, 오랫동안 무대, 영화, 방송드라마 현장에서의 풍부한 경험을 바탕으로 늘 연기자의 입장에서 현장을 지휘하신 그 결과이니 이 책의 출판은 경이롭다.

연기를 제대로 공부하지 않고도 당당히 연기하는 어설픈 풍토! 스타캐스팅을 통한 시청률 경쟁! 불합리한 작금의 프로덕션 체재! 등이 만연된 참 걱정스러운 현시점의 연기계에 진정한 연기의 지침서가 되어 줄 이 책의 출간은 참으로 다행이다.

출강하고 있는 K-연극영화뮤지컬 학생들과 이 책을 교재로 하여 함께 공부하고 싶다. 배우는 평생을 배우는 직업이니 이 책으로 연기 공부를 다시 하려고 한다.

목표를 내포하는 소제목이 궁금증과 핵심

배우·연출가 김현희(성균관대학교 교수)

대학을 졸업하고 배우로 활동하던 중에 러시아 국립예술대학 기치스 (GITS)의 교수님들이 진행하는 워크샵에 참여하면서 새로운 세계를 경험했다. 지금은 에튜드(Etude)를 학교나 현장에서 두루 적용하지만 당시 에튜드를 처음 접한 나에게는 어렵지만 재미있어서 밤새도록 에튜드 상황을 설정하고 고민하며 심취했었다. 그리고 그 시스템을 더 깊이 알기 위해 러시아 유학을 다녀왔고 지금은 학생들에게 이 시스템을 가르치고 있다.

얼마 전 반갑게도 '배우수업', '성격구축', '역할창조'의 핵심들을 모아서 책 한 권으로 출판하려는 원고를 접하게 되었다. 연기의 기본 훈련들부터 인물을 창조하기 위한 방법들, 성격을 구축하기 위한 방법들이 일목요연하게 정리되어 있다. 에튜드에서 중요한 것 중 하나가 제목이다. 제목은 목표를 내포하고, 궁금증과 핵심이 담겨야 한다.

이 책의 가장 큰 장점은 소제목에 있다. 책의 큰 틀 안에서 소제목들로 내용을 세분화하여 명확하고 편하게 읽을 수 있게 정리되어 있다. 또한 챕터 정리가 잘 되어서 필요한 부분만 찾아 읽어도 내용 파악이 되는 장점이 있다. 이렇게 정리가 잘된 책이 진작 있었다면 더 쉽고 빨리 스타니스랍스키를 접할 수 있었으리라.

이 책이 초보 배우들과 기성 배우들, 그리고 가르치는 선생님들에게도 영감을 주는 자료로 활용되기를 기대한다. 아주 쉽게 스타니스랍스키 시스템을 이해할 수 있도록 이 책을 발간해 주신 이종한 감독님께 진심 어린 박수와 감사를 전한다.

시스템의 올바른 이해를 위한 첫 발걸음

배우 배민희(중앙대학교 강사, 연극학 박사)

시대의 변화에 따라 새로운 연기론이 계속해서 탄생하고 진화한다지만 콘스탄틴 스타니스랍스키(Konstantin Stanislavsky)를 만난 근대 이후의 연기론들은 그의 시스템의 영향권을 벗어나기가 힘들다. 그로토프스키(Jerzy Grotowski)와 메이어홀드(Vsevold Meyerhold)도 그 바탕에는 스타니스랍스키가 있고 현재까지도 우리나라를 포함한 세계에서 널리 쓰이는 연기 훈련법들은 그의 시스템의 변형 발전이다. 원본 시스템에 대한 우리나라에서의 혼란의 원인은 오역이 많은 엘리자베스 햅굿(Elizabeth Hapgood) 번역본의 일본을 거친 오사량 중역본에 있다. 이는 시스템의 핵심 전달의 오류로 실제 사용 불가한 현학적인 것으로 만들어냈다.

이 책은 시스템의 올바른 이해를 위한 첫 발걸음이다. 이종한 편저자는 스타니스랍스키의 우리나라 번역서들, 햅굿의 오역을 극복하고자 노력한 진 베네데티(Jean Benedetti)의 연구, 러시아에서 공부한 학자들의 연구들을 모아서 시스템을 총체적이고 올바르게 서술하고 있다. 이는 편협한 시각에 머무르고 있던 우리의 시스템에 관한 이해를 넓히고, 배우들이 실제 사용할 수 있게 하는 소중한 시도이다. 이 책으로 치밀하고 섬세한 연출자로 만났던 저자를 학자로 다시 만나게 됐다. 이 책을 쓴 저자의 배우, 후배, 제자인 것이 자랑스럽다.

흥미를 일으키고 가슴 설레게

배우 유지인(전 중앙대학교 겸임교수)

1974년 중앙대학 연극영화학과 1학년 때 '배우수업'이라는 가로쓰기가 아닌 세로쓰기로 된 책을 만났다. 이해랑 선생님의 〈추천의 말〉에는 '이 책은 배우예술에 대한 경험이 전혀 없는 사람이라도 소설 이상의 흥미를 가지고 읽을 수 있을 것이다.'라는 말이 연기를 전혀 모르는 나를 무척 가슴 설레게 했다. 근데 1장에서부터 나오는 '그리샤 고보르코프', '소냐 베리아미노바' 등의 이름들부터 발음도 잘 안 되고 뭔가가 낯설었다. 그리고 문장이 길고 옛날 투의 글을 이해하기가 쉽지 않고 소설 이상의 흥미는 없고 큰 인내심이 필요했었다.

1978년 스칼렛 역으로 출연한 현대극장 제작의 '바람과 함께 사라지다'에서 김상열 조연출님의 조연출로 처음 만나고, 2010년 초에 중앙대학교 연극학과에서 함께 강의를 했던 이종한 감독께서 '배우수업' 외 2권의 책을 다 모아서 한 권의 '스타니스랍스키 시스템'을 출판한단다. 원고를 살펴보니 참 잘 읽히고 이해도 쉽게 된다. 무슨 차이인가? 옛 '배우수업'에는 없었던 것이 있으니, 그것은 제목을 붙인 것이다. 각 장을 내용 별로 나눠서 큰 제목을, 그리고 챕터별로 소제목을 붙여 내용의 구체적 목표들을 드러내므로 이 책이 흥미를 일으키고 가슴 설레게 한다. 이 한 권의 책으로 '배우수업', '성격구축', '역할창조'를 한꺼번에 다시 총정리할 수 있어서이다. 이제 막 연기를 시작하는 초보자는 이 책을 먼저 읽어서 핵심을 파악한 후에, 세 권의 책을 다시 읽으면 더 깊은 연기를 탐구할 수 있을 것이다.

연기의 바이블

배우 차두옥(동신대학교 명예교수)

대학시절에 스타니스랍스키의 〈배우수업〉을 통하여 연기의 기본을 배웠고, KBS 탤런트 연수시절에 '스타니스랍스키의 시스템'으로 연기를 더 체계화할 수 있었다. 지금은 대학에서 '스타니스랍스키 시스템'을 활용하여 학생들을 가르치며 극단에서 연출도 하고 있으니 '스타니스랍스키 시스템'은 나를 있게 한 길잡이인 것이다.

연극연출, 방송드라마 PD, 그리고 대학에서 강의를 하셨던 이종한 감독님이 그 방대한 '스타니스랍스키 시스템' 중 핵심 3권을 한 권의 책으로 요약 출판하니 그 노고에 고개가 숙여지며 후학들에게 참 좋은 기회가 왔다는 생각이 든다.

한 권으로 요약된 이 책이 지금까지 출판된 책들과 다른 점은 스타니스랍스키의 사후에 발견된 '배우수업' 유고가 이 책에 추가되어 있다. 또한 이 책은 외래어와 논문체의 문장들을 일상적 문장으로 써서 쉽게 읽고 핵심을 찾아낼 수가 있다. 배우를 하고자 하는 사람들이나 현역 배우들은 누구나 연기를 더 잘할 수 있는 방법에 대해 고민할 것이다. 그런 분들께 이 책을 권한다. '스타니스랍스키의 시스템'의 핵심이 정확히 잘 정리된 이 책이야말로 연기의 바이블이라고 생각되니 배우들이 잘 활용하여 뜻을 이루시기를 바란다.

목　차

이 땅의 진정한 연기자들을 위하여

예술학박사 나상만

이 책의 편저자 이종한 감독님이 콘스탄틴 스타니스랍스키를 이해하는 데 50년이 걸렸다고 한다. 편저자의 표현처럼 스타니스랍스는 '험준한 산'이고, 스타니스랍스키 시스템은 어렵다고 한다.

스타니스랍스키 시스템이 어려운 것은 전적으로 스타니스랍스키의 책임이다. 연기예술의 바이블인 시스템을 창안했음에도 불구하고, 그걸 쉽게 체계적으로 정리할 시간이 부족했다. 스타니스랍스키는 죽는 순간까지도 자신의 저서와 유고들을 손질하며 다듬었다.

영어권에서 스타니스랍스키를 어렵게 만든 사람은 엘리자베스 햅구드(Elizabeth Reynolds Hapgood)다. 〈나의 예술생애(My Life in Arts)〉를 제외한 스타니스랍스키 저서들을 영어로 번역한 공로는 인정한다. 〈An Actor Prepares(배우수업)〉가 1936년에 나왔고 〈Building A Character(성격구축)〉

22

가 1949년, 그리고 〈Creating A Role(역할창조)〉이 1961년에 나왔다. 결론부터 말하면 이 책들은 러시아에서 발행된 저서들과 많은 차이가 있고, 용어 선택과 번역에도 문제가 있다. 확언하지만, 햅구드 자신이 스타니스랍스키 시스템을 모르고 번역했다는 점이다.

스타니스랍스키는 '배우의 작업'을 '자신에 대한 작업'과 '역할에 대한 작업'으로 구분하고 있다. 자신에 대한 작업은 다시 '체험의 창조과정'과 '체현의 창조과정'으로 구분된다. '체험'의 창조과정이 〈An Actor Prepares〉이며 '체현'의 창조과정이 〈Building A Character〉이다. 이러한 '배우의 자신에 대한 작업'을 거쳐 비로소 배우는 '역할에 대한 작업'으로 들어간다. 이 과정을 다루는 책이 〈Creating A Role〉이다.

스타니스랍스키는 '배우의 작업'이란 이름으로 자신의 시스템을 한 권의 책으로 만들고 싶었다. 그러나 쓰다보니 길어졌고, 결국 첫 권을 제외한 나머지 책들은 그의 생전에 활자화되지 못했다. 더구나 스타니스랍스키 시스템은 고향 러시아에서조차도 1950년대에 정립되었고, 그의 전집 8권은 1961년에 완결되었으며, 1991년 다시 9권으로 수정, 출판되었다.

이종한 감독이 열정을 쏟아 발간한 이 책은 스타니스랍스키 시스템을 전체적으로 이해하는 데 소중한 내용을 담고 있다. 연극을 전공한, 방송과 연극현장에서 창조작업을 거친 전문가가 영어본과 한국어본을 모두 참조하여 그 정수들을 정리, 요약했기 때문이다. 더 중요한 것은 햅구드의 영역본으로는 도저히 알 수 없는 스타니스랍스키 최후의 결론이 반영되었다는 점이다. 다시 말해 햅구드의 영어판에 수록되지 않은 나중에 추가한 스타니스랍스키의 유고들을 첨가하여 시스템의 본질인 '신체적 행동법'을 더 보충하여 설명하고 있다.

배우예술은 행동의 예술이다. 연기자가 무대에서 펼치는 모든 행위는 행동으로 이루어져 있다. 무대에서의 행동은 크게 '내면적인 행동'과 '외면적인 행동'으로 구분된다. 움직이는 것만이 행동이 아니다. 보고 듣고 말하고 움직이는 것은 외면적 행동이다. 그러나 움직이지 않아도, 말을 하지 않아도 생각하고 듣고 느끼는 것도 행동이다. 이것이 내면적 행동이다. 이 행동은 지성과 의지, 정서의 영역이다.

그런데 중요한 점이 있다. 무대에서의 모든 행동은 특별한 목적이 있어야 한다. 예를 들어 문을 연다면 문을 여는 이유가 있다. 누군가를 만나기 위해서, 환기를 시키기 위해서, 또는 누군가가 찾아왔기 때문이다. 이처럼 무대에서의 모든 행위는 내면적 동기에 의해 그 상황에 맞는 외면적 행동으로 정당화되어야 한다. 이것이 스타니스랍스키 시스템의 핵심이며, 이것을 '신체적 행동법'이라고 부른다.

감수자가 한국에 도입한 스타니스랍스키 교육과정은 1) 행동의 요소 2) 신체적 행동의 기억 3) 1인 에튜드 4) 2인 에튜드(침묵 에튜드 포함)라는 '자신에 대한 작업'과, 1) 관찰 2) 형상화를 위한 에튜드 3) 장면연기 4) 전막 공연이라는 '역할의 작업'으로 구성되어 있다. 문제는 스타니스랍스키 저서들의 서술 방법이 이와 다르게 저술되어 있다는 점이다. 결론으로 말하면 이 책은 스타니스랍스 시스템의 본질과 이론에 관한 것이며 본격적인 실습서는 아니다. 그러나 본질과 이론을 모르고는 본격적 실습으로 나아갈 수가 없으니 기초자에게는 이 책이 아주 중요하다.

이 책이 진정한 연기자를 꿈꾸는 배우들에게 소중한 길잡이가 되길 기대한다. 이 책을 통해 연극의 위대한 스승 콘스탄틴 세르게이비치 스타니스랍스키와 더욱 친밀해지길 기대한다.

편저자 이종한 감독님의 열정과 노고에 큰 박수를 보낸다. 그의 열정과 노고로 우리도 이제 스타니스랍스키의 '험준한 산'을 가벼운 마음으로 즐겁게 산책할 수 있게 된 것이다.

편저자 이종한

1970년에 한국에서 출판된 〈배우수업(오사량 역)〉을 1972년 대학 2학년 때 사서 읽는데, 러시아어의 이름들이 생경하고 헷갈리며 왠지 나와는 상관 없는 먼 나라 얘기만 같다. 시작은 있지만 끝이 없을 것 같고, 무슨 소린지 아리송해도 계속 읽어보지만 도저히 끝까지 읽을 수가 없었다. '연기의 바이블'이라는 이 책을 안 읽을 수도 없고 계속 뒤적이기만 하다가, 결국은 다음에 천천히 읽자고 스스로 위로하며 서가에 고이 모셔뒀다. 그리고 세월이 흐르면서 점점 스타니슬랍스키는 내게 넘지 못할 험준한 산 같은 존재가 되어 버렸다.

한 줄기 빛의 두 번째 만남

그리고 4년 후, 군복무를 마치고 나서 1978년에 '극단 현대극장'에서 연극을 할 때이다. 극단에 〈스타니슬라브스키 시스템〉이라는 〈한국연극〉지에 번역된 '신체행동의 요소'(소냐 무어 작, 김의경 역)을 프린트해서 만

26

든 얇은 소책자가 있었다. 반갑기도 하고 두렵기도 한 마음으로 슬그머니 읽어 보는데, 간략하게 핵심이 잘 요약되어서 쉽게 이해가 되고 그때와는 전혀 다르게 빨려 들어가는 것이다. 그때의 그 책도 이런 내용었단 말인가? 그런데 그때는 왜 안 읽혀졌는지 무척 궁금하다. 어쨌든 '바이블'로 가는 길을 다시 찾았으니 천만다행이다. 그로부터 극단의 젊은 연구생들과 그 소책자를 복사해서 계속 읽으며, 극단공연이 없을 때는 연구생들과 연습실에서 밤새워 뒹굴며 이 시스템으로 열심히 워크샵 공연들을 했었다.

희망적인 세 번째 만남

그리고 방송국에서 TV드라마를 연출하면서 연극배우와 신인들을 캐스팅하여 그 소책자에 있던 '신체행동의 요소'를 바탕으로 좌충우돌하며 훈련을 시켜서 드라마에 출연시키곤 한다. 그리고 1985년에 〈배우의 성격구축(오사량 역)〉이 나왔으나 역시 접근이 두려웠다. 1993년에 본격적으로 정리된 〈스타니슬라브스키 연극론, 김석만 편〉이 나왔고, 1996년에 국내 최초로 모스크바 슈킨 연극대학을 거쳐 국립 러시아 예술원에서 박사학위를 받은 논문을 책으로 만든 〈스타니스랍스키 어떻게 볼 것인가, 나상만 저〉가 나왔는데 이 두 책은 전문적이면서도 이해가 쉽게 잘 써져서 스타니스랍스키 시스템에 본격적으로 접근하여 활용하기 시작했다. 그리고 1999년에 〈역할구성, 김균형 역〉, 2001년에 자서전인 〈나의 예술인생(강량원 역)〉과 '예니'에서 스타니슬라브스키 전집 - 배우수업(신겸수 역), 성격구축(이대영 역), 역할창조(신은수 역), 〈액터스 북(김동규 역) - 이 나오자 바로 구입해서 서가에 모셔뒀지만 바쁜 업무 때문에 그리고 이런 저런 많은 핑계로 읽을 시간을 내지 못했다.

도전으로서의 네 번째 만남

〈배우수업〉을 처음 접한 후 48년의 세월이 흐른 2020년 1월부터 〈나의 예술인생〉과 '예니'의 〈배우수업〉, 〈성격구축〉, 〈역할창조〉를 햅구드의 영문본과 대조하면서 밑줄을 치며 정독하기 시작한다. 그 이유는 2019년 초부터 필자의 석사논문 〈연기술의 변천과 한국적 수용(1990년)〉을 바탕으로 해서 〈가능한 불가능 드라마 연기〉를 집필하고 있었다. 고대 그리스에서부터 낭만주의를 지나서 스타니스랍스키에 와서 집필을 멈췄다. 스타니스랍스키의 우뚝한 산을 넘지 못하고 피하면서 연기를 논할 수는 없기 때문이다. 먼저 그의 자서전인 〈나의 예술인생〉을 읽고 나니까 고매한 연극 예술가의 불굴의 삶 앞에 고개가 숙여진다. 그래, 무슨 일이 있어도 꼭 넘어야 할 산이다. 〈배우수업〉부터 한글본에서 애매한 부분을 영문본과 대조하면서 차근차근 읽으니 차츰 묻혀 있던 핵심이 드러난다. 그러면서 점점 책속으로 빨려 들어가서 그해 8월 초에 〈성격구축〉, 〈역할창조〉까지 3권의 정독이 끝났다. 그런데 정독기간 동안엔 가슴 속에서 계속 요동치던 스타니스랍스키 메소드의 정수들을 읽으며 가슴으로 느끼기는 하지만, 허망하게도 머리 속에 분명히 각인되지는 않고 뒤섞인 상태로 맴돌고 있다. 그 위대한 정수들은 오직 밑줄 친 책 속에만 고고히 남아 있을 뿐이다.

극복의 다섯 번째 만남

이제 해야 할 일은 밑줄 친 핵심을 메모하는 일이다. 영문과 한글 번역본들을 비교하면서 핵심을 정확히 요약하여 메모하는 작업을 다시 〈배우수업〉부터 시작한다. 묻혀있는 핵심을 찾아서 대, 중, 소제목을 만들면서 단락별로 요약을 해나가니, 머릿속에 뒤섞여 있던 것들이 하나씩 모습을 드러낸다. 아 이것이다! 48년 전에 처음 〈배우수업〉을 읽을 때, 끝이 없을 것 같은 두려움과 혼돈이 바로 이 핵심들이 드러나지 않아서였다. 이제 대 제목, 중 제목, 소 제목을 단위로 해서 각 단락별 핵심을 메모해나가니까 내용이 일목요연해진다. 12월 말에 〈배우수업〉의 요약이 끝나고, 점점 스피드가 생기면서 〈성격구축〉이 2021년 2월 중순에, 〈역할창조〉가 5월 말에 핵심 요약이 끝나고, 9월 말에 수정 보완도 마무리한다. 아! 22세에 처음 만난 스타니스랍스키 시스템을 49년 만에 간신히 핵심 요약을 하게 됐다.

우리 연기의 현실정

우리 예술계 중에 가장 기본이 갖춰지지 않은 사람이 많은 곳이 연기분야이다. 그 이유는 미술도, 음악도, 무용도 각 예술의 기본기가 갖춰지지 않은 사람은 대학의 전공학과에 들어갈 수가 없다. 전공에 필요한 정해진 기본을 갖추지 못한 사람은 대학입시에서 당연히 탈락하므로 대학에서 전공을 할 수가 없다.

그런데 유독 연기만은 '정해진 기본이 없는' 실정이다. 대학입시도 하나로 정해진 기본이 없이 대학에 따라, 시험관의 취향에 따라 실기테스트가 이뤄진다. 대학에 들어가도 연기의 기본인 스타니스랍스키 시스템을 가르치지도 않는 대학이 더 많은 실정이다. 그래서 대학에서 연기를 전공하지만 기본과 정석이 빠진 테크닉에만 의존할 수밖에 없게 된다. 요즘 연극이나 영화나 드라마에 출연하는 신인들은 발음도 발성도 화술도 감정도 움직임도 기본이 없이 제 각각으로 하지만 바로 잡아줄 수도 없는 비극적 상황이다. 정확한 기본으로부터 시작한 한국의 미술도 음악도 무용도 세계적인 수준을 자랑하지만, 확실한 연기의 기본이 없이도 누구나 연기를 하게 방치하는 연기분야는 혼란에 빠져 있을 수밖에 없는 우리 연기의 현실정이다.

연기의 핵심과 기본

사실 '스타니스랍스키 시스템'은 읽는 사람의 인내력 테스트를 하는 책이라고 많은 배우들이 말하고 있다. 그래서 지금까지 수없이 많은 연극, 영화, TV 드라마에 출연하는 배우들과, 연기를 전공하는 수많은 학생들 중에 이 3권의 책을 확실하게 숙달한 사람은 드문 게 사실이다. 스타니스랍스키 시스템은 '이 시대에 맞지 않는', '영화나 TV에는 맞지 않는', '연극 연기에만 해당하는' 등의 평개로 평가절하하면서 고루한 옛 이론서라고도 한다. 아니다! 이 책 속에 '연기의 핵심과 기본'이 있다. 진작 이 책을 읽었더라면 함께 했던 신인배우들에게 연기를 더 잘하게 할 수 있었을 것이다. 진정한 배우되기를 원한다면, 이 시스템의 핵심을 한 번이라도 끝까지 정독한 후에, 받아들이고 안 받아들일 것을 정하시기를 간절히 바란다.

좋은 책들은 누구나 읽고 나름대로 느끼며 포만감을 갖게 해준다. 그러나 아무리 좋은 연기책도 그냥 읽고 혼자 느끼는 것만으로는 모자란다. 이 책을 읽고 나서 뭔가 다른 영감을 받는 사람이 있었으면 좋겠다. 그들과 함께 이 책 속의 작품들(오셀로, 지혜의 슬픔, 검찰관 등)을 뜻이 맞는 사람들이 함께 모여서 시스템에 맞춰서 연습하여 공연하고, 그리고 영상으로도 제작하고 싶다. 그리고 각자의 연기를 함께 보고, 스스로 평가하고 서로 채찍질하여 보완할 수 있는 장을 마련해보고 싶다.

그렇게 된다면 1972년에 '배우수업'을 만난 지 50년이 지난, 2022년이 되어서야 '스타니스랍스키 시스템'의 핵심을 한 권으로 모아서 출판하는 일에 참된 보람을 느낄 수 있을 것 같다. 이 책을 감수해 주신 나상만 박사님께 큰 절을 드린다.

스타니스랍스키 시스템Stanislavsky System 제1권

AN

ACTOR

PRE-
PARES

배우수업

Работа актера над собой
в творческом процессе переживания

체험의 창조과정에서 배우의 자신에 대한 작업

1장
첫 시험(The First Test)

1. 우리의 첫 수업
(our first lesson)

토르초프 연출선생은 첫 수업을 시작하면서 우리들과 친해지고 싶으니 마음에 드는 희곡의 한 부분을 연기해 보여 달라고 선언을 해서 우리는 모두 어리둥절하고 별로 달가워하지 않는다. 소극장 배우 경력이 있는 그리샤와 소냐와 바냐만 찬성을 한다. 그러나 우리 모두는 차츰 이 시험이 재미도 있고 꼭 필요하다고 느끼게 된다.

나(코스챠)는 〈오셀로〉의 오셀로 역을 맡고, 폴이 이야고 역을 맡기로 한다.

1) 집에서의 연습[1](exercises at home)

나는 집에 돌아와서 〈오셀로〉 대본을 꺼내서 책 읽기를 시작하는데

---

1   연습. 스타니슬랍스키의 저서에서 언급되는 '연습'을 주의깊게 살펴볼 필요가 있다. 원본의 '에튜드(Etude (Этюд))'를 햅구드의 영문번역에서는 즉흥극, 즉흥연기, 연습 등으로 번역했는데 여기서의 '연습(exercises)'은 집에서 연극 연습하는 것을 말한다.

행동의 충동을 느끼게 된다. 그래서 편지 칼을 허리에 차고 목욕수건을 터번으로 쓰고 시트를 가운처럼 걸치고 쟁반으로 방패를 드니 무사가 된 느낌이 들어서 시간 가는 줄 모르고 거의 5시간을 연습하고 밤 늦게 잠자리에 든다.

2. 예술가 인생의 첫 연습[2]
(first rehearsal in an artist's life)

나는 평소보다 너무 늦게 잠을 깨서 허겁지겁 학교에 가니 모두가 예행연습을 못하고 나를 기다리고 있었다. 너무 당황하여 사과도 못하고 "좀 늦었네요" 하고 얼버무리다가 라흐마노프 조연출에게 무섭게 혼쭐이 난다. 나 때문에 모두의 창조욕구가 허물어졌다며, 우리는 집단작업을 해야 하므로 철저히 규율을 지키라는 경고를 받는다. 우리의 '예술가 인생의 첫 연습'이 나의 잘못으로 엉망이 되어, 나는 앞으로 15분 전에 꼭 도착하겠다는 맹세를 하고, 내일의 연습을 기원한다.

* * *

밤에 집에서 다시 연습을 해본다. 초코렛을 버터로 녹이니 갈색의 죽이 된다. 그것을 얼굴에 바르자 내가 무어인으로 변한다. 그래서 분장을 하고 의상도 입고 반복해서 연습을 하는데 생김새는 비슷해도 무언가 핵심 빠진 느낌이 든다.

---

2   여기서의 '리허설'은 공개 발표의 개념.

3. 우리의 첫연습
(our first rehearsal)

　나는 오늘은 정해진 시간보다 훨씬 일찍 도착해서 준비를 하고 드디어 우리의 첫 연습이 시작된다. 우리는 소품 배치를 하고 연기계획을 세운다. 폴은 이아고의 내면에 관심이 많지만 나는 외형에 더 신경을 쓴다. 그러나 세팅이 집에서와 같지 않아서 영감을 되찾을 수 없다. 애를 쓸수록 연기에 방해가 되어서 대사가 잘 안 된다. 내 목소리가 자연스럽게 들리지 않고 내 계획이 폴 연기와 안 맞는다.

　대본 따로 성격 따로여서 대사는 연기를, 연기는 대사를 서로 방해한다.

＊ ＊ ＊

　오늘은 집에서 혼자 연습을 하는데 낡은 토대 위에서 똑같은 방법을 계속 반복한다. 상상력의 고갈인가? 밑천이 떨어진 것인가? 내 연기는 어제와 오늘과 내일이 전혀 차이가 없는 건가? 그래서 방구석으로 자리를 옮기고 거의 들리지 않게 작게 대사를 읊조려 본다. 그런데 이 작은 변화로 기분이 새로워진다. 환경이 기분전환을 시킨 것이다. 한 곳에서 같은 것을 되풀이하지 말라는 비결을 알게 된다.

4. 즉흥적인 연기[3]
(to improvise)

　오늘은 이리저리 걸어다니는 대신에 의자에 앉아서 행위가 없이 즉흥적인 연기를 한다. 그리고 손짓, 몸짓, 얼굴표정 같은 행위를 빼고 연기

3　학생이 즉흥적 충동과 감정으로 하는 연습을 말한다.

해 본다. 그러자 엄청난 혼란에 빠져서 계속 써왔던 대사의 억양도 잊어버리고 말문이 막혀버렸다. 낡은 연기로 다시 돌아가야 할 것 같다. 내가 선택한 나의 방식을 내가 통제하지 못하고 오히려 내가 통제당하고 있는 것이다.

5. 새로움 없는 연습
(rehearsal bring nothing new)

오늘도 아무 소득이나 '새로움'이 없는 연습'이었다. 그러나 장소와 희곡에는 점점 친숙해져 가고 있다. 처음에는 무어인을 만드는 나의 방식와 이아고를 만드는 폴의 방식이 전혀 맞아들지 않았는데 오늘은 어색함이 많이 줄었고 두 사람이 서로 맞아 들어가는 느낌이 생긴다.

6. 큰 무대에서 연습[4] 1
(on the big stage rehearsal 1)

오늘은 '큰 무대에서 연습'이 이루어진다. 크고 휑한 동굴 같은 프로시니엄아치, 심연 속 같은 무대의 첫인상이다. 누군가 "시작!"이라고 외쳤는데 나는 주어진 환경에 적응을 못하고, 시선의 혼란으로 집중도 못하고, 집에서 연습했던 기계적 대사와 행동만을 계속하게 된다.

---

4   여기서의 '연습'은 '장면연기'를 무대에서 하는 연습을 의미함. 무대연습.

7. 큰 무대 위 연습 2

(on the big stage rehearsal 2)

오늘도 우리는 큰 무대 위 연습을 한다. 나는 일찍 도착해서 무대에서 준비하기로 마음 먹었는데, 오늘은 소품 배치와 배경 설치로 무대가 너무 부산스럽다.

1) 새로운 환경 적응(to adjust my new surrounding)

이 소란 중에 집에서 연습하던 고요함을 기대할 수 없다. 지금 해야할 일은 무엇보다 '새로운 환경에 적응'이 급선무이다. 푸트라이트 넘어에 있는 객석의 어둠의 동굴에 빨려들지 않고 친해지기 위해서 응시해 보지만, 어둠의 동굴을 응시할 수록 더욱 벗어나지 못한다. 세트맨이 못 주머니를 떨어뜨려서 못 줍는 일을 거들면서 무대가 편안해짐을 느끼다가 그 일이 끝나고 나니, 다시 위압감에 압도되어서 황급히 오케스트라석으로 무대에서 내려온다.

2) 무대에 나가다(go up on the stage)

나는 우리 차례가 되어 '다시 무대로' 올라갔다. 세트는 제대로 구색이 맞지 않았지만 조명을 받으니 전체적 모양새는 그럴 듯하고 오셀로의 방은 편안히 느껴지고 상상력을 펼쳐보니 내 방 같기도 하다.

(1) 객석의 위세에 빨려듦(felt myself possessed by auditorium power)

그러다가 막이 열리고 객석이 보이자 '객석의 위세에 빨려들어'서 무엇을 어떻게 해야 할지 모르는 공포심에 휩싸인다.

(2) 세트가 배우를 에워쌈(set hems in the actor)

'세트가 배우를 에워싸'니 나는 고립되었다는 느낌과 관객에게는 잘 보이게 트여있어서 흥미를 끌어야 된다는 의무감이 생기자, 연기에 몰입할 수 없게 되어 대사와 행동이 초조감으로 산만하게 연기를 하게 된다.

8. 드레스리허설[5]
(dress rehearsal)

오늘은 '드레스리허설'을 위해서 분장과 의상을 준비해야 하므로 여느 때보다도 일찍 극장에 도착한다.

1) 분장과 의상(make up and costume)
나는 짙은 갈색 안료를 붓으로 묻혀서 얼굴에 바른다. 그리고 수염도 붙여보고 가발도 이것저것 써본다. 분장 담당자가 와서 내가 한 분장을 지우고 다시 분장하여 얼굴전체를 무어인 같이 거무튀튀하게 만든다. 분장을 마치고 의상을 입고나서 거울을 보니 마음에 들고 자신감이 살아난다.

2) 무대에 오르다(go out on the stage)
기분 좋게 '무대에 오르고' 세트를 둘러보니 가구들의 위치가 바꾸어져 있어서 부담이 생기고, 대사를 하는데 대사가 너무 빠르게 나오고, 무대 행위도 끊임없이 행해지고는 있지만 왠지 막힐지도 모른다는 걱정이 뇌리를 스친다.

3) 대사 막힘(stopped speaking)
그러자 온몸이 얼어붙고 '대사가 막혀'버린다. 우왕좌왕하다가 가까스

---

5 '드레스리허설'은 총연습을 말함.

로 대사를 할 수는 있었으나, 빨리 끝내고 극장에서 벗어나고 싶다는 생각밖에는 없다.

4) 참담함(most unhappy)

지금 나는 집에 와서 혼자 있는데 '참담함'을 느낀다. 다행히 레오가 와서 자기의 연기에 대한 내 생각을 묻지만 해줄 말이 없다. 내 차례를 기다리느라 흥분되어서 그의 연기를 잘 보지 못했다. 하지만 무어인 오셀로가 데스데모나에 대해서 슬퍼하면서도 경악해야 한다는 레오의 해석은 내게 흥미롭게 다가오고 많은 생각을 하도록 해주고 있다.

9. 시연회[6]
(exhibition performance)

오늘은 드디어 우리의 '시연회'의 날이다. 분장실에 도착하기 전에는 될 대로 돼라는 심정이었으나 분장실에 도착하자 가슴이 두근거리고 울렁거린다.

1) 빛의 장막(curtain of light)

무대로 나가서 당혹한 것은 엄숙함과 고요함이다. 그리고 푸트라이트, 헤드라이트, 스포트라이트가 쏟아지자 눈이 머는 것 같고 나와 객석 사이에 '빛의 장막'이 쳐져 있는 것 같다. 그러자 나는 관객들에서 벗어나서 제대로 숨을 쉬게 되고 관객에게 뭔가를 보여주려고 하는데, 나 자신이 그렇게 텅 비어 있는 줄은 몰랐다.

---

6 '시연회'는 공개 발표의 개념.

2) 화가 치밀어(seized with rage)

나의 대사, 행동 모두가 부끄럽게 느껴진다. 실패인 것이다. 무기력에 빠지게 되자 갑자기 '화가 치밀어' 오른다. 한 순진한 사나이의 영혼에 가해진 온갖 억울함이 가슴을 벅차게 한다. 이때 나의 입에서 "피다, 이아고, 피다!"라는 대사가 저절로 터져 나온다. 어제 레오의 해석이 생각나면서 내 정서를 불러일으킨 것이다. 관객들에게 먹혀들어감이 느껴지니까 에너지가 용솟음친다.

3) 박수갈채(there was applause)

객석에 대한 블렉홀 의식은 사라지고 모든 두려움도 없어진다. 나머지 장면을 어떻게 끝냈는지는 기억이 없다. 폴도 나의 영향을 받아 서로 교감이 있는 연기를 하고 막이 내리자 객석에서 '박수갈채'가 들려온다.

4) 어머, 살려주세요!(oh, helf me)

나는 중간 휴식시간에 객석으로 들어간다. 막이 오르고 마리아가 쏜살같이 계단을 달려 내려온다. 그리고 바닥에 떨어지면서 "어머, 살려주세요!"라는 간담이 서늘한 비명을 지른다. 그리고 일어나서 몇 줄 대사를 읊는데 너무 빨라서 알아들을 수 없다. 그러다가 잊어버렸는지 말을 멈추면서, 양손으로 얼굴을 가리고 윙으로 쏜살같이 달아난다. 그리고 막이 내린다. 그녀의 비명이 내 귓전을 때리고 있는데 연출선생도 전기 충격을 받은 것 같다.

2장
연기가 예술일 때(When Acting is an Art)

1. 배역을 생활하는 예술
(art of living a part)

　토르초프 연출 선생이 우리 연기에 대해서 강평을 한다. 우리들 모두가 한 연기 중에서 주목할 만한 가치가 있는 순간은 둘뿐이었다고 한다.

　마리아의 '어머 살려주세요!' 할 때와 코스챠(나)의 '피다, 이아고 피다!' 할 때는 배우와 관객이 모두 그 순간 속에 빨려 들어갔다. 그 두 순간들을 따로 떼어놓고 그 자체로 본다면 '배역을 생활하는 예술'의 순간에 속한다는 것이다. 두 사람은 자기도 모르게 그 순간에 직관적(intuitively)으로 무의식적인 연기를 했다고 한다.

1) 잠재(무)의식(subconscious)

　직관적인 연기는 '영감(inspiration)'에서 나오고, 영감은 '잠재의식'에서 얻어진다. 그런데 잠재의식을 활용하려면 간접적으로 의식에 의지해야 한다.

배우연기는 약간의 의식의 통제를 받지만, 의미 있는 핵심은 잠재의식적이고 비자발적(involuntary)이다. 그러나 배우가 항상 잠재의식적인 영감의 연기를 할 수 없으니, 의식적으로 시작해서 잠재의식을 끌어내야 한다. 리얼리즘의 아버지인 위대한 배우 쉐프킨(Shchepkin)은 '연기란 잘 될 때도 있고 안 될 때도 있다. 중요한 것은 진실해야 한다'고 했다. 진실하려면 올바르고, 논리적이고 일관성 있어야 한다. 역할과 일체가 되어서 생각하고 느끼고 행동해야 배역을 진실하게 생활할 수 있다.

2) 예술의 근본목표(fundamental aim of our art)

배우예술의 목표는 배역의 내적 삶을 만들고, 그것을 예술적 모양으로 표현하는 것이다. 배우는 역할의 내적, 외적 삶이 자기 속으로 자연스럽게 흘러옴을 느낄 때, 잠재의식이 동시에 생기고 내적 본능이 발동하여 배우를 사로잡는다.

(1) 인간 정신의 생활 창조(creat the life of a human spirit)

배우를 사로잡는 이 힘을 '자연(nature-본능, 본질)'이라 부른다. 자연스러움이 사라지면 잠재의식도 놀라서 사라진다. 그래서 먼저 의식적으로 역할을 계획하고 진실하게 연기하면 잠재의식이 발동되어 영감을 이끌어 준다. 이렇게 되기 위해서는 무엇보다 '배역의 생활화'라는 '심리기술(psychological technique)'을 먼저 익혀야 '인간 정신의 생활 창조'라는 목표를 달성할 수 있다. 그러나 배우에게는 이것이 전부가 아니다.

(2) 예술적으로 재현(artistically reproduce)

더 큰 목표는 정신생활의 창조에 그치지 않고 그것을 아름다운 '예술적인 형식(artistic form)'으로 표현하는 것이다. 배우는 자신의 배역을 내면적으로 생활하고 그것을 외형적으로 체현(external embodiment)해 줘야 한다. 잠재의식적 삶을 표현하기 위해서는 배우는 자신의 발성기관 및 신체기관을 민감하게 훈련시켜 둬야 하는 게 이 때문이다. 연기예술은 살아있는 경험에서 배어나오므로 삶의 오묘한 명암과 깊이를 '예술적으로 재현'할 수 있다.

연기예술은 자연의 법칙(law of nature)에 토대를 두고 있어서 자연을 위배하지 않고 '예술의 진정한 한계(limits of true art)'와 '자연의 유기적인 법칙(the organic laws of nature)'을 알고 있으면 예술적 재현의 길을 잃지 않는다.

(3) 억지연기(forced acting)[7]

코스챠가 배역을 성공적으로 생활한 것은 몇 분에 불과하다. 전체장면을 놓고보면 우리가 지향하는 예술은 아니고 '억지연기'이다. 배우는 불쑥 우연한 영감에 의한 즉흥적인 연기(improvising)와 고양된 정서를 얻기도 하지만, 작품 전체를 그렇게 할 정신적 신체적 능력이 있을까? 우리의 목적달성을 위해서는 배우는 자연의 도움을 받아야 하고, 잘 훈련된 심리기술(psychological technique), 뛰어난 재능, 훌륭한 신체적 정신적 대비책을 갖춰야 한다. 이 모든 것이 없는 코스챠는 자기의 개성에만 의존하는 개성파 배우(personality actor)와 다름이 없다. 영감이 떠오르지 않으면 빈 공간을 채울 길이 없는 비예술적인 아마추어 연기이고 거기서 허둥대면 생명력이 없고 거드름을 피우는 과장연기(over acting)가 된다.

2. 재현예술
(art of representation)

1) 완벽한 외형(external form)

폴은 몇 번 흥미로운 순간을 보여줬지만 전형적 재현예술이었다. 재

---

7   억지연기(forced acting), 충동연기(신겸수 p.31) 어거지연기(오사량 역 p.33)
     순간적 느낌인 '충동연기'보다는 강제적 힘이 실린 '억지연기'로 명기하기로 한다.

현배우도 배역을 생활하지만 완벽한 외형(external form)을 얻기 위함일 뿐이고 참된 예술은 아니다. 외형이 만족스럽다고 생각하면서 기계적으로 훈련된 근육을 이용하여 '그 형태를 재생(reproduces that form)'해낸다. 우리의 예술에서 배우는 연기를 할 때마다 매번, 매 순간, 배역을 생활해야 한다. 코스챠(나)의 연기 중 몇 순간은 여기에 해당되지만 폴은 즉흥성이나 배역을 새롭게 느끼는 감이 없었다. 연기가 말끔했으나 딱딱한 '형식이나 방법의 연기(form and method of acting)'여서 폴의 연기는 재현 예술의 좋은 본보기였다. 그 역을 어떻게 준비했는지 알아보자. 폴은 감정이 잘 드러나는지 알아보려고 거울을 사용했다니, 영혼을 다루는 데 있어서 거울은 내면의 영혼(inside of his soul)이 아닌 외형의 껍질(outside)만 보도록 배우를 끌고 간다. 재현배우들도 처음에는 배역을 느끼지만 한 번 느낀 후에는 다시 느끼지 않는다. 다만 터득한 외형적 동작, 표정 등을 아무 정서가 없는 순수 모방에 빠져서 창조와는 상관없는 반복만을 되풀이하게 된다.

2) 프랑스 배우 꼬끄랑(France actor Coquelin)

어떤 재료로부터 역할의 이미지가 떠오르면 재현파 배우들은 그 이미지를 자신에게 옮겨 심는다. 이 학파의 대표적인 예가 꼬끄랑이다. 그는 '배우는 자신의 모델을 상상으로 창조한 다음 화가처럼 모델의 모든 특징을 화폭이 아닌 자기 자신에게 옮겨놓는 것이다'라고 했다. 따르뛰프의 걸음걸이가 좋다고 여겨지면 따라하고 그와 비슷한 체형에 자기 몸을 맞추고 자기의 영혼을 그에게 넘겨준다는 것이다.

(1) 생활하지 않고 연기하기(not live but play)

꼬끄랑은 또 '배우는 배역을 생활하는 것이 아니라 배역을 연기하는 사람이다. 배우는 연기하는 대상에 대해서 냉정해야 하지만 자신의 예술은 완벽해야 한다'라고 했고 '연극은 하나의 약속이다. 실제 인생이라는 환상을 만들어내기에는 무대는 너무 자원이 빈약하다. 그러므로 연극은 관습을 도외시해서는 안 된다' 고 했다. 물론 재현의 예술도 예술에 관한 완벽성을 추구한다.

3) 형식에 더 관심(form is more interesting)

그러나 내용보다는 '형식에 더 관심'을 갖는다. 배우의 연기가 영혼에서 나오기보다 청각과 시각에 더 많이 매달린다. 그래서 관객을 감동시키기보다는 즐겁게 하는 데로 쏠리기 마련이다. 이런 예술에서 깊은 인상은 받을 수 있지만 영혼을 감싸줄 수도 없고 영혼 깊이 파고들어갈 수도 없다. 얻는 것은 놀라움이지 신뢰감이 아니다. 놀랍게 꾸며진 아름다움이나 화려한 페이소스가 있을 뿐이다. 섬세하고 심오한 인간의 감정은 이런 외형적인 형식에서 오는 게 아니라, 배우 앞에 실제로 나타나는 바로 그 순간의 자연스런 정서를 요구하는 것이다. 감정은 자연 그 자체의 직접적인 협력을 요구하는 것이다.

하지만 재현하는 행위도 약간의 우리와 같은 과정을 가지므로 창조적 예술이다.

3. 기계적 연기
(mechanical acting)

배역을 생활하지 않고는 진정한 예술은 있을 수 없다. 진정한 예술은 감정이 가담하는 데서부터 시작되고 '기계적 연기'는 창조적 예술이 끝나는 데서 시작된다. 기계적 연기는 체험한 것이 아니기 때문에 감정을 재생해낼 수 없다.

1) 고무도장(rubber stamp)

감정을 재생하려면 배우는 자신의 경험에서 그 감정을 찾아내는 능력이 있어야 하는데, 흉내나 목소리, 제스처에 의존하므로 데드마스크처럼 죽은 감정뿐이다. '기계적 연기'를 '고무도장'이라고도 부른다. 기계적 배우들은 잘못된 오랜 과정을 통해서 고무도장 찍듯이 똑같은 것을 찍어내는 스탬프연기를 할 수 있을 뿐이다.

2) 상투수법(clichès)

유감스럽게도 살아있는 정서로 역할의 기반을 다지기 전에 '상투수법'이 연기의 빈틈을 파고든 것들이 있다.

(1) 트레몰로(tremolo)

역할의 결정적 순간에 연극적으로 과장된 '트레몰로' - 화음의 빠름되풀이 - 를 써서 역할을 낭송하는 특수한 방법의 발성과 화술이 있으니 지나치게 높이거나 낮은 어조를 쓰는 방식과 유난히 웅변조의 목소리로 치장하는 방식 등이 있다.

(2) 속임수 동작(plastic motion)

그리고 몸을 움직여서 제스처와 '속임수 동작'을 취하는 방법이 있으니 감정과 격정을 표현하는 방법으로는 질투를 표현할 때 치아를 드러내고 눈 흰자위를 돌린다든지, 절망의 순간에 머리칼을 쥐어뜯고, 눈물이 나오지 않을 때에 우는 대신 양손으로 눈과 얼굴을 가리는 것 등이 있다.

3) 무대적 관습(stage convention)

이 상투수법을 오랫동안 많은 배우들이 무대에서 계속 사용함으로 하나의 당연한 '무대적 관습'으로 정착된 것은 비극적인 일이다. 무대적 관행을 골라 쓰는 배우의 재주가 아무리 뛰어나도 관습은 기계적 성질을 갖고 있으므로, 이런 무대적 관행으로는 절대 관객을 감동시킬 수 없다.

(1) 연극쪼 정서(theatrical emotion)[8]

그러나 배우가 관객의 주의를 끌어야 하니까 그 보조수단이 필요해지니 소위 말하는 '연극쪼 정서'이다. 인간의 정상적인 정서가 아니고 연극적으로 잘못 꾸며진 가짜 정서이니, '말초적인 육체적 감정의 모방(imitation of the periphery of physical feeling)'으로 연극쪼인 인위적 모방인 것이다.

(2) 연극쪼 히스테리(theatrical hysteria)

그래서 신경이 과민한 배우들은 억지로 신경을 쥐어짜서 이상한 '연극적 정서'를 만들어 내기도 하는데, 이것이 바로 '연극쪼 히스테리(theatrical hysteria)'라는 병적인 자기 자신만의 환각상태인 것이다.

4. 과장 연기

(over-acting)

바냐에 대한 트로초프의 평가는 최악으로서 '기계적 연기' 이하의 '과장 연기'라고 했다. 그리고 나(코스챠)는 '기계적 연기' 정도는 한 줄 알았는데 '기계적인 연기'도 테크닉이 없이는 할 수 없다며, 나는 '고무도장' 연기의 아마추어 수준으로서 '상투적 연기'를 했고, 한두 번 예외적인 순간 이외에는 어처구니 없는 연기를 했다는 것이다. 사실 나는 시범연기에서 관객에게 감명을 주겠다는 생각으로 역할에 접근했다. 인물과 일치하는 정확한 감정을 가지지 못했고, 나의 생각으로 야만인은 그럴 거라는 막연한 생각과 우연한 환상으로 흥분하고 날뛰고 울부짖었던 게 분명한 사실이다.

---

8   연극쪼 정서(theatrical emotion), 이것은 연극적 정서(신경수 p.41)가 아니고 형식적인 쪼로서 구태의연하게 항상 연극에서 써왔던 잘못된 정서표현을 말한다.

1) 과장연기(over-acting)와 기계적 연기(mechanical acting)

'과장연기'는 일반적인 인습을 정리하지 않고 마구잡이로 무대에서 쓰는 것이고, '기계적 연기'는 진짜감정 대신에 등사판으로 찍어내는 것이다. 아마추어가 주로하는 '과장연기'가 자라나서 가장 나쁜 '기계적 연기'가 되는 것이다. 이것을 방지하기 위해서 배우가 주의해야 할 세 가지가 있다.

(1) 잘못된 접근(incorrect approaches)

첫째는 작업을 하면서 '잘못된 접근'을 피해야 하니, 그러려면 연기의 기초를 공부해야 하는데 특히 배역을 생활화하는 것이 중요하다.

(2) 무의미한 작업의 되풀이(repeat the senseless sort of work)

둘째는 확실한 의미가 없는 '무의미한 작업을 되풀이'를 하지 말아야 한다.

(3) 내면적 경험 없는(not inwardly experienced)

셋째는 '내면적 경험이 없는' 것은 외형적으로 표현하지 말아야 한다.

그리고 그리샤는 고무도장 연기이긴 했지만 잘 손질해서 나름 괜찮았고 나는 손질 작업이 없었기 때문에 안 좋았단다. 그리샤는 기계적 연기였고 나는 아마추어적 과장연기였다고 한다. 예술적 진리는 찾아내기가 어렵지만 얻어낼 수만 있으면 파고들수록 재미있어서 관객에게 어필된다. 진리에 심어진 역할은 자라나지만, 틀에서 찍어낸 역할은 곧 시들어 버린다.

2) 예술의 악용(exploitation of art)

그러나 나의 아마추어 성향은 교정할 수 있지만, 다른 학생들의 실수는 근절하기 힘든 '예술의 악용'이라 했다. 소냐의 연기에 그것이 들어있다. 예쁜 발과 손 그리고 몸매를 과시한다. 배우가 자기역할은 제대로 하지 않고 무대에서 예쁜 발가락 자랑을 하고 있어서는 안 된다. 자기의 아름다움을 과시하기 위해 예술을 악용하는 것이다.

　배우들이 인기를 얻기 위해, 성공을 위해, 경력을 쌓기 위해 예술을 악용해서는 안 된다. 나는 이번 시범공연은 득보다 실이 많았다고 말하자, 연출선생은 절대 그렇지 않다고 한다. 오히려 이번 공연이 무대에서 해서는 안 되는 일들을 실제로 보여준 아주 중요한 공연이었다고 한다.

3장
행동(Action)

1. 짧은 연극 해보기
(do a little play)

연출선생은 짧은 연극 해보기를 하자면서 무대에서 '앉아 있기'를 한다. 마리아가 불편하게 조금씩 움직이다가 끝난 후에 나는 그냥 앉아 있기보다는 무언가 하는 척하는 것이 편하다. 모두가 다 끝난 후에 연출선생은 '무대에 앉아있는 법(how to sit on th stage)'을 배우라고 한다. 우리가 금방 앉아있는 것을 하지 않았냐고 하니 가만히 앉아있질 못했다며 직접 무대에 올라가 앉는다. 아무것도 하지도 않고 하려고도 하지 않고 그냥 앉아있는 자세가 놀라웠고, 무슨 생각을 하는지 궁금했고 어디를 보면 우리도 따라서 봤고 그가 앉아 있는 것을 보는 것으로 기쁨이 생겼다. 우리에게 주의를 주지 않아도 우리는 강하게 그에게 끌렸다. 그 비결이 과연 무엇일까?

1) 목적이 있어야 한다(be for a purpose)

무대에서 일어나는 일은 무엇이든 '목적이 있어야 한다'. 배우가 앉아 있을 권리를 스스로 찾아내야 하는데 쉬운 일이 아니다. 나하고 같이 한 번 해보자며 마리아를 무대로 불러 올리고는 노트에서 뭔가를 열심히 찾았다. 마리아는 시선을 고정시키고 방해 안 하려고 조심하면서 꼼짝 않고 지시를 기다렸다. 마리아의 포즈(pose)는 생동감이 있고 자연스러우며 아름다웠다. 그리고 커튼이 내려진다.

2) 특별한 목적(specific purpose)

선생님이 마리아에게 기분이 어떠냐니까 마리아가 우리가 연기를 한 거냐고 놀라며, 뭔가 찾으신 다음에 내리실 분부를 기다렸지 난 연기를 하지 않았다고 한다.

"바로 그게 가장 훌륭한 연기다. 기다리기만 했을 뿐 아무것도 하지 않았으니까."

소녀가 예쁜 발을, 그리샤가 몸을 과시하기 위해 관객에게 보인다는 일반적 목적으로 무대에 앉아 있는 것은 의미가 없고 살아있는 예술의 영역을 벗어나지만, 마리아는 단순한 행동이지만 무언가를 기다린다는 '특별한 목적'을 가지고 있어서 살아있는 예술적 행동이 된다. 무대에서 배우는 항상 무언가를 행동해야하니 행동, 즉 능동성은 배우가 추구하는 예술의 토대이다.

3) 외적이든 내적이든 행동해야 한다(to act outwardly or inwardly)

그리샤가 반론을 제시한다. 아까 무대에서 선생님이 전혀 움직임 없이 앉아 있었던 것이 능동성이 없는 행동결여 아니냐고 항변을 하자, 배우는 움직이지 않으면서도 행동으로 가득찰 수 있다. 그리고 가끔 '내적 긴장(innner intencity)' 때문에 움직이지 않는 경우도 흔히 있다. 예술의 본질은 '외적 행동'이 아니라 그 정신적 내용이므로 이런 '내적 행동'이 훨씬 더 중요하다. 그러면 아까 말했던 어구를 이렇게 바꾸자고 한다. "무대에서는 '외적이든 내적이든 행동을 해야' 한다."

2. 새로운 연극
(new play)

이번에는 새로운 연극을 한다. 친구가 자기의 위급한 상황을 위해서 방금 주고간 보석브로치가 없어져서 찾는 연기이다. 마리아가 커튼을 휘젓으며 찾다가 없자, 비극적 상황의 배우가 하듯이 머리를 움켜잡고 가슴을 치다가 달려 나간다. 선생님이 느낌이 어떠냐고 묻자, 너무 멋지고 행복하다고 마치 데뷔한 느낌이 들고 무대가 편안했다고 한다. 선생님이 브로치를 가져오라고 하자 무대로 가서 커튼을 뒤지는데, 브로치를 못 찾으면 이 수업을 들을 수 없다고 하자, 사색이 돼서 세밀하게 찾는데 없다. "이게 어디로 갔을까? 정말 찾을 수가 없네!" 하고 당혹감으로 서 있다. 지금은 느낌이 어떠냐고 묻자 잘 모르겠다고 열심히 찾기는 했다고 한다. 그럼 처음 찾을 때와 지금 찾은 것 중 어떤 게 바람직하냐고 묻자 처음 것이라고 한다.

1) 막연하게(일반적으로) 행동하지 마라(don't act in general)
그러나 마리아가 첫 번째 브로치를 찾을 때는 단지 보여주기 위해서 '우리에게 믿게 하려고(to make us belive)' 했다. 그리고 괴롭다는 걸 나타내기 위해서 '괴로워하기 위해 괴로워(for the sake of suffering)' 했다. 그러나 두 번째는 '진짜로 찾는 행동'이었다. 구체적 상황과 느낌이 없이 '행동 자체를 위해서 행동(for the sake of action)' 하지 말고, 누가 해도 항상 똑같은 일반적이고 '막연하게 행동하지 마라.' 배우는 언제나 목적을 가지고 행동해야 한다.

2) 선행하는 어떤 것(something that goes before)

무대에서는 어떤 상황을 불문하고 감정유발 그 자체에 목적을 두고 즉석에서 취해지는 행동이란 없다. 이것은 역겹기 짝이 없는 가식일 뿐이다. 질투든, 사랑이든, 고통이든, 그 속에 담긴 감정이나 정신은 일단 그대로 내버려 둬라. 이 모든 감정은 그 보다 '선행하는 어떤 것'의 결과이다. 바로 그 선행한 어떤 것에 대해서 철저히 생각해보고 찾아내야 한다. 그러면 원하는 게 저절로 얻어질 것이다.

3) 상투적 몸짓(conventional gestures)

우리가 흔히 하는 격정에 대한 그릇된 연기, 판박이로 항상 똑같이 하는 상투적 몸짓은 우리 직업에서 흔하게 행하는 잘못이다. 배우가 '상투적 몸짓'인 이런 껍데기 허식에 빠져서는 안 되고 그 감정의 '선행되는 것'을 찾아내야 한다. 격정이나 감정의 유형들을 복사하는 게 아니라 그 격정과 유형 속으로 들어가서 살아야 한다. 그 선행되는 것에서 목적이 있는 배우의 연기가 자라서 살아 나오도록 해야 한다.

3. 아무 이유 없는 연기
(to act no reason at all)

오늘도 학교 극장에서 작업을 하는데 무대에는 아늑한 거실이 꾸며져 있다. 우리는 집에 있는 것처럼 느껴져서 삼삼오오 자리를 잡고 앉아서 수업이 시작된 줄도 모르고 잡담들을 하고 있다. 연출선생이 왜 연기를 안 하냐고 한다. 나는 무엇을 해야 할지를 몰라서 멍한데, 폴이 '아무 이유 없는 연기'를 어떻게 하냐고 하자, 그럼 무슨 이유를 찾아 보라고 한다. 그렇게 되면 연기를 위한 연기지 되지 않느냐고 하니 지금부터는 목적이 있는 연기만 해야 한다고 한다.

1) 내적 동기(inner motive)

간단한 신체행동을 하기 위해서 목적이 있는 '내적 동기'를 찾으라고 한다. 바냐에게 저 문을 닫으라고 하자 가서 문을 꽝 닫고 온다. 아무 생각 없이 닫았다며 바람이 못 들어오게라든지 바깥의 사람이 듣지 못하게라든지 하는 어떤 이유가 있어야 하는데 이유가 없으니 내적 동기가 없다는 것이다.

2) 상상력(imagination), 상황(circumstances)

나는 벽난로에 불을 피우려고 하다가 성냥이 없다고 하니 성냥이 없이도 불을 피울 수 있다며 정말로 불피워야 할 것은 '상상력'이라고 한다. 그래서 나는 불피우는 흉내를 내어 불을 피우고 불의 열기를 느끼려고 해봤지만 잘 안 되었다. 목적이 없기 때문에 행동이 기계적이었고 내 상상력은 이미 고갈되었다. 진정한 예술가는 현실과는 다른 흥미로운 삶을 스스로 창조하고 싶은 욕구를 가져야 한단다. 그리샤가 커튼이 올라가고 관객이 있으면 욕구가 저절로 생긴다고 하자, 진정한 예술가는 그런 액세서리 없이도 그런 느낌을 느껴야 한다. 하나의 행동이 두 번째 행동으로 이어지고 그것이 또 세 번째 행동으르 저절로 이어져야 한다. 배우는 구체적인 내적 동기와 '상상력'과 '상황'에서 행동을 찾아낼 수 있어야 한단다.

3) 동기있는 행동(act with motive)

단순히 문을 열고 닫는 행동은 재미없고 기계적 행동이니 이렇게 '가정'을 해봐라. 만약 이 아파트에 한때 정신병자가 살았고 정신병원에 입원시켰는데 탈출해서 지금 문 밖에 서 있다고 가정해 봐라. 그렇게 되자 우리의 내면적 목표가 바뀌고 문 옆에 있던 바냐는 놀라 달아나고, 여자애들은 비명을 지르며 옆방으로 도망가고 나는 놋쇠 재떨이를 쥐고 탁자 밑으로 숨는다.

연습 후의 마무리 멘트는 오늘은 여러분들이 '동기 있는 행동'을 했다. 연기에서의 모든 행동은 '내적 정당성(inner justification)'을 지녀야 하고 '논리적(logical)'이고 '일관적(coherent)'이고, '현실(real)'이어야 한다는 것을 오늘 배웠다. 그리고 '만약(if)'이라는 이 가정이야말로 '실재세계(world of actuality)'에서 '상상의 영역(realm of imagination)'으로 우리를 끌어올려 주는 지렛대 역할을 한다는 것도 배우게 된다.

4. '만약'이라는 기능
(fungtions of 'if')

'만약에' 라는 말에는 특수한 성질이 담겨있다. 이미 경험한 바와 같이 즉각적인 자극을 유발시키는 힘이 되고, 자극유발이 아주 쉽고도 간단히 이뤄줘서, 저 문이 연습의 출발점과 방호수단이 되어 자기보호의 욕구와 주의집중의 대상이 되었다.

1) 일종의 효모(a kind of yeast)
위험하다는 가정이 '일종의 효모'가 되어 우리에게 중요한 것과 연관될 때 '내적 자극(inner stimulus)'으로 저절로 부풀어 오른다. 나는 미치광이가 문 뒤에 있다 고 거짓말을 하지 않았고 '만약에' 라는 가정어를 씀으로써 진짜가 아니라는 걸 밝혔고, 여러분도 실제가 아닌 가정으로 받아들였다.

2) 정직성으로 인해(through its honestry)

'만약에' 라는 말은 이런 특성이 있어서 강제로 믿게 할 수도, 믿지 않게 할 수도 없는 아주 은밀한 효과가 있다. 겁주거나 강요하지 않았지만 그 말에 담긴 '정직성으로 인해서 배우는 안심하고 가정된 상황에 자신을 갖고 대처하게 한다. 그래서 연습에서 자연스럽게 자극이 이루어졌다.

3) 실제적 능동성(real activity)

'만약에'라는 가정의 말은 또 다른 기능이 있으니 내면적인 '실제적 능동성'을 유발한다. 이 능동성은 자연스러운 수단에 의하여 이루어진다. 수동적으로 밍기적거리지 않고, 주어진 문제를 행동에 대한 도전으로 보고 실제적 능동성으로 응한다.

5. '만약'을 역할에 적응
(apply the use of 'if' to a role)

이제 이 '만약'을 활용해 보고 싶으면 이 '만약'을 역할에 그대로 적용시키면 된다.

어떤 순진한 사람이 낚시에 쓰려고 철로의 너트를 빼가서 엄벌을 받았다면 많은 사람들에게 웃기는 얘기이겠지만, 그 인물을 연기해야 하는 배우는 웃을 수 없다.

배우는 어떻게 할 것인지 금방 떠오르지 않아서 의구심으로 고민하게 될 것이다. 그렇다면 배우는 언제 어떻게 그 '만약에'를 적용시킬 수 있을까?

1) 의구심이 생길 때 (in moments of doubt)

작가가 작품을 쓸 때도 어떻게 해야 할지 의구심이 생기거나 상상력이 결핍될 때 사용하는 것이 '만약에'이다. 배우도 '의구심이 생길 때'는 '만약에'를 역할에 적응시키면 된다. 만약에 순박한 농부가 낚시에 쓰려고 선로의 너트를 빼간다면 어떻게 될까? 만약에 내가 이 사건을 판결해야 한다면 어떻게 할까? 만약에 재능있는 배우가 이 역할을 연기한다면 농부가 죄의식이 없다는 것을 입증해 줄 수 있을 것이다.

2) 배우의 삶과 역할 사이의 접촉
(contact between actor's life & his part)

만약에라는 가정을 할 때 예상되는 제반 상황들은 배우 자신의 감정과 비슷한 원천에서 나온 것이어서 배우의 내적 삶에 큰 영향을 미친다. 일단 '배우의 삶과 배역 사이에 접촉'이 이뤄지면, 배우는 내적 충동이나 내적 자극(inner push or stimulus)이 생긴다. 그 자극과 충동에 자기 경험을 통한 가능성을 추가하면 배우가 믿음을 갖고 무대에서 할 수 있는 연기가 엄청나다는 것을 알 수 있으니, 이런 식으로 작품 전체를 작업하면 하나의 새로운 삶 전체를 만들어낼 수 있다.

3) 의식적인 기술을 통한 잠재의식의 창조
(unconscious creativeness through conscious technique)

한 가상의 인물이 극 속에 설정된 상황에서 했을 것 같은 행동을 통해서 배우의 감정이 저절로 표현될 것이다. 그러면 이 감정이 의식적인가 무의식적인가? 배우는 무대에서 생활한 삶의 많은 순간을 기억하지 못한다. 결국 잠재의식적으로 연기를 하는 것이다. 이런 점에서 '만약에'라는 가정은 창조적 잠재의식을 일깨우는 자극제이다. 그러니까 연기는 '의식적인 기술을 통한 잠재의식의 창조'인 것이다.

4) 주어진 상황[9]에 걸맞는 감정

(feeling that seem true in given circumstances)

푸쉬킨의 미완성 논문에 '정서의 성실성(sincerity of emotion)'과 '주어진 상황에 걸맞는 감정'이 극작가에게 요구된다고 했는데 배우에게도 똑같이 요구된다. 걸맞다는 것은 실제 느낌이라기보다는 거의 유사한 어떤 것, 즉 진정한 내적감정에 이끌려서 간접적으로 재생되는 정서를 말한다. '정서적 성실성'이란 살아있는 인간의 정서, 배우 자신이 경험한 살아있는 감정들이다.

(1) 제시된 상황(proposed circumstances)

'제시된 상황'이란 연극의 스토리, 생활여건, 배우와 연출가의 해석, 미장젠, 연출의 형식, 세트, 의상, 소품, 음향효과 등 배우가 역할을 창조할 때 필요한 모든 상황을 말한다. '만약에'라는 가정은 출발점이고 '제시된 환경'은 그 전개이며 이 둘은 독자적으로 존재해서는 안 된다. '만약에'가 잠든 상상력을 깨우는 일이라면 '제시된 상황'은 만약이라는 가정 자체를 받쳐주는 기반이다.

(2) '제시된 상황' 활용 위해 해야 할 일(have to do)

　〈1〉 '제시된 상황'을 나름대로 상상해야(to imagine) 인물 환경의 윤곽을 얻는다.

　〈2〉 그런 삶에 있을 수 있는 가능성을 '실제로 믿어야(really believe)' 한다.

　〈3〉 그 삶을 몸에 익힘으로 스스로 그 삶에 '가까이 다가가야 (close to it)' 한다.

9　'주어진 상황'과 '제시된 상황'
　'주어진 상황(given circomstance)'이 작가가 쓴 대본 속에 있는 근원적 상황이라고 한다면, '제시된 상황(proposed circomstance)'은 배우가 연기할 때 만들어내야 하는 배우의 맡은 역할에 꼭 필요한 상황으로 해석하면 이해가 쉽다. 에튜드를 실행하는 배우에게 더 필요한 것은 일반적인 '주어진 상황'보다 구체적인 '제시된 상황'이다.

〈4〉 자신의 감정을 잊고(forget your feeling) '제시된 환경'에만 몰입해야 한다.

'만약에'라는 가정은 그 작업 자체도 예민해야 하지만, '제시된 상황'의 윤곽을 얼마나 예리하게 파악하느냐에 따라서 그 강도가 결정된다. 배우는 작가가 암시한 주제에 생명을 불어넣는 사람이다. 평범한 희곡이 훌륭한 배우에 의해서 위대하게 다시 태어날 수 있다. 배우는 말 속에 감춰진 것을 찾아내어 자신을 통해서 걸러내고, 등장인물의 미비점을 상상력을 통해서 보완하여 생생하게 드러낼 수 있다. 배우는 작가와 연출로부터 받은 모든 재료를 자신을 통해 걸러내는 작업을 하면서 상상력을 발휘하여 미비점을 보완하는 것이다. 재료는 정신적 신체적으로 우리 몸의 일부가 되듯이 우리의 정서는 진실한 것이어서 생산적 활동이라는 최종의 결과물을 얻으니 이것이 우리의 엄청난 작업인 창조이고 예술이다.

6. 올바른 길의 첫걸음
(beginning of the right road)

우리는 편지쓰기, 물건 찾기 등의 문제가 있었던 단순한 행동들을 다시 연습한다. 행동을 하기 전에 어떤 상황을 설정하고 그리고 만약이라는 가정의 틀 속에 넣어서 연습한다. 이것이 바로 '만약에(if)'라는 가정과 '제시된 상황'이라는 조건을 미리 정해놓고 하는 행동창조에 대한 '정도의 첫걸음'이다.

1) 잘못된 접근(wrong approch)
배우가 처음부터 관객들에게 자기의 재능을 과시해서 엄청난 정서를 불러일으키려고 하는 '잘못된 접근'을 하면 당연히 무리가 따른다. 이제 '올바른 길의 첫걸음'을 알았으니 배우의 역할연구는 먼저 모든 자료를 수집하고, '만약에'와 '제시된 상황'을 활용하여 차근차근 접근하고, 그 위에 상상력을 발휘하여 미비함을 보완해야 한다.

2) 너의 감정을 잊어라(forget about your feeling)

그렇게 해야 실제 인생과 유사한 생명력을 얻게 되어 자신의 행동에 믿음을 갖게 된다. 처음에는 자기의 감정은 잊어버려야 한다. 그러나 내적 진실이 갖춰지고 그게 진실하다면 감정은 행동과 함께 저절로 겉으로 드러나게 된다.

3-1장 스타니스랍스키의 〈배우수업〉 유고[10]
〈행동〉의 장에 대한 보충[11]

1. 미치광이 에튜드[12]

이전 수업에서 우리가 '미치광이' 에튜드를 할 때 실패한 원인은 오늘 이라는 시점에 맞는 새로운 과제를 설정하지 않고, 오래된 방식을 되풀 이했기 때문이다. 그래서 또 하나의 잘못을 저질렀으니 행동에 일관성과 논리성이 없다는 것이다.

이것을 이해하려면 우리가 어떤 상태로 바리케이드를 만들었나를 생

---

10 〈배우수업의 유고〉는 스타니스랍스키가 〈배우수업〉에 포함시키고 싶었던 글로 그의 후기 시스 템인 '신체적 행동방법'을 접근하는 첫 단추를 푸는 귀중한 글이고, '신체적 행동의 기억'의 교육 프로그램을 폭넓게 이해하는 데 절대 필요하고, 배우의 상호행동인 '교류'의 수정개념에 큰 도움 이 되고, '배우와 관객의 관계'와 '배우의 순박성'도 스타니스랍스키 시스템 이해에 꼭 필요하다. (〈나상만의 연기학 어떻게 볼 것인가〉 나상만, 예니, p.5, pp.89-107).

11 배우의 창조를 흔들리지 않는 궤도에 올리려는 스타니스랍스키의 노력은 만년에 〈신체적 행동 법〉이라는 새롭고 본질적으로 중요한 발전을 하게 된다. 〈배우의 작업〉 1부를 인쇄에 넘기고도 제자들과 계속 수정과 보완작업을 해왔다. 그래서 그의 책의 구성은 편집자와 감수자의 몫이었 고, 〈행동의 장에 대한 보충〉도 그 끝없는 발전 중의 하나인 것이다. 〈나상만의 연기학 어떻게 볼 것인가〉 나상만, 예니, pp.21-22.

12 '에튜드'는 햅구드의 스타니스랍스키 시스템의 번역에는 없고, 나상만 역 〈배우수업의 유고〉에 등장한다.

각해보자.

1) 행동의 당위성을 믿을 수 없어

오늘 에튜드2를 할 때는 다른 방식으로 해서 천장이 문에 붙지 않고, 조금 떨어져 있어서 미치광이가 그 사이로 숨어 들어오는 것을 막을 수 없었다. 결국 큰 틈이 생겨서 바리케이드가 제 구실을 하지 못한 것이다. 이런 상태로는 아무도 '행동의 당위성을 믿을 수 없어'서 행동에 확신이 없었으므로 무대에서 연기하는 것을 스스로 진실하게 체험을 할 수 없었다.

2) 비논리적 행동

벨리야미노바가 보여준 또 하나의 '비논리적 행동'은 그녀가 전등의 갓을 무엇에 쓰려고 하였는지 알 수가 없었다. 미치광이로부터 몸을 지키기 위해선가? 그리고 전등갓을 떨어뜨리기도 하고, 거드름 피며 들어 올리는 것은 무엇 때문인가?

3) 일관성과 믿을 수 없는

빌로드로 표지를 만든 얇은 앨범으로 무엇을 하나? 호신용이 될 수 없다는 것은 자명하지 않은가? 그래서 우리의 행동이 믿을 수 없게 부적당해서 비논리적일 수밖에 없었다는 것을 인정해야 한다. 그리고 미치광이 에튜드를 반복할 때 '일관성과 믿을 수 없는' 것을 지적한다. 그런 연기는 올바른 감정을 불러일으키지 못하고, 아무 도움도 안 되고 자연스런 체험에 방해만 된다는 것이다.

4) 올바른 순서대로 되지 않아

분초프가 도대체 아무것도 알 수 없다고 탄식하자 구체적으로 설명을 해준다.

물주전자로 컵에 물을 따를 때 주전자의 무거운 마개가 흘러 내려서 컵을 부수고 테이블에 물이 쏟아진 것은 행동이 '올바른 순서대로 되지 않아서' 그렇게 되었고, 화해하려고 적에게 가서도 또 싸움을 시작하여 때리고 맞다가 부상당한 것도 비논리적 행동의 결과라고 하자 분초프는 잘 알았다고 한다.

2. 일관성 있게 행동해야 하는 역할

이제 우리는 정신적 신체적 행동 과정에서는 논리성과 올바른 순서에 따라 '일관성 있게 행동해야 하는 역할'이라는 문제에 도달하게 된 것이다.

1) 일상생활에서

사람은 '일상생활에서'는 의식적이고 습관적으로 일관성을 갖고 논리적으로 행동하고 실제로 느낀다. 일상에서는 자기의 생활 목표, 필요성, 욕구에 좌우되어 본능에 대한 필연으로 반응하게 길들여져 있다.

2) 무대에서

배우가 '무대에서' 역할을 연기할 때에는 그 생활은 현실이 아니라 배우의 상상에 의해서 완성한다. 그러나 처음에는 역할의 인물에 적합한 독자적 인간적 욕구나 살아있는 생생한 목표가 배우의 혼 안에 살아있지 않기 때문에, 오랜 창조작업을 하는 동안에 점차로 단순한 '상상의 목표'가 자신의 '절실한 요구'로 전환되어서 완성된다.

3) 진짜라고 하는 믿음

그러나 그 전환을 할 수 있는 내적인 기술을 익히지 못한 배우는 자기 나름의 단순한 방법으로 샛길을 찾으려고 한다. 그래서 희곡의 목표를 위해서 행동하고 느끼는 것처럼 가장을 하는 것이다. 결국 연기의 열정을 단순히 '마치 ~처럼' 연기해 보이고 있을 뿐이다. 이것은 자기만 어느 정도는 느낄 수도 있지만, 자신의 행동이 '진짜라고 하는 믿음'이 없으면 실생활에서의 숙련, 습관, 경험을 통한 무의식적 활동의 논리와 일관성이 완전하게 생기지 않고 사라져 버린다.

4) 연기자만의 독특한 상태

이렇게 되면 실생활과는 공통점이 없는 '연기자만의 독특한 상태'로 만들어진다. 그러면 진정한 인간적인 욕구가 주는 핵심이 없어져서, 온갖 거짓이 무대에서 행해지고 무의식중에 가장 저항이 작은 자기만의 길을 택하게 되어 판박이 연기, 고무도장 연기가 되고 만다. 그럼 어떻게 올바른 길로 갈 수 있나?

3. 신체적 행동의 진실

올바른 길로 되돌려주는 심리기술의 방법은 논리적이고 일관성이 있는 정신적, 신체적 행동을 토대로 한다. 그래서 배우가 논리와 일관성이 중요하다는 것을 스스로 인정하는 것이 실제적 방법이라고 한다.

1) 소품 없는 에튜드

'지폐의 계산' 에튜드를 소품 지폐가 없이 하게 한 후에 지적과 방법을 제시한다.

(1) 우리가 상상의 지폐를 세는데 그것을 믿을 수가 없다고 한다.

(2) 무엇이 믿을 수 없냐니까 접촉하는 물체를 보는 척하고 실제로 보

지 않는다.

(3) 지폐를 꽉 잡지 않으면 흘러버리니 시간을 갖고 매듭을 찾아 끝을 풀게 한다.

(4) 지폐뭉치를 하나씩 신체적으로 믿을 수 있도록 디테일하게 계산하게 한다.

이런 순서로 신체적 작업을 행동의 한 단위에서 다음의 단위로, 하나의 순간에서 다음의 순간으로 논리와 일관성을 갖추고 정확하게 행하게 한다. 나는 존재하지도 않는 지폐 세는 일을 하는 동안에 실생활에서의 그 상황을 찾아낼 수 있었다.

이 방법의 덕택으로 상상과 실제와의 올바른 관계를 발견하여서 내가 하는 '신체적 행동의 진실'이 진짜인 것을 느끼기 시작한다. 이제 즉흥적으로 끈을 묶어서 책상에 놓는데 이 작은 행위가 실제와 같아진다.

2) 행동의 진실성 믿기

처음에는 어색했는데 행동의 순서를 면밀히 찾아서 행동을 반복하는 중에 실생활의 느낌을 갖게 되고 그것을 믿게 되고, 그리고 '자기 행동의 진실성도 믿게' 되는 것이다. 실생활의 감각은 아주 자연스럽지만, 배우가 무대에서 관객 앞에 있다는 것을 배우가 의식하기 때문에 진실하던 행동에 변화가 생기게 된다. 이 변화는 피하기 어려운 해악이어서, 배우가 이 변화에 맞서려면 다음과 같은 행동구성 요소의 세부사항을 연구해야 한다.

(1) 행동 각 부분의 올바른 순서가 현실생활과 똑같게 만들어 주게 된다.

(2) 행동이 생생히 살아있지 않으면 밖(신체)에서 안(마음)으로 바꾸어 가야 한다.

(3) 행동의 각 요소를 논리적 올바른 순서로 세워주면 현실의 생활과

하나가 된다.

(4) 이 연합되고 하나 된 행동이 진실이라는 믿음을 주게 되어 생생하게 살아난다.

이 과정을 '지폐의 계산' 에튜드로 실행한 것이다. 그래서 외적인 기술로부터 시작하여 살아있는 실생활의 진실에 이르는 바른 순서의 발전단계가 중요하다.

4. 대상 없는 행동
(물체 없는 행동, 상상의 대상과의 행동, 신체적 행동의 기억)

우리가 해본 '지폐의 계산' 에튜드는 상상 속에서만 존재하는 대상을 사용해서 한 것이므로 이것을 '대상 없는 행동'이라고 할 수 있다. 이제 의식적으로 이런 행동을 할 수 있도록 하는 이 작업의 숨은 비밀과 그 사실적 의미를 밝혀보자.

1) 실제의 소품을 가지고 한 에튜드

이번에는 상상의 지폐가 아닌 실제의 소품을 가지고 나와 분초프에게 에튜드를 하게 한다. 그리고 장면이 끝나자 내가 지폐들을 가지고 한 모든 행동들을 기억하느냐고 모두에게 물으니 다 기억할 수 없다고 하자, 직접 행동한 나한테 행동들의 순간을 기억하냐고 묻는다. 사실 나는 구체적으로 생각하지 않고 아무거나 기계적으로 해서 생각나지 않는다고 자백한다.

2) 소품 없이 상상으로 한 에튜드

그래서 먼저 했던 상상의 지폐로 한 행동을 기억해 보라고 하자. 모두가 명확하게 기억하고 있고 나도 소품 없이 상상으로 했던 내 행동들의 주의의 선이 분명하게 기억이 난다. 그렇다면 실제의 대상으로 한 것과 상상의 물체를 사용한 이 실험으로 어떤 결론을 내릴 수 있냐고 묻는다.

3) 기계적 습관적인 행동

실제의 대상을 사용할 경우 배우 행동은 거의가 주의의 선을 흩뜨리고 '기계적 습관적인 행동'을 해버리는 것이다. 배우의 주의의 단절이 행동의 본질로 파고드는 것을 방해한다. 그래서 올바른 논리적 순서가 없는 행동이 되어서 주의의 명백한 선이 완성되지 않는다. 그러나 상상의 물체를 사용하는 행동은 전혀 다르다.

4) 상상의 대상을 사용하는 행동

상상 속에서만 존재하는 대상이 실생활에서 기계적으로 일어나는 것을 의식적으로 부활시키는 데 도움을 준다. 그러면 이 '상상의 대상을 사용하는 행동'이라는 방법은 대체 무엇인가? 그것은 행동의 각 구성요소와 논리와 일관성으로 기억하여 순서대로 올바른 행동과 동시에 알고 있던 감각을 불러일으킨다.

이 모든 것이 합쳐져서 각각의 부분으로부터 이뤄진 행동을 생생히 살게 한다.

가수의 발성연습이 음성을 올바른 위치로 이르게 하듯이 '상상적 대상과의 행동'은 배우의 주의를 바람직하게 이끌어 준다. 아르카지 니콜라에비치는 지금도 상상적 대상과의 행동을 매일 15분이나 20분씩 연습하고 있단다. 그는 모스코바 순회공연을 온 엘레오로나 듀의 〈춘희〉 공연에서의 감동적인 장면은 전체로서뿐만 아니라 그 모든 순간들을 분명하게 기억하고 있다고 한다.

4장
상상력(Imagination)

1. 예술은 상상력의 산물

(Art is a product of the imagination)

　희곡에 대한 우리의 작업은 일상생활을 '상상력'의 차원으로 끌어올리는 '만약에'를 사용하는 데서 시작한다. 그러니까 한 편의 희곡은 작가의 '상상력의 산물'로서 '만약에'라는 가상의 세계와 '주워진 상황'으로 만들어진다. 무대에서 실재란 없고 오직 상상력이 있을 뿐이다. 배우의 목표는 자신의 테크닉을 사용하여 희곡을 연극적 현실로 바꾸는 일이다. 이런 과정에서 '상상력'은 가장 중요한 역할을 한다. 결국 '예술이란 상상력의 산물'이라고 할 수 있다.

1) 상상력과 공상력(imagination & fantasy)
　'상상력'은 있을 수 있는 것, 일어날 수 있는 일을 창조한다면 '공상력'은 그런 일이 없었고 앞으로도 있을 수 없는 일이다. 그러나 영원히 있을 수 없다고 장담할 수는 없다. 화가에게는 상상력과 공상력이 모두 필요하고 배우에게도 마찬가지다. 극작가들은 지문의 해설에 인색하다. '그가 웃는다', '그는 죽는다'로 끝난다. 대사도 마찬가지다. 대사만 달달 외워서는 인물의 성격, 생각, 감정, 행동의 미묘한 차이를 나타낼 수 없으므로 배우가 필요한 모든 것이 만들어야 하는데 이 과정에서 배우를 이끌어주는 것이 상상력이다.

뛰어난 배우는 감수성이 강하므로 스스로 지어낸 애기도 실제로 믿는다. 자잘한 상상들이 일상생활에서는 필요없지만 무대의 연기에서는 필요하다. 천재는 우리와는 다른 시각으로 현실을 본다. 그들의 상상력으로 세상을 다르게 보는 것을 비난할 수 없다.

2) 상상력의 종류(kind of an imagination)

그러므로 상상력이 부족한 배우는 상상력을 개발해야 한다. 그러지 않으려면 극장을 떠나야 한다. 상상력이 없는 배우는 연출가의 손아귀에 놀아나게 된다. 부족한 상상력을 연출가가 채워주고 배우는 볼모가 된다. 상상력에는 세 종류가 있다.

(1) 자체로 주도력을 가진(initiative of its own)

그 하나는 '자체로 주도력을 가진' 상상력으로 특별히 노력하지 않아도 개발된다. 배우가 무엇을 하고 있든 상상력이 꾸준히 작동한다.

(2) 주도력이 부족한(lacks initiative)

다른 하나는 주도력은 없지만 어떤 암시를 받으면 촉발되는 '주도력이 부족한' 종류의 상상력이다.

(3) 반응하지 못하는(does not respond)

또 다른 하나는 암시를 주어도 '반응하지 못하는' 부류의 상상력이다. 이는 심각한 것이니 암시를 외형적으로 받아들이고 상상력의 개발은 이뤄지지 않는 경우이다.

즉흥적 연습

내 상상력은 주도력을 가지고 있을까? 암시를 받으면 스스로 작동될까?

나는 저녁에 방에 누워서 눈을 감고 즉흥적 연습을 시작했다. 미풍에 춤추는 나무들이 상상에 떠 올랐다. 그런데 똑딱이는 시계소리로 잠이 들고 비행기를 타고 날아올랐는데 계속 똑딱소리를 들으며 헤매다가 아침 8시 시계소리에 깼다.

2. 시도의 실패
(failure of my attempts)

나의 집에서 해본 상상력의 시도가 왜 실패했을까? 세 가지의 실수 때문이다.

먼저 달래야 하는데 상상력을 강제로 끌어내려고(forced my imagination) 했고,

그리고 흥미 없는 주제로 해보려 했고, 마지막으로 내 생각이 수동적이었다.

상상력은 능동성이 아주 중요하며 먼저 내면적 행동이 있어야 외면적 행동이 뒤따르는 것이다. 단순히 비행기를 타고 가는 행위는 능동적이지 않지만 비행기 조종사의 조종 행위는 능동적이다.

1) 능동성 불러일으키기(arousing activity)
(1) 말 놀이(word game)
능동성을 불러 일으키는 재미있는 '말 놀이'를 한 번 살펴보자.

"삼촌 뭐해?", "커피 마셔", "만약 그게 아주까리 기름이라면 어떡할 거야?"

"지금 어디 앉아있어?", "의자에", "만약 뜨거운 난로 위라면 어떡할 거야?"

이런 액티브한 물음에 대한 답으로 즉각적 상상을 통해 시늉을 해보이며 즐기는 놀이를 통해서 능동적 행동을 이끌어낼 수 있다.

(2) 만약이라는 마술(magic if)

현재의 주어진 상황 중에서 한 가지만 바꾸면 마술이 생길 수 있다.

하루 중의 지금의 시간대를 바꾼다.(만약 새벽 3시라면 지하철이 끊겨 걱정함)

계절을 바꾼다.(만약 지금이 겨울이 아닌 봄이라면 꽃놀이를 갈 수 있을 것임)

필요한 가정을 통해서 나타나는 마술과 같은 결정을 정당화시키는 것이 바로 '만약이라는 마술'이다. 작가와 연출의 상상력이 배우에게 새로운 창조를 요구하면, 배우는 사람들의 믿음 여부와 상관없이 평범한 소품을 사용해도 된다. 배우는 그 대상을 통해 생겨나는 감정을 가질 수 있다. 이것이 '배우의 만약이란 마술'이다.

3. 다른 차원으로 전환

(transfer to a different plane)

이제까지 우리는 실생활과 연관해서 상상력 개발연습을 해왔다. 이제 우리 작업을 '다른 차원으로 전환'하여 보자. 시간, 장소, 행동 같은 외적 부속물을 버리고 모든 여건을 자기의 마음속에서 직접 만들어 보자.

1) 막연한 전제(doubtfull premise)

이제부터 연출선생이 묻고 내가 대답을 한다.

"언제, 어디에 있고 싶은가?", "한밤중에 제 방이요", "몇 시인가?", "11시오", "왜?", "비극적 역할을 하려고요", "뭔가 떠오르나?", "자살 하려고요", "그래서?", "가죽 끈을 찾았는데 갈고리가 없어요", "그럼 계속 살아야겠군", "이제 상상력이 고갈됐어요", "당연한 일이지."

위의 말들은 구체적 과제가 없이 '막연한 전제'를 가지고 있으므로 플롯이 논리적이지 않고 막연한 상태에서 연기상황을 바꿔보려다가 안되니까 자살을 한다고 비약을 해버리니 비논리적이 될 수밖에 없다고 한다.

2) 어리석은 결론(stupid conculusion)

이렇게 '막연한 전제'를 가지고 출발을 하니 '어리석은 결론'에 도착할 수밖에 없고 상상력은 절름발이가 될 수밖에 없다. 세계여행을 하려고 한다면 막연히 대충 되는 대로 해보겠다는 식으로 생각해서는 안 된다. 아주 작은 일까지 고려해야 하고 논리와 일관성으로 긴밀을 유지해야 한다. 그래야 현실성이 없는 허황한 꿈이 확고한 사실로 자리잡게 된다. 그리고 방관자의 자세로 상상의 삶에 참여하면 수동적이 된다. 자신이 아닌 자기를 에워싸고 있는 상황만 보지 말고, 상황에 내적으로 절실하게 반응하여 항상 자신이 상황의 일부가 되어야 한다.

4. 배우가 항상 해야 할 일
(actor must always do)

1) 끊기지 않는 가정의 상황들(unbroken supposed circumstance)

배우는 연습 중인 연기를 중심으로 하여 항상 '끊어지지 않는 일련의 상황들'을 상상해 놓고 있어야 한다.

2) 내적 비전의 스크린(screen of our inner vision)

배우는 가상의 상황을 실제로 보여줄 수 있도록, 자기가 상상하는 상황과 내적으로 연결되어 있는 영화의 필름과 같은 '내적 비전의 스크린'을 활용할 수 있다. 이 내적 이미지가 분위기를 창조하여 배우에게 많은 정서를 불러일으킨다.

(1) 심상(mental picture)으로

사람은 실제로 없는데도 마음의 그림인 '심상으로' 만들어서 사물을 보는 능력이 있다. 시각적 촉수(visual feelers)를 통해 한 번 본 것이 눈 감으면 내적 비전에 펼쳐져서 항상 볼 수 있는 것이다.

(2) 내면의 귀(inner ear)로 듣기

마찬가지로 '내면의 귀'를 통해 시각적 기억(visual memory)으로 상상의 소리도 들을 수 있으며, 이 소리의 진원지가 우리의 외부에 있다고 느끼는 것이다.

우리의 감정이나 정서경험은 변화가 심하고 붙잡기 힘든 반면에, 우리 눈과 귀에 비춰진 이미지는 우리의 시각과 청각기억에 저장되어 있으므로 필요할 때에는 언제나 이 내적 비전의 선을 통해서 마음대로 꺼내어 쓸 수 있다.

5. 상상으로 영화 만들기
(make an imaginary moving picture)

오늘의 수업은 한 편의 상상으로 영화 만들기이다. 폴에게 살아있는 나무 한 그루를 연기하란다. 폴은 늙은 떡갈나무라고 한다.

"어디에 있나?", "알프스 고원의 목장에요", "뭣이 보이나?", "내 몸엔

나뭇잎이 덮혀있고 나뭇가지의 새집들이요."

이렇게 '만약에 내가'와 구체적 '주어진 상황'에 따라서 상상력을 개발할 수 있다.

1) 상상력이 움직이지 않는(imagination is inactive)

그런데 '상상력이 움직이지 않는' 사람에게 상상력 개발을 위한 방법이 있다.

(1) '간단한 질문(simple question)'을 던지면 답하지 않을 수 없다.

그러나 아무 생각 없이 답을 하면 안 된다. 좀 더 만족스런 답을 하기 위한다면.

(2) '논리적인 추론(logical reasoning)'을 통해서 주제에 접근해야 한다.

상상력에 입각한 작업은 의식적이고 지적인 활동을 통해서 이뤄져야 하므로 논리적인 추론과 기억과 상상을 통해서 무언가를 보게 된다.

(3) '시각 이미지(visual images)'가 떠오르는 순간 그는 꿈 속에 산다.

그렇게 되면 다른 질문을 던지고 계속적인 질문을 하여 이런 짧은 시간이 유지되고 연장되게 하여 마침내 전체적 그림이 그려지도록 한다.

2) 굼벵이 상상력(sluggish imaginations)

아주 간단한 질문을 던져도 금방 반응이 없는 '굼벵이 상상력'인 경우에는 내가 질문하고 내가 답하는 방법이 있다. 내가 제시한 답을 그대로 수용하면 거기서부터 앞으로 나아가고 내 답을 받아들일 수 없으면 그가 다른 답으로 바꾸면 된다. 이렇게 되면 그도 내적 이미지들이 그물같이 짜여서 환상이 되고 어떤 상상이 그에게도 창조되어서 만족스럽지는 못해도 뭔가는 얻어지는 것이다.

3) 막연(vague)에서 확실(definite)로

이런 시도의 훈련이 있기 전에는 초보자의 마음의 눈(inner eye)에는 아무 이미지가 없었거나 있어도 막연하고 혼란스런 것이었다. 그런데 이런 훈련을 통해서 확실하고 선명한 것을 볼 수 있게 되면 새로운 씨앗을 뿌릴 터전이 생긴다. 이 씨앗의 터전이 그림이 그려지게 될 화폭이고 영화가 만들어질 스크린인 것이다. 이제 상상력을 붙잡고 머리 속에 떠오르는 문제에 상상력을 부여해 주는 방법을 알게 된 것이다. 이렇게 하여 수동적인 상상력, 무기력한 상상력과 씨름하는 버릇을 가져야 훌륭한 상상력을 갖추게 될 것이다.

6. 마음의 귀
(inner ear)

지난 수업에서는 마음의 눈에 무엇이 보이는지를 얘기했다면 오늘은 상상 속의 늙은 떡갈나무로서 '마음의 귀'에 무엇이 들리는지 폴이 말해 보라고 한다.

"풀을 씹는 소리, 목에 단 방울소리, 쉬고 있는 여인들의 잡담 소리가 들립니다."

"시점은?", "봉건시대랍니다", "그 시대의 특정의 소리는?", "음유시인의 노래소리요."

"왜 들판에 혼자 서 있나?"

1) 무슨 이유로(for what reason)

일반적으로 말해서 '무슨 이유로?'라는 질문은 대단히 중요하며 이 질문의 대상을 분명히 밝히지 않으면 안 된다. "왜 들판에 혼자 서 있나?"는 이 질문은 배우에게 미래를 암시해주고 행동을 하게 한다. 폴이 말한다.

"이 떡갈나무는 높은 곳에서 공격에 대한 망루 역할을 하고 있습니다",

"폴의 상상력이 나래를 펴서 주워진 상황이 조성되었다. 이제 이 늙은 떡갈나무는 대지에 뿌리를 박고 있다. 행동을 유발할 새로운 상황 하나를 더 찾아라."

그러나 폴은 더 찾아내지 못한다.

2) 수동적 테마(passive theme)

"실생활에서는 무엇에 가장 민감하게 반응하나?", "싸움을 보면 흥분합니다."

"적의 화살이 쏟아지는데 어떻게 할 건가?" 폴이 소리치며 "뿌리가 땅에 박혔는데 어떡하란 말입니까!", "그래 흥분하는 걸 보니 됐다. 어떻게 할 수는 없지."

왜 그런 주제를 폴에게 주웠느냐는 질문에 대해 '수동적인 테마'이더라도 '내적 자극(inner stimulus)'을 일으켜서 행동까지 넘볼 수 있다는 것을 증명하기 위해서란다. 상상력 개발연습으로 우리는 역할에 맞는 재료, 즉 내적 이미지를 마련하는 법을 배우게 된 것이다.

7. 새 상황에 적응
(adapt yourself to the new condition)

배우가 이미 사용했던 것을 새롭게 바꿔보고자 할 때, 상상력은 매우 중요하다. '문 밖에 미치광이가 있는 상황'의 연습에 새로운 가정으로 방향을 바꾸어보자. 그 방법은 '새 상황에 적응'하고 거기서 암시되는 소리를 듣고 행동해야 한다.

1) 사실적 토대 위에(on a basis of facts)

상상력에 의한 배우의 모든 창조물은 철저히 연구하여 '사실적 토대 위에' 확실히 만들어야 한다. 이 과정에서 '언제, 어디서, 왜, 어떻게' 같은 질문을 자신에게 묻고 스스로 답할 수 있어야 한다. 막연히 펼치는 상상력은 헛된 것이다. 배우는 지적일 뿐 아니라 신체적으로 참된 행동을 하고 싶은 도전 의식이 있어야 한다.

2) 의식적, 이성적 접근(conscious, reasoned approach)

그런데 상상력에 '의식적, 이성적으로 접근'하면 삶의 활기가 없는 껍데기밖에 얻지 못한다. 배우의 상상력은 실체나 육신이 없어서 우리의 신체와 '반사적인 영향(reflexive affect)'을 주고 받아야 행동으로 만들어진다. 배우의 무대에서 모든 동작과 말은 그의 가상의 삶의 과정을 제대로 거쳐서 얻어진 결과물이다. 자신이 누군지, 어디서 왜 왔고, 무엇을 원하는지를 모르면서 기계적 대사와 행동을 하면 진실성이 없는 연기가 된다.

3) 자신의 감각점검(test your sensations)

상호 반사적 영향은 정서 기술에 있어서 매우 중요하다. 그래서 기계적인 대사나 행동을 하면 상상력이 결여된 연기가 되어서 태엽을 감아 놓은 기계장치인 자동인형이 된다. 이제 배우는 어떤 간단한 질문에도 일반적인 대답을 하기 전에 상상력의 길로 되돌아가서 기억을 구체적으로 떠올리고 '자신의 감각을 점검'을 철저히 하면서 대사와 행동을 해야 한다.

5장
주의집중(Concentration of Attention)

1. 제4의 벽
(fourth wall)

우리는 막이 내려진 무대의 마리아 거실에서 연습을 하다가, 막이 올라가자 프로시니엄 아치 밑으로 시커먼 객석이 보이는 투명한 '제4의 벽'을 앞에 두게 된다. 우리는 이 엄청난 변화에 적응시켜야 된다는 위기감을 느낀다. 이젠 무대 위의 배우가 아닌 객석의 관객에게 보고 듣게 해줘야 한다. 이 무대에 함께 있던 연출과 조연출도 오케스트라석으로 옮겨가자 전혀 딴 사람들이다. 이제 저 객석의 '블랙홀(black hole)'의 손아귀에서 벗어나는 법을 모르고는 어떻게 할 수가 없을 것 같다.

1) 블랙홀 벗어나기(to overcome the black hole)
나는 저 무서운 블랙홀(객석)의 손아귀에서 벗어나는 법을 모르고는 우리 작업을 못하겠다고 하는데, 폴은 상관 없이 잘 할 수 있다고 한다. 연출선생은 멜로성이 강한 비극 한 장면을 주며, 관객을 잊어버릴 만한 비극이니 실험을 해보라고 한다.

우리는 모두 열심히 했지만 아무것도 제대로 못했다. 그 이유는 무대 위의 비극적 요소보다 객석의 자력이 더 강해서라고 판단한다.

2) 주의집중의 결여(lack of power to concentration of Attention)

그래서 우리는 커텐을 내리고 다시 시도한다. 연출과 조연출도 무대 안으로 들어오자 전반부의 연기가 편안해졌다. 나는 드라마틱한 부분에서 뭔가 미흡한 것 같아서 많은 것을 보이고 싶었고 감정을 쥐어짜는 가식적 연기가 된다. 결국은 막을 내려도 안 되니 블랙홀 탓만이 아니고 가장 큰 결함은 주의를 집중하는 힘이 없는 '주의집중의 결여' 때문이라는 지적을 받는다.

2. 무대에 관심 쏟기
(interested in something on the stage)

오늘도 무대의 막은 올라가 있어서 친숙한 분위기는 사라졌고 우리 사이에는 침묵이 흘렀다. 갑자기 "신발 뒷굽 부러진 사람 누구지?" 연출 선생의 말에 모두 신발 뒷굽을 살피느라 정신이 없었다. "지금 객석에 누가 왔다 갔는지 아는 사람?" 막이 올라가 있었고 비서가 결재를 받아 갔는데 아무도 몰랐다.

어떻게 아무도 몰랐을까. 이유는 아주 간단하니 객석을 잊으려면 '무대에 관심을 쏟아야' 한다. 무대 위의 일에 집중하면 객석은 잊어먹을 수 있다.

1) 주의의 초점(point of attention)

배우는 '주의의 초점'이 있어야 하니, 어디에 주의를 기울이느냐가 중요하다. 그래서 배우가 이 주의의 초점을 객석에 두어서는 안 된다. 그리고 대상의 중요성이 클수록 주의의 집중도 커진다. 실생활에서는 우리의 관심을 끄는 게 많아도 별 상관없지만 연극에서는 정상적인 극중생활을 방해하게 된다. 그래서 주의를 고정시키는 노력이 필요하고 무대 위의 물건을 보는 법, 그들이 눈에 들어오게 하는 법을 새롭게 익혀야 한다.

2) 가장 가까운 대상(nearest object)

무대의 불을 끄고 조명을 받는 지점을 살펴보기로 한다. 탁자에 조명이 비치니 어둠 속에서 또렷해진다. 어둠 속에 빛나는 이 작은 조명은 '가장 가까운 대상'의 한 예이다. 가장 집중해야 할 순간에 우리는 이 가까운 대상을 사용한다. 우리의 모든 주의를 한 곳으로 모아서 다른 물건으로 흩어지지 않도록 해준다. 주변이 어두우면 조명을 통한 이 집중은 쉽게 이뤄진다. 우리는 밝은 곳에서도 이 연습을 계속한다. 각자가 탁자 위의 특정 물건을 대상으로 조사를 하는데, 대상을 깊이 '관찰'하면 '대상을 어떻게 해보려는' 욕구가 생기고, 대상을 어떻게 해보려는 욕구가 생기면 대상에 대한 관찰력이 커진다. 이런 상호작용(mutual inter-reaction)에 의해 배우는 주의를 기울이는 대상과의 접촉이 강화된다. 그래서 밝은 곳서도 가장 가까운 대상에 주의집중할 수 있게 된다.

3) 보고 관찰하는 법(how to look and see things)

그리고 조명을 끈 뒤에 다시 불을 켜고 중거리와 원거리에 있는 대상을 보여주면 우리는 가상의 스토리를 꾸미며 그것에 집중한다. 주조명이 커져 있어서 그렇게 할 수 있다. 주조명이 다시 들어오자 중거리든 원거리든 하나만 택해서 주의를 집중하려 하지만 시선고정을 못 시켜서 헤매다가 가까스로 조각상에 주의를 고정시키지만 금방 주의가 흩어진다.

중거리나 원거리의 초점을 구축하려면 배우는 무대에서 사물을 '보고 관찰하는 법'을 배워야 한다. 일상에서는 편하게 할 수 있는 행동도 관객 앞에서 사물을 보고 관찰한다는 것이 쉬운 일이 아니다. 그래서 배우는 스스로 교정하면서 걷고 움직이고 앉고 눕는 법을 다시 배워야 한다. 무대에서 사물을 보고 관찰할 수 있도록 우리 스스로를 재교육해야 한다.

3. 주의 기울이기(to be attentive)와 척하기(to appear to be attentive)

대상을 정하고 보는 연습을 한다. 연출선생은 보는 게 아니라 눈알이 튀어나오게 기계적으로 노려보기(mechanical gazing)만 해서는 주의를 집중하는 게 아니니 '주의 기울이기'와 '기울이는 척'하는 것은 전혀 다르단다. 아무리 입을 나불대고 손발을 기계적으로 움직여도 서글서글한 눈길 만은 못하다. 대상을 제대로 보는 눈은 관객을 끌고, 관객이 보아야 할 곳을 가리켜 준다. 반대로 흐리멍텅한 눈은 관객의 주의를 헤매게 만든다. 배우는 무대에서 주의를 집중할 대상을 희곡에서, 역할에서, 그리고 무대장치에서 선택해야 한다.

희곡의 매 순간에 그 역할의 인물이 있는 곳에서 보고 듣고 말하고 행동해야 할 것을 잘 선택해서 '척'하지 말고, 제대로 주의집중해야 할 것에 주의를 집중해야 한다. 이것은 어렵지만 반드시 풀어야 할 숙제이다.

4. 연습
(exercise)

오늘은 라흐마노프 조연출의 수업이다. 모두에게 대상을 정해주고 30 초 동안 바라보게 하고 불을 끄고 자기의 대상에 대해서 이야기하는 연습이 계속 진행되자 눈이 피로하고 주의력이 마비된다. 30분 훈련 후에 30분 동안 무용수업을 하고 같은 훈련을 하는데 관찰시간을 20초로 줄이고 한다. 관찰시간을 점점 줄여서 결국에는 2초까지 줄어들 것이라고 한다.

5. 주의집중의 범위
(circle of attention)

오늘도 주의의 대상을 불빛을 통해 확인하는 수업이다. 다만 지금까지 우리는 '빛 속에서 드러나는 점들의 형태(points of light)'로 되어있는 대상들을 살펴보았고 이제부터는 '주의집중의 범위'에 대해서다. 주의의 범위란 범위가 크든 작든, 하나의 영역 전체로서 그 속에서 일련의 독립된 대상들의 점들이 포함된다. 배우의 시선은 영역 내의 점들을 옮겨다녀도 괜찮지만 주의의 범위의 한계를 이탈하면 안 된다.

1) 작은 주의의 범위(small circle of attention)

어둠 속에서 탁자 위에 조명이 켜지고 많은 물건들이 형형색색을 반사한다. 이 탁자 위에 빛을 받고 있는 공간이 '작은 주의의 공간'이다. 빛을 받는 사람의 신체인 머리와 손이 이 범주에 속한다. 이 안에 있으니 내 방에 있는 것 같이 편안하다. 이 정도의 공간이면 누구든 집중해서 대상을 잘 살펴 볼 수 있다. 이것이 소위 '군중 속에 고독(solitude in public)'이다. 우리 모두 여기 함께 있으니 군중 속에 있는 것이요, 주의의 작은 범위 안에 격리되어 있으니 고독하다는 것이다. 배우는 많은 관객 앞에서 연기하면서도 달팽이가 껍질 속으로 들어가듯 언제나 이 범위 속에 숨을 수 있는 것이다.

2) 중간 범위(medium circle)

극장이 어둠에 싸이고 다시 조명이 들어 왔는데 조명이 제법 넓은 지역으로 들어와 있으니 몇 점의 가구와 탁자, 의자 몇 개, 피아노, 기둥, 벽난로와 안락의자가 보이고 나는 빛의 정 중앙에 위치하고 있다. 이것이 주의의 중간 범위이다.

3) 큰 범위(large circle)

거실 전체에 빛이 쏟아진다. 이것이 최대의 범위이고 그 크기는 배우의 시야에 달려있다. 배우가 해변이나 평원에 서 있다면 이 범위는 무한히 넓어져서 수평선이나 지평선에 맞닿을 것이다. 무대에서 이런 효과는 배경막에 그림을 그려서 처리한다.

큰 범위에서 배우가 앉아 있는 이 자리는 작은 범위에서는 군중 속의 고독을 느끼던 곳이다. 이제 마음속으로 작은 주의의 범위를 설정해서 그 고독감을 다시 재생해내야 한다. 작은 범위에만 빛을 받으면 그 안의 모든 대상이 주의를 끌게 하고, 빛을 안 받는 바깥은 안 보이기 때문에 주의를 뺏기지 않는다. 그래서 범위가 넓어지더라도 배우는 불빛 대신에 자기의 주의집중을 사용하여 일정한 한계를 유지해야 한다. 이것이 그 범위를 벗어남으로 인해 눈에 보이는 온갖 사물들의 끌어당기는 힘을 극복하는 작업이다.

4) 경계가 흔들리기 시작하면(your border begins to waver)

범위가 넓어질수록 배우의 주의의 영역도 넓어진다. 배우가 자기의 경계가 흔들리기 시작하면 그보다 작은 범위로 물러나야 한다. 자기의 주의를 확실하게 아우를 수 있는 작은 범위로 주의의 범위를 줄여야 하는데, 이때 주의의 끈을 놓쳐서 주의집중이 날아가지 않도록 주의를 다시 추슬러서 가능한 작은 한 지점이나 대상에 집중하여 주의를 다시 연결해야 한다. 예를 들어 눈에 들어오는 소품에 주의를 집중하여 그 소품을 중심으로 작은 범위를 다시 둘러쳐야 된다. 작은 범위가 생겨지면 그것을 확대하여 몇 개의 작은 범위가 들어가도록 중간 범위를 만든다.

5) 범위의 밖에 있으면(you find yourself outside)

지금까지는 배우가 항상 범위의 중앙에 있었다. 그러나 때로는 주의의 바깥에 있을 수도 있으니 이때는 배우의 역할은 수동적이다. 옆 방 천정에 불이 켜졌고 그 빛의 범위가 확대되면서 밝은 영역이 커짐에 따라 배우의 주의의 범위도 커지게 되고 배우의 관찰영역도 커진다. 그러니까 주의의 범위가 떨어져 있을 때도 주의의 초점을 선택하는 법을 사용할 수 있는 것이다.

6. 내 주의의 범위
(my circle of attention)

어디를 가든지 '나의 주의의 범위'를 가지고 다닐 수 있다. 어디서 무엇을 하든 스포트라이트가 나타나서 나를 따라 다닌다. 나는 작은 범위의 중심에 있기 때문에 어디서 무엇을 하든 집처럼 편안하다. 배우를 따라다니는 나의 주의의 작은 범위는 지금까지 배운 것 중 가장 요긴하고 실용적임을 확신한다.

내 몸을 중심으로 왼쪽 발꿈치에서 오른 쪽 발꿈치까지, 그리고 걸을 때는 발이 앞으로 나오는 데까지가 나의 주의의 범위이다. 이렇게 범위를 만들어가지고 다니며 그 속에 들어가면 쉽게 군중 속의 고독을 느낄 수 있다. 그 어디에서도 그 주위에 나의 주의의 범위를 둘러치고 그 안에 들어가 있는 것이 아주 쉬웠다.

7. 외적 주의(external attention)와
내적 주의(inner attention)

1) 외적 주의(external attention)
우리는 지금까지 주로 '외적 주의'를 다루어 왔다. 외적주의란 배우의 외부에 존재하는 물질적인 대상에 관한 것이다.

2) 내적 주의(inner attention)
그러나 우리가 가상의 상황에서 보고, 듣고, 만지고, 느끼는 대상들에 관련되는 '내적 주의'가 또 있으니 내적 주의의 대상은 오감의 전 영역에 흩어져 있다. 배우의 삶은 실제적인 삶이 아니면 상상의 삶이니, 결국 무대 위의 배우는 그 자신의 외적이거나 내적인 삶을 사는 것이다. 상상이라는 추상적인 삶은 배우가 내적으로 주의를 집중할 수 있는 무한한 원천을 제공하지만, 내적 집중은 너무 쉽게 깨져서 사용에 어려움이 있다.

3) 더 많은 집중력의 훈련(more disciplined power of concentration)
그리고 상상의 대상은 훨씬 '더 많은 집중력의 훈련'이 필요하다. 그래서 내적 집중 훈련은 극장에서만이 아니고 실생활에서도 계속 연결되어야 한다. 그래서 상상력 개발에 사용했던 연습법을 활용해도 마찬가지의 효과가 있다.

밤에 잠자리에 들어가 불을 끄고 하루 동안 있었던 모든 일을 되새겨 보는 훈련을 하는 것이 좋은데 가능한한 구체적이고 상세하게 반추하는 게 좋다. 이것이 바로 내적 외적 주의력을 강하고 예리하고 견실하게 개발하는 길이니, 특히 장기적이고 체계적인 훈련이 필요하다. 그래서 성실한 배우의 일과는 강력한 의지와 결정과 그리고 인내인 것이다.

8. 임의적 주의[13]
(arbitrary attention)

우리는 지금까지 내적 및 외적 주의를 알아보면서 대상을 기계적, 도식적, 형식적으로 살펴봤다. 이제 '임의적 주의'에 대해 살펴보자. 지성에 뿌리를 둔 임의적 주의는 많이 쓰이지는 않지만 배우에게 필요하고 특히 빗나간 주의를 바로 잡는 데 쓸모가 있다. 필요한 주의를 오랫동안 붙잡아 두면서 대상을 확실히 장악하려면 정서적 반응을 유발하는 또 다른 주의가 필요하다. 배우는 대상이 미치는 영향에 민감해야 하므로, 배우가 자기 임의대로 흥미를 끌어들여서 배우의 독창적 창조를 만들게 해주는 것이 임의적 주의이다.

예를 들면 고색창연한 샹들리에를 보고, 저것의 특별한 매력이 뭘까? 어디서 쓰던 것일까? 나폴레옹을 영접하던 육군 원수의 홀에 있었을 거

---

13 '임의적(arbitrary)'이라는 단어는 '정해진 원칙 없이 하고 싶은 대로'라는 의미이고 '의식적 (consciously)'이라는 것은 의도적 계획적이라는 뜻을 지닌다. 여기에서는 꽉 짜인 '의식적 주의 (신경수 p.115)'보다는 여유 있는 '임의적 주의'가 더 적합하므로 그렇게 쓰기로 한다.

야. 이렇게 배우의 지성적, 정서적 임의의 상상력을 불러일으킬 수 있다면 대상은 변화가 없지만 상상적 상황이 바뀌어서 샹들리에에 대한 정서적 반응이 풍성해진다.

9. 여러 층
(many layers)

우리가 배운 그 수 많은 것들 중에 하나를 생각하면서 동시에 다른 것도 생각하는 것은 불가능하지 않느냐는 질문에, 연출선생은 곡마단 곡예사는 고난도 곡예를 배우고 익힐 때는 초보자도 목숨을 걸고 뛰어드는 것은, 그들의 주의력이 '여러 층'으로 나뉘어져 있어서 뒤엉키지 않기 때문이라 한다.

1) 다듬지 않은 원자재(raw unfinished material)

인간의 주의력은 습관에 의해 자동적으로 형성된다. 가장 힘들 때가 처음 배울 때이다. 배우는 오직 영감에 의존한다고 생각해 왔을 수 있다. 이제 그 생각을 버려야 하니 훈련되지 않은 재능은 '다듬지 않은 원자재'일 뿐이다.

2) '제4의 벽' 위에 가상의 대상(imaginary object on that 'forth wall')

배우가 가상의 '제4의 벽'을 바라본다면 시선의 각도는 자신의 코끝이다.

자신의 코 끝을 보는 것이 제4의 벽면에 있는 가상의 대상에 주의를 고정하는 유일한 방법이다. 그러나 대부분의 배우들은 제4의 벽을 보는 척하지만 실은 오케스트라 박스에 있는 누구를, 혹은 객석의 누구를 보고 있다. 경험을 통해서 필요한 시선과 거리의 관계를 확실히 익히면 객석을 향하면서 관객너머로 시선을 넘기기도 하고, 관객 바로 앞에 시선을 멈출 수도 있다. 그러기 전인 지금은 얼굴을 좌우 어느 쪽이나 위쪽으로 비스듬히 돌려놓는 게 좋다. 잠재의식적 필요성을 느끼지 않는 한 제4의 벽을 보지 않는 게 좋다.

10. 관찰력
(powers of observation)

배우는 무대에서뿐 아니라 일상생활에서도 '관찰력'이 있어야 한다. 그렇지 않으면 창조방법이 한 쪽으로 편중되어서 실제 삶과의 관련성을 잃게 된다.

천부적으로 관찰력이 뛰어난 사람은 인간사의 다채로운 모든 요소를 확실하게 끄집어낼 줄을 안다. 그러면 관찰력이 없는 사람은 어떻게 해야 하나?

1) 정서 기억(emotion memories)

관찰력이 없는 배우에게는 아름다움에 눈을 돌리고, 귀 기울여서 듣는 법을 가르쳐 줘야 한다. 이렇게 습관을 들이면 정신이 고양되어서 정서기억이 활발해지게 된다. 자연을 관찰하고 어두운 뒷면도 살피고 기억해야 한다. 자연은 계속 관찰해야 하는 대상이니, 꽃 한 송이 속의 무엇이 즐거움을 주는지를 말로 표현해 봐야 한다. 배우가 창조적 재료를 얻는 과정에는 정서가 바탕에 깔려 있어야 한다.

2) 진실한 믿음(sincerely belief)

그러나 감정으로 배우의 지성적 작업을 대신할 수는 없다. 아름다움과 추함의 식별 방법을 스스로 익혀야 한다. 피상적인 겉치레를 벗어나기 위해서는 문학, 미술, 음악 같은 인류의 예술적 창조물을 살펴봐야 한다. 배우에게 '진실한 믿음'이 있어야 예술의 원전을 고양시킨다. 배우는 정서를 뒤흔들 재료가 필요한 예술가다.

3) 정신적 경험(spiritual experiences)

배우는 주변의 삶을 관찰하고 거기서 작업의 재료를 찾아야 한다. 그리고 창조의 근간인 살아있는 '정서적 재료(emotional meterial)'를 연구하고, 개별적 접촉을 통해서 얻은 인상을 연구해야 한다. 사람들은 영혼의 문을 열어서 보여주지 않으므로 '마음의 눈'을 통해서 알아 차려야 한다. 그리고 눈에 보이지 않는 수많은 '정신적 경험'들은 표정, 눈, 목소리, 제스처 등에도 드러나니 움직임을 추적하여서도 처해 있는 상황을 알아낼 수 있다.

4) 직관적 느낌(intuitive feeling)

사람의 마음을 알아내기 위해서는 주의집중 중에서도 아주 섬세한 형태인 '잠재 의식에 기원을 둔 관찰력(powers of observation that are subconscious)'이 필요하다. 결국 내면 생활의 연구는 과학기술만으로는 해결되지 않으니, 잠재의식적 자아를 자극해서 그것을 창조과정으로 끌어들이는 방법을 배우기는 하겠지만 결국 은 '직관적 느낌'으로 접근할 수밖에 없다는 사실을 인정해야 한다.

6장
근육의 이완(Relaxation of Muscles)

1. 근육의 해방
(freeing our muscles)

나는 '지폐 태우는 장면'의 에튜드 연습 중에 비극적 대목에서 현기증과 갑자기 격렬한 통증을 느끼면서 의식을 잃는 사태가 벌어져서 몇 일간 침대신세를 졌다. 그래서 나 때문에 '근육의 해방'에 대해서 먼저 수업하기로 했다.

1) 근육긴장과 신체위축
'근육의 긴장'이나 '신체의 위축'이 초래하는 해악은 엄청나서, 발성기관에 그런 현상이 생기면 목소리가 쉬거나 소리가 안 나오고, 손발에 생기면 쥐가 나고, 얼굴에 생기면 이목구비가 마비된다. 근육의 긴장은 다른 부위에도 영향을 끼쳐서 정서의 표현과 배우연기 전반에 악영향을 끼칠 수밖에 없다.

(1) 근육 긴장(muscular spasms)

무거운 물건을 들고서 곱셈을 한다든지, 노래를 한다든지, 기억을 떠올리기 등을 제대로 할 수가 없다. 물건을 내려놓고 근육의 긴장을 풀어야 오감을 제대로 작동시킬 수 있다. '근육 긴장'으로 내면의 정서적 경험들이 막혀버려서 섬세한 감정과 행동을 할 수 없게 한다.

(2) 신체 위축(physical contraction)

그리고 근육의 긴장은 신체의 다른 부위에도 영향을 미쳐서 '신체 위축'을 가져와서 행동과 정서의 표현과 연기 전반에 악영향을 미친다. 그렇지 않도록 하기 위해서는 근육 긴장과 신체 위축을 풀어서 정상적 상태로 근육이 이완되어야 오감과 신체를 제대로 작동시킬 수 있고, 연기 전반의 악영향을 없애게 된다.

2) 창조 능력이 구속당함(arrest the creative faculty)

배우는 어느 순간의 미세한 근육의 압박으로도 '창조 능력이 구속당하게' 된다. 만약에 오른쪽 눈썹이 미세하게 떨릴 때, 얼굴의 긴장을 풀면 눈썹의 긴장도 풀리고 온몸의 근육도 풀릴 수 있다. 결국 아주 미세한 근육의 압박에 의해서 배우에게 가장 중요한 창조능력이 사라진다는 것을 알아야 한다.

2. 근육 이완

(to relax our muscles)

무대에서나 일상에서나 '근육 이완'은 배우의 절대적인 의무이다. 배우도 사람이니 근육의 긴장을 완전히 피할 수는 없다. 등에 긴장을 빼면 어깨로 가고, 어깨에 긴장을 빼면 횡경막으로 간다. 그래서 배우는 다음과 같이 근육을 풀어 이완해야 한다.

1) 자체 감시자(self observation)

배우는 자기 속에 '자체감시자'를 두고 불필요한 긴장을 이완하는 법을 계속 익혀서 무대 의식적, 기계적 습관으로 개발해야 한다. 그래서 근육 이완이 자연스러운 현상이 되도록 근육을 풀어주는 습관을 들여야 한다.

2) 제2의 천성(second nature)

근육의 감시자를 신체의 일부인 '제2의 천성'으로 삼아야 한다. 이 습관의 개발은 날마다 계속해서 체계적으로 이뤄져야 한다. 잠자리나 일상에서나 기쁠 때나 슬플 때나 중단되어서는 안 된다. 그렇게 해야 비로소 근육의 긴장으로 창조 작업이 방해를 받는 일이 없어질 것이다.

3. 갓난아이와 고양이
(an infant or a cat)

연출선생과 조연출이 와서 내가 바닥 위에 똑바로 누워서 긴장되는 전신의 근육을 부위별로 파악하게 한다. 긴장이 느껴지는 부위는 어깨, 목덜미, 어깻죽지, 허리, 그리고 엉치뼈 부분이다. 그래서 '갓난아이와 고양이' 같이 누워야 된다고 한다. 갓난아이와 고양이를 모래상자 위에 뉘어놓고 쉬거나 잠들게 하고 들어 올리면 몸 전체의 자국이 남지만, 신경을 곤두세우고 사는 사람들을 시험해 보면 어깻죽지와 엉덩이 자국만 남고 나머지의 신체부위는 근육의 긴장으로 모래에 닿지 않는단다. 그래서 긴장 없이 누워 30분을 자는 것이 불편하게 밤새 잔 것보다 더 가뿐해진다.

1) 처음부터 다시 배워야(learn everything from the beginning)

배우는 갓난아이 같이 보고 걷고 말하는 법 등 모든 것을 '처음부터 다시 배워야' 한다. 일상생활에서 이런 것을 못하는 사람은 없지만, 불행하게도 절대 다수의 배우들이 무대에서는 이런 것을 제대로 못한다.

2) 근육 감각을 혼동(confused muscular sensation)

분명한 것은 사람은 자신도 모르는 사이에 얼마나 쓸데없고 몸에 해로운 긴장을 하면서 살아가고 있다는 것이다. 배우에게 가장 큰 문제는 '근육 감각을 혼동'하고 있어서 긴장 지점이 늘어나고 긴장의 강도도 커진다는 것이다.

4. 필요한 긴장
(necessary tenseness)

1) 특정 근육이 긴장해야(some muscles be tense)

사람은 자세에 따라 '특정 근육이 긴장해야' 한다. 그래서 필요한 근육은 필요한 만큼만 수축(contract)하고, 주위의 다른 근육은 해서는 안 된다. 고양이는 용수철처럼 잠시 몸을 웅크렸다가, 움직일 때는 사용하는 필요한 근육만 수축시키고, 불필요한 근육은 풀어버리면서 자기근육을 놀랍게 상황에 따라 잘 정리해 간다.

사람에게도 자세유지에 '필요한 긴장'이 있으니 필요한 부분만 긴장하여 수축하고, 다른 곳은 긴장하지 말고 '근육이완'으로 풀어야 한다.

2) 무게중심(centres of weight)과 균형감각(sense of equilibrium)

사람이 취하는 자세에 따라 '무게중심'이 바뀐다. 그래서 조각상 복원

전문가는 깨진 조각상들의 본래의 위치를 찾기 위해서 인체의 무게중심을 연구한다. 사람의 무게중심을 연구한 사람은 손가락 하나로 거인을 쓰러뜨릴 수 있으니 상대방의 균형감각을 흐트려 버리는 것이다. 배우의 신체는 민첩성, 유연성, 적응력을 잘 갖출 수 있어야 하는데 그러기 위해서는 근육이 '균형감각'이 요구하는 대로 움직여만 주면 되는 것이다.

5. 자기 감시의 통제
(control of self-observation)

누워 있든, 서 있든 어떤 자세가 되든지 배우의 자세는 '자기 감시의 통제'를 받아야 한다. 그리고 배우의 모든 자세는 어떤 상상의 허구에 따라서 취해져야 한다.

1) 단순한 자세가 행동이 되기(mere pose becomes action)

이렇게 되면 배우의 자세는 자세에서 벗어나니 '단순한 자세가 행동이 되는 것'이다. 모든 자세는 어떤 '상상의 아이디어(imaginative idea)'에 근거해서 취해져야 하고, 제시된 상황(proposed circumstance)[14]에 의해 부각되어야 한다.

그러니까 자기감시로 긴장된 근육을 스스로 풀고, '만약에'라는 상상으로 구체적 상황에 맞는 자세를 취한다면 그것은 이미 행동인 것이다. 머리 위에 사과나무가 있다고 상상하고, 그 상상을 믿으면 목적이 생겨서 사과를 따는 행동을 하게 되니, 단순한 자세가 이렇게 살아있는 행동이

---

14 여기에서의 상황은 그냥 단순하게 '주어진 상황(given circumstance)'이 아니고 배우의 행동에 의해서 이루어지는 구체적인 '제시된 상황(proposed circumstance)'으로 표현한다.

된 것이다. 무대에서는 근거 없는 자세를 취해서는 안 되고, 창조적인 예술에는 진부한 관습은 필요 없다.

2) 몸 자세(pose of the body)의 세 순간들(three moments)
무대에서의 '몸 자세'에는 다음과 같은 세 가지의 중요한 순간들이 있다.

(1) 불필요한 긴장(superflous tenseness)

새로운 자세를 취할 때, 또는 그것을 공개적으로 취할 때 '불필요한 긴장'의 순간.

(2) 기계적 완화(mechanical relaxation)

감시자의 지시 아래에서 그 필요한 긴장의 '기계적 완화'의 순간.

(3) 자세의 정당화(justification of the pose)

자세 그 자체를 배우가 신뢰하지 못할 경우에 '자세의 정당화'의 순간.

3) 오직 인간의 본성(only nature itself)
근육에 대하여 의식적인 태도를 취하면 취할수록 더 많은 긴장이 생기게 되어 필요한 사용부분과 쓸데없는 부분을 분간할 수 없게 된다. 배우가 진정으로 믿을 수 있는 제시된 상황에만 근거하고 있으면, 그것이 현실이든 가상이든 상관없다. 살아있는 과제와 진실한 행동은 인간의 본성을 자연스럽고 잠재의식적으로 작동시킨다. 배우의 근육을 통제하고 긴장을 시키거나 이완시킬 수 있는 것은 '오직 인간의 본성'이다.

6. 고정된 자세에서 제스처로
(from fixed poses to gesture)

지금까지 '고정된 자세'의 연습을 했다면 이제부터는 '제스처'의 훈련이다. 제스처를 취하는 것이 매우 쉽다고 생각하지만 제대로 하기가 어렵다.

1) 단독적 동작(isolated act)
예를 들어 팔을 드는 제스처를 취한다면 어깨 근육 외의 목이나 등, 허리의 근육을 쓰지 말아야 한다. 그러니까 '단독적 동작'이 요구된다. 다른 근육을 쓰게 되면 팔을 드는 동작을 보상하기 위하여 반대방향으로 몸이 쏠리게 된다. 고장난 피아노 건반은 하나를 누르면 다른 것들이 울려서 원하는 음은 묻힌다. 배우의 행동은 악기의 음계처럼 명료하지 않으면 행동이 혼란스러워지고 모호하고 비예술적이 된다.

2) 에너지의 절약(economy of energy)
감정이 섬세할수록 신체표현은 정확성, 명료성, 유연성이 필요하다. 사람의 척추뼈는 24개인데 나는 등을 구부리는 동작을 할 때 구부러지는 곳이 세 군데밖에 느끼지 못한다. 세 번째의 손가락을 움직이면 네 번째, 다섯 번째 손가락도 따라 움직인다. 고양이를 관찰하면 필요한 동작에 해당되는 근육만 쓰고 있음을 알 수 있다. 고양이는 편안히 있다가 갑자기 뛰어오른다. 기막힌 '에너지의 절약'이고 세심한 '에너지 배분'이다. 나의 오셀로 역의 시범공연은 온몸의 근육이 벌벌 떨고 있던 얼빠진 짐승에 불과했으니 시범공연이 나의 잘못을 알게 한 값진 교육이었음을 깨닫는다.

7장
비트와 과제[15](Bits and Taskes)

1. 작은 조각으로 자르기
(cut into small pieces)

　　나는 유명배우인 폴의 아저씨 슈스토프의 집에 초대되어 간다. 칠면조 바베큐 요리가 나오자 슈스토프의 얘기가 시작된다. 이 요리를 먹으려면 통째로 먹을 수 없으니 다리, 날개, 엉덩이 등의 부위를 구분하여 잘라내어 먹어야 한다며 〈검찰관〉의 5막극을 예로 들어서 얘기한다. 장남에게는 큰 고기조각을 떼어주며 첫 장면이라고 한다. 둘째에게 또 주면서 우체국 장면, 그 동생들은 보브친스키와 도브친스키 장면, 두 딸은 시장부인과 딸 장면이라며 준다. 고기가 질기고 뻣뻣하면 만약이라는 마술과 주어진 상황이라는 양념을 쳐서 먹으면 된다고 한다.

15　핵구드의 번역에는 '비트와 과제'를 '단위와 목표(Units and Objectives)'로 잘못 번역했다. 러시아어의 원본에는 꾸속(Кусок)과 자다차(Задача)이므로 '비트와 과제'라고 해야 한다.

$$* \quad * \quad *$$

나는 집으로 오면서 나의 모든 행동을 비트로 잘라서 세어본다. 집에 도착하니 207비트가 되고 침대에 누우니 216비트이다. 머리가 어수선해진다. 이걸로 도대체 뭘 어쩌라는 건지 알 수가 없다. 너무 많은 비트가 나와서 뒤죽박죽이 되니 수를 줄이는 방법을 찾아야 하는데 어디서 찾지?

2. 항로에만 전념
(stick to the channel)

선장에게 항해를 하면서 그 많은 해안선의 굴곡, 여울, 암초 등을 어떻게 다 기억할 수 있냐고 물으면 그런 것들은 상관없이 '항로에만 전념한다'고 대답한다. 배우가 가는 길도 마찬가지다.

1) 중요한 비트들(important bits)

배우는 수만 가지의 요소에 매달리지 않고 올바른 창조의 노선을 유지시켜 주는 '중요한 비트들'에 의해서 앞으로 나아가야 한다. 누구와 헤어지는 모습을 연기한다면, 먼저 '내가 무엇을 해야 하는가'라는 자문으로 시작해야 한다. 그 답이 '집으로 돌아간다'이면 이 답이 바로 '주요 과제를 찾는 열쇠'가 된다. 집으로 가는 동안 수없이 많은 비트의 행동 중에 과제에 부합하는 행동은 몇 가지다. 이것이 배우의 주요 과제인 항로이다.

2) 작은 비트들이 융합되어 큰 비트들 되어야
(small bits fuse into large bits)

우리가 작은 비트를 쓰는 것은 단지 역할을 준비할 때뿐이다. 실제로 배역이 창조될 때는 '작은 비트들이 융합되어 큰 비트가 되어야' 이 큰 단편들이 항로를 표시하는 부표의 역할을 하여 여울과 암초를 피하게 한다. 비트의 크기가 크고 수를 적게 나눌수록 전체역할을 다루기도 쉬워진다. 배우가 작품분석 능력이 없으면 항로가 없는 선장과 같아서 피상적인 작은 일에 매달려서 혼란에 빠지고 작품 전체의 큰 의미를 잃게 된다.

3) 희곡의 핵심(core of the play)

그러므로 필요 이상으로 작품을 세분화하지 말고 '희곡의 핵심'이 무엇인지를 정확히 찾아서 사소한 것은 무시하고 주요 단계만을 짚어가면서, 각 비트에서 핵심내용을 추려나가면 전체의 윤곽이 드러난다. 결국 그 큰 비트들은 몇 개의 작은 비트를 합해야 얻어진다. 이것이 '희곡을 구성비트 별로 나누는 법'이고 중요 과제를 찾는 열쇠이다.

3. 창조적 과제
(creative task)

희곡을 비트로 나누는 것은 극의 구조파악이라는 외적인 하나의 과제가 있다. 그리고 더 중요한 또 하나의 내적인 이유가 있으니, 모든 비트의 중심에는 '창조적 과제'가 들어있다. 개개의 과제는 비트와 상관관계가 있는 일부분으로서 자신을 에워싸고 있는 비트를 만들어낸다. 희곡에 무관한 비트를 끼워 넣을 수 없듯이, 상관 없는 과제를 희곡 속에 집어넣을 수도 없다. 과제는 논리적이고 일관적인 흐름이 있기 때문이다. 결국 비트이론이 그대로 과제에도 적용된다. 그래서 과제도 작고 큰 비트로 나눌 수 있으므로 과제가 정도를 비춰주는 등대인 것이다.

1) 본질이 올바른 과제의 선택(to choose essentially right tasks)

많은 배우가 저지르는 잘못은 행동을 외면하고 급히 결과만을 추구함으로 억지연기를 만들어내는 것이다. 억지로 결과를 짜내려고 하지 말고 과제의 진실성, 완전성, 통일성을 가지고 '살아있는 과제'로 연기해야 한다. 배우가 무대에서 많은 과제를 찾아 내지만 모두가 필요하고 좋은 것이 아니고 해로운 것이 많으니, 질을 구별하고 잘못된 과제를 구별하여 '본질이 올바른 과제를 선택'할 수 있어야 한다. 올바른 과제란 다음과 같이 정의할 수 있다.

(1) 관객을 지향하지 말고 배우가 있는 푸트라이트 쪽을 지향해야 한다.

(2) 과제는 배우 자신의 것이고 역할의 과제와 일치해야 한다.

(3) 인간의 정신적 삶을 창조하고 예술적으로 체현해야 한다.

(4) 죽어 있거나 관습적, 가식적이 아닌 사실적 살아있는 인간이어야 한다.

(5) 자기 자신, 동료배우, 관객이 믿을 수 있게 진실해야 한다.

(6) 참다운 체험의 과정을 고취하여 끌어당기고 움직임이 있어야 한다.

(7) 과제가 명료해서 역할과 맞아야 하고 막연해서는 안 된다.

(8) 배역의 내적 실체에 맞는 가치와 내용을 지니고 피상적이지 않아야 한다.

(9) 능동적이어야 하고 배역을 추진시키고 정체되지 않아야 한다.

2) 과제의 세 가지 유형(three types of tasks)

(1) 외적 신체적(external or physical) 유형

'외적 신제적 유형'은 인사말, 목례, 악수와 같은 평범한 '기계적인 과제'다.

(2) 내적 심리적(inner or psychorogical) 유형

손을 잡고 눈으로 사랑, 존경, 감사를 표현하려는 경우는 '일상적인 과제'를 수행하는 유형이지만 '내적 심리적 유형'으로서의 요소가 들어 있다.

(3) 불완전한 심리적(rudimentary psychorogical) 유형

어제의 적이 악수를 청한다면, 생각을 하고 정서를 극복해야 할 뭔가 '불완전한 심리적인 유형'의 과제가 들어 있다. 과제에는 신빙성이 있어야 하고 끌어당겨서 실행하고 싶은 요구를 일으키는 견인력과 자력이 있어야 하니, 이 자력이 배우의 창조의지에 도전하게 된다. 어떤 신체적 과제든지 약간의 심리가 표함되있고, 어떤 심리적 과제에도 약간의 신체적 요소가 있다.

4. 과제 도출하기
(to draw a task)

중요한 문제는 비트작업에서 어떻게 과제를 도출해내느냐이다. 간단한 방법은 적절한 비트의 이름을 찾는 것이다. 좋은 이름은 비트의 본질을 구체화해서 비트의 기본 과제를 찾게 해준다. 한 장면 속에서 비트 전체의 핵심이 될 한 단어를 찾으면 그 단어가 과제를 불러내는 결과를 가져올 것이다.

1) 과제는 동사이어야(task must always be a verb)

중요한 것은 과제의 의미를 명사로 표현하면 안 되고 '동사로 써야' 한다. 그 이유는 명사는 정신이나 현상에 대한 지적인 개념을 떠올려주고 동작이나 행동을 알려주지 못한다. 모든 과제는 그 자체에 행동의 씨앗이 내포되어 있어야 한다.

명사 대신 동사를 쓰면 어떻게 되는지 보자. 명사인 '권력'을 동사화해보자. '나는 권력을 원한다'는 좀 수동적이다. '나는 권력자가 되고 싶다'도 과제에 능동적인 씨앗이 부족하다. '나는 권력을 잡고 싶다'는 행동에 좀 가깝다. '나는 인류에게 행복을 주기 위해 권력을 잡고 싶다', '나는

야심을 채우기 위해 권력을 잡겠다는 감정이 생긴다.

2) 내적 도전(innner challenges)

이렇게 사용하는 동사에 의해 점차 감정이 생기고 행동을 부추기게 되어서 '내적도전'까지 만들게 된다. 그래서 과제에는 배우를 끌어당겨서 흥분케 하는 힘을 만들기 위해서는 과제를 설정할 때에는 명사보다 꼭 동사를 써야 하는 것이다.

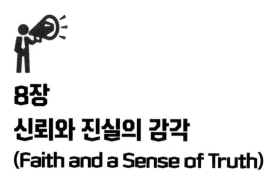

8장
신뢰와 진실의 감각
(Faith and a Sense of Truth)

1. 신뢰의 느낌
(feeling of believing)

우리는 작업시작 전에 '잃어버린 지갑 찾기' 연습으로 몰두 중에 연출 선생이 와서 연습에 진실감이 있고 신체적 과제에도 신뢰감이 있다고 하면서 그 자리에 지갑을 숨겨놓고 다시 한번 해보라고 했다.

1) 가짜로 모방(false imitation)

이번에는 절실히 찾아야 할 필요가 없어서 대충 찾았다. 첫 번째는 실제적으로 찾았는데 다시 하니 안 되는 이유는, 첫 번째는 지갑을 찾을 필요가 있었고 두 번째는 알고 있기 때문에 찾을 필요가 없었다. 처음에는 진실성이 있었지만 다음에는 진실성을 '가짜로 모방'한 것이다.

2) 두 종류의 진실성과 신뢰감(two kinds of truth and sense of belief)

배우가 자기 행동에 대해서 느끼는 진실성 및 신뢰감에는 두 종류가 있다.

(1) 사실의 차원(plane of actual fact)

진실과 신뢰감이 저절로, 실제적인 '사실의 차원'에서 생기는 경우이다.

(2) 예술적인 허구의 차원(plane of artistic fiction)

진실성은 사실의 차원에서 생기지만, 행동의 신뢰감은 상상적이고 '예술적인 허구의 차원'에 기반을 두고 있다.

3) 가상의 삶의 차원(plane of imaginary life)

두 번째 종류의 진실감을 가지고 지갑 찾는 장면을 재생하려면 배우는 '가상의 삶의 차원'으로 자신을 들어올려줄 지렛대가 있어야 한다. 지갑이 있는 곳을 알면서 지갑을 찾는 것과 비슷한 허구의 세계를 마련해야 한다. '제시된 상황'을 마음속으로 그려보면 신뢰할 수 있는 무대의 진실감 창조에 도움이 된다. 그러니까 일상생활에서의 진실은 실제로 존재하는 것, 실제로 알고 있는 것이다. 반면에 무대에서의 진실은 실제로 존재하지 않지만 일어날 수 있는 것이다. 이것이 바로 불가능을 가능하게 만드는 '가능한 불가능(probable impossibility)'인 것이다.[16]

4) 연극의 진실(truth in the theatre)

'극장에서는 모든 것이 허구인데 진실이 무슨 문제입니까?' 그리샤의 반론이다.

오셀로가 쓰는 단검이 쇠이냐 판자이냐는 재료가 문제가 아니고 그의 자살을 정당화시켜줄 수 있는 배우의 내면의 감정이 문제다. 중요한 것은 오셀로가 처한 상황과 여건이 실제라면 인간으로서 배우는 어떻게 행동할 것인가이다. 오셀로가 쓰는 단검이 실제의 칼이라면 어떻게 연기

---

16 가능한 불가능, <아리스토텔레스의 시학> 박정자, p.144, <가능한 불가능 드라마 극작> 이종한 저, pp.23-30.

할 수 있나? 배우에게 중요한 것은 자기 배역이 인간의 정신적 삶에 진실한가, 그 실제성에 믿음이 가는가이다. 무대에서 배우를 에워싼 배경으로만 쓰임새가 있는 물건들의 실제성은 중요하지 않다. '연극의 진실'이란 배우가 자신의 내적 창조순간에 활용해야 하는 '무대상의 진실(scenic truth)'을 말하는 것이다.

5) 배역의 정당화(justification of a part)

배경이 사실이든 가상이든 배우는 내면으로부터 작업을 시작해야 한다. 자신의 배역에 진실감이 충족될 때까지, 자신의 느낌이 실제라는 신뢰감이 살아날 때까지 모든 가상의 환경 및 행동에 생명을 불어넣어라. 바로 이 과정이 '배역의 정당화'이다.

무대상의 진실이란 자기 자신의 것이든 동료 배우의 것이든 진정하게 믿을 수 있는 모든 것이다. 진실과 믿음은 분리할 수 없다. 이 둘은 하나가 없으면 존재할 수 없고, 둘이 다 없으면 배우가 배역을 생활할 수 없고 아무것도 창조할 수 없다. 무대에서 일어나는 모든 일은 배우와 스탭과 관객 모두에게 설득력이 있어야 한다. 배우가 체험하는 정서와 행동이 진실하다는 믿음이 매 순간마다 충만해야 한다.

2. 진실이라는 감각
(sense of truth)

진실이라는 감각 속에는 진실이 아니라는 감각도 포함되어 있다. 이 두 감각은 사람에 따라 다르다. 75%의 진실과 25%의 허위이거나 50:50으로 같을 수도 있다.

1) 진실을 위한 진실(truth for it's own sake)

배우들 중에는 지나치게 진실에 집착해서 자기도 모르게 '극단적 허위'에 빠지기도 한다. 그래서 진실의 선호와 거짓의 혐오에 너무 빠져들면 '진실을 위한 진실'로 과장을 하게 된다. 이것이 가장 나쁜 거짓이기 때문에 배우는 냉정히 중립을 유지해야 한다. 배우가 관객 앞에 서면 뭔가 미진하다는 생각이 들고 감정표현을 위해 불필요한 노력과 행동을 하게 되고 그래서 과잉연기를 하게 된다.

2) 자기 연구과정(process of self-study)[17]

항상 자기를 살피고 연구해서 발 한걸음 내디딜 때도 '자기 연구과정'을 통해 검증되어야 한다. 그런데 누가 잘못을 지적해주면 고칠 수 있지만, 본인 스스로가 잘못됐다는 느낌이 없을 경우는 어떻게 해야 하나? 거짓의 발 밑에 진실을 심어둬서 진실이 허위를 밀어내도록 해야 한다. 어떤 배우는 남의 연기의 진실성 비평은 잘 하면서 자기연기의 진실성이 없다면, 이것은 '자기 연구과정'이 없기 때문이다.

이런 경우는 관객으로서 진실과 허위를 구별하는 것과 배우로서 구별하는 감각이 완전히 따로 노는 것이다.

3. 행동의 허위성 찾기
(to check falseness in action)

오늘은 무대와 실생활에서 상대방 '행동의 허위성 찾기' 게임을 하기로 한다.

---

17   '자체 연구과정'(신겸수 p.162)이나 '자성의 과정'(오사량 p.187)보다 '자기 연구과정'이 더 적합함.

1) 헐뜯는 비평가(carping critic)

그리샤가 마리아의 '행동의 허위성 찾기' 연습을 하는 중에 연출선생이 와서 두 사람을 무대로 올려놓고 걸음걸이에 대해 지나치게 꾸지람을 하자 두 사람이 몸의 통제력을 잃어버린다. 이것이 바로 '헐뜯는 비평가'가 배우를 속수무책으로 몰고 가는 것이라고 한다. 허위성을 찾는 일은 진실을 찾기 위해 도움이 될 때만 해야 한다는 것이다.

2) 진실자체를 과장(exaggerats truth itself)

헐뜯기만 하는 비평가는 허위를 만드는 사람이다. 이런 비평을 당하면 배우는 정도를 벗어나게 되어 '진실자체를 과장'하여 결국은 허위의 구렁텅이에 빠지게 된다. 그래서 건전하고, 냉정하고, 현명하고, 이해력 있는 비평가를 구해라. 그런 비평가들이 예술가의 최고의 친구로서 사소한 일로 배우를 괴롭히지 않고 배우의 본질을 보는 안목이 있는 비평가다.

3) 장점을 위한(for the good point)

다른 사람의 창조작업을 관찰할 때는 장점부터 보고 '장점을 위한' 진실을 계발해야 한다. 자신의 역할이 거울 같은 수준으로 보고들은 것이 믿음이 있는지, 거울에 비친 것처럼 정직하게 말해 주어야 한다. 그리고 가장 설득력이 있었던 순간들을 지적해 주어야 한다. 관객들은 배우를 보고 비난만 일삼지 않으며 오히려 무대에서 일어나는 모든 일들을 믿고 싶어한다.

4. 아주 간단한 신체적 토대
(simplest possible pysical base)

이제 돈이 없이 빈손으로 돈을 세는 것을 실습한다. 한꺼번에 해치우려 하지 말고 '아주 간단한 신체적 토대' 위에서 행동이 나와야 한다. 작은 진실에서 조금씩 앞으로 나가야 한다. 보조적인 작고 간단한 행위가 진실하고 구체적으로 이루어지면 전체 행동도 바르게 행해진다.

1) 진실하다는 확신(convince of the truth)
행동이 진실하다고 자연스럽게 받아들이기까지 배우가 얼마나 세심한 사실성을 기울여야 하는지를 알아야 한다. 배우가 내 신체행동이 '진실하다는 확신'이 서야 무대가 아주 편안하게 느껴진다.

2) 충분히 정당화된 신체행동(fully justified pysical action)
그리고 돈을 탁자에 두드려서 가지려니 하는 추가적인 행동을 했더니 소위 '충분히 정당화된 신체행동'이 되었다. 그것은 예술가가 완전한 유기적 믿음을 느낄 때 이루어진다고 연출선생이 말한다.

그리샤는 손에 닿지도 않는 허깨비 행위가 어찌 유기적이냐고 하자, 폴도 물을 마시려면 물을 입에 넣고 맛을 느끼고 목구멍 앞에 모아서 삼켜야 유기적이라고 하자 "바로 그거다. 그런 세세한 동작을 물이 없이도 배우는 할 수 있어야 한다", "입속에 아무것도 없는데 어떻게요?", "침이나 공기를 삼키면 되지, 침이나 공기는 물과 달라도 우리가 하는 일의 목적에 맞게 '충분한 정당화된 신체적 진실'이 들어 있다."

5. 본질적 신체 행동과 진실
(essential physical movements and truths)

이제 우리의 능력 안에서 신체적 행동의 일관성으로 진실성을 느껴보라고 한다. 거의 눈에 보이지 않지만 '본질적 신체 행동과 진실'을 얼마나 많이 빼먹고 있는지를 점검해 보라는 것이다.

1) 보조행동(auxiliary act)과 과잉강조(over emphasis)
아내의 부름으로 옆방으로 가서 애기를 목욕시키는 것을 보는 나의 행동실습에서, 아내가 불러서 자리에서 일어나기 전에 하고 있던 일의 마무리와 피우던 담배의 처리 같은 작고 디테일하지만 실제적인 작은 신체 행동으로서의 '보조행동'이 없다는 지적을 받았다. 아내가 부른다고 천정이 무너지는 것도 아닌데 벌떡 일어나서 담배를 입에 물고 달려가지 말고, 하던 일의 마무리 작업을 하고 담배를 놓을 곳을 찾아서 놓고 가는 사소한 보조행동이 일상의 진실을 살아나게 한다는 것이다.

그래서 내방으로 돌아오는 행동은 단순함을 피하려고 의도적으로 이런저런 자질구레한 많은 행동을 했는데 이런 것은 허위적인 것으로서 '과잉강조'라고 한다.

2) 비극적 무행동(tragic inaction)
그리고 돈이 다 타버려서 망연자실한 '비극적 무행동'의 연기를 하면서 나 자신이 과잉연기를 느꼈다. 그것이 우리에게 친숙해진 '낡은 상투수법(old familia clichès)'이라는 것이다. 놀라서 튀어나온 눈, 찡그린 이마, 양손으로 움켜잡은 머리, 쥐어뜯는 머리칼, 가슴을 치는 손, 이런 것들이 캐캐묵은 것들이다. 이 쓰레기들은 청소하고 작아도 좋으니 믿음이 있는 행동이 필요하단다. 하지만 '극적 무행동(dramatic inaction)' 상태인데 어떻게 움직이느냐고 항변한다. 그러나 무행동이라고 그 속에 아무 행위도 없는 걸까? 만약 있다면 그게 뭘까?

3) 하나의 작은 행동의 진실(truth of one small action)

군대에 간 남편의 사망소식을 들은 한 여인의 실제의 예를 보면, 그 소식을 듣자 그녀는 멍하니 아무 표정이 없이 몇 분을 꼼짝 않고 서 있다. 소식을 전한 사람도 꼼짝 못 하고 서 있다가 할 수 없이 움직이자 그녀는 혼절한다. 그녀의 몇 분의 무행동 시간 속에 과거의 모든 삶을 압축한다면 그것 역시 행동이다. 비극적 무행동이 신체적 행동이 아니라고 할 수 없다. 모든 신체적 행동 속에는 심리적 요소가 들어있고 어떤 심리적 행동에도 신체적 요소가 있다.

많은 젊은 배우들은 역할의 내적 진실을 단번에 파악하고 곧바로 믿어 버린다. 전체를 단번에 파악할 수 없으니 조각으로 쪼개고 한 조각씩 소화해야 한다. 조각의 본질적 진실을 찾아내어 믿으려면 '행동의 비트와 과제의 방식'을 따라야 한다. 큰 행동에 믿음이 안 생기면 생길 때까지 작게 나눠서 '하나의 작은 행동의 진실'을 믿을 수 있을 때 '척도감각(a sense of measure)'의 도움으로, 비로소 자기배역을 스스로 느끼고 또한 '희곡의 진실'도 신뢰하게 된다. 이것이 작지만 중요한 진실이다.

6. 뚜렷한 지름길
(distinct shorter route)

연출선생은 오랜만에 예전에 자주 다녔던 시골 산골짜기의 지름길에 갔었는데 나무와 풀이 무성해져서 지름길을 찾을 수 없어서 산 속을 헤매다가 낯익은 지형지물의 기억을 더듬어서 지름길을 찾고, 그 길을 계속

다녀서 예전과 같은 '뚜렷한 지름길'을 다시 만들 수 있었다고 한다.

1) 신체적 행동의 선(line of physical action)

실생활에서는 풀이 우거져서 모습이 없어진 옛 오솔길을 기억을 더듬어 다시 찾을 수 있지만, 무대의 배우가 '신체행동의 선'이라는 길을 잃으면 '판에 박은 기계적 연기(stereotyped mechanical acting)'라는 온통 마차바퀴 자국 투성이의 묵은 길로 다시 빠져들게 된다. 이것을 피하려면 일련의 신체적 행동부터 다시 시작해야 한다. 이 '신체적 행동의 선'을 찾는 방법은 오로지 신체행동과 신체적 진실과 신체적 믿음이 있을 뿐이란다. 우리는 각 순간들이 신체행동의 훈련으로 큰 흐름 속으로 흘러들게 되어 일관된 '진실의 흐름(current of truth)'을 만든다.

2) 인간의 신체의 생활(life of human body)

처음부터 끝까지 전체적으로 이 흐름을 반복 연습한다. 배우는 무대 안에 있든 무대 밖의 윙에 있든 배역의 생활화가 끊어지면 안 되는데, 한 장면을 마치고 무대를 벗어나면 연기가 끊기고 신체적 행동의 선도 끊어진다. 선이 끊기면 공백이 생기고 역할과 관계없는 생각들이 그 공백 속에 들어간다.

그래서 지금 만들려고 하는 그 인물이 지금 나의 이 상황에 처해 있다면 그는 어떻게 할까를 곰곰이 생각하다 보면 나의 역할에서 벗어나지 않게 하는데 도움이 되어 신체적 행동의 모든 순간들을 계속 길게 연결할 수 있다. 이런 지속적인 연결상태를 연극용어로 '인간의 신체적 생활'이라 하고, 이 생활이 내면의 진실감과 배우의 행동에 대한 믿음이 동기가 되어서 실제적인 신체적 행동을 생활할 수 있다.

7. 인간영혼의 창조
(creation of the human soul)

　　이제 역할의 신체가 창조되었으니, 더 중요한 다음 단계인 '인간영혼의 창조'로 들어가 보자. 이것은 신체적 행동을 하는 동안 모르는 사이에 이미 내부에서 일어나고 있었다. 신체적 행동을 하면서 내적인 확신을 얻었다는 것이 바로 그 증거이다. 신체와 영혼은 뗄 수 없는 관계니까 한쪽에 생명의 숨을 쉬면 다른 쪽도 살아난다. 어느 배역이나 내적 차원과 외적 차원이 상호 긴밀하게 연결되어 있는 것이다. 이 둘은 공동목표에 의해서 친밀하게 상호유대가 강화된다.

1) 에튜드 Etude(Этуд)[18]
　　연출선생은 내게 지폐 세는 장면을 다시 하라고 한다. 먼저 곱사등이 처남 바냐와의 관계 설정을 한다. '만약'과 '제시된 상황'을 떠올려서 아내와 처남은 쌍둥이고 이들은 응급수술로 태어나는데 산모와 여아를 구하기 위해 남아를 포기해야 할 입장에서, 다행히 모두 생명은 건졌지만 사내아이는 반푼이 곱사등이가 된다는 설정이다. 이런 상황이 만들어지자 처남에 대한 동정심과 연민이 생긴다. 그래서 이 친구가 지폐를 태우며 좋아하는 장면에 생명력이 생긴다. 나는 '에튜드'를 통하여 돈뭉치를 탁자에 탁탁치고 돈을 묶었던 띠지를 불속에 던지며 재미나는 표정과 제스처를 하고 바냐도 잘 맞춰줘서 생기와 재미있는 새로운 장면이 만들어진다.

18　여기서는 '즉흥연기'가 아니고 '에튜드(Etude(Этуд))'이다.

2) 의식적 기술(conscious technique)과
잠재의식적 생활(subconscious life)

나는 지폐 세는 '에튜드에서 지폐를 불태우는 반푼이 곱사등이 처남의 육체적 행동에 대해서 '만약에'와 '주어진 상황'과 신체적 생활과 정신적 생활을 모두 창조하는 이런 변화가 생길 수 있었던 것은 나의 상상력이 메말라 있어고 신체적 긴장으로 진실한 감정이 나올 수 없었는데, '의식적 기술'을 써서 역할의 신체를 만들고 그 도움으로 '역할의 정신(spirit of a role)'이라는 '잠재의식적 생활'을 할 수 있었던 것이다. 그러니까 상상의 작업이 막연히 허공에 떠도는 게 아니고 우리의 진정한 신체행동을 도와주고, 또 그것을 믿음으로 필요할 때는 언제나 불러내서 쓸 수 있는 '인간영혼의 창조'가 이뤄진다.

배우는 의식적 기술로 역할의 신체와 역할의 정신인 '잠재의식적 생활'을 만든다.

8. 연기와 여행
(acting and travelling)

'연기와 여행'은 유사점이 있다. 여행자가 여행을 하면서 보고 느끼는 것이 계속 바뀌는 것 같이, 배우도 신체적 노선을 따라 가면서 계속 달라지는 상황과 분위기에 따라 느낌이 계속 바뀌게 된다. 같은 목적지를 두고도 여행자가 가는 길이 각자 다르듯이 배우가 목적을 향해 가는 길도 다 다르다. 배우마다 배역을 실제로 몸으로 체험하기, 배역의 외적 형태만 모방하기, 판에 박힌 장식적 연기, 딱딱한 강의식 연기, 보여주기 위한 연기 등으로 배우가 가는 길이 각자 다르다.

1) 올바른 궤도의 유지(keep on the right track)

그러면 어떻게 배우가 엉뚱한 길로 가는 것을 막을 수 있을까? 그 방법은 길이 갈라지는 교차점에 잘 훈련된 '신호수(signal man)'를 배치하는 것이다. 이 신호수가 바로 배우의 진실감이고, 이 진실감이 행동에 대한 배우의 신뢰감과 하나가 되어 '올바른 궤도의 유지'를 가능하게 한다. 이 궤도에 선로를 깔기 위해서는 실제정서(real emotion)가 좋긴 하지만 정신적인 것은 실체가 뚜렷하지 않다. 그래서 신체행동이 필요하고, 그 행동 자체보다 더 중요한 것은 진실(truth)과 그에 대한 배우의 믿음(belief)이다. 배우가 진실성과 믿음을 가지면 감정과 경험을 함께하게 된다. 실제로 아주 작지만 믿음이 가는 행동을 해보면 직관적으로 어떤 정서가 생겨나는 것을 스스로 알 수 있다.

2) 작은 신체 행동(small physical act)과
엄청난 내적 의미(enormous inner meaning)

맥베스부인은 비극적 정점에서 무슨 행동을 하는가? 손에 묻은 핏자국을 씻는 간단한 신체행동을 한다. 아무리 작은 신체행동도 주어진 상황에 투사되면 엄청난 정서의 영향을 미치게 된다는 사실을 알아야 한다. 핏자국을 씻는 그 '작은 신체행동'이 그녀의 야심이 성취되었다는 '엄청난 내적 의미'를 드러내고 있고, 그녀의 내적 갈등이 너무 크기 때문에 오히려 그런 외적행동으로 출구를 찾는 것이다.

이런 식으로 '작은 신체 행동'으로 정서에 접근하여 억지연기를 피하게 되고, 자연스럽고 직관적이며 '엄청난 내적 의미'로서 확실한 결과를 얻을 수 있다.

3) 오직 제시된 상황 속에(only in the proposed circumstance)

배우는 진실한 신체행동을 통해서 섬세한 정서적 경험과 강력한 비극적 순간에 접근해야 하는데 어떻게 접근하는가? 창조적 의지로 하는데 그게 강제로 생기는가? 억지가 생기면 참된 정서가 아니고 과장으로 흘러서 낯익은 방법과 습관적인 방법으로 편하게 가게 된다. 그러지 않으려면 실체와 형체가 있는 것을 잡아야 한다. 그래서 극적인 순간에도 신체적 행동은 중요하다. 그 신체적 행동은 간단할수록 이해하기와 참된 과제로 나가기가 쉽다. 역할의 비극적 대목에 접근해야 할 때는 신경을 곤두세우지 말고, 헐떡이지 말고, 작은 신체적 행동에 믿음을 갖고 논리적으로 실행에 옮기며 다가가야 한다. 문제는 배우가 그리는 인물의 행동이 어떠한 '오직 제시된 상황에 속에' 속해 있느냐에 달렸고 그 상황 속에 행동의 원동력과 의미가 숨어있다.

9. 심리기술의 방법
(method of psycho-technique)

우리는 다샤의 버려진 아이 장면 연기에서 우리의 '심리기술'의 방법이 지닌 효능을 절실하게 느끼게 된다. 특히 사생아로 낳은 아이를 잃은 경험이 있는 다샤는 이 연기에서 하염없이 눈물을 흘리며 막대기를 껴안고 애지중지하는 연기는 진짜 살아있는 아이를 안고 있는 것 같다. 저게 바로 '우리의 예술법칙(laws of our art)'대로 작용하는 '영감이 창조할 수 있는' 연기인데 그 이유는 우리의 예술법칙은 '자연의 여신(Natute herself)'이 설정해 준다는 것이다.

그리고 이런 현상은 항상 기대할 수 없으니, 감정은 금방 사라지기 때문에 묶어놓을 수 없으므로 배우는 정서를 불러일으키는 '심리기술 방법'을 찾아내야 한다.

1) 정서적 경험의 재생(repeating emotional experiences)

'정서적 경험을 재생'할 수 있는 방법을 얻을 수 있다면 참 좋겠지만, 다샤가 다시 한번 이 상황의 연기를 하는데 아까만큼 감동적이지 않다. 그녀가 안고 있는 게 어린아이가 아니라 막대기일 뿐이다. 상당히 오랜 노력 후에 다샤는 처음 이 장면을 연기하면서 무의식적으로 느꼈던 것을 의식적으로 다시 끌어낼 수 있었다. 막대기가 아이라는 믿음이 생기자 그녀는 다시 자연스럽게 눈물을 흘리지만 나는 처음 같은 감동이 없다고 하니, 연출선생은 일단 토대가 마련되면 배우는 상상적 암시만 받아도 감정의 적절한 출구를 찾을 수 있다며 상상적 암시를 주기 시작한다. "다샤에게도 사랑스런 아이가 있다고 가정해 보자. 그런데 몇 달 만에 이 아이가 죽었다. 그런데 운명의 여신이 그녀를 불쌍히 여겨 더 예쁜 아기를 가져다 준다." 그러자 다샤는 '정서적 경험의 재생'으로 나무 막대기를 붙들고 처음보다 더 강하게 흐느낀다.

2) 상상적 암시(imaginative suggestion)

모든 것은 '상상적 암시'에 달려있으니 내가 던진 암시와 그녀가 겪은 비극이 우연히 일치하는 바람에 울 수밖에 없다. 그녀의 눈물은 안고 있는 나무막대기인 소품 때문이 아니고 그녀의 죽은 아기의 기억 때문이다. 그녀가 막대기를 보면서 처음 같이 다시 울 수 있었던 것은 머리 속에 아기의 '상상적 암시'를 통해서 아기의 심상을 만들었기 때문이다. 적절한 순간에 그녀에게 던진 그 암시가 우연히 그녀의 아픈 추억과 일치해서 감동적 결과를 얻을 수 있었던 것이다.

3) 전에 체험한 감각 불러내기
(recall sensations previously expereance)

그러나 그것은 연기를 하는 동안의 환각에 의해서가 아니다. 막대기가 아이로 바뀌었다고 믿은 것이 아니고, 그녀가 믿었던 것은 '극중 사건의 가능성'이다. 그녀는 자신의 모성적 행동, 애기에 대한 사랑, 그리고 자기를 둘러싼 모든 상황을 믿었다. 이것을 통해 정서에 대한 이런 접근방식이 역할창조뿐 아니라 '전에 체험한 감각 불러내기'에도 유용하게 쓸 수 있다. 이런 수단이 없다면 배우가 한 번 느낀 영감의 순간들은 영원히 사라져 버려서 다시는 불러올 수 없을 것이다. 이것이 바로 우리가 추구하고 있는 '의식적인 노력으로 무의식을 가져오기'이며 '심리적 기술의 방법'인 것이다.

10. 진실의 감각 테스트
(testing the sense of truth)

그리샤가 좋아하는 것을 연기하라는 주문을 받고 소냐를 파트너로 능숙한 연기를 하자, 연기의 '외적인 완벽성'만 추구할 뿐인 현명한 기술자의 연기로서 그런 가장된 진실이 이미지나 격정을 재현하는 데는 도움을 주지만 등장인물의 창조에는 도움이 안 된다는 것이다. 예술적 연기는 죽어있는 역할에 생명을 불어넣을 수 있는 자연스럽고 유기적인 창조라며, '능숙'과 '예술'의 차이는 '보인다(seem)'와 '이다(be)'의 차이와 같아서 '겉으로 드러나는 것(appearance)'과 '진실한 믿음(true belief)'은 다르다고 연출선생이 말한다.

1) 가상의 삶을 통한 실제화(be real in the imaginary life)
그리샤는 푸쉬킨의 경구인 "천한 진실(lowly truth)의 어둠보다 우리를 더 고양시켜주는 허구(fiction)가 더 소중하다"로 반론을 제시하자, 푸쉬킨은 신뢰할 수 있는 허구를 말하고 있고 허구에 대한 믿음이 있어야 우리는 고양된다는 것이니 이 말은 곧 무대에서는 모든 것이 배우의 '가상의 삶'을 통해서 실제화'되어야 한다는 것인데 그리샤의 연기는 가상의 삶을 통한 실제화를 느낄 수 없다고 한다.

그리샤는 화를 참으며 불만을 토로한다. 서커스는 신체적 행동에 목숨이 달려있지만, 예술을 하는 우리는 신체행동 속에 빠져있을 수 없고 예술은 넓은 공간이 필요하니 조그마한 신체적 진실에서 벗어나게 우리에게 자유를 달라고 항변한다.

2) 거짓 정서로 된 예술과 창조(art and cration with false emotion)

그리샤는 오로지 구름 위를 날아가기만을 바라고 있다. 하늘로 날아야 할 것은 상상력, 감정, 생각인데 그녀의 외적 인습과 거짓이 날개를 묶고 있어서 그녀는 객석에 묶여있다. 기초작업이 꼭 필요한데 그 기초작업을 두려워하고 연습을 예술가에게 창피한 일로 여긴다. 신체와 정신의 긴밀한 유대관계를 구축해야 하는데 왜 신체적 측면을 거부하는가? 연습하지 않고 고양된 감정을 애타게 동경하지만 자연의 여신은 허락지 않고 멋있는 포즈와 화려한 기술만 허락한다.

예술가는 필요한 신체적 기관을 꾸준한 연습을 통해 숙달시켜야 한다. 훈련하지 않고 고양된 것을 기대하는 사람들은 높은 수준으로 끌어올릴 속성을 갖지 못한 사람이다. 그들은 '거짓정서로 된 예술과 창조'를 입으로만 멋있고 복잡하게 떠벌리지만, 진정한 예술가는 단순하고 알기 쉽게 얘기한다. 어떤 역할에서는 그리샤와 소냐가 훌륭한 예술가요 유용한 공헌자가 될 수 있다는 것을 생각하기 바란다. 우리 예술에서는 모든 배우가 자신의 바른 자리를 찾아야 하고 자신의 독특한 유형을 발견해내는 것이 중요하단다.

11. 진실을 가장
(exaggerate truth)

이제 바냐가 지폐 타버리는 장면으로 테스트를 받고 연출선생의 평가를 받는다.

죽는 장면에서 그렇게 '진실을 과장'하는 이유가 뭐냐고 한다. 경련, 욕지기, 신음소리, 험악한 인상으로 점점 마비되어 자연주의의 노예가 되었으니, 목적을 위한 수단으로 자연주의를 받아들이지만, 버려야 할 것은 무대로 가져오면 안 된다고 한다.

1) 시적인 등가물(poetical equivalent)

인간 영혼의 마지막 기억에 살지 않고 외적 시각적 기억 찾기에 치우친다. 실생활에서의 모든 진실이 연기에 도움이 되는 게 아니다. 다만 무대에서 사용할 수 있는 것은 창조적 상상력에 의해서 '시적인 등가물'로 재창조된 진실이다. 예술적 가치가 있도록 새롭게 창조된 진실이 필요하다. 일상의 사소한 사실들에서 직관과 심미안으로 본질적인 것은 받아들이고 군더더기는 과감히 버리는 하나의 '예술적 진실의 결정(crystals of artistic truth)'으로 발굴하여 규명되고, 변형되어야 한다.

2) 감식안(see what is fine)과 균형감(sense of proportion)

마리아가 한 버려진 아기의 장면연기는 아름답고 전혀 다르다. 아이를 얻은 기쁨의 표현이 진짜 아기를 데리고 노는 것 같다. 데리고 춤추고 얼르고 옷 입히고 키스하다가 갑자기 반응이 끊기고 한참 바라보다가 표정이 바뀌고 놀라움이 공포로 변하면서 아기에서 물러나다가 돌처럼 굳어지는 게 전부다. 연출선생이 구석구석에 진실이 배어 있다고 외친다. 모든 요소들이 실생활에서 조심스럽게 선택되어서 모두를 믿을 수 있도록 하고, 다 취하지 않고 필요한 것만 취해서 넘치지도 부족하지도 않게 하는 '감식안'과 '균형감'이 있다는 것이다. 이런 현상은 천부적 재능에서 오지만 특히 진실감이 예민할 때 생겨난다는 것이다.

3) 어떻게 개발하고 점검하나(how to develope and regulate)

연출선생은 무대에서의 진실, 허위, 신뢰의 감각에 대해서 모두 살펴보았고 이제 이 중요한 자연의 선물을 '어떻게 개발하고 점검하나'라는 문제가 남았다고 한다.

(1) 모든 작업이 이 감각을 개발, 강화하는 쪽으로 방향설정이 되었나?

(2) 진실감을 바르게 성장, 발전시키려면 주의와 집중이 필요하다.

(3) 거짓을 피해라. 자연, 논리, 상식에 어긋난 것을 모두 피해라.

(4) 나쁜 씨앗이 날아드는 것을 막고, 군더더기를 계속 제거해라.

(5) 90%는 잘라버려라.

8-1장 스타니스랍스키의 〈배우수업〉 유고
배우의 순박성

1. 나무 조각을 안고, 아기 재우려는

오늘은 아르카지 니콜라에비치가 슈스토프에게 무엇인가를 해보라고 요구한다.

슈스토프는 무대로 가서 '나무 조각을 안고' 테이블보를 벗겨서 천으로 감싸고 우유를 먹는 '아기 재우려는' 것처럼 흔들기 시작하는데 무척 엉거주춤하다.

1) 바보인 이반의 순박함

왜 아기를 제대로 껴안지 않고 있냐고 묻자 그녀는 테이블보에 먼지가 많기 때문이라고 한다. 그것은 창조 순간의 아이처럼 순박하지 않고, 순박성이 계산적이기 때문에 충분한 바보가 되어있지 않다고 한다. 배우가 왜 바보가 되어야 하냐고 묻자, 동화 속의 천재적 '바보인 이반의 순박함'을 바보라고 생각한다면 배우는 쉽게 믿고 두려움을 모르며 희생이 넘치는 이반처럼 바보가 되어야 하니, 실생활에서는 그렇지 않더라도 배우가 되기 위해서는 그러해야 한단다. 푸쉬킨이 "순박한 신사여! 시라고 하는 것은 조금 어리석은 곳이 있어야 한다"고 한 것과 같은 이치이다.

2) 순박해지려면 어떻게 하나

순박성이 없으면 아무것도 할 수 없으니 우리의 본성에 등 돌릴 정도로 순박하게 행동하란다. 모든 배우는 어느 정도 순박하지만 그것을 부끄러워하여 숨기려 한다. 슈스토프는 자기는 순박성을 부끄러워하지 않고 불러오려고 하는데 어떻게 하는지를 모른다고 하니, 순박을 방해하는 것은 자신 속에 숨어있는 고집과 트집이므로 모든 것을 책망하거나 상상을 의심하지 않아야 된단다. 순박성에 가까운 벗은 진실과 신뢰이니 트집을 버리고 창조와 표현에 대한 공포로 자신을 몰아넣지 말고, 매력있는 아이디어를 진실과 신뢰로 완성시키란다. 상상을 작동하고 어떤 행동을 하느냐는 질문에 정직히 대답하면 순박성은 저절로 만들어지고, 믿을 수 없는 것을 찾기 전에 믿기지 않는 것을 없애야 하니 먼지 묻은 테이블보는 털면 된단다.

3) 선천적 순박과 무대에서의 순박

슈스토프가 선천적으로 순박하지 않으면 어떡하냐고 한다. 실생활에서는 순박하지 않은 사람이 무대의 창조과정에서는 순박해지기도 하므로 선천적인 순박과 무대에서의 순박을 구별해야 한다고 하자, 도대체 어떻게 해야 할지 모르겠단다. 토르초프는 내면에서 시작해야 하고, 곧바로 감정에 도달되지 않으면 허구의 상상력으로 시작하란다. 파샤는 아직 분명하지 않는 목표로 자기 안에서 무언가를 찾으려 하지만 부자연스럽고 불성실한 연기로 고무도장 판박이 연기가 된다.

4) 다른 길을 통해서

이럴 때는 '다른 길을 통해서' 감정을 찾아야 하니, 우리를 둘러싼 것을 관찰하고, 믿어지는 것, 믿기지 않는 것, 주의할 것, 무시할 것, 버릴 것을 찾아내어야 한다.

(1) 믿느냐

먼저 이 〈말로레트코비의 집〉을 자기 집으로 '믿느냐'는 것이다. 슈스토프는 마치 내방인 것처럼 익숙해졌다고 한다. 그러면 나무 조각이 살아 있다고 생각하는 게 의미가 있고 그런 환각이 필요하냐고 물으니 필요 없다고 한다.

(2) 마술적 만약을 믿을 수 있는 진정한 진실

나무 조각에 연연할 필요가 없다면 '마술적인 만약'과 함께 테이블보를 감싸고 보자기 안에 있는 것이 나무 조각이 아니라 살아 있는 아기이고, 테이블보가 포대기라고 생각되느냐고 묻자 물론 그렇다고 대답한다. 토르초프는 훌륭하다며 포대기가 된 테이블보, 아이를 감쌀 때의 올바른 행동, 이것이 바로 '마술적 만약을 믿을 수 있는 진정한 진실'이란다.

(3) 목적에 따르는 행동

이번엔 파샤가 나무 조각을 테이블보로 감싸기 시작하는데 잘 되지 않는다.

살아 있는 아기를 안고 있다면 그 '목적에 따르는 행동'을 해야 하는데, 보자기 틈새로 바람이 들어올 것 같이 헐렁하게 싸서도 안 되고, 빛이 들어와서 자는 아기를 방해해서도 안 된다는 것이다.

(4) 방해하는 것을 돕는 것으로

슈스토프는 무척 크고 볼품 없는 아기 보자기를 완성한다. 니콜라이 에비치는 나에게 해준 것처럼 신체행동의 결점들을 주의시켜서 슈스토프의 행동에 대한 믿음을 갖도록 해줘서 간신히 아기를 잠재운다. 한 가지의 질문은 왜 테이블보의 끝자락이 아기의 얼굴을 씌우지 않도록 그렇게 신경을 쓰느냐이다. 그 대답의 첫째는 내 상상을 망가뜨릴 나무 조각이 보이지 않게 하려는 것이고, 둘째는 아이의 눈에 빛이 닿지 못하게 하기 위해서란다. 정말 훌륭하다고 극찬을 받으니 이것은 '방해하는 것을 돕는 것'으로 바꾸었다는 것이다.

(5) 믿을 수 있는 행동의 진실성

모든 진실한 행동은 완벽하고 올바른 순서와 논리와 사려 깊음을 특징으로 해야한다는 것이다. 그렇게 되면 비논리적인 행동이 멀어지고 자기의 진실성과 무대 위에 존재하는 것에 대한 믿음이 가까워진다는 것이다. 어떤 작은 행동이든 그것을 무대에서 진실하게 끝까지 해내면 그 행동의 진실성은 정말로 믿을 수 있고 기뻐할 수 있단다.

(6) 배우의 신체 감각적 진실

무대에서 느끼는 '배우의 신체 감각의 진실'을 객석의 관객이 느낄 때 환호하는 것이다. 배우가 자신이나 관객을 기쁘게 하려면 마지막까지 이유 있는 행동을 해야 한다. 그것은 격정을 연기하고 감정을 쥐어짜는 것과는 비교할 수 없다.

"그렇지만 그건 아직 …." 슈스토프는 뭔가 아직 미진하다.

(7) 인간의 신체적 생활에 동기부여

"내버린 아이!" 파샤가 갑자기 계시를 얻은 것 같다.

"그건 〈말로레트코바의 방〉 앞의 현관에서 찾아낸 버려진 아이입니다."

이전에는 없던 것이 이번에는 저절로 일어났다. 처음에는 상상력이 무엇인지 생각할 수 없었지만 지금은 이미 이전부터 존재하고 있었고, 자기가 느끼고 있는 '인간의 신체적 생활에 동기를 부여'하는 일까지 할 수 있게 된 것이다.

(8) 두 가지의 마술적 만약

이제 '두 가지의 마술적 만약'을 완성시킨 것이다. 첫 번째의 만약은 이 나무조각이 단순한 나무가 아니라 살아있는 아이라면 어떻게 할 것인가?이고, 두 번째 만약은 이 아이가 자기 집 앞에 버려져 있으면 어떻게 할 것인가?이다. 아마 아직도 상황을 복잡하게 하는 특별한 사정이나 조건이 더 있지 않을까?

(9) 점점 더 깊숙한 상황으로

파샤는 아내가 외출중인데 이 아기를 불쌍하지만 이웃집 문 앞에 되돌려 놓아서, 자기가 이 아기의 아버지도 아니고 버린 것도 아니라는 것을 증명하겠단다.

토르초프는 찬성하며 마술의 만약이 아주 복잡해져서 '점점 더 깊숙한 상황'으로 들어간다고 한다. 파샤는 문제가 더 있다며 자기는 태어난 아기를 안아본 일이 없어서 떨어질까 두렵고 깨어나 울까봐 겁나고, 소문이 날까봐 두렵고 아기가 똥을 싸면 어디서 기저귀를 가져와서 어떻게 바꿔 채울지도 모르겠단다.

2. 배우의 순박성

그건 고려해야만 하는 재미있는 상황인데 더 중요한 것이 있다고 니콜라이에비치가 말하자 슈스토프가 아직도 무엇이 더 있냐고 긴장한다. 토르초프가 테이블보로 싼 아기가 그 동안 팔 안에서 질식하여 죽어버렸다는 것이다. 이 사태의 급변이 슈스토프에게 강렬한 영향을 미친 것은 이상한 일이 아니다. 그래서 '절절히 드라마틱한 장면'이 연출되는 것이다. 이 상황이 상상에 불과한 것이 아니고, 이어이없는 일을 진실이라고 생각한다면 이게 곧 '배우적인 순박성'이라는 것이다.

이 새롭고 우연히 완성된 에튜드를 〈억울한 범죄자〉나 〈테이블보 안의 나무조각〉으로 부르자고 한다. 이 에튜드를 통해서 슈스토프는 충분히 배우적인 순박성이 길러진 것이 증명됐다. 이 순박성은 상상력의 씨앗이 인간의 신체적 생활의 잘 가꿔진 토양 위에 떨어질 때에 쉽게 일어나게 된다. 오늘 슈스토프는 이 토양을 일구기도 하고, 진정한 신체적 행동이나 '진실과 신뢰'라는 비료를 주고 씨앗을 뿌리기도 하였다. 진정한 창조적 체험의 씨앗은 번개처럼 번쩍이며 풍성한 결실을 슈스토프에게 가져다 줄 것이란다.

9장
정서 기억(Emotion Memory)

1. 예상 못한 비평
(unexpected criticism)

오늘은 미친 사람 장면의 복습을 한다. 이 연습은 해본 지 오래되어서 우리는 신명이 나서 장면을 할수록 점점 더 힘차게 하게 된다. 왜냐하면 우리는 '무엇을 해야 하는지'와 '어떻게 해야 하는지'를 잘 알고 있었기 때문이다. 그러나 그 평가는 너무나 놀랍다. 지금까지 우리의 연습은 정직하고 성실하고 참신했으나 오늘의 연기는 거짓되고, 불성실하고, 가식적이었다는 것이다.

1) 무엇을 느꼈느냐(what were you feeling)
우리는 느끼고 체험하고 있다고 반박한다. 뭔가 느끼기는 했겠지만 '무엇을 느꼈느냐'가 문제라는 것이다. 지난 번의 동작과 행동과 그 연속성, 그리고 전체 무대 구성을 놀랍게도 정확히 그대로 유지하고 있다는 것이 문제란다. 그러니까 아무 구체적 느낌이 없이 다 알고 있는 연기의 외적 사실적 측면을 사진 찍듯이 기억하고 있다는 것을 입증했다는 것이다.

2) 실제적 경험의 느낌(feelings from actual experience)

마음 속의 움직임을 통한 '실제적 경험의 느낌'을 끌어내어서 배역으로 옮겨지는 감정만이 극에 생명을 불어넣을 수 있다. 그런 감정을 보여주지 못했기 때문에 내적 동기가 없는 외적 연기가 되어서 핵심 없고 냉냉한 형식일 뿐이다. 먼저 내적 경험이 일어나고 그 다음에 외적 형태로 형상화되어야 하는데, 지난 것들을 외적으로 복사한 것 말고는 아무 생각도 없으므로, 지난번에는 무서운 침묵이 흘렀는데 오늘은 희열과 흥분이 난무했다는 것이다. 미치광이에게 피해서 숨는 게 아니라 잘하고 있다는 것을 자랑하며 보여주려고 함으로써 새롭게 살아 움틀거리는 장면의 재창조 대신에 지난번 성공했던 연습을 기계적으로 되풀이했다. 우리들의 재료를 삶의 기억에서가 아니라 머릿속의 기억보관소에서 가져왔다는 것이다.

3) 이외성(the unexpected)

오늘의 실패를 노여워할 필요는 없으니 얼마든지 잘할 수 있다. 그 이유는 '이외성'이 창조 작업에서는 아주 효과적인 지렛대(effective lever)가 된다는 것이다. 이 연습을 처음에 했을 때도 잘 되지 않았지만, 그 사람이 정신병자일지 모른다는 생각을 하는 순간 이외성으로 엄청난 흥미가 유발되었다. 조금 전 이 장면을 반복할 때는 이외성이 퇴색되어 버린 것이다. 모든 것을 이미 알고 있고 행동하는 외적 형식까지 다 알고 있었기 때문이다. 기성복처럼 미리 만들어져 있는 외적 형식은 배우를 구렁텅이로 몰아넣는 치명적 유혹이다.

4) 특별한 정서 기억(Exceptional emotion memories)

어떤 여행객 두 사람이 높은 파도로 바위에 고립되어 있다가 구조되어서 그들이 당했던 것을 얘기하는데, 한 사람은 행했던 모든 일들을 낱낱이 떠올려서 어떻게, 어디로 갔다가 어디로 왔는지의 장소를 위주로 얘기하고, 다른 한 사람은 장소는 전혀 기억하지 못하고 처음에는 기쁨을, 다음에는 불안, 두려움을 그리고 희망과 회의를, 마침내는 공포가 차례로 밀려들었다고 했다. 만약 여러분이 오늘 이 두 번째 사람처럼 체험했던 감정을 되살려서 자발적으로 연기를 했더라면 여러분이 '특별한 정서 기억'을 가지고 있다고 했을 것이다. 그러나 여러분은 그러지 못했다.

5) 신체적 연습의 틀(physical scheme of the exercise)

이제 요구수준을 더 낮추어서 연습을 시작할 때는 외적 연습 계획에 몸을 맡겨도 좋다. 그러나 그 이후에는 외적 행동에서 얻은 감정을 되뇌이며 그 감정을 안내자 삼아 나머지를 해나가라. 그렇게만 해도 정서적 기억이 특별하지는 못해도 양호하다고는 할 수 있겠다. 만약에 그래도 전에 느꼈던 감각이 살아나지 않는다면, 제시된 상황을 새로운 눈으로 보고싶은 충동이 느껴지지 않더라도 우리가 지금까지 배워온 '신체적 연습의 틀'대로 연기하면서 새로운 '상상의 요소'를 불러내고 '심리 기술'을 활용하여야 한다.

2. 정서 기억 점검받기
(checked emotion memory)

오늘은 내가 먼저 정서 기억 점검을 받는다. 모스크빈의 감동스런 연기가 세월이 흘러도 생생한 내 느낌 속에 계속 남아 있는 것과, 비극적으로 떠난 친구의 죽음에 대한 느낌을 계속 간직하는 그런 유형의 기억을 '정서 기억'이라고 부른다. 우리는 어떤 물건이나 장소 또는 어떤 사람을 잊고 있다가 '시각적 기억(visual memory)'을 통해 '내적 이미지(inner image)'로 재구성할 수 있고 이와 같이 전에 체험했던 감정을 정서의 기억에 의해서 되살려낼 수가 있는 것이다. 이런 감정은 전혀 되살아날 것 같지 않다가도 순간적인 어떤 암시나 생각, 또는 낯익은 물건이 계기가 되어 그대로 되살아나게 된다.

1) 감각 기억 (sensation memory)

'정서 기억'은 오감(five senses)과 관련된 경험에 근거하는 '감각 기억'과는 구별돼야 한다. 이 두 가지 기억은 함께 평행선을 유지하는 기찻길에 비유할 수 있다.

우선 다섯 가지의 이 오감의 감각은 각각 어떤 가치가 있는지를 살펴보자.

(1) 시각(sense of sight)

가장 인상을 잘 받는 것은 '시각'이다. 내적 비전을 잘 갖춘 화가는 생전의 시각적 기억으로 죽은 사람의 초상화를 그릴 수 있다. 배우들은 보는 것은 물론이고 보지 않은 것도 상상으로 재생해 내어야 한다.

(2) 청각(sense of sound)

'청각' 또한 민감하다. 그래서 뛰어난 음악가들은 방금 들은 교향곡 전체를 머리 속에서 다시 되살려낼 수 있다. 배우의 목소리나 억양을 듣고 싶어 하는 관객의 감정을 유발하는 제1의 자극은 청각적 기억이다.

(3) 후각(sense of smell)

나무로 만들어진 소품 음식에서 풍기는 절묘한 냄새를 실감나게 맡을 수 있으려면 배우는 '후각'의 감각이 있어야 한다.

(4) 미각(sense of taste)

소품으로 만들어진 스튜요리를 놓고 맛있게 먹어야 하는 배우는 '미각'의 감각이 풍부하지 않으면 관객들에게 어필할 수 없다.

(5) 촉각(sense of touch)

스스로 눈을 찌르고 앞을 못 보는 오이디푸스가 딸들을 손으로 만져보면서 알아채는 장면은 '촉각'적 감각이 필요하다.

그러나 이 감각들이 우리 예술에 유용하고 중요하다고 할지라도 그들의 역할은 보조적일 뿐이며 주된 목적은 우리의 정서 기억을 도와주는 데 있다.

3. 기억에 변화

(to become tranceformed)

나는 귀가 길에서 정서 기억에 관한 의미있는 중대사건을 목격한다.

큰 길에 많은 사람이 전차 옆에 모여 있어서 그 속으로 들어가니 발밑에 턱뼈가 으스러지고 팔이 잘린 초라한 행색의 노인이 죽어 있다. 운전수는 자기 잘못이 아니다라고 호들갑을 떨고, 옆에 한 여인이 울고 있는데 군중들은 무관심과 호기심으로 구경한다. 너무 강한 인상을 며칠간 떨칠 수 없었고 밤에 잠이 깨면 더 무서운 시각적 기억이 떠올랐다. 며칠 뒤 흔적이 지워진 사고현장을 지나면서 지난 일을 돌이켜보니, 기억에 대한 충격은 마찬가지지만 인간의 잔학성, 불공평, 무관심에 대한 분노가 일어났다. 그리고 일 주일 뒤, 눈이 하얗게 내린 그 현장을 지나는데 시체가 생각났지만, 저게 죽음, 흐르는 핏물, 그것은 인간 죄악의 냇물이다. 하늘, 태양, 자연, 저것이 영원이다. 소름 끼치던 풍경이 변해서 거룩하기도, 준엄하기도 하다. 이것이 바로 '기억에 변화'가 생긴 것이다.

4. 이유가 무엇인가?

(I wonder why that is?)

오늘도 이상한 체험을 한다. 큰 길의 교통사고를 생각할 때마다 전차가 그 광경을 지배하고 있음을 깨닫는다. 지난 가을, 교외로 나갔다가 돌아오는 길에 자동차의 바퀴가 탈선했었다. 승객들이 힘을 합쳐서 선로 위로 옮겼다. 자동차는 왜 그리 크고 무겁고 우리는 얼마나 연약하고 보잘것없는가? 그런데 최근의 전차사고보다 그 전의 자동차 탈선사고의 감각 기억이 더 강하고 인상 깊은 것은 '이유가 무엇인가?' 오래 전 그 길가에서 죽은 원숭이에게 오렌지 껍질을 먹이려고 애쓰던 그 이탈리아인이 더 강하게 내 감정을 흔들고 있다. 참사를 무대에서 연기해야 한다면 비극 자체가 아니라 죽은 원숭이를 쓰다듬던 이탈리아인에 대한 나의 기억에서 내 배역의 정서적 재료를 찾아야 할 것 같다. 대체 그 이유가 무엇일까?

5. 자신의 정제된 기억 정서

(his own crystallized emotion memory)

우리의 기억으로 남는 것은 지엽적 세부사항이 아니라 인상으로 남겨진 두드러진 특징들로서, 농축되어진 크고 깊고 넓은 '기억의 합성 (synthesis of memory)'이다. 시간은 우리가 기억한 감정을 걸러주는 필터이고 위대한 예술가이기도 하다. 시간은 고통스러운 기억을 정화시켜서 시로 바꾸어 준다. 예술가는 자연에서 부여받은 것을 자신의 '정서 기억의 창고'에서 꺼낸 살아있는 재료로 보강해서 작품을 만든다. 셰익스피어는 다른 사람들의 주인공을 빌어와서 '자신의 정제된 정서 기억'을 가미해서 새롭고 생동하는 인물로 만든다. 자신의 정제된 정서 기억은 시간에 의해서 분명해졌고 시로 승화되었기 때문에 훌륭한 창작의 재료가 되었던 것이다.

1) 단지 영감 되어진 이유만으로(only because be inspired)

배우의 반응이 강렬할 때 영감이 떠오를 수 있다. 그러나 스쳐 지나간 영감을 쫓는 것은 시간낭비이다. 지금 내 속의 새로운 신선한 영감의 창조에 노력해라. 영감은 영혼 깊은 곳에서 자연스럽게 솟아나서 창조의 불꽃을 피워주는 불똥이다. 어떤 영감이 더 진짜라고 누가 말할 수 있는가? 영감은 '단지 영감 되어진 이유만으로' 그것 자체로 찬란하다. 영감의 씨앗은 우리 내부에 숨겨져 있고 외부에서 데려오는 게 아니다. 신비란 창조성을 키우는 위대한 자극이므로 그 자체가 아름답다.

2) 되풀이된 감정(repeated feelings)

유감스럽게 우리가 정서를 통제할 수 없고 오히려 정서가 우리를 통제한다. 우리가 할 수 있는 말은 "정서야 올 테면 와라, 다만 배역과 조화를 이루면서, 목표 달성을 저해하지만 마라"이다. 연기를 할 때에 예기치 않게 무의식적인 감정이 생겨준다면 그게 바로 우리 꿈이요 예술창조의 바람직한 방향이다. 그러나 정서 기억에서 도출되는 '되풀이된 감정'을 무시해서는 안 된다. 되풀이된 감정에 최선을 다해야 한다. 그 감정이 영감을 불러올 수 있는 유일한 수단이니까. 배우는 되풀이하는 '의식적 수단(conscous means)으로 잠재의식(subconscious)'에 도달한다.

3) 정서 기억이라는 용광로(the furnace of your emotion memory)

배우는 평소 자신의 느낌이 아니라 인물에게 더 소중한 정서를 엮어서 그리고자 하는 인물의 영혼을 짜나가는 직공이다. 배우라는 예술가는 자기 내면의 최고를 취하여 무대로 옮겨오는 사람이다. 그 형식은 다양하겠지만 배우의 인간적 정서는 항상 살아남고 그 무엇으로도 대치할 수 없다. 그리샤가 '무슨 역할을 하든 우리의 똑같은 낡은 감정를 써야 하냐?'고 묻자, 물건은 빌려서 쓸 수 있지만 감정은 다른 사람에게서 가져올 수 없다. 배역을 이해하고 그 인물에 공감하고 그의 입장에 설 수 있으면 그 배역에 요구되는 감정과 유사한 감정이 생길 것이란다.

언제나 자기 자신으로, 한 예술가로 행동하라. 자기 자신을 잃는 순간 진실한 배역의 생활과는 멀어지고 과장된 거짓연기가 시작된다. 배우는 자기 자신으로 연기하지만 '정서 기억이라는 용광로' 속에 있는 과제와 제시된 상황에 따르니, 정서 기억은 내적 창조를 위한 최고의 진실한 재료란다.

4) 한 사람이 어찌 다른 두 사람이 되나?
(how one person could be two?)

그리샤의 '한 사람이 어찌 다른 두 사람이 되냐'는 반문의 답은, 배우는 '그 어느 쪽도 아니다(not one or the other)'. 배우는 자신의 인격 속에 선명하게 혹은 흐릿하게 드러나는 내적, 외적 개성을 가지고 있다. 배우의 천성에 극악함이나 고매함을 가지지 않을 수도 있지만 그런 성질의 씨앗은 가지고 있다. 우리 몸 속에는 선과 악이라는 인간의 특징적 요소를 갖고 있기 때문이다. 그 속에서 필요한 요소를 찾아내고 조합하여 요긴한 인물의 영혼이 만들어진다.

첫째로 관심을 가져야 할 것은 그 정신적 재료를 끌어내기 위한 수단을 찾는 것이다. 둘째로는 배역의 영혼, 성격, 감정, 격정 등을 무한히 조합하는 방법을 찾아야 한다. 그 끌어내는 수단과 조합하는 방법이 바로 내적 외적 자극을 통해서 자신의 정서 기억을 사용하는 방법인 것이다.

6. 희곡의 외적 연출
(external production of a play)

오늘은 막을 내리고 세트를 바꾸면서 미치는 정서의 기억효과와 조명과 음향효과에 대한 실습이다. 적절한 분위기를 만들어주면 역할의 내적양상을 구축하는 데 도움을 주고 정신상태와 감지능력에 영향을 줘서 '희곡의 외적연출'인 세팅이 배우의 정서촉발에 결정적 자극을 준다. 희곡의 외적 연출이 희곡의 요구조건을 충족시켜서 적절한 분위기를 만들고 배우가 역할의 내적양상을 구축하는 데 도움을 주고 배우의 정신상태와 감지능력에 영향을 준다.

1) 양날의 칼(sword that cuts both ways)
만약 연출자의 외적 연출이 희곡의 내적 요구와 맞지 않으면 연출자의 실수가 배우들을 엉뚱한 방향으로 이끌어서 배우와 배역 사이의 벽을 쌓는다. 그래서 이 외적 연출은 연출자가 가진 '양날의 칼' 같아서 쓰기에 따라서 도움이 될 수도 있고 해악이 될 수도 있다.

2) 3차원적 세트(set in third dimension)
화가가 그린 2차원적 세트는 객석에서 볼 때는 훌륭한 환상을 불러일으키지만 그런 세트는 폭과 높이는 있으나 깊이가 없기 때문에 무대에서는 생명력이 없다. 아무것도 없는 텅빈 무대에서는 배우가 주의집중을 하기가 어려운 것이다. 그래서 깊이가 있는 3차원의 공간적 차원이 있는 '3차원적 세트'가 있어야 배우의 내적 분위기에 외적 형식을 부여하는 데 도움이 될 수 있고 배우가 실생활처럼 움직이고 행동하고 생활할 수 있다.

7. 무대장치의 이용
(use of the setting)

우리는 각자 다른 무대세트에 흩어져서 각자가 원하는 일을 하고 있다.

연출선생은 각자의 위치로 다가가서 왜 거기에 있고 무엇을 하고 있냐고 묻는다.

1) 감정에 맞춘 장치 이용
(use of the setting in accodance with feeling)

각자 자기 행동을 자세히 설명하는데 감정의 상태와 하고 싶은 일에 맞추어 마음에 드는 무대장치를 이용 중이라고 하자 연출선생은 흡족해 한다. 누구의 지시도 없이 자기 정서와 하고 싶은 일에 맞는 '감정에 맞춘 장치 이용'을 하는 것이다.

2) 맞는 목표설정과 감정접근
(the right objective & the appropriate feeling)

다음에는 세트의 위치를 바꾸면서 바뀐 세트에서 어떤 내적 욕구가 생기는지를 말하게 한다. 그러니까 바뀐 세팅에 맞는 목표를 설정하고, 그 세트에 맞는 적절한 감정을 끌어내서 '맞는 목표설정과 감정접근'을 하는 것이다.

3) 적절한 미장젠 찾기(looks for a suitable mise-en-scene)

배우는 자신의 기분과 과제에 일치하는 '적절한 미장젠을 찾기'를 해야 한다. 그러니까 기분과 목표가 세팅을 창조하는 요소라고 할 수도 있다. 결국 배우의 기분과 과제는 정서적 기억을 촉발하는 자극제라는 것이다. 연출자가 주로 사용한다고 생각했던 무대세팅이 사실은 배우에게 효과를 미치기 위해 쓸 때가 더 많다.

4) 무대 위의 것을 보고 알아내는
(to look at and see things on the stage)

그러나 배우들 중에는 무대 위보다 객석에 더 많은 관심을 쏟는 배우가 많다. 그러나 그 누구도 무대 위의 것에 관심이 없는 배우의 주의를 무대 위로 되돌려 놓을 수는 없다. 이런 불상사가 없도록 배우는 스스로 '무대 위의 것을 보고 알아내는' 법을 배우고 익혀가야 할 필요가 있다.

배우는 주위에서 일어나고 있는 일에 대하여 열심히 반응하고 몰입하여 감정을 자극하는 모든 것을 잘 살펴서 알아내고 활용할 수 있어야 한다.

5) 우연히 얻은 감각(an accidental sensation)

무대에서 '우연히 얻은 감각'은 시든 꽃과 같아서 다시 살려낼 수 없다. 시든 꽃을 살리려고 애쓰느니 새 꽃을 피우는 게 더 낫다. 일단 꽃 생각은 접고 뿌리에 물을 주든지 아니면 새로 꽃씨를 뿌려라.

(1) 감정 자체에 집착하지 마라(don't think about the feeling itself)

대부분의 배우들은 우연히 성공을 하면 그것을 재생하려고 감정에 메달린다. 그것은 안타깝게도 자연의 도움 없이 꽃을 피우려는 것과 같다. 그 '감정자체에 집착하지 마라'. 오히려 어떻게 그 감정이 생겨났는지, 그런 경험을 낳아준 조건이 무엇인지를 찾아내어라.

(2) 절대 결과부터 챙기지 마라(never begin with result)

결과란 이전에 행한 것의 논리적 산물로 때가 되면 저절로 나타나게 되어 있다.

그러니 배우는 '절대 결과부터 챙기지 마라'. 결과만을 추구하면 원인을 놓친다. 희곡 속 대사의 뿌리를 파고 들어가서 희곡의 근본 이념을 찾아라.

(3) 통로를 역으로 추적(to retrace one's path back)

지금까지는 자극으로부터 정서를 이끌어내는 것을 배워 왔다면, 이제는 촉발된 정서에서부터 그 본래의 자극으로 거슬러가는 방법을 시도해라. 이 방법을 쓰면 배우가 원하는 감각을 마음대로 되풀이할 수 있다. 왜냐면 우연히 스친 감정이라도 그것을 자극한 게 무엇인지 역으로 추적해낼 수 있기 때문이다. 그래서 자극으로부터 감정 자체로 이어지는 배우의 감정의 '통로를 역으로 추적'할 수 있다.

8. 폭넓은 정서 기억
(broader emotion memory)

정서 기억의 폭이 넓을수록 배우의 내적 창조를 위한 재료도 풍부해진다. 그리고 창조적 경험이 선명하고 완벽해지려면 배우의 기억이 얼마나 강하고 예리하고 정확한가에 달려있다. 기억의 강도가 약하면 감정도 힘이 없고 얄팍해서 관객에게 잘 전달되지 않는다. 만약 예리하고 금방 불러올 수 있는 정서적 재료가 있다면, 자연이 도와서(nature will help) 그 정서 기억이 바로 연기가 될 것이다.

1) 실제 그대로의 복사판이 아니다(not exact copies of reality)

만약 정서 기억이 실제와 똑같이 되살려진다면 우리의 신경조직이 견뎌내지 못할 것이고 인간의 본성도 못 견뎌날 것이다. 다행스럽게도 우리의 정서 기억은 '실제의 정확한 복사판이 아니다'. 한 번 박힌 인상이 그대로이지 않게 변화하고 심화되기도 한다. 정서 기억이란 최초 발생 때보다 커지는 힘이 있어서 한 번 받은 인상이 성장을 계속한다. 배우는 모든 유형의 정서적 재료를 다 다루어야 한다. 그리고 배우는 정서적 재료를 자신이 만드는 인물의 필요에 맞게 적응시켜야 한다.

2) 인간적 동정심(human sympathy)에서 진짜 감정(real feeling)으로

어떤 사람이 여러 사람들 앞에서 뺨을 맞는데 당신이 목격자이면 이 사건은 당신의 기억 속에 강한 흔적을 남긴다. 만약 당신이 무대에서 목격자 배역을 연기한다면 그 감정을 재생하기는 쉬울 것이다. 그런데 뺨을 맞는 당사자의 역을 한다면 동정심으로서의 목격자의 정서가 아닌 모욕당한 사람의 역할에 적응시켜야 하는데 할 수 있겠는가? 그러나 단순한 '인간적 동정심'이 모욕이라는 직접적인 반응인 '진짜 감정'으로 변형될 수가 있으니, 그게 바로 배우가 역할을 할 때 일어나는 일이다. 배우는 자기 내부에 변화가 일어남을 느끼는 바로 그 순간에 희곡 속 삶의 능동적 주체가 되어 진짜 인간적인 그 사람의 감정이 자기의 내부에 생기게 된다.

3) 희곡적 삶의 능동적 주체(active principal in the life of play)

이와 같이 배우는 등장인물이 처한 상황을 예리하게 느끼고 능동적으로 반응함으로서 '희곡적 삶의 능동적 주체'가 되어 실제로 해당인물의 입장에 서게 되니, 인간적인 동정심이 등장인물의 진짜 감정으로 변형되는 현상이 자발적으로 일어난다. 이 경우 목격자로서의 정서가 당사자의 정서로 완전히 변형되고 감정의 강도와 질도 저하되지 않는다. 그래서 배우는 과거에 직접 체험한 정서를 창조의 재료를 사용할 뿐 아니라 타인들의 정서에 공감해서 얻는 감정까지도 사용한다. 사실 배우가 그 많은 배역의 정서적 재료를 다 갖출 수는 없는 일이지만, 배우는 운명적으로 이 모든 것을 무대에서 생활해야 한다. 그래서 타인에 대한 동정심이 자신의 감정으로 변형될 때까지 끝없이 사람들을 연구하고 그들에게 정서적으로 다가가야 한다.

9. 심리기술의 창고
(psycho-technical store)

지금까지 배운 것을 종합하고 또 앞으로 배울 것을 더하면 정서 기억이 더욱 풍성해질 것이다. 우리의 정서를 이끌어낼 창고가 있으니 바로 '심리기술의 창고'이다.

1) 자극들(stimuli)
심리기술의 창고 속에 있는 '자극들'을 구체적으로 살펴보자.

(1) 상상적 암시들(imaginative suggestions)

실생활에서는 체험한 적이 없는 일이라도 '상상적 암시들'이 내적자극을 일으킨다.

(2) 비트와 과제(bits and tasks)

한 장면을 비트와 과제로 나누는 일도 역시 또 다른 내적 자극을 이끌어낸다.

(3) 대상에 주의집중(objects of attention)

무대와 객석의 '대상에 주의집중'을 잘 하면 살아있는 대상이 실제로 자극한다.

(4) 진실한 신체행동(true phycal action)과 믿음 (belief)

정서를 자극하는 또 하나의 원천은 '진실한 신체행동'과 행동에 대한 '믿음'이다.

(5) 생각과 감정의 함축(implications of thought and feeling)

희곡 안에서 배우들 상호관계를 드러내는 '생각과 감정의 함축'을 찾아야 한다.

(6) 외적 자극들(external stimuli)

무대 위에 배우를 에워싸는 모든 '외적 자극'이 살아있는 분위기를 창조한다.

2) 가장 효과적인 미끼(most effective kind of lure)

숲속의 새는 날아오르지 않으면 나뭇잎에 가려져서 찾을 수 없으니 미끼를 써서 유인해내어야 한다. 우리의 예술적 정서도 우리 영혼의 깊은 곳에 숨어지낸다. 이들을 꾀어내는 '가장 효과적인 미끼'는 바로 '정서기억을 불러내는 자극(stimuli to your emotion memory)'인 것이다. 그래서 배우는 항상 기억창고의 살림을 늘려가는 일에 게을러서는 안 된다. 따라서 진정한 연기예술가는 충만하고 흥미롭고 아름답고 다양하고 정확하고 영감으로 가득찬 삶을 살아야 한다. 그리고 배우는 모든 인간의 영혼을 해석하라는 요구를 받으므로 모든 시대와 인종의 드라마를 다 연기할 수 있는 폭넓은 시각이 필요하고 가상의 시대를 상상력으로 재창조해야 한다. 그래서 배우의 이상은 항상 '예술의 영원성(eternal in art)'을 추구해야 한다.

10장
교류(Communication)[19]

1. 지금 교류를 하고 있나?
(are you in Communication at this moment?)

연출선생은 바실리에게 누구와 아니면 무엇과 '지금 교류를 하고 있나'고 묻는다.

바실리는 보는 사람도 말을 건넬 사람도 없어서 누구와도 어떤 것 하고도 교류하지 않는다고 하자, 꼭 누구와 마주보고 말을 해야 교류냐고 한다.

1) 정신적 교류의 순간(moment of spiritual intercourse)
사람은 항상 누군가와 혹은 무엇과 교감을 한다. 눈과 귀를 막고도

---

19 10장의 제목인 '교류'는 햅구드의 영문번역은 'commmunion'이고 신겸수의 한글번역은 '교감'으로 되어있지만, 러시아 원본에는 'Общение'이다. 스타니스랍스키 시스템의 본질인 '신체적 행동'을 감정인 '교감'으로는 설명할 수 없고 신체적인 '교류'가 필요하다. 스타니스랍스키는 죽기 전에 이를 상호관계 또는 상호행동으로 해석하기를 유언하였다.

마음속으로 의사소통할 수 있는 대상을 찾을 수 있다. 사람은 '어떤 대상으로부터도 무엇인가를 끄집어낼 수(draw something from your object) 있다'. 배우에게는 어떤 것으로부터 무엇을 끄집어내는 이 과정이 필요하다. 무생물이긴 하지만 어떤 물건에도 그것을 만든 사람의 숨결이 들어있다. 흔히 보는 샹들리에조차도 배우가 흥미를 갖는다면 생동하는 관심의 대상이 될 수 있다. 그러나 대상에 깊이 빠져들지 않고는 어떤 사물과도 교류가 있을 수 없다. 그러므로 비록 짧게라도 어떤 대상과 무엇인가를 '주고 받는 것(to give or to receive)'이 '정신적 교류의 순간'이다.

2) 배역 안의 인간 영혼의 삶(life of a human soul in his part)

'눈은 영혼의 거울(eye is the mirror of the soul)'이니 텅빈 눈은 공허한 영혼의 거울이다. 그런데 '보면 보이는(to look and to see)' 수도 있고, '봐도 안 보이는(to look and not to see)' 수가 있다. 배우가 연기를 하면서 주변의 모든 것을 실제로 보고 느낄 수도 있고, 눈은 보면서 감정과 관심은 관객이나 극장 밖의 엉뚱한 곳에 둘 수도 있다는 것이다. 배우들 중에 자신의 부족한 내적 역량을 숨기기 위해 흔히 쓰는 술책 중의 하나가 '봐도 안 보이는' 이 허망한 술책이다. 이 텅빈 눈에서 관객이 보는 것은 죽은 인물로서의 공허한 영혼의 그림자일 뿐이다. 그래서 배우의 눈과 표정은 역할 영혼의 깊은 내적인 내용을 드러내고 상대 배우와도 나눠 가져야 진정한 '배역 안의 인간 영혼의 삶'을 살 수 있는 것이다.

3) 역할 연속성의 훼손(ruin the continuity of the role)

배우도 사람이므로 까끔 자신의 개인 문제나 고민 때문에 개인적인 생활의 선을 지닌 채 연기에 임할 수가 있다. 이렇게 개인의 생활에 좌우되는 순간에 배우는 배역에 동화되지 않아서, 배역에 자신의 모든 것을 맡길 수 없어지고 정신이 산란해져서 배역을 떠나서 현실의 문제가 있는 대상이 있는 곳으로 옮겨지게 된다. 그렇게 되면 배우가 연기하는 배역은 외워둔 대사와 행동으로 기계적인 연기를 할 수밖에 없어진다. 이런 실수가 잦아지고 배우의 개인생활이 끼어들게 되면 그런 것은 역할과 관계가 없기 때문에 '역할의 연속성'이 훼손된다. 그것은 금목걸이에 양철조각이 끼워져 있는 것과 같다.

4) 끊임 없는 교환(uninterrupted exchang)

연기란 등장인물의 의사소통에 바탕을 두고 있기 때문에 한 사람의 역할 연속성이 훼손되면 상대방의 역할에도 손상이 가는 치명적 상황을 가져오고 관객에게도그대로 그 결과가 전달된다. 관객은 대화를 지켜보는 입회인 같다. 배우들이 감정을 교환할 때 관객은 말없이 참여하는 배역이며 배우들의 경험을 통하여 희열을 느낀다. 그러나 관객이 무대상의 사건을 이해하고 참여할 때는 배우들 간의 교류가 유지되는 동안뿐이다. 관객의 주의를 붙들어 두고 싶으면 배우들 상호간의 감정과 생각과, 행동이 '끊임없는 교환'이 될 수 있도록 온갖 노력을 해야 한다. 그러려면 교환되는 내적 재료가 관객을 사로잡을 만큼 흥미가 있어야 한다.

2. 자기교류
(self -Communication)

우리는 가끔 '혼잣말을 한다(talk to ourselves)'. 흥분하여 주체하지 못할 때, 납득하기 힘든 상황에 몰렸을 때, 의식 속에 심어 넣고자 할 때, 입으로 감정 해소를 하고 싶을 때 혼잣말을 한다. 그런데 무대에서 낭낭한 독백을 해야 할 때는 난감하다. 내가 내 자신에게 어떻게 말을 걸 수 있을까? 내 속에 주체와 객체가 어디에 있어서 '자기교류'를 하겠는가?

힌두교에서는 몸에 뇌가 아닌 생명을 주는 '프라나(prana)'라는 또 하나의 생체에너지가 심장근처의 '태양신경총(solar plexus)'에 있다고 한다. 만약 대뇌는 의식을, 태양신경총은 정서를 담당한다면, 의식과 뇌가 주체와 객체로서 나 속에서 교류를 할 수 있다. 과학적 존재 여부를 떠나서 오직 상상력으로 '자기교류'가 가능하다.

1) 자연스런 상호교환(natural, mutual exchange)

연출선생은 누군가와 의사소통을 하고 싶으면 먼저 상대방의 영혼, 즉 내적 세계부터 찾아봐야 한다면서, 자기의 살아있는 영혼을 찾아보라고 한다. 나는 그리보예도프의 〈지혜의 슬픔〉에 나오는 파무소프를 떠올리는데, '지금 누구와 소통하냐'고 물어서 파무소프라고 하니, 하나의 새로운 존재와 접촉했다며, 사람들은 언제나 '대상의 살아 움직이는 정신(living spirit of their object)'에 도달하려고 애쓰는데 그때 필요한 것은 두 사람이 긴밀하게 접촉하는 것이고, 그런 접촉을 통해서 '자연스런 상호교환'이 일어난다고 했다.

2) 끊어지지 않는 흐름(unbroken flow)

연출선생과 나는 수업시간뿐 아니라 평소에도 항상 둘 사이의 감정이 서로 만나고 있었기 때문에 생각과 감정이 교환되어 '끊어지지 않는 흐름'이 있었다고 한다. 그런데 이 끊어지지 않는 흐름이 무대에서 이뤄지기가 참 힘든다. 대부분의 배우들은 자기대사를 할 때만 흐름이 끊어지지 않고 상대방이 대사를 할 때는 듣지도 않고 자기의 다음 큐까지 연기를 중단한다. 그런 습관이 들면 교감이 끊어지기 때문에, 말없이 눈길만 주고받을 때도 감정의 교환은 계속되어야 한다.

대사를 할 때는 자신의 생각이 상대의 의식 속에 침투되었다는 확신이 생길 때까지 흐름의 끈을 놓지 않아야 한다. 그리고 상대의 말과 생각을 받을 때는 매번 새롭게 받아들이는 법을 배워야 한다. 상대의 대사를 연습과 공연으로 많이 들었지만 '지금 새롭게 받아들여야' 한다. 그러려면 주의집중과 예술적 훈련이 필요하다.

3) 가상적, 비현실적, 비존재적 대상과의 교류
(Communication with an imaginary, unreal, non—existent object)

(1) 가짜대상(make—belive objective)

초심자들이 집에서 혼자 연습을 할 때 살아 있는 대상이 없기 때문에 가상의 대상을 이용하는 경우이다. 이때 내적 목표보다는 있지도 않은 것을 있는 것처럼 확신하려고 한다. 이런 나쁜 버릇이 들면 실제의 상대역이 불편해진다. 시선은 나를 보지만 실제로는 딴 사람과 호흡을 맞추고 있는, 눈이 가려져 있는 배우와 공연하는 것은 고역이다. 이런 배우는 자신과 상대역 사이에 '가짜대상'을 세우기 때문에 의사소통과 교류가 안 된다. 이런 위험한 습관이 평생을 갈 수 있다.

(2) 집단과의 상호교류(mutual communication with a collective object)

한층 더 어려운 것은 '집단과의 상호교류'이다. 집단적 대상인 관객들과의 상호교감이다. 문제는 배우는 상대역뿐 아니라 관객과도 관계를 맺고 있는 것이다. 상대역과는 직접적 의식적 관계이고 관객과는 간접적 무의식적 관계이다. 관객도공연에 동참하면서 웃음과 눈물과 갈채나 야유를 보낸다. 배우에게 관객은 살아있는 인간정서로 배우에게 받은 것을 되돌려 준다.

프랑스 고전 소극 배우는 관객에게 계속 말을 건네고 소통하기도 한다. 배우가 관객과 직접 관계를 하려면 연기로 관객을 압도하는 것이 가장 좋은 방법이다.

(3) 관객과 직접접촉(direct touch with the public)

기계적인 배우(mechanical actor)들이 관객에게 행하는 옳지 못한 태도가 있다. 자기의 대사나 행동이 관객에게 어필되면 상대역을 무시하고 기계적 제스처나 대사로 '관객과 직접 접촉'하는 것인데, 이것은 전적으로 자기과시에 불과하고, 살아있는 감정을 교환하는 진정한 교감이 아닌 돌출행위로 자신과 상대배우와 작품을 동시에 망가뜨린다.

4) 능동적 원리(active principle)로서 내적 교류(inner communication)

배우가 잘못 길들여진 기계적이고 '과장된 연극쪼(theatrical type)'에서 벗어나기 위해서는 많은 연구가 필요하다. 의사소통과정의 핵심이 되는 '능동적 원리'를 알아야 하고 지켜야 할 필요가 있다. 배우의 외적이고 가시적인 움직임은 능동성의 표현이라고 생각하지만, 정신적 교류인 내적이고 눈에 보이지 않는 움직임은 능동적 표현이 아니라고 생각하는 사람들이 있다. 이것은 너무나 잘못된 생각이니, 내적 능동성의 표현도 무척 중요하고 소중하기 때문이다. 그래서 배우는 무엇보다도 '내적 교류'를 귀하게 여길 줄 알아야 하니, 이 내적 교류야말로 '능동적 원리'로서 행동의 가장 중요한 원인이다.

3. 진정한 교류
(real Communication)

1) 해서는 안 되는 연기의 예(example of how not to act)

진정한 교류를 한다는 것은 무척 어려운 일이다. 대부분의 배우들은 편하게 가고 싶어서 진정한 교류가 아니라 대충 흉내내기로 대신한다. 말은 생각과 감정을 교류한다지만 그 방법이 옳지 않아서 해서는 안 되는 연기를 하고 있다. 그 '해서는 안 되는 연기의 예'를 연출선생이 직접 연기하여 보여주는 실연으로 살펴보자.

(1) 얄팍한 겉치레(thin air)

흔히 배우가 관객 앞에서 행하는 첫 번째의 연기유형은 '얄팍한 겉치레'이다.

재치있고 노련하게 과장된 연기기술로 겉으로 보고 듣기에는 유창하고 멋있게 시를 읊는 대사나 행동이 유려하여 멋은 있지만 무슨 말인지 알아들을 수가 없다.

연기한 연출선생은 자기가 대사는 유창하게 쏟아냈지만 사실은 자기도 그 뜻을 모르는 말이고, 단어 자체의 의미나 함축성이 없고 외적인 효과만 노리는 겉치레연기 방식을 보여줬다는 것이다.

(2) 자기 과시형(form of exhibitionism)

두 번째 연기유형은 '자기과시형'이다. 그가 보여준 것은 어떤 것을 하고 있는 자기 자신의 모습이었다. 자기를 잘 보여주기 위한 목적을 위해서 피가로의 독백과 제스처를 이용했을 뿐이고, 보여준 것은 역할 그 자체가 아니라 역할을 하고 있는 자신의 속성으로 멋있는 얼굴, 제스처, 포즈, 동작, 목소리, 어법, 억양, 기술등 감정을 제외한 모든 것이었으며 이런 자기과시형이 널리 퍼져서 유행한다.

(3) 외적 방식(an external manner)

세 번째의 연기유형은 '외적 방식'이다. 이번에 그가 한 연기는 배역을 연기한 게 아니고 패턴, 어휘, 외적 표정, 제스처와 비즈니스에 맞췄고 역할창조가 아니고 단지 역할을 외적 방식으로 제시만 했다고 한다. 그 연기는 잘 만들어지긴 했지만 수백 번 되풀이 되는 연기에 지친 배우 같고, 같은 영화를 끝없이 반복해서 돌려야 하는 영사기 기사와 같다.

2) 올바른 길과 수단(the right way and means)

그렇다면 무대와 객석의 접촉을 원활하게 해주는 '올바른 길과 수단'은 무엇일까?

나와 상대역과의 직접적인 관계를 유지하면서, 내가 그리는 인물의 감정과 유사한 내 감정을 전달하려고 진지하게 노력하면, 나머지 모든 것이 '배우와 배역의 완전한 융합(the complate fusion of the actor with his part)'으로 자동적으로 일어나게 된다는 것이다.

그리고 이제 우리 모두의 테스트를 시작한다. 우리 중 잘못하면 종을 울려서 잘못을 지적하고 잘 하면 종을 울리지 않기로 한다.

(1) 잘못하여 종을 울리는 경우

　　〈1〉 상대방과 직접 접촉하지 않을 때

　　〈2〉 자기 자신을 과신할 때

　　〈3〉 자기대사를 비개성적으로 할 때

(2) 잘해서 종을 울리지 않는 경우

　　〈1〉 무대 위의 대상과 직접교류 할 때와 관객과 간접교류 할 때

　　〈2〉 자기교류를 할 때

　　〈3〉 존재하지 않거나 가상의 대상과 교류할 때

테스트가 시작되자 폴과 나는 괜찮다고 생각되는데 자주 종이 울리고, 그리샤와 소냐는 오히려 종이 덜 울렸다. 그 이유는 자신 있어 하는 배우들도 실수를 하고, 비판받는 배우들도 올바른 상호교감을 할 수 있다는 것을 입증한 것이라고 했다.

3) 완전히 옳음(completely right), 완전히 그름(completely wrong)

그 어느 경우이든 비율의 문제일 뿐이다. 결론을 얘기한다면 '완전히 옳은 교류'도 없고 '완전히 그른 교류'도 없기 때문에 배우의 작업은 혼합된 것으로 그 속에는 좋은 순간도 있고 나쁜 순간도 있다는 것이다. 결

론적으로 배우가 해야 할 최상의 연습은 크게 두 가지로 요약된다.

(1) 무대에서 실제 대상을 찾아내어 그것과 능동적인 의사소통 훈련

(2) 그릇된 대상, 그릇된 관계를 식별해서 그들을 퇴치하는 훈련 특히 다른 배우들과 의사소통에 근간이 되는 재료의 성질에 대해 유의해야 한다.

4. 외적 장비
(external equipment)

오늘은 배우가 상호 의사소통을 할 때 쓰는 '외적 장비'에 대한 점검을 한다.

1) 손목과 손가락(wrists and fingers)

나와 그리샤를 무대로 올려서 말싸움을 하게 한다. 나는 손과 손가락을 휘두르며 치열하게 말싸움을 하는데 연출선생이 나의 손목과 손가락을 붕대로 감게 한다. 사람의 눈이 영혼의 거울이라면 손가락 끝은 신체의 눈이라며, 자기의 도구를 너무 함부로 쓰는 것을 깨달으라는 것이다.

2) 목소리와 억양(voice and intonation)

손을 사용할 수 없게 되자 답답해서 목소리를 높이고 억양을 올릴 수밖에 없었다. 그런데 또 목청을 높이거나 쓸데없는 억양을 첨가하지 말라고 한다.

3) 눈썹, 목, 머리, 상체(eyebrows, neck, head, torso)

그것까지 사용을 못하게 되자 '눈썹, 목, 머리와 몸통'을 쓰며 빼앗긴

수단을 무언가로 대체해 보려고 안간힘을 쓰는데 이번엔 내 몸을 의자에 묶어버리니 할 수 있는 것은 으르렁거림밖에 없다.

4) 창조적 신체장비(creative equipment)

그러나 으르렁거림도 소용이 없어지고 내게는 외부세계의 존재가 사라지고 이제 남는 것은 내적 비전과 내적인 귀 그리고 상상력뿐이다. 연출선생이 가장 필요한 외적 장비 하나만 돌려줄 테니 어떤 것을 택하겠느냐고 한다. 나는 참을 수가 없어서 '배우에게 필요 없는 신체기관은 하나도 없다'고 외치자, 의사소통에는 모든 기관이 필요하다는 각 신체장비의 참된 가치를 이제서야 깨달았다고 칭찬을 한다.

그래서 동태같은 눈, 뻣뻣한 얼굴, 따분한 목소리, 정확한 억양이 없는 말투, 척추와 목이 굳어서 뒤틀린 몸, 굳은 팔다리와 손, 구부정한 걸음걸이, 끔찍한 매너리즘, 배우들의 이런 외적장비의 결함들이 사라질수 있도록 자신의 '창조적 신체장비'에 각별한 관심을 쏟아야 한다는 것이다.

5. 내적, 비가시적, 정신적 측면
(inner, inviserble, spiritual aspect)

지금까지 교류의 외적, 가시적, 신체적 측면을 알아보았는데, 교류란 실제로 '내적, 비가시적, 정신적 측면'이 더 중요한데 이 측면은 느끼기는 하지만 알 수 없는 것이어서 설명하기가 어렵다는 게 문제라는 것이다.

예를 들면 〈햄릿〉의 2막1장의 오필리어가 폴로니어스에게 햄릿이 오필리어의 방에서 한 행위를 설명하는 장면에서, 햄릿과 오필리어의 말 없는 교류를 감지할 수 있느냐는 것이다.

"또 한 쪽 손은 이마에 이렇게 얹으시고 제 얼굴을 뚫어지게 쳐다
보셨답니다. 초상화라도 그리시려는 것처럼 한참 동안 말이예요.
마침내 제 팔을 흔드시더니 당신 머리를 이렇게 세 번 끄덕이시고
는 땅이 꺼질 듯 내시는 한숨이 … 어깨 너머로 얼굴을 돌리신 채
보지 않고도 방향을 아시는 듯 뒷걸음으로 나가셨어요.
제 얼굴에 시선을 고정시킨 채 말예요."〈햄릿 2막1장 86~97행〉

배우가 내적으로 소통할 때에는 흐르고 있는 보이지 않는 흐름이 있
다. 무언가 몸에서 흘러나오는 느낌, 눈과 손가락과 땀구멍에서 뭔가 뻗
어 나오는 느낌이 있다.

1) 방사선(rays)

이 흐름을 무어라고 불러야할지, 우선 그 이름을 '방사선'이라고 하자.
그리고 이 방사선이 무엇인지 알아보자. 우리의 일상생활에서는 이
방사과정이 느껴지지 않지만, 고양된 정서상태에서는 이 방사선의 교환
을 확실히 느낄 수 있다. 우리가 한 시범연기 중에 마리아가 살려 달라고
외칠 때나 코스차가 '피다! 이야고 피다!'를 외칠 때가 방사선이 흐른 때
이다.

2) 순수한 형태의 직접교류(immediate communication in its purest form)

정서가 고양되어지면 배우는 눈에 보이지 않는 각자의 안테나를 통해
서 서로가 주고 받는 영혼을 감지할 수 있으니, 그 영혼의 흐름이 바로
방사선이다. 이 방사선이 흐를 때는 어떤 말도, 외침도, 표정도 필요 없으
니 이것이 그야말로 아주 '순수한 형태의 직접교류'인 것이다. 이런 눈에
보이지 않는 과정의 본질을 과학자들이 어떻게 설명하는지는 잘 모르겠
다. 다만 내가 느낀 것이 무엇이며 이런 감각을 우리 예술에서 사용하는

방법을 말해줄 수 있을 뿐이라고 연출선생은 말한다.

6. 억지 수단
(violent means)

나는 그리샤와 짝이 되어 방사선을 보내기 시작하자, 연출선생이 중단시킨다. 이유는 두 사람은 '억지 수단'을 쓰고 있다는 것이다. 이런 섬세하고 민감한 과정에서 피해야 할 것은 억지 수단이고, 특히 그렇게 근육이 긴장되어서는 방사선이 나올 수 없다는 것이다. 의자에 깊숙이 앉고 편안한 자세로 쉬는 것처럼 해야지 그렇게 눈에 힘을 줘서 눈알이 튀어나오게 하지 말고 긴장 없이 편하게 하란다.

1) 포즈를 취할 때(during the pause), 방사선의 방출(sending out ray)
우리는 눈으로 생각의 말을 쓰고, 눈으로 보충하면서 방사선이 느껴진다. 그리고 우리가 말 없이 '포즈를 취할 때(during the pause)', 나에게서 방사선이 송출되고, 그리샤는 그 방사선을 수용할 자세가 되어있다. 이런 현상이 침묵으로 포즈를 취하고 있을 때 우리는 '방사선의 방출'을 서로 느낄 수 있다.

2) 병행된 흐름의 교환(paralled interchange of currents)
그리고 그냥 느끼기만 하지 말고 상대방으로부터 무언가 활기찬 것을 흡수하려는 노력을 하여서, 자기의 눈으로 무언가가 들어왔다가 자기 눈을 통해 나가는 어떤 '병행된 흐름의 교환'을 느껴야 한다. 이 흐름은 땅속의 강물 같아서 말과 침묵의 껍질 밑을 끊임없이 흐르면서 주체와 객체, 그러니까 자기와 목적을 연결해 주는 보이지 않는 끈(invisible bond)이며 교류의 실체이다.

3) 분명한 육체적 감각(definite physical sensation)

만약에 누군가를 자기와 똑같은 욕망으로 불타오르게 하고 싶다면, 근육을 쓸 필요는 없을 것이다. 이 욕망의 흐름에서 자기가 신체적으로 받아들이는 감각은 거의 없겠지만, 그 욕망 뒤에 숨겨진 힘은 핏줄을 터뜨릴 수도 있을 정도로 강하다.

만약에 청중 가운데 한 사람을 골라서 최면을 걸려고 하는데, 다행히 예쁜 여자를 발견하고 눈이 맞았다면 자기의 뜨거운 관심을 송출해 보려고 애를 쓸 것이다. 그 경우에 자기 몸에서 '분명한 육체적 감각'이 뻗어나가는 것을 느낄 것이다.

4) 방사(irradiation)

이제 연출선생에게 내가 생각하는 느낌을 눈으로 방사하는 실험을 한다.

"제가 지금 무엇을 방사합니까?" "오만함이다." "그럼 지금은요?"

"내 비유를 맞추려 한다." "지금은요?" "친근감이지만 약간 비꼬고 있다."

내 의도가 정확히 전달되는 것이 기쁘고, 뭔가 흘러간다는 느낌을 알 수 있었다. 배우들은 이것을 '방사'라고 한다. 방사선을 흡수하는 과정은 아까와 반대다. 그래서 역할을 바꿔서 하는데 연출선생의 의도를 나도 알아 맞출 수 있었다. 두 사람 간의 내적 유대관계를 비유적으로 말하면 쇠붙이가 자석에 끌려가는 것과 같다.

5) 감지력(grasp)

이런 감정을 길고 일관성 있게 사슬처럼 연결하면 그 사슬이 점점 튼튼해져서 소위 배우들이 말하는 '감지력'을 갖게 된다는 것이다. 그렇게 되면 송출력과 흡인력이 더 강하고 예리하고 뚜렷해진다는 것이다. 감지력은 불독의 턱뼈와 같아서 배우는 오감을 동원해서 불독처럼 물고 늘어져야 하고, 들을 때 확실히 듣고, 냄새맡을 때는 정확히 맡고, 볼 때는 제대로 봐라. 그러나 불필요한 근육이 긴장되서는 안 된다. 일상에서는 철저한 감지력은 필요없지만 무대에서는 완전한 감지력이 필요하고 그것을 표현할 수 있는 강력한 내적, 외적 파악력은 배우의 필수적 재료이다. 배우가 흥미롭고 창조적 문제에 빠져들어서 주의력과 창조력을 쏟을 수 있으면 참된 감지력을 얻을 수 있다. 감지력은 남보다 뛰어난 내적 활동력이다.

7. 흐름
(currents)

방사선이나 방사, 병행된 흐름의 교환 등의 이 흐름들이 배우들의 상호관계에서 그렇게 중요한 것이라면, 우리의 의지대로 그 흐름을 만들 수 없을까? 죽은 사람도 인공호흡으로 살릴 수 있지 않은가.

1) 기술적 수단으로 흐름 조종
(currents be controlled by technical mean)
'기술적 수단으로 그 흐름을 조종'할 수 없을까? 배우도 외적 자극의 지원으로 내적 과정을 창조할 수 있으니 외적 지원을 어떻게 받는지를 알아보기로 한다.

(1) 상상력으로 대상을 정하고 말, 제스처, 표정을 사용하여 상대방에게 흐름으로 전달시킨다. 처음은 말, 다음은 제스처, 그 다음은 표정을

사용한다.

(2) 말, 제스처, 표정 중에 하나씩 사용하지 못하게 한다.

(3) 세 가지 다 사용 못하게 하고, 방사선 발산과 흡인으로만 소통하게 한다.

(4) 감정을 완전히 배제하고 기계적, 육체적 방법만을 사용하게 한다. 이렇게 되자 기계적 연기와 감정의 분리가 힘들고, 물은 안 나오고 헛김만 새는 펌프질 같아서 도저히 더 이상 못하고 포기한다.

(5) 현재 나의 감정을 송출하라고 한다. 나의 짜증과 분노를 송출하니 이번엔 펌프에 헛김만이 아니고 뭔가 같이 따라 올라오는 것 같다.

이제야 나의 방사선이 무의미한 발산에서 의미와 목적이 생겼단다. 일상에서는 자연스럽고 직관적으로 이뤄지는 일들을 기계적으로 해내기가 쉽지 않은 게 당연하다. 그리고 한 가지 위안이 있으니 무대에서의 연기는 제시된 상황과 과제가 정해져 있고 배우의 정서도 함께 성숙해져서 미세한 자극만 받아도 감정이 뿜어져 나온다는 것이다. 방사선(rays)과 흐름(currents)은 배우가 신호를 보내고 통로를 열면 쏟아지게 된다는 것이다.

2) 두 가지 연습(two types of exercises)

이런 능력 개발을 위해 어떤 연습을 해야 하냐고 물으니 두 가지가 있단다.

(1) 배우가 다른 사람에게 전파하려는 '감정을 자극하는(to stimulate a feeling)' 방법을 알게 하고 이 연습을 통해 수반되는 신체적 감각을 몸에 익힌다.

(2) 수반되는 '정서적 경험 없이(without emotional experience)' 감정을 발산, 흡입할 수 있는 순수한 '신체적 감각(physical sensation)'을 느끼게 노

력한다.

3) 살아있는 대상을 활용(use a living object)한 연습

이 연습은 혼자 하거나 가상의 인물과 해서는 안 된다. 엄청난 주의력이 필요하고 특히 이 감각을 통상적 근육긴장과 혼동하기 쉽다. 혼동이 생기면 방사하려고 하는 내적 감정을 골라 잡아야 하고 무리한 신체적 비틀림을 피해야 한다.

정서의 방사와 흡수는 편안하고, 자연스러우며 에너지 손실이 없어야 하고, 이 연습은 혼자 하거나 가상의 인물을 상대로 하지 말고 감정을 나누고자 하는 살아있는 대상과 함께 해야 한다. 자연 법칙을 연구하고 자연적이지 않은 것은 하지 않아야 한다. 우리가 해왔던 근육이완, 주의 집중 등 모든 초기 단계의 작업들은 처음에는 다 어렵게 느껴졌지만 이제는 배우의 제2의 천성이 되어 있다.

10-1장 스타니스랍스키의 〈배우수업〉 유고
〈교류〉의 장에 대한 보충[20]

1. 동물들의 교류

개가 방에 들어오면 모든 사람들을 살펴본다. 그리고 관계를 갖고 싶은 상대에게 다가가서 신체를 문지르고 그의 한 쪽 다리를 그의 무릎에 얹는다. 상대방의 주의를 끌기 위해서다. 해양 동물들도 그들의 은신처에 머무르려면 먼저 그 주위를 조사하고 모든 것을 신체촉각으로 만져보고 적합하다고 생각되어야 살기로 결심한다.

2. 사람의 소통

사람도 마찬가지이다. 처음 보는 사람에게는 눈에 보이지 않는 촉수

---

20 스타니스랍스키가 자신의 시스템을 〈신체적 행동법〉으로 전환하고 상호행동 내지는 상호관계로 해석하였다. '교감'으로는 신체적 행동 내지는 스타니스랍스키 최후의 결론을 이해할 수 없다. 러시아어 'Общение'는 친교, 교제를 의미하나 '상호관계'로 해석해야 스타니스랍스키 시스템의 본질에 도달할 수 있다.

를 펴서 상대방을 먼저 확인하고 방사선의 주고 받으면서 접촉하려고 한다. 이 과정에는 모든 생물에게 공통되는 몇 가지의 단계가 있으니 이 단계는 같은 몇 가지의 논리적 순서의 특정한 순간들로 이뤄져 있다.

3. 무대에서의 배우

그런데 무대에서의 배우는 이 모든 생물에게 적용되는 '논리적 순서의 특정한 순간'이라는 공통의 자연법칙을 인정하지 않으려고 한다. 그래서 배우가 무대에 등장해서 상대 인물들에게 흥미를 갖으려 하지 않고 접촉할 대상을 고르거나 눈을 맞추려고 하지도 않는다. 심지어 고무도장 작업방식에 길들은 배우는 무대 위의 배우가 아닌 객석의 관객을 상대하기로 작정한다. 그래서 배우 자신의 인간적인 욕구로 출발하지 않고 작가나 연출자의 지시대로만 행동하므로 자기 스스로 할 수가 없다. 그래서 이들은 무대에 있는 방으로 들어가는 게 아니고, 객석보다 높은 곳에서 관객에게 과시하기 위해서 무대에 들어간다. 그래서 자연의 법칙에 따라 저절로 이뤄지는 연기가 아닌 고무도장식 판박이 연기를 하게 된다. 그럼 어떻게 해야 하나?

4. 심리적 기술

여기서 벗어나기 위해서는 우리가 가진 한 가지의 방법이 있으니 그것은 '심리적 기술'이다. 실생활에서는 저절로 일어나는 것도 무대에서는 심리적 기술의 도움이 필요한 때가 많다.

1) 논리적 정확한 순서

이 기술은 유기적 과정의 모든 순간이나 단계를 논리적이고 정확한 순서를 통해 의식적으로 해나가는 방법을 알려준다. 이 과정이 배우에게 저절로 일어나지 않으면 그 구성요소를 자연의 법칙에 따라 논리적이고 정확한 순서로 배열하여 만들어야 한다. 이 작업은 형식적 외면적으로만 행해지는 게 아니고 보이지 않는 방사선의 주고 받음으로 진실에 도달할 수 있게 한다. 배우는 자연의 법칙을 연구하여 우리 작업으로 실현시킬 수 있게 의식적으로 노력해야 한다.

2) 상호관계의 과정

이 과정은 저절로 무의식적으로 생기지 않는 것으로서 인물 상호관계의 과정에도 적용이 되어야 한다. 이 상호관계 과정의 각 순간은 어떻게 생겨서 몇 단계로 배분되고, 이 단계에서 상호관계라는 유기적 과정이 어떤 상태로 생기는가?

(1) 제 1단계

배우가 무대의 만들어진 방으로 들어가서 사람들을 관찰하고, 주위 상황을 파악하고, 어떤 대상을 선택하는 순간이 상호관계의 유기적 과정의 제 1단계이다.

(2) 제 2단계

그리고 우리의 흥미와 관심을 가지게 하는 제 2단계는 배우가 상대에게 다가가거나 주의를 자신의 쪽으로 끌어 당기는 순간이다. 이때는 접촉을 피하려고 하는 행동이나 뜻밖의 말장난 등을 하게 된다.

(3) 제 3단계

이제 제 3의 단계는 주체가 상대의 마음을 자기 눈의 촉각으로 탐색하고 자기의생각이나 감정이나 심상을 상대가 쉽게 받아들일 수 있게 준비하는 순간이다.

(4) 제 4단계

그리고 제 4단계는 주체가 방사선이나 목소리, 말, 억양, 순응력의 도움으로 상대에게 자신의 이미지를 전달하고자 하는 순간이다. 그러니까 상대를 움직이고, 단순히 상대가 듣거나 이해하는 것뿐만 아니라, 자기와 같은 사고의 세계에서 함께 느끼도록 하고 싶은 자기의 희망의 시도이다.

(5) 제 5단계

이제 마지막의 제 5단계는 상대가 반응을 하기도 하고, 정신적인 전류를 보내기도 하고 받기도 하는 순간인 것이다.

무대에서 어떤 교류가 이루어지기 위해서는 이 다섯 단계에 주의해야 한다. 그래서 배우는 상호관계에 앞서는 이 유기적인 관계를 논리적이고 올바른 순서로 출발해야 하는 것이다. 이게 어렵다고 고민할 필요가 없음을 실험하기로 한다.

3) 상호관계의 실험

아르카지 니콜라에비치가 나(나즈바노프)에게 복도로 가서 1분 후에 돌아와서 우리가 어떤 상태에 있는지를 알아 맞추라고 한다. 내가 나가자 그는 나즈바노프는 아직 모르지만 모스코바로 귀환하여 학교를 그만둬야 한다고 말했다고 한다.

(1)제 1단계

내가 들어오자 당혹스러운 침묵이 흐르고 일부의 학생들은 나를 피하려 하고 일부 트릭을 간파한 학생은 재미있게 웃기도 한다. 나는 "무슨 일이 일어난 거 같은데 뭐지?" 하고는 모두를 순서대로 날카롭게 둘러본다. "부라보!" 이것이 바로 제 1단계의 순간으로 모두에게 촉각으로 주의깊게 관계를 가지면서 우리의 심정을 탐색하고 있다는 것이다. 그리고 이제 그가 나의 상대로 돕겠다고 한다.

(2) 제 2단계

이제 내가 연출자의 주의를 끌어 당기기 위해 그를 유심히 보자, 지금이 바로 제 2단계의 순간이라고 한다. 그리고 자기가 어떤 상태인지 탐색하라고 한다.

(3) 제 3단계

나는 그의 눈을 유심히, 끈질기게 보며 탐색한다. 이것이 3단계라고 한다. 그러나 나는 연출자의 내적 상태를 확인하지 못했다고 하자, 자기와의 내적 교류를 만들어서 상호관계를 위한 준비를 하는 것으로 충분하다고 한다. 이 단계는 고민하지 않아도 된다는 것을 알았으니까 이제부터는 연습과 시간과 주의력의 문제가 남았다고 한다.

4) 심리기술을 의식적으로 불러오기

무대의 상대에게도 올바른 순서로 유기적 상호관계를 만들어서 자기의 생각과 방사선을 서로 주고받을 수 있다는 것은, 이 심리기술을 의식적으로 불러오기가 불가능하지 않다는 것을 실증하고 있다는 것이다.

그렇지만 나는 제 4단계와 5단계는 어떻게 하느냐고 물으니, 자신의 생각을 전하고 서로 접촉을 받아들이는 것은 다음 수업시간에 할 것이라고 한다.

5) 다음 수업의 에튜드

이 수업은 고보르코프가 제시하는 반론으로 시작한다. "역할을 하기 위해서는 먼저 상호관계의 논리적이고 올바른 순서를 연구해야 한다고 말씀하셨습니다. 누군가와 교류를 하려면 무엇을 위해 그렇게 하는 것인지를 알아야 합니다. 그런데 이 과정을 갑자기 시작해서 정신적 재료를 만들 수가 없습니다." 니콜라에비치의 대답은 "가능할지도 모르니 한번 실험하기로 하자"이다. 실제처럼 연극예술의 수업을 하는데 고보르코프가 감독관 역할로 나타나서 상호관계의 단계를 실시하라고 지시하고는 그는 몰래 어두운 구석으로 몸을 숨긴다.

(1) 제 1단계

고보르코프는 감독관의 분장으로 나타나서 문 입구에서 모두를 살펴본다.(파악)

고보르코프는 니콜라에비치를 찾는데 없어서 학생 중에 좋은 상대를 잠깐 생각한 후에 분초프 쪽으로 간다.(대상 선택)

(2) 제 2단계

고보르코프 – 나는 학과장과 얘기하고 싶은데?

분초프 – 헛수고입니다. 여기 없어요. 그는 바쁩니다.

고보르코프가 순간 망설이다가 날카로운 억양으로 정중히 대하도록 만든다.

(상대의 주의를 자신에게로 끌어당기는 단계)

(3) 제 3단계

이제 분초프가 허둥댄다. 둘은 서로 상대를 응시하고 오랜 침묵이 흐른다.

(상대의 마음을 탐색하는 단계)

(4) 제 4단계

고보르코프는 이 학교에 이해할 수 없는 일이 발생했는데, 니콜라에비치의 수업 방법이 학생의 자유의지를 억제한다고 회의에서 공격받았다고 한다.

(생각의 전달 단계)

(5) 제 5단계

분초프는 자제를 잃지 않고 계속 거부한다. 두 사람은 서로 욕을 퍼붓는다.

(양측의 교감과정)

학생의 태도에 감독관은 화가 나서 이름이 뭐고 왜 윗사람에게 결례를 하는지, 아버지 이름이 뭐냐고 호통친다. 이때 숨어 있던 니콜라에비치가 감독관에게,

"분초프는 자네의 아들이다. 아버지의 학대로 집에서 뛰쳐나왔다"고 소리친다.

고보르코프는 처음엔 놀라서 망설이다가 처음부터 아들과의 재회를 계산에 넣고 있었다며, 청소년 보호육성의 중요성을 과장하여 역설하면서 거짓격정의 절정에 이르게 되고 점점 익살스런 효과가 생기게 된다.

에튀드가 끝나자 니콜라에비치는 고보르코프가 정신적인 재료를 미리 준비하지 않고도 상호관계의 과정을 자연의 법칙에 따라서 잘 실행했다고 한다.

고보르코프가 분초프를 대상으로 선택하고 접촉하면서 내적 자료와 자극이 필요하게 된다. 이 중요한 순간에 배우 마음 속에 무엇이 일어났는지를 살펴보자.

6) 상호관계의 시작이 창조 전체를 자극

배우의 '상호관계의 시작'은 창조 전체를 강력히 자극'하여서 배우는 자신의 여러 가지 내적 요소의 지지를 요구하고 협력을 얻고자 한다. 왜 그러한가?

(1) 모든 요소의 협력과 교류

그것은 '모든 요소의 협력이 없으면 교류는 일어나지 않기 때문'이다.

(2) 외적 내적 창조기관의 참가

외적 및 내적행동이나 상상력, 제시된 상황, 특정한 생각, 올바른 궤도에 오른 주의, 대상, 논리와 일관성, 진실의 감각과 신뢰, 나는 존재한다, 정서적 기억 등의 '외적 내적인 창조기관의 참가' 없이는 살아있는 인

간과 관계를 가질 수 없다.

(3) 고보르코프의 경우

그의 상호관계의 과정에 의해서 자극된 그의 모든 창조기관이 저절로 자연스럽게 활동하기 시작한 것이다. 그의 상상력이 그에게 새로운 상황을 제시했고, 특정한 정서적 기억을 불러 일으켰고 그 모든 것이 정확한 순서로 논리적으로 처리되어서 분초프에 대한 감독관의 심문이 저절로 완성된다. 이것에 자극을 받아서 에튜드의 줄거리가 마무리되고 내적 정신적 재료의 준비 없이도 잘 끝났다.

(4) 무의식을 자극하는 창조적 본성의 활동

이렇게 교류의 모든 단계를 논리적 순서로 배우가 성공하여서 자연의 창조법칙에 맞고, 행동의 진실성과 믿음을 얻고, 생생히 살아있는 행동을 하여 '나는 존재한다'의 상태로 들어가게 된다. 그러면 배우의 '무의식을 자극하는 창조적 본성의 활동'이 시작하는 것이다. 그래서 창조적 인내력과 논리성과 일관성 덕분에 새로운 상황이나 과제나 행동이 에튜드의 줄거리를 탄생시키게 된다.

(5) 진행 중인 상호교류을 더 완전하게

배우의 창조활동이 특정한 테마 없이 직접 교류하는 것으로 시작하는 경우에도 '테마를 설정'하고 낯선 '줄거리의 정당화'를 시켜서 생생히 살아있게 해준다. 지금 실제로 고보르코프가 그렇게 했으니, 아버지의 집에서 도망친 아들이라는 제시된 상황이 그에게 던져졌을 때 그 상황을 기쁘게 받아들이고 잘 활용하여 진행중인 상호교류를 더 완전하게 만들었다. 그의 내적기관이 제시된 상황으로 감수성이 예민하게 반응하는 순간이었다. 이것은 창조과정이 진행되는 도중에도 정신적 재료를 얻어서 사용할 수 있다는 것을 증명한 것이다.

7) 고보르코프의 질문

이렇게 칭찬을 받았지만 고보르코프의 질문은 계속되어 수업 진행이 중단된다.

그의 첫 질문은 작가가 대사 속에 상호교류의 과정을 준비할 여유를 주지 않다가 마지막 단계에서 갑자기 나타나게 한다는 것이다. 그것은 서투른 작가의 경우이라고 하자 그리보예도프는 서투른 작가가 아닌데도 잘못을 저질렀다고 한다.

(1) 〈지혜의 슬픔〉 제1막에 차쯔끼의 등장

고보르코프는 〈지혜의 슬픔〉의 제1막에 차쯔끼의 등장이 문제라고 한다. 사전에 아무런 파악도 하지 않고 갑자기 방으로 뛰어들어 상대 역할의 여자와 접촉을 시도한다는 것이다. 그 답은 서투른 배우일 경우에 소피아에게 눈길도 주지 않고 상황 파악도 없이 무릎을 꿇고 격정적으로 "날이 밝자마자 단정하게 일어나셨군!" 하고 대사를 낭송한다고 한다. 훌륭한 배우는 문 앞에서 상황을 파악하고 그녀를 보며 다가가서 무릎을 꿇고 눈의 촉수를 그녀의 시선에 흡착시킨다고 한다.

"어때요? 제 얼굴을 봐요, 놀랐나요? 이리와요! 일주일은 고사하고 어제까지 둘이서 싫증난 것처럼 애정이라고는 조금도 없네요! 훌륭해요!"

소피아를 달래려는 마음의 모든 순간이 이 대사에 의해 정당화되고 있다.

"난 정신없이 꿈 속에서 잠시도 눈을 감지 않고 1000km 이상을 날아왔어요. 바람과 폭설을 만나 수 없이 넘어지며 목숨 걸고 온 보상이 이것이란 말인가!"

이 대사 속에는 소피아에게 전하려는 내적 생각들이 포함되어 있고 상호교류의 과정이 시작된단다. 이 훌륭한 작가에게 상호교류의 과정을 손상시킨다고 죄를 씌우려고 하는 것은 큰 잘못이라고 한다.

(2) 상호관계의 과정이 정점에서 나타남

고보르코프는 그래도 만족하지 않고 뛰어난 희곡에도 상호관계의 과정이 정점에서 나타나는 경우가 있다고 한다. 토르초프는 그건 이미 준비되어 있기 때문이라고 하지만, 그는 작가가 대본에 아무런 지시를 주지 않고 있다고 한다.

(3) 네미로비치 단첸코의 〈인생의 가치〉

고보르코프는 고집스럽게 계속 질문한다. 네미로비치 단첸코의 〈인생의 가치〉는 왜 희곡의 마지막인 자살로부터 시작하느냐고 한다. 이 질문의 답은 이런 희곡의 경우는 배우가 막이 오르기 전에 상호교감 과정의 준비뿐 아니라, 모든 희곡을 스스로 쓰고 체험해야 한다는 것이다.

11장
적응(Adaptation)

기차를 타기 위해서 지금 교실을 빠져나가야 된다면 어떻게 할 것인가? 그때 바냐가 춤을 추다가 쓰러지면서 한쪽 다리를 잡고 비명을 지른다. 모두가 도와주려고 일으키려 하자 비명을 지르며 못 만지게 했다. 진짜 다친 것 같다. 가까스로 겨드랑이를 부축하여 무대에서 내려오자 갑자기 깡충깡충 뛰면서 배를 잡고 깔깔 웃자, 박수가 쏟아졌다.

1. 나는 정말 느껴봤다
(I realy did feel)

왜 박수를 쳤을까? 주어진 상황에 잘 '적응'해서 자기계획을 이뤘기 때문이다.

1) 조정 또는 순응(adjusting or conforming oneself)
'적응'이란 말은 사람들이 다양한 상호관계를 '조정' 또는 '순응'할 때와 목표달성을 위한 보완책으로 사용하는 내적, 외적인 인간적 수단을 말한다. 바냐의 행동이 여기에 해당한다. 교실을 빠져나가려고 꾀를 내어 자기의 처한 환경을 조정하고 순응해서 헤쳐나간 것이다. 그러자 그리샤가 그럼 적응이 속임수냐고 묻는다.

(1) 적응은 어떤 측면에서는 속임수기도 하다.

(2) 다른 측면으로는 내적 감정과 사상의 생생한 표현이다.

(3) 배우가 접촉하고자 하는 사람의 주의를 환기시킨다.

(4) 상대배우가 반응할 수 있도록 분위기를 띄워준다.

(5) 느껴지긴 하지만 말로하기 곤란한, 보이지 않는 메시지를 전달한다.

2) 실례(illustration)

그 이외에도 적응의 기능이 수없이 많이 있고 그만큼 적응은 다양하고 범위가 넓으니 적응의 예를 들어보자.

(1) 눈에 띄게(make myself stand out)

나는 상대의 도움이 필요한데 그는 나를 모른다. 어떻게 '눈에 띄게' 할 수 있나?

(2) 심금 울리기(touch the vert soul)

상대에게 호감을 사고 싶은데 어떻게 상대에게 '심금 울리기'를 할 수 있을까?

(3) 삶을 감지(must sense one's life)

그의 존재 속으로 파고 드려는데 어찌 그의 '삶을 감지'하고 나를 적응시킬까?

(4) 심리, 정신상태 표현(to express one's states of mind and heart)

적응을 위해 우선적으로 목표 삼을 것은 나의 '심리, 정신상태 표현'하기이다.

(5) 감정을 은폐, 위장(to hide or mask one's sensation)

자신의 '감정을 은폐, 위장'하려면 적응이 필요하고 자신의 엄폐를 해야 한다.

(6) 상황, 세팅, 연기장소, 시간이 바뀔 때(change of circumstance, setting, place of action, time)

배우는 상황, 세팅, 연기 장소, 시간이 바뀔 때에도 맞추어 적응을 하게 된다.

3) 미묘한 형태의 조정(intangible form of adjustment)

배우가 표현하는 모든 감정은 나름대로 '미묘한 형태의 조정'이 필요하다. 집단 내에서의 의사소통 경우처럼, 배우의 의사소통에도 나름대로 독특한 조정을 해야 한다. 배우는 의사소통을 위해 오감과 내적 외적 구성요소를 전부 사용한다. 방사선을 주고받고 눈, 표정, 목소리, 억양, 손, 손가락, 몸 전체를 사용하면서 필요에 맞게 조정한다.

4) 조정의 질(the quality of the adjustment)

타고난 재능이 부족해서 정확하기는 하지만 조정이 단조롭고 지루한 배우들이 있다. 일반인도 일상생활에서 수많은 조정을 하는데, 하물며 배우는 말할 수 없이 많은 조정을 해야 한다. 그런데 가장 중요한 것은 '조정의 질'이다. 조정에는 발랄함, 다채로움, 대담함, 우아함, 섬세함, 정교함 그리고 멋이 있어야 한다.

소녀에게 돈 타는 장면을 연기하라고 하자 소녀는 마지 못해 일어났다. 그리고,

(1) 긴 침묵 후에 뭔가를 하려고 마음을 먹는다.

(2) 자기를 감추려고 눈을 내리깔고 의자 등받이를 만지작거린다.

(3) 붉어진 얼굴을 감추려는 듯 손수건을 꺼내 눈을 가리고 고개를 돌린다.

(4) 어색함을 모면하려고 가볍게 쓴웃음을 짓는다. 그리고 연출선생에게 말한다.

5) 자신을 재조정(readjusting oneself)

"이제 신물이 납니다. 다른 에튜드를 하게 해주세요"[21]

"좋아, 더 안 해도 돼. 내가 원하는 것을 이미 보여줬어!"

소녀는 아주 좋은 적응을 보여줬고 내 동정심을 얻으려고 끈기있게 자신의 설득력을 총동원해서 원망과 눈물을 효과적으로 이용했고, 자신의 과제달성을 위해 슬쩍 장난기를 가미해서 자기가 경험하고 있는 미세한 정서변화를 계속 재조정해 나갔다. 한 가지 방법이 실패하면 제2, 제3의 방법으로 '자신을 재조정했다'는 것이다.

배우는 모든 상황과 시간, 그리고 모든 인물에 적응할 줄 알아야 한다. 상황이 바뀌고 시간이 바뀌면 바뀐 상황과 시간에 맞게 적응을 해야 하고, 상대자가 어리석은가 영리한가에 따라 접근방식이 다르고 눈치채지 못하게 적응해야 한다. 배우의 창조 작업에서 이와 같은 적응은 아주 중요하다. 감정은 깊고 강력하지만 정서의 전달을 잘 못하는 배우가 있고, 정서적 능력이 떨어져도 적응능력이 뛰어나서 좋은 효과를 내는 배우도 있다.

2. 관객 즐겁게 하기
(how to amuse the spectators)

연출선생은 바냐와 함께 무대로 가서 바냐에게 수업시간에 빠져나가는 것을 과제로 연기를 시키고는 옆에 앉아서 편지를 읽는다. 바냐는 온

---

21 연습(exercise)이 아니고 에튜드(Etude(Этюд))로 해야 함.

갖 묘기를 보이지만 그는 모른 척한다. 바냐는 열심히 그의 관심을 얻으려고 애써 노력하다가 의자에서 미끄러져 바닥에 쓸어지는 과장연기로 우리는 웃음을 터뜨린다. 바냐는 우리를 더 웃기려고 더욱 과장하여 웃음바다가 되자 연출선생이 평가를 한다. "바로 이거다!"

그의 과제는 나에게 동정을 받아서 여기서 빠져나가는 것인데, 관객의 웃음을 보자 과제가 나에게서 관객으로 변해서 그 연기는 '관객을 즐겁게 하기'로 바뀌었다.

1) 그 자체의 목적으로 사용(used for one's own sake)

무슨 근거로 이렇게 바뀐 것인가? 이제 기댈 것은 과장밖에 없다. 바냐의 적응은 목표를 위한 보조수단이라는 본래의 기능을 버리고 '그 자체의 목적으로 사용'됨으로 잘못된 연기가 되었다. 이런 연기를 무대에서 흔히 볼 수 있다. 뛰어난 적응 능력을 자신의 감정전달보다 관객을 즐겁게 하는 데 쓰는 배우들이 많다.

2) 적응이 모든 의미를 상실(adaptations lose all meaning)

소중한 적응을 개인의 익살쑈로 전락시켜서 박수와 폭소의 흥분으로 배역을 희생시킨다. 이런 특이한 순간들은 자기과시일 뿐이고 희곡과는 무관해진다. 그래서 '적응이 본래의 의미를 상실'한다. 이처럼 배우에게 적응이란 유혹이 될 수도 있는 것을 명심해야 한다. 배우가 개인의 인기를 위해서 작품을 망가뜨리면 안 된다.

3) 목표보다 다양성(variations rather than object)

주제에 어떻게 다양하게 적응할 것인가 라는 목표로 다양하게 조정을 시도해보고 가장 합당한 적응을 선택을 하는 것는 좋은 방법일 수 있다. 그러나 '목표보다 다양성'에 역점이 주어지면 주제의 실현이 어려워진다.

그 다양성 때문에 목표는 흐려지게 될 수밖에 없다.

4) 참된 감정과 행동(true feelings and actions),
연극쪼 행동 (theartrical actions)

그렇게 되면 '참된 감정과 행동'은 사라지고 '연극쪼 행동'이 대신 그 자리에 들어선다. 희곡이 서로 의사소통을 하라고 만들어준 인물을 자기 앞에 두고도 객석에 있는 관객에게 주의를 기울이며 관객과 소통하는 배우들이 있다. 이런 배우들은 겉으로는 무대 위의 인물과 적응하는 것 같이 보이지만 실제로는 객석의 관객과 적응하고 있기 때문에 그 연기는 항상 가식적인 '연극쪼 행동'일 뿐이다.

5) 상대 배우에게 적응(to adapt youself to your partner)

배우의 첫 번째 의무는 '상대 배우에게 적응'하는 것이다. 그런데 상대 배우와 함께 연기하면서 그들의 목소리, 제스처와 행동은 상대 배우와의 거리가 아닌 관객과의 거리에 맞추어서 목소리가 크고 제스처도 과장되게 조정하여 적응하는 기괴한 현상이 만들어지고 있는 것이다. 배우는 이 뻔뻔스럽고 기괴한 '관객과의 적응'을 버리고 자기의 의무인 '상대 배우에게 적응'으로 다시 돌아가야 한다.

6) 인간적 적응에서 탈선(lead away from human adaptation)

배우는 무대에서 명료하고 일관성 있는 논리적인 행동을 해야 한다. 만약 배우가 흥미롭기는 하지만 의미가 없는 억지 제스처나 포즈를 쓰면 상황의 감정과 안 맞아서 관객이 처음엔 흥미로 따라가다가 김이 빠지면 싫증을 내게 된다. 그런데 무대는 항상 관객과 함께하고 있기 때문에 배우들의 자연스럽게 '인간적 적응에서 탈선'을 부추킬 때가 있고 배우들의 가식적인 '연극쪼(theatrical ways)'를 조장시키기도 한다. 그러나 무슨 수를 써서라도 이러한 잘못된 관행을 극장에서 몰아내야 한다.

3. 의식적 그리고 무의식적 적응
(concious and unconcious adaptation)

적응이라는 것은 의시적으로 되기도 하고 무의식적으로 되기도 한다.

1) 압도적인 의외성(overwhelming unexpectedness)
극단적인 슬픔은 직관적 조직을 통해 표현된다. 정서가 극점에 이르는 순간에 자연스럽게 저절로, 무의식적으로 창조된다. 이런 직접적이고 선명하고 설득력 있는 유형이 배우가 필요로 하는 효과적 방법이다. 이런 경험에 다가설 수 있는 유일한 접근로는 직관(intuition)과 잠재의식(subconcious)이다. 이런 극단적인 감정은 무대에서 돋보이고 관객의 기억 속에 인상을 심어준다. 그런 힘은 어디서 오는 것일 까? 지금까지 못 보았고 아무도 기대하지 않았던 '압도적인 의외성'에서 나온다. 배우가 이런 예상 밖의 적응을 하면 사람들은 놀라고 즐거워 한다.

2) 잠재의식적 적응(subconcious adaptation)
우리의 잠재의식은 그 나름의 논리를 갖고 있다. 연기 예술에서는 '잠재의식적 적응'이 대단히 중요하다. 가장 분명하고 설득력있는 적응은 자연으로서 하늘같은 경의로운 예술가의 산물이며 이런 적응은 거의가 잠재의식에서 나온다. 그래서 위대한 예술가들은 잠재의식적 적응을 하는 사람들이다. 그러나 아무리 걸출한 배우라도 아무 때나 잠재의식적 적응을 하지 못한다. '잠재의식적 적응'은 영감을 받는 순간에만 가능하고, 영감을 받지 못할 때는 부분적으로만 잠재의식적이다.

3) 밤 하늘의 유성 같은(like shooting stars)

연출선생은 잠재의식의 순간은 배우가 필요할 때만 찾아오지 않고 가끔 그렇지 않을 때도 찾아오기도 한다며, 5분 동안 모두가 말과 행동을 금한 후에 마음속에 무슨 일이 일어났는지 말하게 하고, 이런 모든 것들이 잠재의식에서 나오는 것이니 그들은 마치 '밤하늘의 유성 같은' 것이라고 했다.

4) 어떤 본질의 흡수(absorb something essential)

어떤 자극이나 관념(idear)이 당신의 머릿속에 떠오르면, 그 순간에 관념이 당신의 잠재의식을 만나고 당신은 그 관념에 대해 생각하게 된다. 그 다음에 관념과 당신의 생각이 합쳐져서 실재하는 물질적 형태(tangible physical form)가 된다. 이 형태가 이뤄지면 짧게 다시 잠재의식을 만난다. 잠재의식을 만날 때마다 배우의 조정은 '어떤 본질의 흡수'를 하게 된다.

(1) 일상생활에서 사람들이 의식적 조정(conscious adjustment)을 할 때도 미미하지만 잠재적 요소가 들어있다.

(2) 무대에서는 잠재의식적 조정(subconcious adjustment)과 직관적 조정(intuitive adaptation)이 주축을 이룬다.

(3) 눈에 띄는 것은 의식적 적응(concious adaptation)이고, 이제는 배우들의 고무 도장(rubber stamp)이 되었다.

(4) 모든 제스처는 고도로 자기 의식적(self-concious)이다.

5) 진정한 자신의 일부(truly part of you)

적응은 재시되는 형태 그대로 받아들여서는 안 된다. 적응은 그대로 모사하지 말고 자신의 필요에 맞게 적응해서 자신의 것으로 만들고 '진정한 자신의 일부'가 되도록 해야 한다.

(1) 실생활에서 역할형상화(embody in a role of real life)

이때 취할 태도는 실생활에서 역할형상화에 써봄직한 어떤 전형적 특징을 발견할 배우가 하는 것과 똑같이 해야 한다.

(2) 기계적 또는 모타식 조정(mechanical or motor adjustment)

기계적, 모타적 조정은 잠재의식적이기도 하고 반의식적(semi-concious)이기도 하다. 이것은 정상적, 인간적 적응이기는 한데 성격이 기계처럼 굳어진 경우이다.

(3) 보조적 적응(supplementary adaptations)

조정의 대부분은 배우가 그리는 인물에게서 생겨난 것이고 배우에게서 직접 나오는 것이 아니다. 이를 '보조적 적응'이라고 하는데 이들은 자발적으로, 무의식적으로 나타난다. 그런데 연출자가 지적을 해주면 의식적이고 습관화된다. 이 의식적 습관적 적응이 배우가 그리는 인물의 피와 살이 되고 마침내 보조적 조정이 모타처럼 작동하게 된다. 고무도장 연기는 상투적 죽은 연기이고 과장된 연기관행에서 생겼고 특징적 이미지가 없다. 반면에 모터식 조정은 원래 직관적이었지만 기계적으로 변한 것으로 모터식 적용은 유기적 인간적 면이 남아 있어서 고무도장 적응과는 정반대이다.

4. 기술적 수단
(technical means)

배우의 적응을 자극하기 위해 쓸 수 있는 기술적인 수단은 어떤 것이 있을까?

1) 직관적 적응(intuitive adaptations)

잠재의식에는 직접 접근할 수가 없다. 그래서 배역을 생활하는 과정으로 들어갈 수 있는 자극들을 사용한다. 역을 생활하는 과정은 배우들 상호간의 관계형성과 의식적이나 무의식적 조정으로 이뤄진다. 그러니까 간접적인 접근이다. 잠재의식의 세계에서는 배우가 자연을 거스르거나 자연법칙을 위반하지 않는 것이다. 배우가 자연스럽고 편안한 상태에 들어갈 때마다 내부에서 창조의 샘물이 솟으니 이것이 바로 '직관적 적응'이다.

2) 반(半)의식적 조정(semi-conscious adjustments)

심리기술의 일부를 사용해서 조정하는 것을 반의식적 조정이라고 한다. 일부라고 하는 것은 사용 가능성에 한계가 있기 때문이다. 연출선생은 지난번 소냐의 지폐 태우는 에튜드를[22] 피하려고 자기를 설득하면서 많은 다양한 적응을 했다며, 우리에게도 그 에튜드를 하라고 해서 했더니 그때의 것을 반복했다고 야단친다.

3) 신선한 적응 창조(creating fresh adaptation)

우리는 '신선한 적응 창조'를 하려면 기반이 될 재료가 있어야 되는데 그게 없다고 하며, 다음과 같은 인간의 심리상태와 기분과 정서의 단어를 열거한다.

'차분함, 흥분, 익살, 아이러니, 조롱, 시비, 비난, 변덕, 경멸, 절망, 위협, 환희, 인자, 의심, 놀람, 기대, 불길' 이 중의 한 단어를 선택해서 새로운 적응의 근거로 삼으란다. 소냐는 '인자'를 택해서 적절하게 했고, 레오는 목소리와 몸 전체에서 인자함이 배어 나왔다. 소냐는 '시비'를 택해서

---

22 여기서도 연습(exercise)이 아니고 에튜드(Etude(Этуд))로 해야 함.

다시 했지만 그를 능가하는 사람이 있었으니, 시비걸기의 전문가인 그리샤를 당할 수 없었다.

4) 뚜렷한 대조, 이외성(sharp contrasts, unexpectedness)

그리고 새로운 색채와 명암으로 '뚜렷한 대조와 이외성'이 좋은 도움이 된다. 이 방법은 멜로드라마나 비극의 상황에서 효과가 커서 강한 인상을 줄 수 있으니, 아주 비극적인 상황에서 껄껄 웃는다면 그 웃음 속에 '운명아, 이제 그만해라. 웃음이 나올 지경이다'라든지 '이제는 눈물도 안 나온다. 그냥 웃을 수밖에'라는 서브텍스트가 담겨 있을 수 있다.

5) 신체, 얼굴, 목소리의 적절한 준비
(appropriate preperation of body, face,voice)

이런 잠재의식적 감정의 섬세한 명암을 반영하려면 '신체, 얼굴, 목소리의 적절한 준비'가 필요하다. 배우가 얼마나 표현의 유연성을 지녀야 하고, 얼마나 민감해야 하며, 얼마나 많은 단련이 필요한가를 진지하게 생각해봐야 한다. 예술가로서의 연기 표현은 다른 배우와의 관계 속에서 행하는 조정과 적응에 의해서 평가된다.

6) 정리 못한 창조과정(not yet sorted out the creative process)

아직까지 '정리 못한 내적 창조과정'이 있으니 다음의 여섯 가지이다.

(1) 내적 템포와 리듬(inner tempo-rhythm)

(2) 내적 성격묘사(inner characterization)

(3) 통제와 마무리(control and finish)

(4) 내적 윤리와 규율(inner ethics and discipline)

(5) 극적인 매력(dramatic charm)

(6) 논리와 일관성(logic and coherence)

그런데 눈에 보이지 않는 '내적템포와 리듬', '내적 성격묘사'는 눈에 보이는 '외적 템포'와 '외적 성격묘사'를 먼저 하면 내적인 것을 저절로 느끼고 경험할 수 있고, 실제로 배역을 맡아보지 못한 상태에서 '통제와 마무리'를 논하기도 힘들 것 같고, 무대에 한 번도 서보지 못한 상태에서 '윤리와 규율' 그리고 '매력'을 논하는 것도 아직은 이르니 뒤로 미루는 게 좋겠다. '논리와 일관성'은 이미 우리가 '만약에'와 '주어진 상황', '신체행동', '주의집중'을 하면서 다루었다. 그래서 위의 여섯 가지는 앞으로 실제 작업을 진행하면서 더 효과적으로 살펴보기로 하고 이상으로 내적 요소들에 대한 수업은 일단 마무리한다.

11-1장 스타니스랍스키의 〈배우수업〉 유고
배우와 관객의 상호관계[23]

1. 분장실에서의 휴식

분장실에서의 휴식시간에 배우와 연출가의 아래의 대화를 살펴보자.

배우 : 나는 울었는데 관객은 감동하지 않은 이유가 뭐지요?

연출 : 당신 옆에 있는 배우도 울었나요?

배우 : 기억나지 않습니다. 옆의 배우에게 조금도 신경을 쓰지 않았으니까요.

연출 : 당신의 체험이 상대 배우에게 전해졌는지가 생각나지 않는다구요?

배우 : 난 흥분해서 관객에게만 주의 집중해서 다른 배우의 일은 생각나지 않습니다.

---

23   〈배우수업〉 유고 중의 '배우와 관객의 상호관계'는 단순한 적응의 단계는 아니지만 적응과 관계가 깊으므로 11장 적응 다음에 11-1장으로 수록한다.

연기에 열중해서 나 자신과 관객의 일만 생각한 것입니다.

연출 : 무엇을 위해서 무대에 올랐는지는 생각했을 것 아닙니까?
배우 : 무엇을 위해 무대에 오르다니 무슨 의미지요?
연출 : 당신은 희곡의 등장인물과 관계를 갖기 위해 무대에 오른 거지요. 무대에 오르는 배우에게 그 외의 어떤 목적이 있습니까?
배우 : 하지만 관객은요?

1) 배우의 연기는 관객을 위해서 하는가?

연출가는 배우가 상대역에게 자기의 느낌을 전하여 움직일 수 있다면 관객의 마음도 움직일 수 있고, 자기 느낌이 옆에 있는 상대에게 전달되지 않으면, 멀리 있는 관객에게 전달하기는 더 어려우니 먼 관객보다는 옆의 등장인물에게 감정전달을 할 수 있도록 노력하라고 한다. 배우는 우리가 연기를 하는 것은 관객을 위해서지 동료 배우를 위해서가 아니라고 한다. 동료와는 연습 때 실컷 했으니, 이제 작가가 우리에게 원하는 것은 우리가 관객에게 가까이 가라는 것이라고 항변한다.

2) 관객이 배우에게 관심을 가져야

연출가는 배우가 작가와 관객 사이의 단순한 중개자로 배우예술을 비하시키지 말라고 한다. 배우는 무대에서 자기 자신을 위해 살아야 배우들 역할의 여러 느낌을 체험할 수 있고, 함께 무대에 있는 상대배우에게도 느낌이 전해진단다. 관객은 우연한 목격자에 불과하니, 잘 이해되도록 분명히 말하고 보일 수 있는 곳에서 자리를 잡고는, 관객이 있다는 것을 잊어버리고 작품의 등장인물만을 생각하란다. 배우들이 관객에게 관심을 갖는 게 아니라 관객이 배우에게 관심을 갖도록 하여야 하며 관객과 관계를 갖는 최선의 방법은 희곡의 등장인물과의 관계를 통해서란다.

2. 살아있는 대상

1) 고보르코프의 항변

고보르코프가 관객을 그렇게 무시하는 것에 대해 항의하자, 토르초프는 왜 자기가 관객을 무시했다고 결론을 내리느냐고 반문한다. 관객 쪽을 보거나 관객에게 주의를 기울이면 안 된다고 요구하지 않았냐며 그렇게 되면 배우가 무대에 있는 것을 잊고 아무 말이나 재잘거리며 제4의 벽 속에 있다는 것도 잊는다고 항변한다.

2) 관객의 견인력은 중력의 법칙

아르카지 니콜라에비치는 관객을 앞에 두고는 그럴 수가 없는 일이니, 그것은 무책임한 동화에 불과하고 관객에게서 완전히 해방되는 일은 있을 수 없다고 한다.

관객과의 관계를 강화하려고 안간힘을 쓰고 있는데 그렇게 안달하지 않아도 중력의 법칙과 같이 관객의 견인력은 피할 수 없이 충분히 강하니, 그것을 위해서 괜히 사서 고민할 필요가 없다는 것이다.

3) 무용수와 곡예사

그러기보다는 무용수와 곡예사를 본보기로 하는 것이 좋다고 한다. 이들은 무용이나 곡예를 하다가 하늘로 날아올라가는 것을 조금도 걱정하지 않고, 오히려지 구의 인력을 잘 알면서도 지면으로부터 해방되어 공중으로 도약하는 기술에 전생애를 바치고 있다. 배우도 무대에서 단 2, 3분만이라도 관객으로부터 자신을 해방할 수 있게 노력해야 한다는 것이다.

4) 관객으로부터 자신을 해방

우리도 참고 견디며 훈련하면 역할 안에 자신을 완전히 담을 수 있을 것이란다. 배우가 관객에게 관심을 주지 않아도 관객은 배우에게 관심을 갖고 있단다. 그 반대로 배우가 관객을 즐기려고 하면 관객은 배우에게 신경을 쓰지 않게 된다. 그래서 배우는 관객으로부터 자신을 해방시켜서 자신의 역할로만 살아 있어야 관객은 더 열심히 무대의 사건에 집중하게 된다는 것이 배우와 관객과의 관계란다.

12장
내적 원동력(Inner Motive Forces)

이제 배우 연기에 필요한 모든 '요소들(elements)'과 '심리기술의 방법(methord of psycho-technique)'을 알아보았으니, 내면의 악기(inner instrument)는 모두 마련된 것이다. 이제 필요한 것은 이 악기를 연주할 명인(virtuoso)만 있으면 된다.

1. 세 거장
(three master)

1) 감정(feeling)

악기를 연주할 거장은 '감정'이라는 첫 번째 대가(master)이다. 그런데 이 감정이라는 대가는 유순하지 않고 말도 잘 안 듣는다. 감정이 바로 기능을 해주지 않으면 배우는 연기를 시작할 수 없으니 다른 대가를 찾아야 하는데 그가 누구일까?

(1) 상상력(imagination)

감각을 일으키기 위해서 먼저 기능을 해주는 것이 '상상력(imagination)' 이다.

(2) 주의(attention)

주의는 반사경과 같아서 우리의 사상, 감정, 욕망과 같은 관심을 불러 일으킨다.

그런데 무엇을 상상하고 주의하지? 우선 과제(task)나 가정(supposition) 이 있어야 한다. 그렇다면 과제와 가정을 누가 찾아주지?

2) 지성(mind)

과제와 가정은 몸(body)이 아닌 '지성'이 암시해주지 않을까? 지성도 우리의 정신생활에서 창조적 과정을 만들어내는 중요한 원동력이다.

(1) 예술적 열망(artistic wish)

연출선생은 우리에게 다시 '미친 사람 장면'을 시키자 그리샤가 그 낡 은 에튜드[24]로는 절대 안 된다고 한다. 모두가 침묵하다가 힘없이 나가는 걸 보고, 연출선생의 목표는 우리의 '예술적 열망'을 일깨우는 데 있다며, 미친 사람이 앞문이 아닌 뒤쪽의 계단을 타고 뒷문을 두드린다고 상황을 바꾸자 모두가 무대로 달려가서 활기를 띠게 된다.

(2) 새로운 과제(new task)

상황을 새롭게 바꾸자 우리는 '새로운 과제'를 창조하게 되어 새로운 열 망으로 작업에 활기를 불어넣었다. 그럼, 이 같은 창조의 악기를 연주한 대 가는 누굴까? 우리는 연출선생이라고 하자, 더 정확히 말하면 자기의 '지 성'이라고 한다. 결국 지성이 우리가 찾는 두 번째 대가임이 입증된다.

---

24 '낡은 연습'을 '낡은 에튜드'로 번역해야 한다.

3) 의지(will)

그러면 세 번째 대가도 있을까? 진실, 교감, 적응, 비트와 과제라는 말이 나왔지만 이것들은 욕망을 일깨워주는 기술적 수단에 불과하고, 열망이나 염원이 배우의 창조기관을 가동시켜서 정신적으로 이끌어 갈 수 있도록 하는 것은 바로 '의지'의 힘이다. 결국 의지가 세 번째의 대가이다.

우리의 정신적인 삶을 이끌어가는 세 가지의 추진체, 우리의 '영혼이라는 악기'를 연주하는 세 분의 대가는 '감정'과 '지성'과 '의지'인 것이다. 그러나 그리샤는 지금까지 창조작업에서 지성과 의지는 전혀 강조되지 않았다는 의의를 제기하자 이 세계의 힘은 상호 긴밀히 결속된 '삼두정치 체제'와 같다고 한다. 그 중 하나를 논하면 나머지 두 개는 연결되어서 따라 다닌다는 것이다.

4) 찬란하게 꾸민 공연(scenic productions)

연출선생은 자기가 창조의 정서적인 측면에 많이 치우치는 경향이 있음을 인정하지만 그것은 배우들이 감정에서 너무 쉽게 멀어져 가는 경향이 있기 때문이란다. 약삭빠른 배우들이 잔머리를 써서 연기하는 '찬란하게 꾸민 공연'이 많으니 이런 것은 진실이 살아있는 정서적 창조일 수 없다는 것이다.

2. 3개의 원동력
(the power of three motive forces)

감정, 지성, 의지, 이 '3개의 원동력'은 상호작용으로 그 힘이 강화되고 서로 받쳐주고 격려하며 항상 동시에 긴밀히 작용한다. 지성을 움직여주면 의지와 감정은 따라서 움직인다. 그래서 이 세 가지 힘이 조화롭게 힘을 모을 때, 배우는 자유로운 창조를 할 수 있다. 배우는 단지 작가의 사상과 연출자의 지시대로 행동하여 관객에게 전달만 하는 게 아니고 희곡의 상황에 처한 한 개인으로서 자기 자신을 말한다. 작가의 것이 배우의 것이 되어 관객이 이해할 수 있게 하는 것이 배우의 목표이다.

1) 적절한 심리기술의 개발(evolve an appropriate psycho-technique)

배우의 말과 그의 내면을 관객이 느낄 수 있도록 하는 것이 필요하다. 배우의 창조 의지와 욕구를 관객이 따라오게 해야 한다. 그래서 배우는 '적절한 심리기술의 개발'이 필요하다.

(1) 삼두정치의 구성원(member of the triumvirate)

그 기초가 '삼두정치 구성원'들의 상호작용을 이용한다. 때로는 이들이 자발적으로 작동하기도 한다. 이 때는 배우가 그들의 흐름에 몸을 맡기면 된다. 그러나 이들이 반응하지 않을 때는 어떻게 하나? 이 세 구성원 중의 지성 같은 하나를 선택하면 되는데, 지성은 지시에 쉽게 반응한다. 그래서 배우는 자기 배역의 의미를 파악하게 되면 자기 의견이 생기고 의견이 생김으로 감각과 의지도 따라서 영향을 받게 된다. 지난번 미친 사람 장면 연습 때 그가 뒷문으로 들어온다는 플롯과 상황을 제공한 것은 지성이다. 그 상황이 제시됨으로 행동의 개념과 논리적 형식이 생겨나고 배우의 의지에도 영향을 줘서 같이 움직이게 한다.

(2) 의지를 창조적 행동으로 이끌기(arousing the will to creative action)

다음에는 '의지를 창조적 행동으로 이끌기'의 방법을 살펴보자. 내용(사상)에 직접 영향을 받는 지성이나 템포 리듬에 즉각 반응하는 감정과는 성향이 다른 의지에게 영향을 미칠 만한 직접자극(direct stimumulus)은 없고 목표가 간접자극은 된다고 하자, 그리샤는 의지와 감정은 불가분의 관계라고 했으니 감정이 반응하면 의지도 당연히 반응하는 것 아니냐고 반박한다.

2) 두 얼굴의 야누스(two faced Janus)

연출선생은 아주 좋은 생각이라며 의지와 감정은 '두 얼굴의 야누스'
와 같다며 어떤 때는 정서가 득세하고 어떤 때는 의지나 욕망에 힘이 더
쏠린다고 한다. 그래서 어떤 과제는 감정보다는 의지에 더 큰 영향을 발
휘하고, 어떤 과제는 욕망을 누르고 정서를 고양시키니 과제는 직접이든
간접이든 훌륭한 자극으로 배우가 잘 써먹을 수 있단다. 그러나 이 세 요
소 중에 어느 하나가 다를 두 요소를 말살하여 균형과 조화가 깨지지 않
도록 해야 하고, 감정과 지성과 의지라는 이 세 개의 힘은 배우의 인간영
혼 창조작업에서 주역이라고 한다.

13장
끊어지지 않는 선(The Unbroken Line)

1. 배역의 혼 느끼기
(to feel out the soul of your part)

배우가 자기 배역의 혼을 느끼기 위해서는 내적 원동력을 사용하여 자기 역할의 끊어지지 않는 선을 만들어야 한다.

1) 막연한 욕구(vague desires)

한 편의 희곡을 공연하기로 하고 첫 독회를 했다고 배우가 자기배역을 완전히 이해할 수가 없다. 여러 번 읽기 전에는 핵심파악과 배역의 혼과 역할의 정신을 감정으로 창조하기는 무척 어렵다. 우선 배우의 지성이 텍스트의 배역을 파악하고, 그 다음에 정서를 가볍게 움직이면서 '막연한 욕구'를 발동시킨다. 배우의 내적 의미에 대한 배우의 초기이해는 어쩔 수 없이 일반적이고 막연할 수밖에 없다. 그래서 작가의 극작과정을 단계별로 추적하면서 철저히 희곡을 연구해야 희곡의 심층부에 다다를 수 있다. 만약 텍스트를 처음 읽으면서 지적이나 정서적으로 남는 인상이 전혀 없다면 배우는 어떻게 해야 할까?

2) 텍스트의 의미 파악하기(to penetrate the meaning of the text)

이 경우에 배우는 남들이 내려놓은 결론을 수용도 하고 '텍스트의 의미 파악하기'에 전념해야 한다. 인내를 가지고 우선 배역의 막연한 개념을 찾아내서 그것을 발전시켜야 한다. 그러다 보면 배우의 내적 원동력이 행동으로 이끌리게 된다. 그러나 목표가 분명해지기 전에는 배우의 활동 방향은 갈피가 안 잡히고 역할에 대한 느낌도 자기 혼자만의 개인적 순간(individual moment)에 머물고 있을 것이다.

3) 전체적으로 연결된 선(line as a continuous whole)

이 시기에 배우의 생각, 욕구, 정서의 흐름은 끊어졌다 이어졌다 할 것이다. 그러므로 그 패턴은 전체적으로 이어져 있지 않은 것이다. 배우가 자기 배역을 깊이 이해하고 기본적인 과제가 무엇인지를 깨닫게 될 때 하나의 '전체적으로 연결된 선'이 비로소 서서히 드러나게 되고 그때부터 배우는 창조 작업을 시작할 수 있다.

4) 통상적 연속선(normal continuing line)

연출선생이 어느 예술이나 하나의 끊어지지 않는 선이 있어야 하고, 이 선이 전체적으로 드러나야 실질적인 작업이 순조롭게 진행될 수 있다고 하자. 그리샤가 실생활에서나 특히 무대에서 끊어지지 않는 선이 정말 있냐고 반문한다. 건강한 사람들의 일상생활에는 어떤 중단이 있기는 하지만 그래도 인간존재는 죽지 않고 계속되므로 어떤 종류의 선은 계속 이어진단다. '통상적 연속선'은 하나의 선이 아니고, 다소간 중단이 있는 여러 가닥의 선이라고 마무리한다.

5) 끊어지지 않는 선(unbroken line)

배우에게는 다양한 내적활동을 위해 여러 가닥의 선이 있게 마련이고, 무대에서 이 내적인 선이 끊어지면 배우는 말이나 행동을 이해할 수 없고 욕구나 정서가 사라진다. 배우와 배역은 이 '끊어지지 않는 선'에 생명이 달려있으니, 연기에 생명과 움직임을 불어넣는 것은 이 끊어지지 않는 선이다. 이 선이 끊기면 배역의 목숨도 끊어지고 이 선이 살아나면 목숨도 살아난다. 그러니까 역할에는 '지속적인 존재(continuous being)'와 이 '끊어지지 않는 선'이 꼭 필요한 것이다.

2. 전체적으로 끊어지지 않는 선
(whole unbroken line)

모든 예술들이 그렇듯이 연기예술도 '전체적으로 끊어지지 않는 선'이 있어야 하니 과거와 미래의 그 선을 어떻게 창조하는지를 살펴보자.

1) 과거를 돌이켜 볼 때(in recalling the past)

'과거를 돌이켜 볼 때'는 과거에서 현재로 다가오지 말고, 현재에서 과거로 거슬러 가야 한다. 특히 가까운 과거일수록 거꾸로 더듬어 가는 것이 훨씬 쉽다. 지금 이 순간 바로 전에는 무엇을 했나? 그리고 그 전에는, 또 그 전에는 무엇을 했느냐는 식으로 과거의 독립된 과정으로서의 작은 행위들로 다가갈 수 있다.

(1) 짧은 선(short line)

그 속에는 온갖 요소가 다 들어 있는데 이것이 생활의 단편으로서 '짧은 선'이다. 이 선들을 고정시키기 위해서 같은 순서로 연결 관계를 되풀이 한다. 그리고 이번에는 그 과거에서부터 처음 한 것으로 역순으로 다시 현재까지로 진행한다.

(2) 확대된 생활의 선(extended line of your life

이 훈련을 통해서 정서적으로 인상이 남는 자기만의 '확대된 생활의 선'으로서 개별 행동, 감정, 생각, 느낌이 망라된 하나의 통합된 전체가 생기게 된다.

2) 미래의 선 창조하기(to create the line of the future)

이제는 앞으로 일어날 '미래의 선을 창조'해 보자. 미래를 어찌 아느냐고 하지 말고 상상력을 동원하여 오늘 저녁에 예상되는 일들을 생각해 보면 될 것이다. 오늘의 남은 시간에 대한 복안이 있을 것이니 근심, 걱정, 책임, 환희, 슬픔 등의 미래로 향하는 이 선이 느껴지지 않는가? 그렇게 앞을 보면 어떤 움직임이 있고 움직임이 있는 곳에 하나의 선이 시작된다.

3) 하루 전체의 생활(life of a whole day)

처음에 만든 과거의 선에서 시작해서 현재를 거쳐서 방금 만든 미래의 선을 이어주면 과거와 현재와 미래를 잇는 '완전한 끊어지지 않는 선 (whole unbrokenline)'으로 하루 전체의 생활을 대표하는 하나의 커다란 흐름'(one large current)이 만들어지는 것이다.

4) 평생을 관통하는 선(lines that run through a lifetime)

몇 일이나 몇 주를 관통하는 선이 있다고 한다면 몇 달이나 몇 년 심지어는 '평생을 관통하는 선'들도 있다고 볼 수 있다. 이 커다란 선들은 모두 작은 선들이 이어진 것이다. 어느 희곡이나 어느 배역이든 이것에 똑같이 해당된다. 현실에서는 생활이 이 선을 구축해주지만 무대에서는 이 선을 진실처럼 창조하는 것은 작가의 예술적 상상력이다. 그러나 작가가 희곡을 통해 배우에게 제공하는 것은 중요한 토막일 뿐이어서 군데

군데가 끊겨있다.

5) 말없이 남겨진 부분 채우기(fill out what unsaid)

그래서 배우는 작가가 구체적으로 언급하지 않은 '말없이 남겨진 부분 채우기'를 해야 한다. 작가가 다 채우지 않고 남겨놓은 부분을 배우가 만든 관통하는 선으로 채워 넣어야 한다. 그러지 않으면 인물의 전체 삶 중에 조각난 부스러기 밖에 보여주지 못해서 인물의 관통선이 끊어진다. 그래서 배우가 끊어지지 않는 선을 창조해야 하는 것이다.

3. 끊어지지 않는 사슬
(unbroken chain)

오늘은 무대의 거실세트에서 자유로운 대사를 하면서 수업이 진행되는데 우리가 대화를 나눌 때 조명이 들어오고 나가고 한다. 그 조명은 누가 누구에게 얘기를 하는가와 관련됨이 분명하다. 이야기하는 사람에게 조명이 들어오고, 물건에 대해 얘기하면 그 물건에 조명이 들어온다. 거실 밖에도 조명이 들어오는데 시간과 관련이 있어서 과거 얘기를 하연 복도에, 현재얘기를 하면 식당에, 미래얘기를 하면 방 전체에 들어온다. 연출선생의 설명은 일상생활에서 우리는 질서가 있든지 들쭉날쭉하게든지 주의집중의 대상을 바꾸며 살아간다. 대상이 바뀌어도 그 속에는 하나의 '끊어지지 않는 사슬'이 있다는 것을 이 시범이 보여준다.

1) 튼튼한 선(solid line)

연극이 공연되는 동안 일어나는 일도 마찬가지다. 중요한 것은 우리가 초점을 두고 있는 대상들을 연결하는 '튼튼한 선'을 구축하는 것이다.

그 선은 무대의 안쪽인 우리 배우 쪽에 머물러야지 잠깐이라도 객석으로 벗어나서는 안 된다.

2) 선의 연속선(unbroken quality of line)

그리고 사람이나 배역의 삶은 주의의 대상, 즉 주의의 범위를 끊임없이 바꾼다. 그 차원이 현실일 수도 있고 상상일 수도 있다. 또 과거의 추억일 수도 있고 미래의 꿈일 수도 있다. 이와 같은 '선의 연속성'이 예술가에게 대단히 중요하니 배우는 그 선을 구축할 수 있어야 한다.

3) 주의의 작은 범위(small circle of attention)

연출선생은 램브란트의 그림 두 점을 경매하는 플롯을 조명으로 보여준다. 중앙에 있는 연출에게 조명이 들어왔다가 조명이 나고 무대양쪽의 그림에 조명이 들어와서 한 쪽씩 번갈아 커졌다 꺼졌다 한다. 연출에게 스포트라이트가 들어온다. 그리고 다른 불빛은 모두 꺼진다. '주의의 작은 범위'를 보여준다.

4) 살아있는 선(living line)

무대 전체에 커다란 불빛이 쏟아지고 외국박물관 대표들이 온다. 그리고 입찰이 치열해지면서 눈이 핑핑 돌아갈 정도로 강한 조명들이 난무한다. '살아있는 선'이다. 무대에 살아있는 선에는 단절이 없다는 것을 느낄 수 있다.

5) 끊이지 않는 선의 구축(to build unbroken line)

배우의 주의는 한 대상에서 다른 대상으로 계속해서 옮겨가는 것이다. '끊이지 않는 선'이란 바로 이 끊임없는 초점변화 때문에 필요하다. 만약 배우가 한 작품 내내 하나의 대상에만 매달려 있으면 그는 정신적 균형을 잃고 고정관념의 희생자가 될 것이다. 만약 배우의 지성이나 감성이 객석이나 극장 밖을 헤메고 다닌다면 정상이 아니다. 이런 실수를 피하려면 내적 원동력을 총동원해서 '끊이지 않는 선의 구축'을 항상 해내야 한다.

14장
내적 창조 상태(The Inner Creative State)

1. 내적 창조
(inner creative)

1) 내적 원동력(inner forces)

배우의 '내적 원동력'에 따라 움직이는 선들을 하나로 모아놓으면 이 선들이 어디로 갈까? 피아니스트와 화가는 자기들의 정서를 표현하기 위해 그들의 도구인 피아노와 캔버스로 가고, 배우는 자신의 정신적 신체적 창조도구로 가야할 것이다. 배우의 창조도구는 바로 그의 내적 원동력으로서 지성과 의지와 감성이 합쳐진 모든 '내적 요소들'이다.

2) 역할에 있어서 배우의 요소들(elements of the artist in the role)

배우의 내적원동력인 지성과 의지와 감성은 희곡이라는 허구로부터 생활을 이끌어내어 더 사실적으로 만들고, 과제에 대한 튼튼한 기반을 쌓아서 배우가 역할에 진실성과 믿음을 갖게 해준다. 그리고 각 요소의 분위기를 통해서 정신적 내용을 흡수하게 한다. 그렇게 하여 이 세 주체가 '역할에 있어서 배우의 요소들'을 서서히 자라나게 한다.

3) 내적 창조 분위기(inner creative mood)

이 배우의 요소들은 등장인물의 내적 갈망과 야심 그리고 내재된 행동에 떠밀려서 창조적 과제를 향해 앞으로 나아간다. 이 요소들은 주의를 집중하는 대상에 이끌려서 다른 인물들과 접촉하게 되고, 희곡이 지닌 예술적 진실성에 의해 사로잡힌다. 역할 중인 배우들의 요소들이 함께 가는 거리가 멀수록 나아가는 선도 통일성을 갖게 된다. 이렇게 요소들이 하나로 융합될 때 하나의 중요한 내적 상태가 생기는데 이것이 바로 '내적 창조 분위기'이다. 그러니까 내적 원동력이 이런 요소들과 결합해서 배우의 과제가 달성된다. 지금까지는 심리기술의 방법을 망라하는 말로 '요소들'이라는 용어를 썼는데 이제는 '내적 창조 분위기의 요소'로 바꾸도록 하자.

4) 군중 속의 고독(solitude in public)

그런데 이 내적 창조분위기는 어떤 면에서는 일상의 상태보다 더 낫고 어떤 면에서는 더 못하다. 대중 앞에서 하는 작업여건으로 배우의 창조분위기가 과장과 자기과시가 가미되기 때문이다. 그리고 우리가 일상생활에서는 느끼지 못하는 '군중 속의 고독'이라는 감정이 개입되기 때문이다. 군중 속의 고독은 극장을 가득 메운 관객들 속에 자기 혼자만이 존재해야 하는 배우만이 느낄 수 있는 고독감과 두려움이기도 하지만, 관객들은 무대에서 진실한 감정이 솟아날 때마다 반응을 즉각 나타내므로 배우에게 엄청난 공명판과 같다. 동정과 관심이라는 보이지 않는 수없는 흐름이 밀려온다. 그래서 관객은 배우에게 압박과 겁을 주기도 하지만 한편으로는 진정한 창조적 에너지를 촉발한다. 장중한 정서적 온기를 전해줌으로 배우에게 자신과 자신의 작업에 확신을 갖게 해준다.

5) 역할 재창조(recreates a role)

자연스런 창조분위기가 배우에게 저절로 생기지는 않는다. 배우가 '분위기가 안 잡혀!'라는 말을 할 때가 많다. 그것은 창조적 기관이 기능을 못할 때나, 기능이 정지됐거나, 기계적 습관으로 대체되었다는 의미이다. 아니면 배역소화를 못하고 대사와 행동에 믿음이 없이 관객 앞에 섰을 때이다. 나름 잘 만들었지만 이제는 낡아버린 역할을 새롭게 갈고 닦지 않았기 때문이다. 배우는 항상 '역할의 재창조'를 해야 한다. 그렇지 않으면 무대에 나가서 껍데기만 보여줄 뿐이다. 배우가 게으른 습관이나 주의력 부족, 개인적 고민 때문에 역할의 재창조를 안 할 때는 계속 다람쥐 쳇바퀴만 돌게 된다.

6) 구성 요소의 해체(component elements disintegrate)

배우가 관객 앞에서 침착성을 잃는 데는 두려움, 당혹감, 불안감, 책임감 또는 해결 못할 고민 등 수많은 원인이 있을 수 있다. 그럴 경우에 배우는 보통 사람들처럼 보고 듣고 말하고 생각하고 느끼고 걸을 수 없고 심지어 움직일 수조차 없다. 관객을 만족시키고 자기를 과시할 수 없어서 자신의 처지를 감춰버리고 싶은 필요성을 초조히 느끼게 된다. 이런 상황이 되면 배우의 '구성 요소의 해체'가 되고 배우와 그 구성 요소가 분리되어서 창조적 분위기가 깨져 버린다. 창조적 분위기가 깨진 배우들은 연기의 방향성을 잃고 극중 상대배우가 아닌 관객과 접촉하고 관객의 만족을 위하여 적응하게 된다. 그러면 연극 전체가 망가진다.

7) 연극쪼의 인기술책과 인위성(theatrical claptrap and artificiality)

배우가 대상에 대한 집중을 잘 못하게 되면 다른 것에 자석처럼 이끌려서 무대 밖의 관객이나 극장 밖으로 끌려간다. 배우의 집중이 작품의 과제가 아닌 인위적인 자기 개인의 목표를 택한다든지 자기과시에 이용

될 때 그렇게 된다. 배우가 잘못 길들여 놓은 과장되고 틀에 박힌 감정이나 대사와 행위로 인해서, 과제는 인간적인 것에서 인위적인 것으로 바뀌고, 상상력은 날아가 버려서 믿음이 없는 기계적 관습인 '연극쪼의 인기술책과 인위성'으로 전락되어 버린다.

경험과 기술이 부족한 초보배우들이 특히 이 잘못된 길로 빠지기 쉽다. 그런데 아이러니하게도 배우는 자연스럽게 있는 것보다 무언가 하는 척하는 게 훨씬 쉽다는 것이다. 결국 관객 앞이란 허식과 진실이 계속 쟁탈전을 벌이는 곳이다. 배우는 그의 예술작업을 관객 앞에서 할 수밖에 없으니, 이 과장된 허식인 '연극쪼의 인위성'에서 자신을 보호하고 진실을 강화해야 할 운명을 타고난 것이다.

2. 진정한 내적 창조 상태
(true inner creative state)

배우는 어떻게 이 과장되고 인위적인 허식에서 탈피하여 '진정한 내적 창조상태'를 이룰 수 있을까? 문제는 둘이지만 답은 하나니 정신과 육체를 하나로 만들기이다.

1) 영혼의 분장 (make up on one's souls)
배우는 공연 전에 신체에 의상을 입히고 얼굴에 분장을 한다. 이것은 연기하려는 인물의 외모에 맞추기 위한 신체적 준비이다. 그런데 배우가 극장에 늦게 와서 헐레벌떡 외적 준비인 신체의 분장만 하고 공연을 한다. 내적 준비인 '영혼의 분장'은 안 하는 데서 문제가 생긴다. 도예가는 그릇을 빚기 전에 흙부터 반죽하고 가수는 콘서트에 나가기 전에 목소리

워밍업을 한다. 배우도 무대에 등장하기 전에 '내면의 현(inner string)'을 조율해야 한다. 근육의 긴장을 완화시키고 공연 중의 하나의 대상을 선택하여 동기를 부여하고, 상상적 허구로 행동을 진실하게 만들어 믿음이 생기도록 심리적 요소를 활용하여 컨디션 조절을 해야 한다. 하나가 성공적으로 구체화되면 다른 것들도 자연스럽게 이끌려 나온다. 인위적인 것은 배우의 내적 본성에 거슬리기 마련이니 신체적 정신적 모든 준비연습을 통해 배우의 '표현기구(expressive apparatus)'를 점검해야 한다.

2) 이중적 기능(double function)

배우가 하는 배역이 오래되어서 예리한 맛이 사라지면 배우의 기분이 흔들리게 된다. 이렇게 기분이 들락날락하기 때문에 배우에게도 방향을 잡아주는 선장이 필요하다. 올바른 방법으로 역할을 창조한 배우에게는 이 선장의 작업은 저절로 이뤄지고 경험이 쌓여가면서 알게 된다. 이탈리아의 훌륭한 배우인 살비니(Salvini)는 "배우는 무대에서 살고, 울고, 웃는다. 그러면서 배우는 자신의 눈물과 웃음을 지켜보고 있다. 그의 예술을 만드는 것은 이런 '이중적 기능', 즉 생활과 연기의 균형이다." 라고 말했다. 그러니까 배우 속에는 '연기하는 나'와 '지켜보는 나'가 공존한다는 것이다. 이것은 꼬끄랑이 주장하는 '제1의 자아'와 '제2의 자아'와 같은 의미이다.

3. 내적 창조상태
(inner creative state)

'내적 창조상태'가 형성되는 과정에 있는 배우의 영혼 속을 들여다 보자. 어떤 배우가 햄릿의 어렵고 복잡한 역할을 수행하려고 한다. 이 역할은 거대한 산에 비유된다. 산의 가치는 땅 속에 무엇이 묻혔는지 파헤쳐 봐야 한다. 그러려면 한 사람의 힘으로는 안 되고 광산 전문가와 어떤 조직의 도움과 상당한 재원과 시간이 있어야 한다. 그 작업을 하면서 광맥을 찾을 때까지 엄청난 노력과 기대와 실패를 반복해야만 한다.

1) 정신적 미묘함(spiritual delicacy)

햄릿의 작업을 하는 배우도 숨겨진 배역의 정신적 보물을 찾기 위해서, 역할의 내적 원동력을 얻기 위해 계속적으로 깊이 파고들어야 한다. 천재의 작품은 복잡하고 치밀한 연구가 필요하다. 복합적 영혼의 '정신적 미묘함'을 잡아내려면 자신의 내적 원동력을 작가의 내적 원동력과 조화롭게 공조시켜야 하고, 자신의 예술적 역량과 재능을 쏟아 부어야 한다. 배우는 역할의 그 밑에 깔려있는 목표를 결정해야 하고 느낄 수 있어야 함으로, 배우의 내적 원동력은 강력하고 민감하고 예리하고, 그의 창조상태를 구성하는 요소는 심오하고 정교하고 지속적이어야 한다. 배역의 껍데기만 핥고 넘어가서는 역할의 '정신적 미묘함'을 이뤄낼 수가 없다.

2) 내적 창조상태 위력과 지속
(power and endurance of inner creative state)

일반적으로 배우의 '내적 상태의 위력과 지속'성은 그 과제의 크기와 중요도에 정비례하고 과제달성에 사용되는 장비에도 정비례한다. 특히 과제가 확실하면 금방 견고하고 정확한 내적 상태에 이른다. 반면에 과제가 불분명하고 모호하면 배우의 내적 분위기는 취약해지기 쉬운데, 그 어느 경우든 과제의 성질이 결정적 요인이다. 과제가 얼마나 확실하고 절실하냐에 따라서 내적 창조상태의 위력은 커지고 그 지속시간도 길어지게 된다. 때로는 배우가 집에서 쉬다가 갑자기 창조 분위기의 힘을 느껴서 그것을 사용하고 싶을 때는 그 과제가 저절로 제공되기도 한다.

그리고 은퇴한 노배우가 할 일이 없어서 혼자 온갖 장면을 연기해 보기도 하는데, 옛날의 감정을 만끽하면서 '창조적 충동(creative impulses)'을 발산할 출구가 필요해서이다. 때로는 과제가 잠재의식 속에 머물러 있어서 배우는 의지가 없는데 과제가 잠재의식적으로 자기도 모르게 달성되는 경우도 있다.

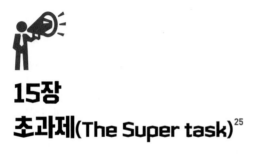

15장
초과제(The Super task)[25]

1. 중심사상
(leit motive)

위대한 작가들은 남달리 크고 활기찬 목적을 가진다. 도스도예프스키는 신의 탐색, 톨스토이는 자기 완성에의 노력, 안톤 체홉은 부르주아의 하찮음에 대해 각자 그들의 '중심사상'을 지니고 있다. 이런 작가의 목적들이 배우의 과제를 통해 모든 창조능력을 이끌고 있다. 희곡 속의 개개의 작은 과제들, 배우의 상상과 감정과 행동이 만드는 모든 흐름은 플롯의 '초과제' 달성을 위해 한 곳으로 모아져야 한다. 이들이 함께 형성하는 '공통의 끈(common bond)'은 하찮은 것이라도 '초과제(super tasks)'와 무관하면 군더더기이고 잘못된 것이다.

---

25 스타니슬랍스키는 '목표'와 '과제'를 달리 썼고 둘은 분명하게 다르다. 적극적인 과제가 적극적인 행동을 낳는다고 스타니슬랍스키가 제자들에게 항상 강조했다. 목표는 '희망'이고 과제는 '의무'이다.

1) 기본목표(basic purpose)

그리고 초과제를 향하는 이 동력이 희곡 전체를 통해서 지속되어야 한다.

초과제가 연극쪼의 과장이나 형식적 겉치레이면 대충 적당한 방향밖에 잡아주지 못할 것이고, 반면에 이것이 인간에 뿌리를 두고 희곡의 '기본목표' 달성을 위한 것이라면 대동맥처럼 희곡이나 배우에게 모든 자양분과 생명력을 부여할 것이다. 그래서 작품의 '기본목표'가 분명하고 위대할수록 그 초과제가 끌어당기는 힘이 크다.

2) 바른 이름(right name)

좋은 초과제에는 '바른 이름'을 짓는 일이 중요하다. 그리고 행동에 보다 많은 힘을 실어주기 위해서 명사가 아닌 동사형태가 좋다. 예를 들어 그리보예도프의 〈지혜의 슬픔〉의 초과제를 '소피아와의 싸움'이라고 명사형태로 이름을 지으면 의미가 모호하다. '나는 소피아를 위해 싸우고 싶다'라고 하면 사회적 가치가 아닌 우연적 가치로 보인다. '나는 자유를 위해 싸우겠다'라고 하면 조국의 범주를 넘어서 인간적 보편적인 폭넓은 의미를 띠게 되어 더 깊어진다.

몰리에르의 〈상상병 환자〉를 연기할 때 '나는 아프고 싶다'를 초과제를 삼고 성공을 거둘수록 이 유쾌한 희극이 병적 비극으로 변해가는 것이다. 그래서 초과제를 '나는 아픈 것처럼 보이고 싶다'로 바꾸고 나니 전체적 희극성이 부각되고 작품의 과제가 잘 드러나게 된다. 그래서 배우가 연기하는 동안에 그의 머리 속에는 초과제가 시종일관 확고히 자리잡고 있어야 한다. 작가의 중심주제가 극작을 탄생시키고, 초과제는 배우, 연기, 예술, 창조의 원천이 되어야 하는 것이다. 그래서 작가의 중심주제가 배우의 연기에서는 초과제로 바뀌어야 한다.(이 부분은 햅구드의 번역본에는 있지만, 원작에는 없는 부분이어서 편저자가 전체적 의미로 정리함)

2. 내적 주된 흐름
(main inner current)

희곡 속에 내재하고 있는 '내적 주된 흐름'은 배우에게 희곡을 내적으로 파악하는 힘을 제공한다. 이 내적인 흐름의 상태에서 배우들은 모든 복잡한 것을 해결하고 희곡 속의 기본목표를 명쾌한 결론으로 이끌어 준다. 희곡의 시작에서 끝까지 배우를 이끌어주는 이 내적 선을 '연속성(continuity)' 혹은 '일관된 행동(through action)'이라 부른다. 이 '일관된 흐름(through line)'은 희곡의 모든 작은 비트와 과제에 전류를 통해서 초과제로 향하게 하고 공동의 목표달성을 이뤄준다.

1) 일관된 행동(through action)
배우들 중에는 시시콜콜한 일상에서 자주 쓰는 자연주의적 연기수법이나 임시방편의 겉치레 연기로 연기의 관통선이 없어지고 연기의 맥과 흐름이 끊기는 경우가 많다. '일관된 행동'이 없는 연기는 우리의 시스템을 따로따로 떼어 내어서 실행하는 것과 같아서, 배역 전체를 연기할 때는 앞뒤가 연결이 안 되고 서로가 다르게 토막이 나는 것과 같다. 그의 연기는 조각조각으로는 빛날 수는 있지만 '일관된 행동'이 없어지는 것이다.

2) 일관된 행동(through action)과 경향(tandency)의 도표(graohic)
(1) 행동의 일관된 흐름(through line of acting)과 초과제(super tasks)

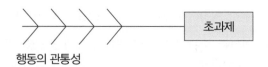

행동의 관통성   초과제

빗금의 작은 선들은 같은 과제를 향해서 하나의 주된 흐름에 합류한다.

(2) 초과제가 없는 경우(not established super-objective)

작은 과제들이 각각 다른 방향을 향해서 일관된 흐름도 초과제도 없다.

(3) 주제나 경향을 극에 삽입(put a theme or tendency into play)

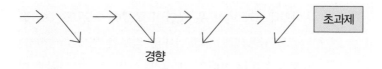

외부 주제의 도입이나 다른 경향이 끼어들어 기형적이고 척추가 부러진다.

(4) 경향을 초과제에 접목(graft the tendency on the super-objective)

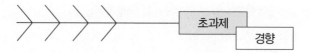

때로는 새로운 것이 고전에 자연스럽게 접목되어 초과제에 흡수된다.

이상의 도표를 통해서 발견할 수 있는 결론은 초과제와 일관된 행동을 유지하고 본질에서 벗어난 경향성과 핵심 테마에서 멀어진 과제를 경계해야 한다는 것이다.

3) 행동(action)과 반응(reaction)이 예술의 근간(basis of our art)

행동과 반응이 마주치고, 제2의 반응에 의해서 제1의 행동이 강화된다. 모든 희곡에는 일관된 행동 외에 그것과 대립하는 반행동이 있다. 배우에게 이런 과제의 충돌로 풀어야 할 문제가 생긴다. 그들의 행동성과 능동성이 예술의 근간이다.

(1) 〈브란드〉의 실례 (take Brand as an illustration)

〈1〉 〈브란드〉의 초과제를 '전부 아니면 전무(all or nothing)'라고 정한다면, 이 과제를 이루려는 브란드의 인생은 타협도 양보도 유약함도 없다.

〈2〉 이 초과제를 희곡의 작은 비트와 연결

'아그네스와 아기 옷 장면'이 좋겠다. 브란드는 아내가 아기 옷을 남들에게 주고 아내의 의무를 위해 희생하기를 바라지만 아내는 반대의 입장이다. 브란드의 의무감과 아그네스의 모성애의 투쟁이다. 일관된 행동의 선은 브란드에, 반대 행동의 선은 아그네스에 있다.

4) 세 가지 주요 특징(three important features)

배우의 창조과정에서 가장 중요한 다음의 세 가지 특징이 있으니 이 특징을 잘 제어할 수 있는 능력을 길러야 한다.

(1) 내적 파악(inner grasp)

(2) 일관된 행동(through action)

(3) 초과제(super tasks)

이제 첫 과정의 한해가 거의 지나갔지만 영감을 기대한 나의 희망
은 부서졌다.

나의 시스템은 영감을 만들어 주지는 않고 영감을 위한 터전만을
마련해줄 뿐이다.

연출선생은 영감이라는 기적을 쫓지 말고, 영감은 자연이라는 기
적의 요정에게 넘겨주고, 사람이 의식적으로 제어할 수 있는 영역
내에 있는 것에 몰두하란다. 역할을 바른 길에 올려 놓으면 앞으
로 나아갈 것이고, 갈수록 폭도 넓어지고 깊이도 깊어져서 마침내
영감에 다다를 것이라고 한다.

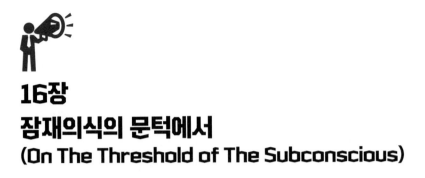

16장
잠재의식의 문턱에서
(On The Threshold of The Subconscious)

지금까지 '긴 내적 준비작업(longest part of inner preparatory work)'을
우리가 무사히 통과했다고 연출선생이 우리에게 격려하면서 수업을
시작한다.

1. 잠재의식의 영역
(region of the subconscious)

1) 의식적 심리기술(conscious psycho-technique)

지금까지 우리가 한 모든 준비는 내적 창조상태를 훈련시키고 이 준
비를 통해서 초과제와 행동의 일관된 흐름을 찾는 데 도움을 주며, '의식
적 심리기술'이 창조된다. 이 의식적 심리기술이 결국 배우가 '잠재의식의
영역'으로 들어가게 도와주는 심리기술이다. 이 중요한 영역이 '우리의 시
스템(Stanislavsky System)'의 기본이다.

2) 심리기술(psycho-technique), 잠재의식적 창조성(subconcious creative)

의식적 지성은 우리들 외부세계의 현상들을 정리하여 일정한 질서를 부여한다. 의식적 경험과 잠재의식적 경험을 뚜렷한 선으로 구분할 수는 없다. 우리의 의식은 잠재의식이 작동하는 방향으로 지향하므로, 심리기술의 기본목적은 잠재의식이 자연스럽게 작동할 수 있는 창조상태로 배우를 밀어 넣어주는 것이다.

심리기술과 잠재의식적 창조성의 관계는 문법과 시의 관계와 같다. 문법만 따지다가 시의 아름다움이 깨지면 안 된다. 그렇다고 문법을 배제해서도 안 되니 잠재의식적, 창조적 재료는 체계화되어야 예술적 형태를 드러낼 수 있다.

3) 영혼의 눈(eyes of one's soul)

역할에 대한 의식적 작업의 초기에는 배우가 배역 자체나 자기 내부나 주변에 일어나는 일에 대해 잘 알지 못하고 그 배역의 생활 속으로 더듬으며 들어간다. 그러다가 잠재의식의 영역에 도달되면 '영혼의 눈'이 열리고 아주 미세한 것까지 모든 것을 인식하고, 그 영혼의 눈은 모든 것에 새로운 의미를 추구한다. 그래서 배우는 자기역할과 관련하여 새로운 감정, 관념, 비전, 태도를 의식하게 된다.

결국 영혼의 눈으로 잠재의식의 문턱을 넘어서면 내적 생활은 저절로 '단순한 전체적 형상(simple full form)'을 드러낸다. '유기적 본성(organic nature)'이 창조 기관의 주요한 중심들에게로 이끌어가기 때문이다.

4) 전과 후(before and after)

잠재의식의 문턱을 넘어서기 전과 후는 보고 듣고 이해하고 생각하는 데 큰 차이가 있다. 넘어서기 전의 배우는 '진실처럼 보이는 느낌

(true-seeing feeling)'을 가지는 반면에, 넘어선 후의 배우는 '정서의 진실성(sincerity of emotions)'를 갖는다. 이 편의 배우는 단순하고 '제한된 환상(limited fantasy)'을 갖지만, 저 편의 배우는 단순하지만 규모가 '큰 상상력(lage imagination)'을 갖는다. 이 배우의 자유로움은 이성과 관습에 제한을 받고, 저 배우의 자유로움은 의욕적이고 활발해서 앞으로 전진해 나가게 된다. 그래서 잠재의식의 문턱을 넘어서면 창조과정이 되풀이될 때마다 새로워지고 달라진다.

5) 잠재의식의 파도(tide of the subconscious)

때때로 밀물과 썰물이라는 '잠재의식의 파도'는 배우의 발목도 적시지 못하고 왔다가 물러가지만 어떤 때는 배우의 모든 존재를 휘감아서 잠재의식의 심연속으로 끌고 들어갔다가 다시 의식의 해변에 되돌려 놓기도 한다.

잠재의식 속에서 체험한 감정은 진실한 것인가? 감정에 대한 믿음은 진짜인가? 다만 진실처럼 보이는 가짜인가? '진짜 진실(real truth)'도 아니고 '진짜 신뢰의 감각(real sense offaith)'도 아니다. 그러나 그것은 충분한 생명력을 가진 것이다. 이런 환상은 많은 흔적을 남긴다. 이런 상황이 '잠재의식의 영역'인 것이다.

6) 기적 같은 변신(miraculous metamorphosis)

배우는 무대에서 실제에 대한 정서기억을 먹고 산다. 가끔 이 기억이 자기의 인생 자체와 다름이 없다는 환상까지 만든다. 배우가 무대에서 완전한 믿음으로 빠져들 수도 있겠지만 아주 드문 경우다. 그것은 지속 시간이 길건 짧건 배우가 잠재의식의 영역 속에 빠져있는 순간이다. 배우는 우연의 결과이더라도 정서가 일치하는 유사성을 얻게 되면 배우는 그리고자 하는 인물에 더욱 가까이 다가가게 된다. 이때 창조적 예술가는 배우의 생활에서 자신의 생활을 느끼고 배역의 생활이 자기 개인의 생활과 동일하다고 느끼게 된다. 이런 동일시로 인해서 '기적 같은 변신'의 결과가 나타나게 된다.

7) 우연히 생긴 사건(spontaneous occurrence)

우연 말고도 여러 가지 일들이 배우를 잠재의식의 영역으로 이끌어준다. 어떤 간단한 외적사건이 생겨서 연극에 실생활의 편린이 주입되면서 배우를 잠재의식적 창조상태로 끌고갈 수도 있다. 손수건이 떨어지고 의자가 넘어지는 등의 무대 위에서 '우연히 생긴 사건'이 신선한 바람이 될 수도 있다. 손수건을 줍거나 의자를 세우면서 그 순간에 믿을 수밖에 없는 진실 하나가 창조되기도 한다. 이런 우연한 진실의 순간을 배역에 포함시키느냐 방치하느냐는 배우 역량에 달려있다.

그러나 우연히 생긴 사건을 배우가 믿음을 가지고 배역에 이용하면 도움이 될 수 있으니, 그 순간에 잠재의식 문턱의 궤도 위에 배우를 올려놓게 된다. 이런 일들은 흔히 '소리 굽쇠(tuning fork)' 같은 작용을 하여 살아있는 소리를 공명시켜서 단 한 번의 순간이 나머지의 역할 전체에 방향을 잡아주기도 한다.

2. 잠재의식으로의 접근
(approach to the subconcious)

우연한 방법으로 잠재의식에 접근하는 것은 그야말로 우연한 접근이므로 어떤 규칙도 없다. 잠재의식에 접근할 자신이 없는 배우는 어떻게 해야할까? 그런 배우는 의식적인 심리기술의 도움을 받아서 잠재의식의 영역에 접근해야 한다. 이제 잠재의식에 접근하는 과정을 살펴보자.

1) 근육 긴장풀기(relaxing one's muscles)

근육의 긴장을 풀어서 집에 있는 것보다 더 편안한 '군중속의 고독' 상태가 되어야 한다. 그래서 긴장은 아무리 줄여도 충분하지 않다. '나는 존재한다(I am)'의 상태에 이르면 무엇이 진실하고 정상적인지 쉽게 느낄 수 있단다. 나와 바냐는 '타버린 돈'의 장면 초반부를 하는데 계속 더 긴장을 풀라고 다그쳐서 결국 멍한 무감각 상태가 되고 만다. 이것 역시 일종의 근육 경직이다. 나는 초조한 빠른 리듬에서 느린 리듬으로 바꾼다.

2) 3단계(three steps)

긴장을 풀기 위해서는 긴장(tenseness), 완화(relaxation), 정당화(justification)의 3개의 단계를 거쳐야 한단다. 먼저 긴장지점이 어디인가를 찾아야 하고, 다음에는 지점이 찾아지면 그 곳을 완화시키고, 완화가 되면 정당화가 이뤄져서 긴장이 풀리는 이 당연한 3단계를 거치게 된다.

3) 주의의 긴장(strained attention)

그런데 긴장완화는 그 '자체가 목적(for it's own sake)'이 되어서는 안 된단다.

긴장은 기본적으로 근육의 긴장이 많아서 안락의자에 편안히 앉으면 근육의 긴장은 풀어지지만 편안한 느낌이 아직 들지 않으면 '주의의 긴장'이 남아있기 때문이다. 이 내면의 본성이 긴장의 덫에 걸리면 근육의 긴장과 마찬가지로 주의의 긴장도 배우를 꽁꽁 묶어서 잠재의식의 과정이 제대로 진행되지 않는단다.

4) 내적 경련 다루기(how can handle inner spasms)

배우는 신체의 긴장해소와 함께 내면의 자유로움도 이루어야 한단다. 만약에 배우에게 내적 경련이 일어나면 어떻게 다루고 어떻게 처치할 수 있을까?

(1) 긴장된 지점 찾기(seach out the point of tension)

근육위축과 같이 먼저 '긴장된 지점 찾기'를 한다.

(2) 긴장의 해소노력(try to relieve of tension)

그 지점에 긴장을 풀기 위해 '긴장의 해소 노력'을 한다.

(3) 적절한 가정 찾기(appropriated supposition)

만약이라는 '적절한 가정 찾기'를 통해 풀려날 수 있는 기반을 만든다.

(4) 흥미로운 대상의 부여(give interesting object)

마음을 움직일 만한 흥미로운 대상을 통해서 도움을 받는다.

(5) 매력적 과제나 행동을 향해(direct to attractive tasks or action)

주의집중을 '매력적인 과제나 행동을 향해' 이끌어 간다.

5) 우리의 에튀드(our Etude(Этуд) [26]

과제를 향한 나(코스챠)의 에튀드가 시작된다.

(1) 제시된 상황(proposed circumstances) − 과제로(go over the tasks)

나에게 '제시된 상황'은 낯선 방에 들어가니 노부부가 있는데 장인 장모다. 부양 가족 두 명이 늘었다는 생각에 열심히 일해야 할 절박감과 목표가 생긴다.

(2) 진짜 진실(real truce)과 행동에 신뢰(faith) − 나는 존재한다 (I am).

직접 장부 점검을 해야 한다는 진실한 의미가 생기자 나는 의자에 앉아 초조하게 노끈을 손가락에 감아 쥐는데, 내 몸의 뭉쳐졌던 근육이 풀어짐이 느껴지며

'진짜 진실과 행동에 신뢰'가 생기자 '나는 존재한다'의 상태가 된다.

(3) 맹렬하게 일하기(to work furiously) − 큰 파도(big wave)

---

26 나의 '실습(exercise)'이 아니고 나의 '에튀드(Etude(Этуд))'이다.

은행구좌의 많은 금액이 모자란다고 생각하자, 장부와 자료를 다시 확인해야 한다는 충동으로, 새벽 4시이지만 본능적으로 '맹렬하게 일하기'로 확인한다.

(4) 새 상황 추가(add a new circumstance) – 바닷물이 허리까지(up to waist)

이 기분을 놓치지 않으려고 상당한 금액이 횡령되어 있는 '새 상황을 추가'한다. 이제 어떻게 하지? 새로운 상황이 추가되자 입이 바싹바싹 타들어간다.

(5) 치명적 결의(fatal resolution) – 잠재의식의 바다(ocean of subconcious)

나는 아무 답변도 못하고, 그들은 '치명적인 결의'를 한다. 심문, 재판, 해고, 재산 몰수, 가정 파괴! 나는 꼼짝 않고 있지만 내면의 정서는 폭풍과도 같다.

(6) 배역과 내 삶의 혼연일체(part and own life were intermingled) – 큰 바다의 심층부(the very depth of the ocean)

이때 내 머리 속은 오히려 흥분의 바다를 헤엄친다. 내 '배역과 내 삶의 혼연일체'가 되어 하나로 융합되는 것 같다. 배역과 개인의 삶이 어디서 와서 어디로 가는지 전혀 알 수 없고, 노끈을 감던 손길도 멈추고 무기력(inert)해진다.

연출선생이 이제 코스챠(나)는 자신의 경험으로 '잠재의식의 큰 바다'를 보았다고 한다. 상상력과 가상의 욕구와 과제, 자연 유발된 정서, 창조적 분위기 중 어떤 것을 출발점으로 삼는다. 배우가 희곡 속의 진실을 잠재의식적으로 감지하면 신뢰가 자연스럽게 뒤따르고, 마침내 '난 존재한다'의 상태가 된다. 그렇게 되면 어떤 요소를 선택하여 출발하든 가능성의 한계까지 끌고 가야 한다. 이 창조적 괴물 중 어느 하나를 잡아당겨도 전체가 끌려오게 된다. 중요한 것은 잠재의식이 자기에게 저절로 찾아온 게 아니고 자기가 길을 닦아놓고 불러내서 얻은 결과이기에 더 소중하고 중요하다.

이제 나는 '영감 탄생'의 적절한 조건의 창조능력을 갖게 됐다. '내적 원동력', '내적 창조 분위기', '초과제', '일관된 행동', 이들의 의미를 생각하고, 효과적으로 활용하여 '의식적인 통제를 통해서 배우는 잠재의식으로 인도된다'는 것을 체험한 것이다. 그것이 영감을 얻기 위한 최고의 준비작업이다. 그러나 영감 그 자체를 잡으려고 직접적인 접근을 하지 말란다. 그러다가는 신체 왜곡을 불러오고, 우리의 바라는 것과는 정반대의 결과를 초래하게 된다는 것이다.

3. 창조적 행동을 극한까지
(creative act to its fullest limit)

나(코스챠)는 의식적 심리기술로 잠재의식적 창조성을 불러내는 법을 보여줬다. 나는 몸의 집중을 가상 상황으로 전환하여, 행동의 타당성을 만들고 허구의 생활에서 새로운 상황을 창조했다. 그래서 분위기가 고양되고 상황의 비극적 암시가 깊어져서 진정한 정서의 원천이 됐다. 지금까지의 것과의 차이는 창조적 행동을 극한까지 수행하게 하여 의식적 심리기술을 극한까지 몰고 가서 잠재의식 과정의 기반이 됐다는 것이다.

1) 한계까지 밀어붙일 수단(means of push to its limit)
아무리 작은 행동이나 느낌, 기술적 수단도 가능성의 한계(limit of possibility)까지, 즉 인간적 진실과 신뢰, 나는 존재하다의 경계선까지 계속 밀고가야 의미가 생기고, 이때 배우의 정신적 신체적 구성요소가 실생활처럼 정상적으로 기능한다.

어느 한 요소를 '한계까지 밀어붙일 수 있는 수단'이 있다. 그것은,

(1) 장애 요소 찾아내어(discover the obstacles)

자기 연기에 장애요소를 찾아내어서 자기 나름의 퇴치법을 만들어야 한다.

(2) 쉽게 해주는 것을 찾아야(search out whatever will facilitate)

어렵고 막연하게 생각지 말고 가슴에 닿고 '쉽게 해주는 것을 찾아야' 한다.

2) 필요한 작은 자극(slight stimulus it needs)

가장 어려운 문제는 배우의 창조작업이 대중 속에서 해야 한다는 것이다. 그렇게 되려면 가장 적절한 창조상태를 준비하여 행하면서 느낌이 오면 내적 본성을 작동시키는 데 '필요한 작은 자극'을 가해야 한다. 어떤게 필요한 자극일까?

(1) 예기치 않은(unexpected) 사건

(2) 저절로 생긴(spontanueous) 사건

(3) 진실감이 풍기는(touch of reality) 사건

어떤게 진실감을 풍기는가? 주위에서 꿈꾸고 생각하고 가정하고 느끼는 것이다.

3) 생활과 완전히 융합(complate fusion to life)

그런 필요한 자극 다음에는 어떻게 되는가?

배우는 배역이 갑작스레 자신의 '생활과 완전히 융합'되어 하나가 됐다는 흥분에 휩싸인다. 그것이 길지 않더라도 그 흥분이 계속되는 동안 배우는 자신이 연기하는 배역과 구별이 없는 하나가 되어진다.

4) 진실과 신뢰가 이끌음(truth and faith will lead you)

배우와 배역의 인물이 하나가 되면 그 후에는 또 어떻게 되나?

'진실과 신뢰가 이끌음'으로 상황의 진실이 느껴지고 확실한 믿음이 생기므로 배우를 잠재의식의 영역으로 데려가서 엄청난 '자연의 위력(power of nature)'에 맡겨지게 된다.

5) 장애 요소들(obstacles)

배우의 길에는 어떤 '장애 요소'가 있나?

자기가 아닌 남의 인생을 살아야 하는 배우의 길에는 많은 장애요소가 있을 수밖에 없다. 그 중의 중요한 몇 가지는,

(1) 막연함(vagueness)

희곡의 창조적 주제의 '막연함'이나 제작계획이 확실하지 못할 경우에는 배역의 작업이 잘못 되기도 하고 그 과제가 모호할 수도 있다. 그리고 배우가 스스로 선택한 표현수단에 확신을 못 가질 수 있다. 이런 상황에 대한 유일한 대처는 정확하지 않는 것을 모두 쓸어내는 것이다.

(2) 완전히 깨닫지 못하는 한계(not fully realize the limitation)

또 한 가지의 치명적인 게 있으니, 배우가 자기가 타고났지만 '완전히 깨닫지 못하는 한계'를 가지고 있을 때이다. 이렇게 되면 배우는 자기가 해결할 수 없는 한계에 덤벼들게 된다. 희극배우가 갑자기 비극을 하고 싶고, 노인이 젊은 주역을 하고 싶고, 평범한 배우가 영웅의 배역을 하고 싶은 것이다. 그 결과는 억지, 무능, 판박이, 기계적 연기로 작품을 망칠 뿐이다.

(3) 너무 진지한, 과도한 노력(too conscientious, too great an effort)

마지막 한 가지는 배우의 '너무 진지한, 과도한 노력'에 있다. 너무 고지식해서 어디에 빠지면 헤어나지 못하고, 무조건 열심히만 하면 된다는 생각만으로 안쓰럽게도 과도한 노력만 하는 배우의 비극적 상황이다. 헐

떠거리기만 하고 실제의 감정은 느끼지 못하면서 엄청난 것을 표현해 보려고 무리하게 안달한다. 급급하지 말고 자기의 부족을 찾아서 기초부터 다시 차근차근 기본을 쌓아야 한다.

4. 이아고와 오셀로의 첫 장면
(first scene between Iago and Othello)

이제 긍정적인 측면을 다뤄 보자면서 나와 폴에게 약속의 땅으로 이끌어주는, 오셀로와 이아고의 첫 장면 앞의 몇 구절을 연기하라고 한다. 의식적이고 이성의 말을 잘 듣는 '초과제'와 '행동의 일관된 흐름'을 위주로 해보라고 한다.

1) 무엇에 골몰하나?(what are you intent?)
연출선생의 '지금 무엇에 골몰하냐'는 질문에 폴은 코스차의 주의를 끄는 중이라 했고, 나는 폴의 마음속을 그려 보려고 한다고 하자, 희곡 전체의 초과제와 행동의 관통성이 없을 때는 개인적 목적으로 서로 다른 무관한 행동을 하게 된단다.

(1) 오셀로의 이아고와 농담(Othello jokes with Iago)

이제 오셀로가 이아고와 농담을 주고받는 장면의 과제는 '무사안일'이고, 조금 전의 과제는 다음에 오는 더 중요한 과제에 흡수되었다.

(2) 질투의 첫 불꽃 암시(first intimation of jealousy)

이번에는 오셀로가 데스데모나에게 질투의 불꽃을 당기는 대목이다. 과제는 '이아고 맹세의 어리석음을 조롱함'이고, 행복이라는 선이 끊어지고 질투라는 새로운 선이 시작된다고 했더니, 주제는 끊어지는 게 아니라 희곡의 상황에 따라 변한다는 것이다. 처음의 선은 오셀로가 신혼의 행복에 겨워하는 짧은 기간이 흐르고, 이아고와 농담 후에 놀라움과 당혹감과 의구심을 느낀다. 그러면서도 밀려오는 비극을 물리치고 자신의 질투를 잠재우고 행복한 상태로 돌아간다.

(3) 첫 만남의 황홀한 순간(wonderfull first meetings)

이 변화는 당연한 것이니 오셀로의 로맨스 초기단계의 행복한 시간을 돌이켜보고 지금의 이아고가 오셀로에게 꾸미는 공포와 고뇌와 대비시키면 된다. 브레벤쇼의 집에서 있었던 첫 만남의 황홀한 순간들, 오셀로의 무용담, 은밀한 데이트, 신부를 몰래 빼내서 결혼한 일, 첫날 밤 신부와 이별, 사이프러스 섬의 재회, 꿈 같은 신혼 생활.

(4) 이야고의 유명한 맹세(Iago's famous vow)

이제 자기의 모든 것을 바쳐 치욕을 당한 오셀로를 섬기겠다는 '이야고의 유명한 맹세' 대목까지를 연기한다. 이런 식으로 역할 전체를 연기하면서 작은 과제가 큰 과제에 자연스럽게 흡수된다.

2) 전체 비극의 일관된 행동(through action of the whole tragedy)

작은 과제가 큰 과제에 흡수되어 일관된 행동을 따라 도로 표지판처럼 늘어서게 된다. 이 큰 과제들이 모든 작은 과제들을 잠재의식적으로 결집해서 결국 '전체 비극의 관통선'을 만들어낸다.

(1) 첫 큰 과제의 적절한 명명(right name ofthe first large tasks)

이제 이 '첫 큰 과제의 적절한 명명'인 이름 짓기를 한다. '데스데모나를 이상화하고, 그녀를 위해 내 인생을 바치고 싶다'라는 과제의 이름을 붙인다. 이 큰 과제를 생각하면서 이 과제가 내 역할의 다른 부분과 그리고 장면 전체의 강도를 높인다는 것을 깨달았다.

(2) 두 번째 과제의 이름은 '무사안일(dolce far niente)'

우리의 두 번째 과제의 이름은 '무사안일'이다. 오셀로에게 데스데모나에 관한 얘기를 하는 것은 생명과 같이 중요한 것이다. 그 이유는 그녀를 이상화하고 싶은 그의 소망 때문이다. 이아고가 첫 맹세를 한 후 오셀로는 껄껄 웃었을 거라고 상상해 본다.

(3) 질투에 사로잡히는(how gradually jealousy)

오셀로가 서서히 '질투에 사로잡히는' 과정이다. 그녀에 대한 이상이 눈에 보이지 않게 조금씩 약화되면서 천사같은 데스데모나에게도 사악함, 저열함, 뱀같은 교활함이 있을 수 있다는 깨달음이 조금씩 강화되는 과정이 이해가 된다.

3) 큰 과제가 작은 것 흡수(large task absorb the smaller ones)

나는 오셀로와 이아고의 장면 연기를 통해 '큰 과제가 작은 과제를 흡수'하는 과정을 실습을 통해 직접 느꼈다. 그리고 작은 과제들은 그냥 두면 자연과 잠재의식의 안내로 자연스럽게 지나간다.

4) 창조적 잠재의식의 표현(expression of his creative subconscious)

그래서 '배우의 창조작업(actor's creative work)'은 전체적이든 부분적이든 '창조적 잠재의식의 표현'임을 알게 됐다. 그리고 행동의 일관된 흐름은 일련의 큰 과제들로 만들어지고, 큰 과제에는 잠재의식적 행동으로 변형된 수많은 작은 과제들이 들어있다. 그래서 이 잠재의식적 활동으로 인하여 행동의 일관된 흐름은 우리의 잠재의식을 간접적으로 움직일 수 있는 자극제가 된다는 것을 알 수 있다.

5. 초과제
(super tasks)

'일관된 행동'이 얼마나 중요한가를 위에서 살펴봤다. 그런데 그 일관된 행동이 창조행위를 하기 위해서는 초과제의 도움이 있어야 한다. 그래서 일관된 행동의 창조력은 초초과제의 끌어당기는 힘에 정비례한다. 초과제가 끌어당기는 힘이 클수록 일관된 행동의 창조력도 커진다. 그래서 초과제는 배우의 작업에 가장 중요한 위치를 차지하므로 배우는 초과제의 성질에 특별한 관심을 가져야 한다.

1) 짜릿한 초과제의 종류(kind of stimulating supper tasks)
배우 내면의 본성을 일깨우는 데 필요한 짜릿한 초과제는 어떤 것이 있나?

(1) 작가 관점(author's point of view)
'작가 관점'에는 어긋나지만 배우에게는 매혹적인 초과제는 써도 되나? 그런 초과제는 쓸모가 없으니 배우를 배역과 희곡으로부터 떼어놓을 뿐이다.

(2) 순전히 지적(merely intellectual)
'순전히 지적'이기만 한 초초과제는 어떤가? 순수 이성에서 나온 메마른 초과제보다는 흥미롭고 창조적 사고에서 나와야 좋다.

(3) 정서적인 초과제(emotinal super tasks)
배우에게 '정서적 초과제'는 공기와 햇빛처럼 절대적으로 필요하다.

(4) 정신적 신체적 의지(physical, spiritual base on will)
인간의 모든 '정신적 신체적 의지'에서 나오는 초과제는 절대 필요하다.

(5) 배우의 창조적 상상력에 호소(appeals to actor's creative imagination)
'배우의 창조적 상상력에 호소하고 내적 분위기를 만족시키는 초과제는 배우 예술의 음식이고 음료수다.

결론적으로 배우에게 필요한 초과제는 극작가의 의도에 부합하면서, 동시에 배우의 영혼에 반응을 불러일으키는 초과제이다. 그러니까 배우는 희곡 속에서뿐만 아니라 자기 자신 속에서도 초과제를 찾아야 한다.

2) 상징주의, 인상주의(symbolic, impressionistic)

입센의 상징주의 희곡이나 메테를링크의 인상주의 희극 같은 복잡한 초과제에는 잠재의식적 요소와 비교가 안 될 정도로 심오하고 복잡하며 개성적 초과제이다. 이런 개성적 반응들은 큰 의미가 있으니 이들이 희곡에 생명과 색채를 부여한다.

3) 매력에 다가가기(how do we get at charm?)

그렇다면 배우가 어떻게 그런 매력에 다가갈 수 있을까?

(1) 진실성과 성실한 믿음(truthfulness and sincere belief)

그 매력에 대한 '진실성과 성실한 믿음'의 극한까지, 잠재의식이 떠오르기 직전까지 밀고 가야 한다.

(2) 기계적 만듦(mechanical renderring), 의의 상실(lost all its significance)

첫 연습을 할 때는 연출가의 알림으로, 또는 배우가 우연히 파악하기도 하고, 어떤 배우는 외형적으로 접근한다. 결과는 행동과 대사로 '기계적 만듦'이 된다. 그래서 초과제는 '모든 의의 상실'을 하게 된다.

(3) 배우 스스로 중심주제 찾기(find the main theme for himself)

그래서 '배우 스스로 중심주제 찾기'를 해야 한다. 다른 사람에게서 주제를 제공받으면 배우는 자기 정서에 맞을 때까지 스스로 주제를 여과해야 한다.

(4) 효모가 반죽을 발효하듯(just as yeast breeds fermentation)

희곡을 벗어나서 초과제를 찾을 수 없다. 배우는 희곡에서 자신의 허구적 존재를 느껴야 하고 내적상태에 그 감정을 쏟아 부어야 한다. '효모가 반죽을 발효하듯' 희곡 속의 삶을 감지해야 배우의 창조능력이 생긴다.

(5) 불가한 입장에 배우 밀어넣기(to putting an actor in a impossible position)

가장 반대하는 것은 '불가한 입장에 배우 밀어넣기'를 하지 말아야 한다. 다른 사람의 생각, 관념, 정서기억, 감정을 배우에게 강제로 먹여서는 안 된다. 이것은 불가능한 가능이므로, 배우는 자기만의 경험을 통해서 생활해야 한다.

(6) 배역에 생명 불어넣기(put life his part)

연출가가 하는 일은 배우가 자기 '배역에 생명력을 불어 넣기' 위한 제 반사항들을 점검하여 찾아 내도록 해줘야 한다. 배우가 이런 세부사항을 필요로 하는 것은 자기 배역을 지적으로 분석하기 위해서다. 배우는 실제의 목표를 수행하기 위해서 그것을 원하고 있다.

(7) 자기 정신적, 인간적 재료 사용(use of his own spiritual, human material)

배우는 스스로 여러 가지의 가정된 상황들을 작업해보고 그에 대해 나름대로 해석을 해봐야 한다. 그리고 배우는 '자기의 정신적, 인간적 재료를 사용'하여 활용하지 않으면 안 된다. 그것이 배역에 살아있는 영혼을 불어넣을 수 있는 유일한 재료이기 때문이다.

(8) 상상으로 상황을 창조(create a situation in your imagination)

배우는 그가 그리고 있는 인물과 유사한 입장에 들어가서 필요하면 새로운 가정을 추가할 수도 있다. 배우가 그와 비슷한 입장에 처했을 때 어떻게 했던가를 기억해야 한다. 그런 적이 없다면 '상상으로 상황을 창조'하도록 해야 한다. 때로는 실생활보다 상상 속이 더 강렬하고 예리할 수 있다.

(9) 배역 속에 자신을, 자신 속에 배역을 인지(perception of yourself in the part and of the part in you)

배우가 그리는 인물이 처한 상황, 여론, 사회적 위치에 서게 된다면 어떻게 행동하게 될 것이라는 느낌이 생길 것이다. 이와 같은 배우와 배역의 친밀성을 소위 말해서 '배역 속에 자신을, 자신 속에 배역을 인지'한다고 말한다.

(10) 정서의 연속선(unbroken life of emotions)

배우가 작업한 행동들이 외적인 것만이 아니다. 그 행동은 내적 감정에 근거한 것이고 배우의 신뢰에 의해서 강화된 것이다. 배우의 내부에서 '신체행동의 선'과 병행해서 배우는 잠재의식에 접근하는 '정서의 연속성'을 가지고 있다. 이 외적 행동의 선을 잘 따라가면 반드시 그에 상응하는 정서도 가질 수 있다.

4) 자극적 초과제(stirring super tasks)와 일관된 행동(throughline action)

이런 식으로 희곡 전체를 점검해 나가면 그 내적 생활의 실질적 개념이 파악될 것이다. 배우는 새로운 역할을 마치 자신의 삶인 것처럼 구체적으로 장악할 수 있는 경지에 도달해야 한다. 배우가 배역에 대해 혈육 같은 친밀감을 느껴야, 배우가 잠재의식의 경계에 있는 내적 창조상태에 배우의 감정을 쏟아부을 수 있고 희곡과 중심주제의 연구를 과감히 시작할 수 있다. 배우를 잠재의식의 문턱으로 이끌어 주고 또 문턱을 넘어서 더 깊은 심연으로 대려다 줄 수 있는 넓고 깊고 '자극적인 초과제'와 '일관된 행동'을 찾는 게 얼마나 길고 힘드는 작업인지 이제 깨달았을 것이다.

배우가 추구해야 할 목표는 무대에 설 때에 넓고 깊은 초과제와 행동의 관통선이 배우의 모든 창조적 주의를 집중시키게 해야 한다. 초과제와 행동의 관통선이 옳으면 나머지는 모두 자연에 의해서 놀라운 잠재의식으로 이뤄질 것이다. 한 가지 주의할 것은 배우가 배역을 반복할 때마다 성실과 진실과 솔직하게 항상 새롭게 작업을 재창조해야 한다. 그렇게될 때 배우예술은 기계적, 판박이, 연극쪼, 속임수 연기와 온갖 겉치레를떠나서 생생하게 살아 숨쉬는 배역과 존경받는 살아있는 배우와 영원한예술이 탄생될 것이다.

6. 초초과제[27]
(supreme tasks)

만약에 하나의 커다란 목저을 위해 평생을 헌신하겠다는 어떤 이상적 예술가가 있다고 가정해보자. 고급예술로 대중을 고양시키고 천재 시인의 저작에 숨은 정신적 아름다움을 표출해 내겠다고 한다면, 이 사명을 위해 인생을 바칠 수도 있다.

이와 마찬가지로 어떤 한 배우가 고귀한 인간의 표현을 그의 삶의 '최고의 과제'로 둔다면, 그것이 예술가의 '초초과제'가 '지고의 행동의 일관된 흐름'이 되어 그 삶을 살아갈 것이다.

1) 쌍트 페테르부르그 순회공연(tour in St. Petersburg)
연출선생의 극단이 쌍트 페테르부르그 순회공연 중에 있는 에피소드이다.

준비도 미흡하고 연습도 엉망이고 동료의 태도에 화도나고 피곤과 초

---

27   스타니스랍스키는 이 초초과제를 <배우의 윤리>라는 개념으로 설명하고 있다.

조로 극장을 나오는데, 극장 앞 광장의 그 추위 속에서 수천 명이 웅크리고 줄을 서서 매표를 기다리고 있어서 너무 감동했다는 것이다. 나라면 저 사람들과 같이 할 수 있을까?

답을 할 수 없었다는 것이다. 그렇게 해야 할 어떤 명분도 찾을 수 없었다. 그래서 이 사람들에게 극장이란 어떤 의미인지 생각하며, 과연 우리가 저 수천 명에게 행복을 줄 수만 있다면 우리 배우에게 얼마나 명예로운 일인가! 나의 최고의 초과제를 이 공연에 설정하고픈 욕구가 용솟음쳤단다. 이 '최고의 초과제'인 '초초과제'를 수행하면 하나의 '최고의 행동의 관통선'이 이뤄지고 다른 모든 '작은 과제들'이 그 속에 흡수될 것 같았다.

2) 작은 개인적인 문제(some small, personal problem)

배우가 어떤 '작은 개인적 문제'에 너무 오랫동안 주의를 집중하는 것은 위험하다. 한 가지 사소한 일에만 지나치게 몰입하다 보면 전체를 볼 수 없게 되고, 그러면 과제와 행동의 일관된 흐름도 없어져서 중요한 것에서 떨어져 나와서 동떨어진 문제에 에너지를 낭비하게 되므로 작업에 악영향을 끼치게 된다고 한다.

7. 잠재의식이 다 영감에 속해?
(subconscious belongs altogether to inspirtion?)

나는 잠재의식의 너무 많은 논의로 당혹감에 빠진다. '잠재의식은 영감이다'. 어떻게 그걸 밝혀낼 수 있나? 하고 고민 중인데, 연출선생이 왜 '잠재의식이 다 영감에 속한다'고 생각하느냐며, 바냐에게 지금 무슨 생각을 하냐고 묻는다. 바냐는 우물쭈물하며 머리를 긁적이며 손을 무릎에 문지르고 떨어진 종이 조각을 주워서 접는다.

　지금 했던 동작을 의식적으로 다시 해보란다. 왜 그런 동작을 했는지는 잠재의식만이 안다는 것이다. 바냐의 모든 행동에는 영감은 없지만 잠재의식이 들어 있단다.

　우리는 평상시에 잠재의식과 매우 가깝게 살고 있고, 하는 일마다 잠재의식이 담겨 있지만 불행히도 배우가 용도에 맞게 적응시킬 수 없고, 특히 무대에서 필요할 때는 잠재의식의 순간이 더 적다는 것이다. 그리고 유려하고 몸에 밴 의식적 연극쪼의 기계적인 연기를 할 때는 잠재의식은 숨어 버린다는 것이다.

1) 창조적이고, 인간적 잠재의식(creative, human subconcious)

　우리에게 필요한 것은 '창조적이고 인간적인 잠재의식'이며 그것을 찾아야할 곳은 감동적인 과제와 행동의 일관된 흐름이다. 거기에는 의식과 잠재의식이 '절묘하게 융합(marvellously blended)되어' 있다. 배우가 감동적인 과제에 완전히 흡수되어 그 과제수행을 위해 자신의 모든 존재를 열정적으로 쏟아 넣으면 배우는 바로 그 영감이라는 상태에 이르게 된다. 그 속에서는 그가 행하는 모든 행위가 잠재의식적이어서 과제수행이 어떻게 이뤄지는지 배우는 의식적으로 알 수 없다. 잠재의식과 관련된 것들은 우리 주변에 널려 있는데, 문제는 잠재의식을 막는 장애요소를 제거하고 유용한 요소를 활성화해야 한다.

8. 마지막 수업

(our last lesson)

연출선생은 이제 연극적 창조적 과정을 잘 파악하게 되었을 것이니 우리의 인식이 처음과 얼마나 달라졌는지를 비교해 보자고 한다.

1) 감정의 잘못된 외적 그림(external and wrong picture of the feeling)

마리아에게 커튼 솔기에서 브로치 찾던 일이 기억나느냐며 지금도 그런 연기를 하고 싶냐고 하니, 마리아는 잠시 생각에 잠기더니 미소지으며 고개를 흔든다. 그 시절 마리아는 과제를 직접 공격해서 달성하려는 '일반적 연기(play in general)'에 젖어 있었다. 그래서 연기를 '감정의 잘못된 외적 그림'으로 제시할 수밖에 없었다. 그러나 주워온 아이 장면은 눈물이 날 정도로 감동적이었다. 왜일까? 그 둘은 전혀 다른 경로를 밟았기 때문이다. 관객의 감정에 직접 공격하지 않고, 대신 씨앗을 뿌려놓고 저절로 열매를 맺도록 했다. 자연의 창조법을 따랐던 것이다. 창조가 기술적 속임수가 아니고 격정을 외적으로 제시하는 게 아니기 때문이다.

2) 새로운 존재의 잉태(birth of a new being)

우리가 지향하는 창조의 유형은 배역의 인물이라는 '새로운 존재의 잉태'이다. 그것은 인간의 탄생과 같이 하나의 자연적인 행위이다. 무대에서 창조되는 모든 연극적, 예술적 이미지는 자연에서와 같이 되풀이할 수 없는 인간과 마찬가지로 이들에게도 비슷한 태아 탄생의 단계가 있다. 그 창조과정에는 아버지인 극작가, 어머니인 배역을 잉태하는 배우, 아이인 태어나는 역할이 있고, 연출자는 중개자일 뿐이다. 배역의 임신기간은 인간의 임신기간과 비슷하거나 더 길다.

3) 유기적 자연지배의 법칙(laws regulate organic nature)

이 과정을 잘 살펴보면 상상적이든 생물학적이든, 자연의 여신이 새로운 창조를 할 때는 '유기적 자연지배의 법칙'에 따르게 되는 것이다. 이 진리만 알고 있으면, 자연에 대한 믿음만 있으면, 그리고 인위적인 새로운 원리, 새로운 기초, 새로운 예술을 추구하지 않는다면 옳은 길로 가고 있는 것이다.

〈배우수업〉 끝.

스타니스랍스키 시스템Stanislavsky System 제2권

BUILD-
ING
성격구축

**Работа актера над собой
в творческом процессе воплощения**

체현의 창조과정에서 배우의 자신에 대한 작업

A

CHARA-
CTER

CONTENTS

1장
신체적 인물화[1]
(Toward A Physical Characterization)

1. 외적 인물화
(external characterization)

1) 외형(external form)

배우가 자신의 외형인 신체, 목소리, 말투, 움직임으로 인물의 내면을 보여줄 수 없을까? 연출선생은 지금까지 우리는 내적인 것에 대해서만 살펴 봤는데, '외형'이 없이는 '내적인 인물화(inner characterization)'나 이미지 전달이 불가능하다고 한다. 그래서 외형을 가진 '외적인 인물화(external characterization)'를 통해서 인물의 내부를 보여 줄 수 있는 것이다. 재능이 있는 배우들은 내면을 제대로 이해하면 '신체적 실현화(physical materialization)'가 저절로 이뤄진다는 것이다.

---

1   '-rization은 -화하다'이므로 'characterization'은 '성격묘사'가 아니고 '인물화'이다. 묘사는 뭔가를 단순히 꾸며서 나타내는 것이니, 등장인물에 성격을 육화하여 인물을 만드는 '인물화'가 옳다.

2) 변장하기(to disguise oneself)

내면을 채웠는데도 아무 변화가 생기지 않을 때는 어떻게 하느냐고 물으니, 긴 머리나 수염을 자른다든지, 눈 코 입이나 신체의 외형 일부를 교묘하게 바꾸는 '변장하기'로 전혀 다른 사람처럼 보이게 할 수 있다. 연출선생이 입센의 〈민중의 적〉의 스토크만 역을 할 때, 먼저 정신세계를 이해한 후 목을 앞으로 내밀고 돌발적인 걸음걸이와 울퉁불퉁하게 변장한 손가락으로 외적 인물화를 만들어냈다고 한다.

3) 목소리, 말씨, 발음(voice, speech, pronunciation)

육체적인 외형뿐 아니라 '목소리, 말씨, 발음'으로도 배우를 변형시킬 수 있다.

혀의 위치와 입모양을 바꾸면 목소리와 발음이 바뀔 수밖에 없다면서 연출선생이 직접 시범을 보인다. 혀를 이에 부딪쳐서 혀 짧은 소리를 내고, 윗 입술을 손수건으로 말아서 윗 잇몸에 붙게 하자, 간단한 외적 변화로 완전히 목소리와 발음이 다른 사람으로 바뀌는 이 변화가 '직관적으로 일어나게(happened intuitively)' 된다.

4) 내적 재능(inner faculties), 외적 이미지(external image)

배우의 '내적 재능'이 그가 만든 '외적 이미지'에 의해서 어떤 식으로든 반응하고 조절된다는 것이다. 우리는 이 수업으로 배우의 외적인 인물화가 직관적으로 이루어질 수도 있고, 기술적 외적 기교에 의해서도 가능하다는 것을 확인하게 된다. 그런데 이 기교를 어떻게 찾아낼 수 있는지에 대해서는, 직관으로 다른 사람을 관찰함으로, 가상의 삶을 상상함으로써 외적 인물화의 기초를 마련하게 된다. 그런데 외적 인물화를 위해 고민하는 동안에도 자아를 잊어서는 안 된다는 것이다.

2장
인물에 옷 입히기(Dressing A Character)

1. 가장무도회
(masquerade)

1) 의상실(costume store rome)

오늘은 의상실로 가서 가장무도회에 필요한 의상을 선택하기로 한다. 많은 의상들을 보면서 내가 찾는 이미지에 맞는 것을 고른다. 나는 그 중에서 먼지를 뒤집어 쓴 섬뜩한 느낌의 낡은 모닝코트가 눈에 들어와서 빌려온다. 흥분되고 혼란스런 상태로 의상실을 나오면서 이 낡은 코트를 입고 내가 어떤 인물이 될 수 있을까 생각한다. 분명하지는 않지만 사악한 느낌을 줄 수 있을 것 같다.

2) 내가 아닌 나(I was not I)

나는 가장무도회 날까지 사흘 동안 나의 내부에서 평소의 의식상태가 아닌, '내가 아닌 나'로서의 그 무엇인가를 느낀다. 나는 혼자가 아니고 '내가 찾지만 알 수 없는 누군가(someone whom I sought but could not find)'와 나의 내부에서 같이 있는 것이다. 나는 생활을 하지만 무엇인가가 나의 몰두를 막고 나의 일상의 존재를 방해한다. '내 자신이 둘로 분리된 것 같은(I seemed divide two)' 느낌이다. 그래서 제대로 보고 생각하고 듣고 냄새 맡는 것도 온전히 할 수 없이 에너지의 절반이 사라진 것 같고 주의력도 약해진다.

3) 잠재의식의 생활(subconscious life)

그런 상태가 사흘간 계속되면서 가장무도회에서 어떤 인물을 연기할지도 정하지 못하고 있다가, 드디어 한밤중에 잠을 깨면서 갑자기 모든 것이 분명해졌다. 지난 며칠간 내 속에 자리잡고 있던 그 제2의 삶은 비밀스러운 '잠재의식의 삶'이었다.

제 2의 삶속에서 나는 곰팡이 냄새나는 옷의 주인을 찾고 있었던 것이다. 그래서 사진관 앞을 지날 때마다 그 진열된 사진인물들을 보며 그들이 어떤 사람일까 하는 생각을 골똘히 한다.

4) 내 속의 확고한 믿음(firm conviction inside me)

그리고 점점 곰팡이옷의 주인이 곧 살아나서 나를 구해줄 것이라는 '내 속의 확고한 믿음'이 마음속에 생기지만 의식의 표면으로는 드러나지 않는다. 길을 걷는데 갑자기 모든 것이 뚜렷해져서 지금 일어난 일을 확인하려고 걸음을 멈추면, 금방 사라져버려서 당혹감을 느낀다. 나의 걸음걸이가 불규칙하고 이상해져서 바로잡으려 하지만 안 된다. 나는 잠 못 이루는 밤에 괴상한 방법으로 손바닥을 비빈다. 이렇게 손을 비비는 사람은 누굴까? 빨간 손바닥의 소유자일 것이다. 연체동물 같은 손 그는 누굴까?

5) 내적 분열(inner division)과
끝임없는 탐구(ceaseless serch for something)

공동분장실에 들어갈 때 나는 '내적 분열과 끝임없는 탐구'를 계속하고 있다. 곰팡이 낀 모닝코트와 노란색 톤의 회색가발과 수염이 중요함을 느낀다. 무의식 속에서 찾아 헤매던 것이 구체화될 수 있다는 희망이 생긴다. 분장사의 분장과 가발이 마음에 안 든다. 모두가 연출선생에게 보여주려고 나가고, 나는 분장을 콜드크림으로 문질러서 얼굴을 의상과 같은 초록, 회색, 노랑으로 색의 범벅을 만든다. 크림을 수염과 가발에 덕지덕지 바르니 심장이 쿵쿵 뛴다. 손등은 초록, 손바닥은 분홍색을 칠하니 내가 되고자 하는 인물로 된다. 발끝을 심하게 안으로 모으니 이상한 다리모양이 된다. 거울 속의 나를 내가 알아볼 수 없다. 이게 바로 그다!

6) 토르초프에게 검사받기(be inspective by Tortsov)

레오와 폴을 검사하고 있던 연출선생 토르초프도 나를 몰라보고 내게 묻는다.

"저건 뭐지? 누구야? 자네 코스챠인가?" "나는 비평하는 자다."
"비평하는 자?"

"(쉰 목소리로) 그래, 그것도 아주 비열한" "뭘 비평하는데?" "나와 함께 사는 사람을 비평한다" "그게 누군데?" "코스챠" "자네가 그 친구의 몸 속으로 들어간 건가?"

"그렇다" "누가 시켰지?" "그 친구가" "누구를 비평한다는 거지? 아무것도 모르면서 아는 체하지 말게!" "아무것도 모르며 아는 체하는 자가 비평을 제일 잘하지."

"자넨 아무것도 이해 못해, 무엇을 해야 할지도 모르고" "자신에 대해 아무것도 모르는 바로 그 사람이야말로 뭔가를 가르칠 수 있어!" "자네가 비평가라고? 웃기지마, 자넨 단지 흠집 잡는 사람에 불과해! 이 거머리! 기생충!" "(약 올리며) 파멸시켜줄까... 조금씩... 무자비하게" "(화내며) 이 벌레 같은놈!" "그렇게 자제력이 없나?" "(폭발하며) 이 더러운 버러지!!" "(빈정대며) 좋아, 아주 좋아! 허 허허–."

토르초프가 다가와 나를 다정히 껴안고 정말 잘했다고 칭찬한다.

7) 창조를 촉진시키는 이중성(duality promoted creative work)

나는 행복하다. 평범한 만족이 아닌 창조적 예술적 성취감에서 오는 환희다. 이제 배우가 어떻게 다른 사람의 인생을 살 수 있는지, 배우의 인물화(charaterization)가 무엇을 의미하는지를 깨닫게 된다. 이것이 배우가 필요한 가장 중요한 자산이다.

내가 비평가 역할을 하면서 '나 자신에 대한 느낌(the sense of being myself)'을 잃지 않는 것이 가능했던 것은 나의 변신을 스스로 즐기며 바라보는 관찰자일 수 있었기 때문이다. 그 비평가가 내가 아니었다고 할 수 있을까? 그는 분명 나로부터 나왔다. 나를 둘로 나눠서 하나는 행위자, 그리고 하나는 관찰자가 되게 한 것이다.

바로 이 이중성이 인물창조에 방해가 되지 않고 오히려 도움을 준다. 이것이 바로 '창조를 촉진시키는 이중성'이다.

3장
인물과 유형(Characters And Types)

1. 비평분석
(critical analysis)

오늘은 가장무도회에서 보여준 연기에 대한 연출선생의 '비평분석'이다.
크게 네 가지의 연기 유형(types)에 맞춰서 우리의 각자의 연기를 비평
분석한다.

1) 자기 매력에 역할 맞추기(adapt roles to their own personal appeal)
많은 배우들, 특히 여배우들 중에는 역할의 인물화(characterization)
의 준비와 역할에 맞는 자기변형 대신에 '자기 매력에 역할 맞추기'를 한
다. 자신의 미모, 눈, 얼굴, 목소리, 심지어는 매너리즘이 매력적이고 생
각하면 그것을 앞세워서 관객에게 다가간다. 우리의 소냐가 그런 경향이
있다. 그렇게 되면 '너 속의 역할(the part in yourself)'보다 '역할 속의 너
(yourself in the part)'를 더 사랑하게 된다. 자기는 능력이 있으니 있는 그
대로의 자기 자신보다는 자기가 창조한 역할을 보여주는 게 더 좋은 것

이다. 그리고 다샤와 니콜라스는 자기들의 타고난 특성인 정서의 깊이와 신경질적 격렬함으로 역할을 치장한다. 소냐가 외적 특성에 빠져있다면 다샤와 니콜라스는 내적 자질에 너무 빠져있다.

2) 상투적 연기(acting clichès)

우리는 아직 여기에까지는 이르지 못했지만 자기 나름대로의 정교하게 가다듬은 '상투적 연기'를 자유자재로 구사하여 자신을 관객에게 과시하기 위한 연기타입이다. 이런 배우는 절대로 다른 인물로 변신하지 않는다. 수십 년간을 항상 해온 자기의 특기인 이 상투적 연기 외에는 다르게 연기를 할 수 없다. 괜히 변신을 하려다가 특기를 보여줄 기회를 놓치고 망신만 당할테니 끝까지 상투적 연기만 한다.

3) 등사판 연기(stencil)

역시 상투적 연기이지만 자기가 만들어낸 기교가 아니고 다른 시대, 다른 나라의 다른 배우들에게서 차용해온 연기타입이 있으니 이것이 '등사판 연기'이다. 세계적인 레퍼토리에 나오는 모든 유명한 역을 등사판으로 밀듯이 그대로 베낀 연기이다.

그리샤의 메피스토펠레스 역이 의상과 분장이 잘 어울린다고 생각하지만, 진부하고 보편적인 매너리즘에 약간의 활기를 부은 등사판 연기일 뿐이다. 그리샤는 모든 역을 창조할 수 있는 역량이 있는 게 사실이지만, 그 역량을 개발하지 않고 고무도장(rubber stamp) 찍듯이 누구나 할 수 있는 안일한 연기를 한다.

4) 과장된 연기(over- acting)

굴뚝청소부 역을 한 바냐는 노인이라는 인물 속에 자기를 감추려고 했지만 실패하고 배우 바냐를 확실하게 보여줬다. 과장되고 익살스런 행동은 바냐에게는 어울렸지만 표현하려고 한 노인에게는 안 어울렸다. 결국 자신의 '과장된 연기'로 진정한 인물화(chracterization)에 도달하려는 진실이 없었고, 자기 자신을 강렬하게만 보여주면서 진정한 변신(true mutation)이 안 되고, 오히려 자신을 속이고 핵심이 잘못 전달되는 왜곡의 소지를 만들었다. 작업에 대한 경솔한 태도가 변해야 한다.

2. 인물화
(characterization)

1) 인물화(人物化) 속에 숨기기(to hide inside of characterization)

지난번에는 변화를 피하거나 싫어하는 배우들에 대해 살펴봤고, 오늘은 그 반대되는 입장의 배우들에 관해 알아보자. 뛰어난 외모나 내적 재능을 타고나지 못했기 때문에 자신을 '인물화 속에 숨기기'와 자신이 갖지 못한 매력을 인물 속에서 찾아내려는 배우들이 있다. 그러기 위해서 높은 기술과 예술적 감각이 필요하다. 그런 자질을 갖추기 힘들기 때문에 많은 배우들이 상투적이고 과장된 길로 쉽게 간다.

바샤는 표현을 너무 단순화시켜서 일반적 상인의 모습은 보여줬지만 그 역의 성격까지는 보여주지 못했다. 레오도 마찬가지로 일반화된 귀족이고 생활 속의 귀족이 못 됐다. 폴은 군인의 역할을 전형적 특성을 살려서 일반 군인이 아닌 정규군 사병을 보여줬다. 개인의 고유한 입장을 창조한 것은 코스챠 한 사람만이 제대로 했다.

2) 코스챠의 창조과정(Kostya's creative process)

내가 어떻게 비평가를 만들었는지 자세한 이야기를 듣고 싶다는 연출선생의 요청으로 나의 창조과정에 관한 서로의 대화가 시작된다.

(1) 그 인물의 이미지를 느낌(felt the image of that man)

'그 인물의 이미지를 느낌'으로 알았을 때 나는 특별한 만족감을 받았는데, 특히 내가 행하는 것이 진짜라고 믿을 수 있었다. 다른 사람의 몸속으로 들어가자마자 연출 선생에 대한 나의 태도가 달라졌다. 내가 다른 사람 같아져서 연출선생을 빤히 쳐다보며 스스럼없이 말할 수 있었고 무엇이든지 할 수 있었다. 그것이 바로 '인물화(characterization)'가 이뤄진 것이란다.

(2) 역할 속에 있는 그 자신의 느낌(in his part were in his own feeling)

나는 내가 받아들일 수 없는 인간인 그 비평가 속에 있었다는 것이다. 배우는 다른 인물 속에 들어가 있을 때도 자기의 정서, 감각, 본능을 사용해서 그 역을 표현 함으로 내가 비평가역을 통해서 보여준 느낌은 '나 자신의 느낌'이라는 것이다.

(3) 나의 이미지 속에 숨기기(hidden behind my image)

내가 만든 '나의 이미지 속에 숨기기'를 통하지 않고 그런 대담한 정서를 보여줄 수 있었을까? 나의 이미지 속에 나를 숨기지 않고는 가장 본질적이고 은밀한 모습을 보일 수 없다. 결국 은밀한 나의 모습을 역이라는 가면 뒤에서(behind mask) 당당히 드러낼 수 있었다는 것이다. 무엇이 나를 그렇게 대담하게 만들었을까?

(4) 인물화는 가면(characterization is the mask)

결국 '인물화'라는 것은 배우를 숨겨주는 가면을 만드는 일이다. 그러니까 '인물화는 가면'이라고 할 수 있다. 가면 뒤에서 자신의 벌거벗은 영혼의 모든 것을 보여 주는 것이다. 이게 바로 인물화의 특징이고 속성이다. 진정한 변신으로 만들어낸 인물화는 대단해서 일종의 환생이라고 할 수 있다. 배우는 관객에게 '자기 자신'을 보여주는 게 아니고 자기의 '창조한 이미지'를 보여줘야 한다. 그래서 예술가로서의 배우, 이미지 창조자로서의 배우는 바로 이 '인물화(characterization)'를 통해서 '맡은 배역의 화신(incarnate in the parts)'이 될 수 있다.

3. 노인의 행동
(an aged person's action)

그리고 바냐의 노역에 관한 연출선생의 언급이다.

1) 신체적 이유 (physical reason)
바냐는 노인의 외형적 모방에만 안주하는데 모방은 창조가 아니라는 것이다. 노인의 행동에는 '신체적 이유'가 있다는 것이다. 체내에 염분이 쌓이고 근육이 굳어지고 관절의 윤활작용이 약화되는 등의 신체적 이유 때문에 움직임이 자유롭지 못하고 유연하지도 못하고 템포와 리듬이 늦다.

2) 제시된 상황, 만약이라는 마술(proposed circumstance, magic if)
우리가 제1권에서 살펴본 '제시된 상황'과 '만약이라는 마술'에 입각해서 모든 행동을 조절해야 한다. 노역을 연기할 때 노인인 척하거나 노인의 동작을 단순히 모방해서는 안 된다. 노인에게 제시된 상황, '노인의 신체적 조건(aged person'spysical condition)'에 따라 여러 가지의 조건과 제약에 맞추어야 하고, '내가 만약' 실제로 노인의 신체적 조건에 놓인다면 어떻게 행동할 것인가를 찾아내야 한다.

3) 외적 특성, 리듬감, 속도감(external features, rhythm, pace)
노인에게 제시된 상황 속에서 정직하고 과장되지 않은 일관된 연기를 할 수 있으면 다른 환경 속에서도 적응할 수 있다. 그래서 노인을 표현하는데 결정적 역할을 하는 '외적 특성과 리듬감과 속도감'을 얻게 된다. 늙었다는 게 무엇을 의미하는지, 노인은 어떤 상황에 처하는지를 파악하고 나면 그 상황 속에서 살아갈 수 있다.

4장
표현력 있는 몸 만들기
(Making The Body Expressive)

1. 가짜예술 전시회
(exhibition of false art)

우리 학교에 박물관 겸 강의실로 개조 중인 방이 있는데, 거기서 '가짜예술 전시회'를 준비하고 있다고 한다. 이 전시회에는 진부한 무대디자인들과 부자연스러운 제스처를 취한 배우들의 사진 등 우리가 피해가야하는 모든 가짜예술을 보여주는 전시회라고 한다. 오늘 그 미지의 방이 우리에게 공개된다. 석고상, 그림들, 사진들, 예술관련 책들이 있고 구석에 결투용 칼, 펜싱용 칼, 갑옷과 투구, 권투 글러브, 발레신발과 체조기구들이 있다. 우리가 새로 받게 될 예술적 신체훈련의 도구들이다.

2. 배우의 신체
(actor's body)

1) 사소한 신체결함(lesser physical shortcomings)

사람들은 자연이 우리에게 준 신체기관을 어떻게 사용해야 하는지 모르고, 신체를 발달시키는 방법도 모르며, 건강하게 유지하는 방법도 모른다. 다리가 허약해서 뒤뚱거리고 어깨가 굽어도 일상생활에서는 별로 불편을 느끼지 않는다. 하지만 무대에서는 '사소한 신체적 결함'도 쉽게 눈에 띈다. 배우는 자기 몸을 마음대로 통제하고 움직일 수 있도록 건강한 육체(health body)를 가져야 한다.

2) 새로운 움직임 만들기(to make new movements)

훈련하지 않으면 근육은 쇠약해지기 때문에, 근육의 기능을 계속 확인하고 강화시켜서 '새로운 움직임 만들기'에 전력해야 한다. 그래야 새로운 감각을 경험할 수 있고 미묘한 표현까지 할 수 있다. 계속적인 훈련을 통해 자기 신체기관을 보다 원활히(more mobile) 움직이게 하고, 유연하게(flexible) 하고, 민감하게(sensitive) 하고, 표현적이게(expressive) 만들어야 한다.

3) 어떤 방향을 택할까?(what direction will you take?)

하지만 과도하게 개발된 근육은 배우에게는 부담이 될 수도 있다. 배우에게는 강하고 활기있는 신체, 조화롭고 균형있는 신체가 필요하지 정도를 넘어서는 안 된다.

훈련의 목적이 신체를 바로 잡는데 있지 근육질을 부풀리는데 있지 않다. 그래서 '어떤 방향을 택할까?'라는 갈림길에서 엄청난 근육이냐 심미적 예술이냐라는 선택을 해야 한다. 연기를 하면서도 목적을 벗어나는 선택을 하는 배우들이 가끔 있다. 조각가가 균형잡힌 조각상을 만들듯이 배우는 살아있는 신체에 조형미가 살아나게 해야 한다. 애초부터 완전한 신체는 없으니 만들어가는 것이다. 신체에 대해서 연구해야 하고 결함이 발견되면 바로 교정해야 한다.

3. 신체 훈련
(body training)

1) 최고의 고양된 순간(great moments of his highest exaltation)

우리의 수업에 텀블링(tumbling)을 추가한다. 텀블링을 통해 '최고의 고양된 순간'에 도달하고 '창조적 영감(creative inspiration)'을 얻는 데 도움을 얻는다. 그리고 곡예(acrobatics)는 결단력을 키우는 데 도움을 준다. 곡예 직전에 오로지 가능성에 목숨을 걸고 쌓아온 기술에 몸을 맡겨야 한다. 무조건 뛰어야 한다.

2) 맡은 역의 절정(culminating point of his part)

이것은 배우가 역의 절정에서 하는 일과 똑같다. 햄릿이 '화살 맞은 사슴은 울고 가라'고 할 때나 오셀로가 '아! 피다! 피야!'라고 외치는 이 '맡은 역의 절정'에서 배우는 역에 완전히 몸을 맡기고 혼신으로 도약해야 한다. 많은 배우들은 절정의 순간을 두려워하고 미리 열심히 그 순간을 준비하지만 공연 때는 불안과 압박감으로 역에 완전히 몸을 맡기지 못하고 절정의 순간에 혼신의 연기를 못 한다.

3) 신체적 직관과 영감(physical intuition & inspiration)

배우는 부질없는 생각이나 망설임 없이 대담한 결단으로 '신체적 직관과 영감'을 사용할 수 있어야 한다. 배우가 절정의 순간에 몸을 움직이고 행동하기 위해서는 항상 의지력을 키워두고 있어야 역할 속에서 그 행동을 수행할 수 있게 되고 자기몸을 망설임 없이 즉각적으로 신체적 직관과 영감의 힘에 자신을 맡길 수 있다.

4) 곡예 훈련(acrobatics)

그런 절대절명 순간의 의지력을 곡예 훈련을 통해서 최대한 도움을 받을 수 있고 키워 나갈 수 있단다. 그리고 곡예 훈련은 어렵고 빠른 움직임을 보여줘야 할 때 필요한 민첩성과 신체적 효율성을 키우는 데 도움이 된다. 그래서 훈련받지 않은 몸으로는 할 수 없는 빠른 리듬과 템포의 움직임을 가능하게도 해준다면서, 누가 공중제비를 넘어 보라고 해서 내가 솔선수범하다가 넘어져서 이마에 혹을 만들었다.

4. 신체 표현력
(expressiveness of the body)

1) 무용수업(dancing class)

오늘은 '무용수업'을 하면서 표현적인 몸만들기에서 무용에 대한 얘기를 듣는다.

체조와 마찬가지로 무용은 중요한 훈련을 받을 수 있게 준비하도록 해주는데, 몸을 곧게 만들고, 동작을 열고 확대시키고, 동작에 명확성과 마무리를 하게 해주고 무용을 통해 팔과 다리의 자세를 교정할 수 있게 해준다. 가슴이 안으로 들어가고 어깨가 앞으로 나온 사람, 어깨를 뒤로 젖히고 배를 내밀어서 팔은 몸 뒤로 떨어뜨린 사람, 그 둘 다 잘못된 자세다. 팔꿈치를 몸쪽으로 하고 팔을 밖으로 내려뜨리는 사람은 그 반대로 해야 한다. 이런 잘못된 자세를 무용으로 바로잡을 수 있다.

2) 발레(ballet)

표현적인 몸을 만들기 위해서는 팔, 다리, 손목, 손가락, 발목이 모두를 발달시키는 것이 중요한데 발레를 통해서 많은 도움을 받을 수 있다. 발끝으로 서면 날아갈 것 같은 느낌을 주고, 발과 발끝을 사용해서 과격한 움직임을 완화하고 부드러움과 우아함을 보여줄 수 있다. 발레훈련은 전체적 몸의 자세나 움직임 그리고 조형적 몸의 사용을 위해 필요한 신체기관의 발달에 기여한다.

3) 척추(spinal column)

한 가지 중요한 것은 모든 방향으로 굽힐 수 있는 '척추'이다. 척추는 나선형 스프링(spiral spring) 같은데, 맨 밑에 있는 척추뼈에 나사처럼 단단히 박혀 있어야 한다. 그래야 상체를 지탱해주고 중심을 잡을 수 있게 해주고 몸을 곧고 안정적이게 해준다. 느슨하게 연결되어 있으면 척추와 몸통 전체가 안정성을 잃어서 자세의 맵시도 없고 동작의 아름다움이나 조형적 우아함도 없어진다. 등이 굽은 아이들을 곧게 하는 방법은 양 팔꿈치를 등 뒤로 하고 팔꿈치와 등 사이에 막대기를 끼워 넣는 방법이 있다.

4) 체조(gymnastics)

무용이 우아하고 윤택하고 율동적인 동작을 만든다면, 체조는 군대식의 강한 악센트를 가진 분명하고 갑작스러운 동작을 발달시켜준다. 무용 동작은 다양하고 복잡하지만 체조동작은 직선적이다. 그러나 무용동작은 가끔 너무 정교하고 과도한 우아함으로 꾸민 듯한 동작에 치우칠 때가 있다.

5) 제스처 자체를 위한 제스처(merely for the gestyre's sake)

배우가 필요 이상의 아름다움과 화려함을 추구해서 일부로 취한 자세, 인위적 느낌, 부자연스런 과장에 휩쓸릴 우려가 있다. 그래서 꼭 기억해야 할 것은 연기에는 '제스처 자체를 위한 제스처'는 없다는 것이다. 어떤 움직임도 반드시 목적이 있어야 하고 맡은 배역에 부합해야 한다. 목적이 분명하고 생산적인 행동은 꾸민 듯한 느낌이나 이상한 결과를 가져오는 동작은 없게 마련이다.

5. 마음속을 외적으로 그리기
(portraying externally what was in his mind)

폴이 오늘 유명한 배우가 자기 아저씨 집에 온다고 해서 같이 간다. 그 배우는 눈, 입, 코, 손가락 등의 미세한 움직임으로 마음의 뜻을 그려내는 방법을 아는 뛰어난 배우다. 폴의 아저씨가 옛날에 두 사람이 한 소녀를 유혹하던 얘기를 하는데, 그 배우는 눈만 움직여서 하는데 꼭 이렇게 말하는 듯했다. "뻔뻔하네! 거짓말하고 있는 거야. 그런데 너희들은 정말인 줄 알고 있으니 니들 정말 바보군!" 그 배우는 꼼짝 않고 있다가 귀를 움직여서 주장을 일축하기도 하고, 손가락이나 눈썹이나 입가의 미소 등의 작은 움직임으로 어떤 말보다 더 효과적으로 그의 뜻을 드러낸다.

5장
동작의 유연성(Plasticity of Motion)

오늘은 율동적인 체조와 병행해서 유연한 동작에 대한 수업이 시작
된다.

1. 동작
(motion)

1) 내적인 내용(inner content)

무용가 중에도 자세가 부자연스럽고 제스처가 균형감이 없이 과장된
사람이 있다.

그들에게는 움직임이나 유연성 자체가 목표이고, 움직임의 '내적인 내
용'이 없다. 그래서 의미가 없는 몸의 형태를 만들게 된다. 과연 배우에게
그렇게 외형적이고 공허한 동작이 필요할까? 그런 자세와 움직임에서 내
용이 있는 우아함을 보여줄 수 있을까? 아무 느낌이 없는 고도의 우아함
과 정교함으로만 이루어진 그들의 동작을 우리의 창조작업에 그대로 적

용할 수 있을까? 소위 '제스처(gestures)'라고 불리우는 이런 동작들은 창조적인 '내적 자극(inner stimulus)'도 없고, '어떤 목적에의 열망(any urge to achieve a purpose)'도 없는 것이 문제이다.

2) 제스처가 단지 제스처로 끝(gesture ceases to be just a gesture)

이런 제스처는 우아하고 유연하지만 공허하고 우매하여, 이런 제스처로 오셀로나 햄릿의 심오한 인간정신을 나타낼 수 없다. 제스처는 '생생한 목적(vital purpose)'과 '내적 경험'을 담아야 '제스처가 단지 제스처로 끝'나지 않고 제스처가 하나의 예술적 행위가 될 수 있다. 그렇다면 배우에게는 내적 의미와 경험을 간결하고 정확하게 표현할 수 있는 제스처가 필요한데 그것을 어디서 어떻게 찾아낼 수 있을까?

3) 제2의 천성(second nature)

지금까지 말한 사람들과는 다른 무용가나 배우가 있으니, 따로 신경 쓰지 않아도 유연한 움직임이 몸에 배서 '제2의 천성'이 된 사람들이다. 이런 무용가나 배우들의 움직임은 '유연성' 그 자체라고 할 수 있다. 이 사람들이 자신의 유연한 움직임에 귀를 기울이면 그들 마음속 깊은 '존재의 샘물(well's of their being)'에서 나오는 에너지를 느낄 수 있다. 이 에너지는 공허하지 않고 정서와 욕망 그리고 목적으로 가득찬 에너지다. 이런 정서와 욕망이 에너지의 근원이 되어 구체적 행동으로 자연스럽게 몸을 통해 드러나게 된다.

4) 사명을 띤 대사(ambassador on an mission)

정서로 데워지고 의지로 충전되고 지성으로 무장한 에너지는 '사명을 띤 대사'처럼 확신과 자부심을 가지고 움직인다. 이런 에너지는 느낌과 의미로 가득찬 '의식있는 행동(conscious action)' 속에서 그 모습을 드러낸다. 느낌과 의미는 기계적인 방법으로는 전달되지 않고 반드시 '정신적 충동(spiritual impulses)'이 있어야 한다. 바로 이런 에너지가 우리의 운동신경을 자극하면 근육조직 전체가 반응하여 결국 외적 움직임으로 드러나게 된다.

5) 자연의 법칙(natural laws)

우리의 평소의 걸음걸이와 무대에서의 걸음걸이가 차이가 있을까?

당연히 차이가 있으니, 실생활에서는 자기 맘대로 어떻게 걸어도 괜찮지만, 무대에서는 반드시 모든 '자연의 법칙'에 따라 정확하게 걸어야 한다. 그래서 무대에서 걷는 게 어려운 거다. 이상하고 잘못된 걸음걸이를 교정하지 못한 사람은 무대에서 약점을 감추려고 온갖 수단을 동원해 본다. 그래서 결국 뭔가 멋있는 것 같기는 하지만 부자연스러운 억지 걸음걸이를 만들기도 한다. 바로 이렇게 억지로 만든 '연극쪼 걸음(theatrtrical, stagey walk)'이 겉으로 멋있는 것 같아도 자연의 법칙에 따른 '진실한 무대의 걸음(a true stage walk)'과 혼동하면 안 된다.

6) 올바른 걸음걸이(proper way to walk)

이제 우리 모두를 무대에서 걸어보라고 하고 각자의 걸음걸이를 평가한다.

곡예를 잘하는 바샤는 발가락의 움직임이 과해서 걸었다기보다 떠 다녔다고 하고, 소냐는 발가락이 제 역할을 못했고, 레오는 무릎관절이 좋지 않고, 그리샤는 척추가 뻣뻣하고, 폴은 고관절이 뻑뻑하고, 안나는 골반과 무릎사이의 다리가 너무 안쪽으로 향하고, 마리아는 안짱걸음이고, 니콜라스는 팔자걸음이라고 평한다. 그리고 나의 걸음은 부정맥환자의 심장같이 불규칙하고 리드미컬하지 못하다고 평가한다.

우리는 어린아이 걸음마 하듯이 처음부터 다시 배워야 해서, 다리와 발의 구조와 '올바른 걸음걸이'의 기초를 배우기 시작한다.

사람의 다리는 골반에서 발까지의 부분인데, 이 다리는 기차의 하부구조와 같은 역할을 한다. 기차의 하부구조에는 여러 개의 스프링이 있어서 충격을 흡수하고 완화하므로, 기차가 빠르게 달려도 승객들은 기차의 움직임을 거의 느끼지 못한다.

이와 같이 사람이 걷거나 달릴 때에도 가슴, 어깨, 목, 머리 등의 상체가 흔들리지 않고 자유롭게 움직일 수 있어야 하는데, 등뼈(back bone)가 그 역할을 해준다.

등뼈는 어떤 방향으로든 쉽게 구부러지는 나선형 스프링 같아서 어깨와 머리의 균형을 유지하고 상체의 충격을 완화시킨다.

7) 우리 몸의 스프링(our springs)

우리의 몸에도 스프링이 있는데, 기차의 하부구조 같이 사람 몸의 하체에 있으니 발가락 관절(joints of toes), 발목(ankles), 무릎(knees), 골반(hips)이 '우리 몸의 스프링'이다. 우리 몸의 스프링에 대한 기능을 하나씩 살펴보자.

(1) 골반, 고관절(pelvis, hip joint)
- 골반과 고관절은 척추처럼 충격완화와 상체의 좌우움직임 방지.
- 걸을 때 다리 전체를 앞으로 내보냄.
- 다리를 앞 뒤로 보낼 때 상체를 앞뒤로 구부리지 않기.

(2) 무릎(knee)
- 몸이 앞으로 움직일 때에 도움.
- 체중이 한쪽 다리에서 다른 다리로 옮길 때 덜컹거림 방지.
- 한 쪽 다리로 체중 옮길 때 무릎 약간 굽히며 어깨와 머리균형 유지.

(3) 발목(ankles), 발(feet), 발가락(toes)
- 발목, 발, 발가락 다 몸의 움직임 조절과 증진.
- 다리가 발목에서 한 번 더 구부러지고 몸이 앞으로 더 전진.
- 발가락 스프링은 몸을 앞으로 더 전진, 회전기능도 있음.

(4) 발과 발가락 사용의 세 가지 유형 걸음걸이
- 발 뒤꿈치부터 지면에 닿은 후 발바닥, 발가락 닿음.
- 발바닥 전체가 동시에 지면에 닿음.
- 발가락이 먼저 지면에 닿은 후 발바닥, 뒷꿈치 닿음.

(5) 공중에 떠다니는 걸음(an airy floating quality)

순간적으로 몸이 공중에 뜬 것 같이 보이는 '공중에 떠다니는 걸음'이 있다.

경쾌한 상승 후에 부드러운 하강과 함께 한 쪽 발에서 다른 쪽 발로 체중이동을 한다. 공중으로 튀어오르는 순간과, 체중이동의 순간의 유연하고 단절 없는 걸음걸이이다.

(6) 비행기 이륙(like a airplane take off)

걷는 동안 몸의 움직임이 중단되거나 속도가 느려지지 않게, 비행기가 이륙할 때처럼 사뿐히 지면을 차고 올라갔다가 부드럽게 하향하는 걸음걸이다. 걸음이 완만한 곡선을 그리며 수평전진운동을 해야 하고 아래위로 깡충깡충 뛰면 안 된다.

(7) 고관절의 회전운동(rotating movement inside hip joint)

종착역에 도착한 기차가 출발역으로 돌아가기 위해 방향을 바꾸는 '전차대(turntable)'와 같이, 발가락에서 고관절까지 수직형 증기엔진의 피스톤운동이 고관절에 도착하면 고관절에서 전차대의 회전운동이 일어나서 방향을 바꿔서 발가락까지 다시 내려가기 위해 '고관절의 회전운동'을 한다. 우리의 고관절은 올라오는 에너지를 받아들이고 내려가는 에너지를 방출하는 역할을 하여, 마치 증기기관의 밸런스 휠(balance wheel)처럼 골반의 고관절이 충격을 흡수하고 조절해서 원활한 회전 운동를 가능하게 해낸다.

2. 나의 걸음 배우기
(my learn to walk)

나는 집으로 오면서 어떻게 걸어야 하는지를 생각하며 걸어보는데 제대로 걷는 것이 참 어렵다는 것을 실감한다. 특히 한 쪽 발에서 다른 쪽 발로 체중을 옮기는 것이 가장 어려웠다. 계속 걸음에 신경 쓰면서 실습을 하는데 집에 거의 와서야 확실한 방법을 터득한다.

1) 덜컹거림 없애기(getting rid of jolt)
오른 발가락에서 왼발 뒤꿈치로 체중을 옮기면서 왼발이 몸을 앞으로 이동시킨 다음에, 다시 왼 발가락에서 오른 뒤꿈치로 체중을 옮길 때 생기던 '덜컹거림 없애기'를 할 수 있게 된다. 그리고 끊임없이 부드러운 전진운동을 하기 위해서는 골반, 무릎, 발목, 발뒤꿈치 그리고 발가락의 관절들이 서로 유기적으로 움직여야 한다는 것도 알게 된다.

2) 공기 속을 떠다니는 걸음(floating gait)
잠깐 휴식을 취하면서 사람들의 걸음걸이를 관찰하는데 거의가 발가락을 끝까지 사용해서 걷지 않을 뿐 아니라 엄지발가락으로 지면을 박차면서 공중으로 솟아오르지 않았다. 어떤 어린소녀 한 명만이 엄지발가락으로 지면을 차면서 '공기 속을 떠다니는 걸음'을 걸었다. 대부분의 사람들은 걸을 때 발과 다리의 사용법을 거의 모르는 것 같다. 그래서 우리는 배워야 한다. 모든 것을 처음부터 다시 시작해야 한다는 말의 뜻을 이제 알겠다. 걷는 법, 말하는 법, 보는 법, 움직이는 법 모두를 배우고 깨달아야 한다.

3. 유연한 움직임

(plastic movment)

1) 수은 한 방울(a drop of mercury)

연극이나 발레 등 무대예술가의 움직임과 행동은 영혼 깊은 곳에서 나오게 해야 하고 내적 패턴을 따라 가도록 하는 게 중요하다. 그러기 위해서 오늘 수업은 특별히 쓰노바 부인이 하기로 한다. 부인은 손가락 끝에 뭔가를 주입하는 동작을 하면서 우리도 함께 해보란다. '수은 방울'이 손바닥으로, 손목, 팔뚝, 팔꿈치까지 굴러내려 가게 하고 수은이 굴러가는 것을 느끼라고 한다.

(1) 상상의 수은 느끼기(felt the imagery mercury)

그런데 수은이 근육시스템을 통과하는 것을 정말로 느낄 수 있을까? 아니면 상상 속으로만 가상의 수은이 몸속을 돌아다닌다고 느끼는 걸까? 우리는 각자가 연습을 하는데 뚱뚱한 레오가 몸을 곡선으로 잘 움직이고, 안나도 유연한 동작을 하고 있다. 가상의 수은이 체내를 정말 돌아다니는 듯한 '상상의 수은 느끼기'를 한다.

(2) 긴장 지점 찾기(ferreting out points of pressure)

쓰노바 선생이 에너지가 '근육망'을 따라 움직이는 것에 우리의 주의를 집중시키는 것처럼 근육이완과정에서 어떤 곳에 긴장이 남아 있는지 그 '긴장 지점 찾기'에 주의를 기울이라고 한다.

(3) 몸 안뿐만 아닌 몸 밖의 에너지 작동(energy operates not only inside but outside as well)

우리는 1권에서 생체광선(rays)이나 무언의 교류(wordless comunication)가 '몸 안에서뿐만 아니라 몸 밖의 에너지 작동'도 한다는 것을 이미 알고 있다. 그러니까 에너지가 우리 존재의 저 깊은 내부에서 나와서 우리의 외부에 있는 어떤 대상을 향해서도 움직인다는 것이다. 이때는 유연한 움직임에 주의를 기울여야 한다.

2) 끊어지지 않는 선(unbroken line)

에너지의 흐름을 계속 주시해야 연기예술에서 필수적인 '끊어지지 않는 선'을 만들 수 있기 때문이다. 이 끊어지지 않는 선은 다른 예술분야에서도 꼭 필요한 것이다.

(1) 화가(painter)

만약 화가가 그림을 그리면서 끊어지지 않는 선을 계속 유지하지 못한다면 그림을 제대로 그릴 수 있을까? 이 선이 없이는 단순한 윤곽조차 그릴 수 없다. 화가에게 절대적으로 필요한 것이 끊어지지 않는 선이다.

(2) 가수(singer)

만약 노래를 부르는 가수가 소리를 끊지 않고 연이어 내지 못하면 어찌 노래를 하고, 끊어지지 않는 소리의 선이 없다면 노래를 제대로 할 수 있을까?

(3) 무용가(dancer)

만약 무용하는 사람에게 계속 흐르는 동작의 선을 사용하지 말고 무용을 하라고 하면 과연 어떻게 될까?

(4) 배우(actor)

더 이상 말할 필요 없이 배우도 다른 예술가와 같이 끊어지지 않는 선이 절대 필요하다. 그것이 없이 무엇을 할 수 있나? 아무것도 할 수 없다.

3) 끊어지지 않는 선 만들기(how the unbroken line is established)

끊어지지 않는 선은 모든 예술에서 필수적이다. 음악, 목소리, 그림, 움직임 이 모든 것은 '끊어지지 않는 선 만들기'로 시작된다. 만약 단절된 소리, 단절된 점과 선, 단절된 움직임만 있다면 음악도, 성악도, 회화도, 무용도, 연극도 없다.

연출선생은 우리가 움직일 때 끊어지지 않는 선이 어떻게 만들어지는지 보란다. 이 메트로놈(metronome)을 가장 느린 속도인 10에 놓고 그 박자에 맞춰서 자기 팔을 들어 올리는데, 한 번 치는게 4분음표이니까 네 번치면 4분음표가 네 개가 모여 4분의 4박자의 한 마디가 된다. 이 한마디 동안 자기 팔을 들어 올린단다.

(1) 첫 번째 4분음표(어깨에서 팔꿈치까지)

"하나!", 첫 번째 4분음표인 어깨에서 팔꿈치로 에너지(수은방울)를 보내는 동작이다. 팔을 올리면서 수은을 어깨에서 팔꿈치까지 보내는 것이다. 이때 어깨에서 팔꿈치만 올라가고 팔의 나머지 부분은 이완상태로 있어야 한다. 팔은 몸 가까이에 두고, 몸에서 내밀었다가 동작이 끝나면 몸으로 돌아와야 한다.

(2) 두 번째 4분음표(팔꿈치에서 손목까지)

"둘!", 두 번째 4분음표인 팔꿈치에서 손목으로 가상의 수은이 흘러가게 한다.

(3) 세 번째 4분음표(손목에서 손가락 관절까지)

"셋!", 세 번째 4분음표인 손목을 올려서 손가락관절에 하나씩 수은을 올린다.

(4) 네 번째 4분음표(손가락 모두로 올리기)

"넷!" 마지막 4분음표인 손가락 모두에 동시에 수은 올리기이다.

그리고 똑같은 방법으로 4단계에 걸쳐서 올렸던 팔을 다시 내리는 것이다.

"하나, 둘, 셋, 넷"에 맞춰서 반복한다.

(5) 두 배로 빠른 속도로 하기

템포가 느리고 구령 사이의 포즈가 길게 느껴지면 같은 연습을 두 배로 빠른 속도로 하기를 시도한다. 이번에는 각 4분음표에 두 박자씩 넣어서 하나하나, 둘둘, 셋셋, 넷넷, 이렇게 하면 한 마디에 4분음표 넷이라는 것은 같지만 결국은 8분음표 8개가 되는 것이다. 한 마디에 여덟을 세어야 하니까 세는 간격이 짧아져서 유연한 움직임을 더 원활히 할 수 있다.

넷을 세거나 여덟을 세는 것이 팔 동작의 유연성에 영향을 준다는 것이 이상하지 않은가? 중요한 것은 세는 것 자체에 영향을 주는 게 아니고 세는 것에 맞춰 '에너지의 흐름(current of energy)'에 영향을 주는 것이다. 한 마디 안에 많은 박자를 넣을수록 박자가 빨라져서 에너지가 흐르는 순간이 연속적으로 일어난다. 마디를 쪼갤수록 에너지의 움직임과 주의력이 강화되고 결국 팔의 움직임도 유연해진다.

(6) 4분음표 한 개를 셋(4x3), 넷(4x4), 여섯(4x6)으로 분할

계속 실험을 하면서 4분음표 한 개를 셋, 넷, 여섯으로 분할하니 한 마디 안에 12, 16, 24박자가 들어가고, 박자를 더 들어가게 할수록 움직임의 동작간격이 더 짧아진다. 그런데 빠르게 세는 동안도 팔은 속도 10에 고정된 메트로놈에 맞춰 천천히 그러나 끊임없이 연속적으로 움직이는데, 그 움직임에 놀라운 유연함이 있다.

4) 음악에 맞춰서 연습(excicise to music)

숫자를 세는 허밍 대신 음악에 맞춰 연습을 해보니 더 확실한 느낌이 온다.

(1) 신체 움직임의 유연성 만들기(creates the plasticity of body)

에너지가 끊어지지 않는 선을 따라 움직이는 그 느낌으로 '신체 움직임의 유연성 만들기'를 할 수 있다. 이런 내적인 선은 우리 존재의 심연에

서 나오고, 거기서 발생하는 에너지는 정서와 이지와 지성으로 가득차 있다.

(2) 외적보다 내적 선의 행동(action on an inner than an external line)

체계적인 훈련을 받아서 '외적인 선보다 내적인 선의 행동'에 익숙해지면 '움직임의 정서(emotion of movement)'가 무엇인지 알게 된다. 그래서 우리예술에서 내적으로 끊어지지 않는 선은 유연한 형상을 만들어내는 기본자료가 된다.

(3) 마음속의 박자(beat of the measures in mind)

템포와 리듬의 강조는 우리 몸의 움직임에 맞춰진다. 행동의 어떤 순간들이 우리 '마음속의 박자'와 동시에 일어날까? 느낄 수 없을 정도의 짧은 순간에 에너지의 흐름이 관절부근을 통과할 때, 이를테면 손가락 관절이나 척추관절의 마디들을 지나가는 순간이다. 음악에 맞춰 움직여 본 것은 이 순간을 알기 위해서다.

5) 끊어지지 않는 행동의 흐름(uninterrrupted flow of action)

마음속의 박자와 행동은 일치하지 않을 수도 있고, 기대한 순간에 일어나지 않기도 하고, 행동이 마음속의 박자보다 먼저 오거나 늦게 올 수도 있다. 그러나 분할된 행동 하나하나가 템포와 리듬을 제공해주었다. 그리고 박자를 확인하면서 주의력을 집중하여, '주의력의 끊어지지 않는 선'이 생김으로 인해 '끊어지지 않는 행동의 흐름'이 만들어지게 됐다. 그리고 에너지의 내적 움직임을 멜로디에 맞춰 보는 것도 좋은 경험이었다.

6) 걸음 속에 있는 템포와 리듬(tempo and rhythm are in gait)

우리가 부드럽고 고른 에너지의 흐름을 만들면 걸음걸이가 부드럽고 박자도 맞고 탄력도 있고, 에너지가 급속히 뒤틀리면 관절이나 운동중추의 어디가 막히면서 걸음이 갑자기 불규칙적으로 변한다. 걸음걸이에 '움직임의 끊어지지 않는 선'이 있으면 '걸음 속에 있는 템포와 리듬'이 있기 마련이다. 훈련을 통해서 외적인 템포와 리듬의 박자를 에너지 움직임의 내적 선과 조화를 이뤄야 한다.

7) 에너지 흐름이 중단(cut off the flow of energy)

'에너지 흐름이 중단'되면 템포와 리듬도 중단되고 결국은 정지된다. 그러나 정지된 상태가 내적 충동에서 온 것이면 그 안에는 진실이 살아 있다. 그래서 정지된 자세는 또 다른 형태의 행동인 '움직임이 구금당한 행동(turn into arrested action)'일 뿐이고, 포즈나 침묵의 상태같이 없어지지 않고 내적으로 생생히 살아있다.

우리는 체조와 무용시간에는 '움직임의 외적 선(external line of movement)'에 전념했고, 오늘은 유연성의 근원인 '움직임의 내적 선(inner line of movement)'에 대한 개념을 살펴봤다. 두 선 중에 어느 쪽이 더 중요한지 각자가 결정할 일이다.

8) 유연한 움직임의 기반(foundation of plasticity movement)

모두가 내적인 선이 더 중요하다고 결정한다면 '유연한 움직임의 기반'이 내적 흐름의 기반의 확립에 있다. 그리고 에너지의 내적 흐름은 템포와 리듬과 조화를 이뤄야 한다. 우리의 몸속을 흐르는 에너지에 대한 느낌을 '동각(sense of movement)'이라고 한다.

나는 이제 유연성에는 움직이는 에너지가 중하다는 것을 몸으로 깨달았다. 나는 끊어지지 않는 내적 선을 느낄 수 있었으며 그것 없이는 아름다운 움직임을 만들 수 없음도 알았다. 나는 아직 유연하게 움직이지도 못하고 동각을 갖지도 못했지만 그럴 수 있을 것 같고, 에너지의 움직임을 내적으로 느낄 수 있을 때, 외형적 유연함이 있을 수 있다는 것을 실감하고 있다.

6장
절제와 통제(Restraint and Control)

1. 제스처
(gestures)

1) 과잉 제스처 없애기(rid oneself of superflous gestures)

종이에 그림을 그릴 때 종이 위에 낙서나 얼룩이 있으면 그것부터 지우고 그림을 그려야 한다. 좋은 그림을 그리려면 무엇보다 먼저 깨끗한 화폭이 있어야 된다. 배우가 하는 연기도 마찬가지니 쓸데없는 제스처를 늘어놓는 배우의 연기는 지저분한 종이와 같다. 배우가 내적 삶을 형상화하기 전에 자기의 쓸데없는 '과잉제스처 없애기'를 해야 한다. 배우가 자신이 제스처를 통제해야지 제스처가 자신을 통제해서는 안 된다.

2) 이질적 감상 제거(get rid of every sentiment alien)

배우는 역에 어울리지 않거나 장애가 되는 모든 감상을 제거해야 한다. 자기감정에 못 이겨서 목소리가 갈라지고 혼란스러움을 극복하지 못하면 안 된다. 스스로 감동받는 연기가 아니고 관객을 감동시키기 위한 연기를 해야 한다. 배우는 항상 모든 내재된 힘을 비축한 상태에서 맡은 역의 삶을 연기하다가 집중적인 힘이 필요할 때 사용할 수 있어야 한다. 역할을 제대로 연기하고 있으면서도 뭔가 모자란다는 생각에 이질적인 감상과 불필요한 제스처를 사용해서 연기를 애매하고 불분명하게 만드는 배우가 많다. 그래서 훌륭한 자질을 관객에게 보여주는 것을 스스로 방해하여 스스로가 자신의 최악의 적을 만들게 된다.

3) 좋은 포도주에 물타는 배역 희석
(dilutes a part as water does good wine)
과도한 제스처의 사용은 '좋은 포도주에 물을 타서 배역을 희석'시키는 것과 같다. 값비싸고 좋은 포도주에 물을 타면 색깔과 맛이 희석되어 포도주를 망치게 되듯이 배역의 진정한 흐름이 과도한 제스처의 혼돈으로 배우의 좋은 연기를 망치고 마는 어리석음을 저질러서는 안 된다.

4) 육체적 행동 유도하는 움직임
(movements which induce physical action)
제스처만으로 역할의 정신이나 그 속에 흐르는 끊어지지 않는 선을 표현하지는 못한다. 그렇게 하려면 '육체적 행동을 유도하는 움직임'이 필요하다. 특별한 의미가 없는 제스처가 아니고 행동을 일으키도록 유도를 해주는 움직임으로서의 제스처가 진정한 제스처인 것이다. 뽐내기를 좋아하는 자기과시형 배우들에게는 제스처가 그들만의 연기밑천이다. 그들은 연기를 하다가 힘든 장면에서 어떻게 잘 해보려고 무의식적으로 움직임을 만들기도 한다. 이런 움직임으로 정서를 표출하기도 하고, 내부에 없는 정서를 신체로 표현하려고 할 때 억지 사용하기도 한다.

5) 절제와 통제에 방해(interfere with restraint and control)

그래서 이런 억지스런 제스처는 과장된 감정을 쥐어짜내기 위해 사용함으로 연기에 백해무익한 과도한 긴장형태로 나타난다. 그래서 깔끔한 연기는 이미 사라져 버려서, 자연스럽고 진실한 상태로 자신을 '절제하고 통제하는 데 치명적 방해'가 된다.

우리들 중에는 바냐가 특히 심하단다. 자신을 적절히 절제하면서 억지 제스처를 쓰지 않으면 맡은 역의 패턴이 확연해지고, 제스처를 위한 제스처나 역할과 관계 없는 불필요한 제스처를 없애면 역의 움직임과 행동이 오히려 매력적이 될 수 있다.

6) 인물화(characterization)를 위해서

제스처의 사용을 절제하는 것은 특히 '인물화를 위해서' 중요하다. 배우가 자신에서 탈피해서 맡게되는 여러 가지 역할을 똑같은 외적형태로 표현하지 않고 각 인물마다 뚜렷한 인물화를 창조하기 위해서는 항상 사용하는 자신의 제스처를 없애야 한다. 일상에서의 개인적 제스처를 가지고 자기의 배역에 접근하면 역할이 아니라 자기 자신에 항상 빠져들게 된다. 배우는 역할에 내면적으로 접근을 못 할지라도 역을 특정지을 수 있는 외형적 움직임이라도 창조해야 한다.

7) 전형적 제스처(typical gestures)와 개인적 움직임(personal motion)

배우가 역의 성격을 특징짓는 '전형적 제스처'가 서너 가지밖에 없다면 극을 끌고 가기 위해서 제스처를 상당히 아끼며 사용해야 한다. 이때에 절제가 큰 도움이 될 수 있다. 만약 서너 가지의 전형적 제스처가 배역과 상관없는 '개인적 움직임'에 묻혀버리면, 배역은 없어지고 배우 개인의 일상적 모습이 무대에서 설치게 된다. 이렇게 되면 역에 맞는 '전형적 제스처'는 역할에 가깝게 접근할 수 있지만, 배우의 '개인적 움직임'은 역할에서 멀어지고 배우의 개인적 정서에 빠지게 된다. 극에서 필요로 하는 것은 유사한 개인적 정서의 차용일 뿐이지 정서 자체가 아니기 때문에 '개인적 정서'는 극이나 배역에는 도움이 되지 않는다.

그렇다고 성격을 특징짓는 제스처를 너무 자주 사용하면 효과가 떨어지고 관객은 싫증을 낸다. 그래서 배우가 스스로 절제하고 통제를 하면 할수록 역의 모습은 분명해지고 관객에게도 어필되는 성공적 연기를 할수 있다.

8) 예술은 작은 터치로 시작(art begins with the slightest of touches)

러시아의 화가 브률로프(Karl Pavlovich Bryulov)가 학생의 그림에 단 한 번의 터치로 생명력을 갖게 하고는, "예술은 아주 작은 터치로부터 시작한다"고 했는데 이 말은 연기예술에도 적용된다. 배우도 한 두 번의 터치로 역에 생명력을 불어넣을 수 있고 역의 최종 모습을 보여줄 수 있다. 배우가 열심히 했지만 가장 중요한 요소를 빼먹을 수 있다. 연출가의 한 마디로 배우는 불같이 살아날 수 있다. 배우들 중에는 처음부터 끝까지 같은 형태로 밀고 가면서 중요한 터치를 못해서 마무리를 잘 못하는 사람이 많다.

9) 절제와 마무리(restaint and finish)

뛰어난 배우의 자질 중 가장 훌륭한 것은 '절제와 마무리'이다. 그런 배우들은 맡은 역의 모습을 하나씩 보여주고, 성장하는 것을 보여주고, 위대한 예술이 잉태되는 기적의 한 순간을 보여준다. 토마소 살비니(Tomaso Salvini)의 천재적 연기는 잊지 못할 기념비적인 작업이다. 처음에는 조용히 성격을 구축하고 조금씩 단계별로 차분하고 확실하게 성격을 만들어 나가서, 그것들이 합쳐졌을 때는 인간의 뜨거운 정서 위에 세워진 '불멸의 금자탑(immortal monument)'을 보여준다. 통제와 절제 없이는 이런 일은 불가능하다. 배우는 인물창조라는 자신의 이상을 잠재의식, 내적 창조, 서브텍스트(subtext), 역할의 초과제를 통해 실현하고 목소리, 움직임, 지성이 내재된 정서의 힘으로 인물에 생명을 불어 넣는다.

2. 살비니는 영원을 연기했다
(Savini acted for eternity)

'나의 예술 인생(My Life in Art)' 중의 살비니가 한 〈오셀로〉의 공연 얘기이다.

살비니는 시작부분에서는 관객의 시선을 끌려는 생각이 없는 듯했다. 의상도 그렇고 분장도 별로 신경 쓰지 않은 것 같다. 그러나 총독의 연단에 다가간 살비니는 깊은 생각에 빠졌다. 그리고 오직 그의 제스처 하나로 그 순간부터 모든 관객을 그의 손아귀에 넣는다. 시선은 주지 않은 채 팔을 관객 쪽으로 뻗고 손바닥을 벌리고는 개미라도 있는 것 같이 꽉 쥔다. 그리고 그가 죽을 때까지 주먹을 쥔 상태로 연기한다. 그가 주먹을 쥘 때 죽음같은 파멸을 느꼈고, 주먹을 펼 때 삶을 마감하는 희열의 죽음을 느꼈다. 우리는 그 천재가 어떤 사람인지를 느끼게 되고 그가 무엇을 할지를 기다리게 된다. 처음에는 로미오같이 데스데모나밖에 모르던 오셀로가 이아고에 의해 질투의 화신으로 변화하는 것을 보고 놀라지 않을 수 없다. 살비니의 연기에서 이 충격을 어떻게 설명할까? '창조는 영원을 지향한다(create is for eternity)'라고 한 시인의 말을 인용하여 '살비니는 영원을 연기했다(Savini actedfor eternity)'라고 해야 하겠다.

7장
화법과 노래 부르기(Diction and Singing)

1. 화법
(diction)

1) 듣고 이해하기(to hear and understand)

시를 암송할 때는 '거짓 페이소스(false pathos)'나 '인위적 음색(insincere tone)'을 사용하지 않는다. 중요한 것은 멋있는 외적인 소리가 아니고 '시의 핵심(the heart of poem)'을 간직하는 게 더 중요하다. 시가 주는 좋은 인상은 시속의 단어들이 스스로 반향하도록 목소리와 발성에 고상함과 음악성을 부여함으로 이뤄진다. 배우는 자기 목소리에 스스로도 만족해야 하지만 더 중요한 것은 관객이 '듣고 이해하게' 해줘야 한다. 우선 관객이 들을 가치가 있어야 하고, 쉽게 배우의 말을 '듣고 이해할 수 있어야' 한다. 그러기 위해서는 상당한 기교가 필요하다. 그 기교를 습득하면 말의 느낌를 저절로 알게 된다.

2) 말하는 것(화술)은 음악이다(speech is music)

'말한다는 것은 음악'이다. 각 배역의 대사는 멜로디이고 대본은 오페라고 심포니다. 노래하는 것 같이 무대에서 말한다는 것은 무척 어려운 예술이니, 오랜 훈련으로 닦아진 경이로운 테크닉이 절대 필요하다. 훈련된 목소리, 훌륭한 발성기술, 율동적인 리듬과 음색, 영혼을 꿰뚫는 대사는 배우의 영혼뿐 아니라 작가의 영혼까지 만나게 해준다. 배우가 살아있는 내용의 말을 생생한 소리로 드러내면, 그의 상상력이 만든 이미지를 '마음의 눈(inner vision)'으로 볼 수 있다. 배우가 자기의 움직임을 통제하면서 그 움직임에 말과 소리를 더하는 것은 아름다운 노래에 반주를 더하는 것과 같다.

3) 단어에 내면의 내용담기
(to impregnate the word with fresh inner content)

'come back I cannot live without you'

위의 일곱 마디 말이 관현악 한 곡을 만들 수도 있다. 한 구절을 많은 방법으로 매번 새롭게 노래할 수 있고 다양한 의미를 줄 수 있다. 어디를 쉬고 어디를 강조하느냐에 따라 새로운 의미를 만들 수 있다. 한 단어를 강하게 발음하고 잠깐 사이를 두면 그 단어가 강조되고, 어떤 단어 뒤에 긴 포즈를 두면 그 '단어에 새로운 내면의 내용을 주입'할 수 있다. 어떻게 말하느냐에 따라 새로운 분위기가 만들어지고 전체 구절에 새로운 내용을 담을 수도 있다.

4) 영혼과 마음의 전달(conveys the mind and soul)

아래의 이 대사는 버림받은 여자가 남자에게 하는 말이다.

Comeback – (포즈) –I (호흡) cannot(호흡)livewithoutyou!

'come back' 뒤에 실망스런 포즈를 두면 슬픈 아리아의 시작이 된다.

그리고 'I' 뒤에 호흡을 주면 'cannot'이 뚜렷이 떠오른다. 다시 'cannot' 뒤에 또 호흡을 주면 삶의 의미를 잃은 여자의 절망을 느끼게 하고 'live without you'가 여인의 불길한 종말을 느끼게 한다. 어디에 포즈를 두고 어디에 호흡을 주느냐에 따라 의미는 계속 변하게 된다. 단어 구절에 얼마나 많은 것을 담을 수 있는지, 언어가 얼마나 뜻이 풍부하고 강력한 것인지를 알게 한다. 그래서 우리에게 잘 사용된 언어로 '영혼과 마음을 전달'할 수 있다는 것을 깨닫게 한다.

2. 살아있는 말
(vivid speech)

우리의 일상에서 누가 열심히 말을 하는데 무슨 소리인지 모르게 하면 너무 답답하다. 배우의 목소리가 좋아서 소리는 들리는데, 무슨 말인지 모르게 하면 배우로서의 자격이 없는 것이다.

1) 화법과 발음(diction and pronunciation)
배우는 '화법과 발음'이 정확해야 하고 대사의 단어(words), 구절(phlases), 음절(syllable), 글자(letter) 하나까지 느껴야 한다. 느끼지 않으면 말은 왜곡될 수 있다. 그래서 진실은 단순할수록 터득하는 시간이 더 필요하다. 배우가 아무렇게나 말하는 습관 때문에 단어나 구절의 특징을 살리지 못한다. 배우의 잘못된 대사 때문에 '살아있는 말'이 없어져서 오해를 불러오고 극의 핵심이 뒤엉키게 된다. 관객이 무슨 소린지 모를 때 안타까워하다가 서로 속닥거리고 결국 기침소리를 내게 되는데, 기침소리는 관객이 인내의 한계에 이르렀다는 신호이고 공연이 망가지는 시발점이다.

2) 분명하고 아름답고 생생한 대사(clear, beautiful, vivid dialogue)

배우가 이렇게 공연이 망가지지 않게 하려면 무엇보다 먼저 '분명하고 아름답고 생생한 대사'를 할 수 있어야 한다. 일상생활에서는 대화가 좀 잘못되어도 서로 이해할 수 있지만, 무대에서 그렇게 서투르고 어색한 말투로 사랑, 이상, 자유 같은 고상한 주제가 담긴 대사를 하면 관객은 한심하고 우스꽝스럽게 보이게 된다.

3) 자연에 의해 제시(be suggested by nature herself)

위대한 작품에서의 대사는 인간의 본능, 충동, 시간과 장소 그리고 '자연에 의해 제시'된 것이다. 화법과 발음도 제대로 할 수 있게 준비되지 않은 배우가 무대에서 연기를 하는 것은 안타까운 비극이다. '문자는 의미를 전달(carring out content)'해야 하는 '소리의 기호(symbol of sound)'이다. 그 의미를 충실하게 전달하기 위 해 정확한 소리형태를 어떻게 습득하느냐가 배우의 중요한 당면과제이다.

3. 모음과 자음
(vowel and consonant)

'모음'을 강이라고 한다면 '자음'은 강둑이다. 그래서 강인 모음이 흘러 넘치지 않도록 강둑인 자음이 강을 잘 막고 잘 보강해서 터지지 않게 해야 한다.

1) 모음의 형태(forms of vowel)

모음은 아무 장애를 받지 않고 나오는 소리다. 우리는 산뜻한 '아'라는 소리를 내면 우리 내부의 느낌을 밖으로 쏟아낼 수 있다. 이것은 안에서 밖으로 나오고 싶어하는 내적 경험과 관계가 있다. 그리고 다른 '아'가 있으니 지하실에서 막혀있는 듯하고 속에서 쉽게 나오지 않는 불길한 '아' 도 있다. 명랑한 '아'는 로켓처럼 튀어 나오고, 묵직한 '아'는 쇳덩어리처럼 속으로 가라 앉는다. 우리는 몸속의 신체를 구성하는 미립자가 음파에 실려 나가는 것을 느낄 수 있다. 이런 소리들은 속이 빈 모음이 아니고 정신적 의미를 담고 있는 모음이다.

2) 자음(consonants)

자음은 어떤 곳에서 압력의 조절 후에 나오는 소리다. 자음은 흐르고 넘치는 강인 '모음'을 흘러넘치지 않도록 방향을 잡아주는 기능을 한다. 그 외에 '공명도(quality of sonority)'라는 성질도 갖고 있다. 공명도란 같은 조건에서 발음했을 때 멀리 들리는 정도로서 '가청도'라고도 한다. 모음 은 장애 없이 나오는 소리인 반면에, 자음은 압력에 의해 조절된 후에 나 오는데, 이 조절이 자음의 특정 음가를 결정한다. 기류를 막고 있던 압력 이 풀어지면서 자음의 소리가 만들어지는 것이다.

(1) 공명도가 높은 자음

공명도가 높은 자음은 M, N, L, R, V, Z, N, G 이다.

(2) 공명도가 낮은 자음

울려퍼지는 공명도가 낮은 폐쇄자음(stop consonants)은 B, D, G, W 이다.

B는 입술을 다물어서 입속에 가두었다가 입술을 열면 파열되면서 소 리가 난다.

(3) 무성자음(surds)

성대가 울리지 않고 나오는 소리인 무성자음은 F, S가 있다.

(4) 파열자음(plosive cosonants)

파열자음은 망치로 내려치듯 급격하게 나오는 P, T, K이다.

3) 인간 영혼의 작은 단편(small bit drawn from human soul)

두 글자인 A와 B를 거꾸로 붙이면 '바'라는 음절이 된다. 이 '바'를 입안에 가두었다가 장애를 없애며 열린 입술 사이로 기분 좋게 길게 '바 –' 소리를 내면 집주인이 문을 열고 손님을 환영하여 맞는 기분이 든다. 그런데 같은 음절을 가지고 우울한 톤으로 소리를 내면 입술이 환영하듯이 열리지 않고 침울한 지진의 전조처럼 으스스하게도 들리게 된다. B와 A의 두 글자로 이뤄진 음절 '바'는 여러 가지 방법으로 발음할 수 있으며, 그때마다 각기 다른 '인간 영혼의 작은 단편'을 표현하게 된다. 이처럼 소리와 음절은 무대에서 생명력을 갖게 되는데, 배우에 따라서 생기 없이 발음하면 생의 죽음도 되고, 생기있게 발음하면 생의 부활도 된다.

4. 입술의 조음능력
(articulation of lip)

우리는 직접 소리를 만들어 봤는데 연출선생과 같이 잘 되지 않는다.

우리의 엉성한 모음 발음과 짖는 듯한 자음발음과 대조적으로, 연출선생은 노래하는 듯한 모음발음과 울림이 좋은 자음발음이 교실에 퍼져 나간다. 단어로 구절을 만들고 독백을 하다가 다시 개개의 소리와 음절로 돌아가서 단어를 만들었다. 그의 입술은 금관악의 판(valves)을 연상시키고 입술이 열고 닫을 때 바람이 새지도 않는다. 그의 입술을 통해 나오는 소리는 명료하고 맑다.

내 입술이 자음을 만드는 능력은 너무나 보잘것없다. 자음은 항상 모음에게 가려지고 혀는 계속 엉킨다. 성악가는 입술 끝으로 노래한단다. 그래서 자음의 조음능력을 가진 입술과 명확한 자음 발음에 필요한 혀를 열심히 연마하라고 한다.

5. 성악선생, 발성선생
(teacher of singing, teacher of diction)

오늘은 우리의 연출선생이 성악선생인 자렘보와 함께 와서 수업하기로 한다.

성악선생은 모음과 자음의 발음문제와 발성기관에 대해서, 연출 연생은 발음의 교정에 관해서 수업하기로 한다. 그래서 화법을 가르칠 수 있는 성악선생이나, 성악을 가르칠 수 있는 발성 선생이 있으면 좋지만, 현실적으로 그게 불가능하니 두 분야의 전문가가 함께 가르치기로 한 것이다.

문제는 성악가인 음악선생은 모음에는 대체로 적합하지만 자음에는 그렇지 못하고, 연출가인 화법선생은 자음을 강조하고 모음은 약화되기 쉽다. 그래서 서로 다른 각자에게서 좋은 것을 배울 수도 있지만 또한 나쁜 것도 배울 수 있다.

위대한 이태리 배우 살비니에게 비극 배우가 되려면 어떻게 해야 하느냐는 질문에 그는 "목소리, 목소리 그리고 또 목소리"라고 했다 한다. 연습과 실제의 경험을 통해서 그 의미의 실체를 깨달아야 한다. 목소리가 제대로 나오게 하는 훈련으로 목소리의 원초적 기능을 되찾을 수 있을 때 살비니 말의 의미를 알게 되리라고 한다.

6. 목소리
(voice)

1) 좋은 목소리 갖기(be in good voice)
'좋은 목소리를 갖고 있다' 는 것은 프리마돈나에게나 배우에게는 축복이다. 그리고 소리로 미세한 변화와 미묘한 뉘앙스를 전달할 수 있다는 것은 멋있는 일이다. 감정과 외모가 아무리 훌륭해도 목소리가 신통치 않으면 허사다. 음색이 뛰어나도 성량이 작아서 전달이 안 되면 관객은 기침소리를 낸다. 목소리를 억지로 내면 음색이 나빠지고 음역이 좁으면 표현에 한계가 생긴다. 그러나 웬만한 결함들은 목소리를 정확한 위치에서 만들어내고, 긴장과 압력을 없애고, 잘못된 호흡을 바로잡고. 입술을 정확하게 움직여 발음하면 거의 다 고칠 수 있다.

2) 목소리는 개발해야(voice should be developed)

선천적으로 목소리가 좋다고 해도 노래를 잘 부르기 위해서나, 말을 잘하기 위해서는 목소리를 개발해야 한다. 그럼 어떤 작업을 어떻게 해야 할까? 오페라와 연극은 전혀 다르다고도 하며, 대화체 목소리는 개방음(open sounds)이어야 한다고 주장하는데, 목소리는 있는 그대로 다 드러내 보이면 통속적이고, 색조가 없고, 산만하고, 톤이 올라가는 경향이 있어서 대사 처리에 방해가 된다. 어떤 이들은 대화체 소리는 응축되고 폐쇄적이어야 한다고 하지만, 그러면 음폭에 한계가 생기고 부자연스럽고 답답하고 소리가 멀리 못 나간다. 그럼 우린 어떻게 해야 되나?

3) 자연스럽고 아름답고 풍부한 목소리
(natural, beautiful, pregnant speech)

연출선생은 젊을 때 오페라 가수를 했기에 호흡과 소리를 어떻게 내는지를 알아서 자연스럽고 풍부한 목소리를 내는 최선의 방법을 찾는 데 활용한다는 것이다. 특히 목구멍, 코, 머리, 가슴, 인두에서 나는 소리와 미세한 톤의 변화를 구별해 낼 수 있다는 것이다. 주요한 점은 '얼굴에서 나오는 목소리의 장점'을 알아서 얼굴에 있는 경구개(hard palate). 비강(nasal cavities), 공동(antrims)과 그의 공명기관을 잘 활용할 수 있다고 한다.

7. 내게 기적이 일어나
(miracle had take place in me)

연출선생은 우연한 이태리 가수의 도움으로 중요한 것들을 알게 됐다고 한다.

1) 갔다!(its gone!) 왔다!(its come!)

이태리 가수가 목소리가 제대로 울리지 않으니 자기공연에 와서 방법을 좀 알려달라고 해서 공연장에 갔는데, 첫 번째 노래를 마치고 기뻐서 팔짝팔짝 뛰면서 "왔다! 왔다!"고 해서 뭐가 왔냐니까 입술을 가리키면서 "여기로 왔어요!"라고 했다고 한다.

그리고 성악선생이 제자들의 음악회에서 노래를 들으며 실망스럽게 "갔어! 갔다고!" 해서 뭐가 어디로 갔냐니까 "음이 머리 뒷쪽으로 가버렸어요"라고 하더라는 것이다. 그래서 음이 머리 뒤로 가는 것과 음이 얼굴 전면으로 돌라오는 것에 대해서 구체적으로 알아보기 시작했단다.

2) 허밍으로 부드러운 소리(to hum softly)

음이 오고 가는 것이 무엇인지를 알아보려고 직접 노래를 불러봐야 하는데 집에 사람들이 많아서 방해하지 않으려고 입을 다물고 낮은 목소리로 노래를 했는데, 이 '허밍으로 부드러운 소리'로 하는 연습이 목소리를 어떻게 내는지 알기 전까지의 가장 좋은 방법임을 깨달았다. 음을 얼굴의 공명기관을 통해 길게 내는 연습을 하는데, 어떤 때는 음이 도달할 장소에 도달되는 것을, 어떤 때는 가버린 것을 느꼈다.

3) 긴장 제거하기(free myself of the pressure)

코끝이 진동으로 떨리게 코를 통해 소리를 내보는데 콧소리가 너무 많이 나는 게 문제였다. 알고 보니 비강(nasal cavity) 안에 긴장이 있어서 '긴장을 제거'하니 소리가 강하게 난다. 그리고 연습을 위하여 좁혀 놓았던 음의 영역을 넓히니까 놀랍게 중간음뿐 아니라 높은 음과 낮은 음도 아름다워지고 음질도 훌륭해진다. 그리고 모든 음을 확인해서 모두 제대로 나오게 되었다.

4) 인위적 조절 필요(require an artificially placed)

이제 내기 어려운 높은 음에 도전하는데, 높은 음을 위해서는 발성기관을 '인위적으로 조절할 필요'가 있다. 집에서 시간이 있을 때마다 '무(moo-)' 하고 소리를 내보며 새로운 공명을 느껴보고, 소리가 어느 발성기관과 관련이 있나를 살펴본다. 그러다가 소리를 얼굴 전면으로 보내려고 할 때는, 머리를 앞으로 숙이고 턱을 밑으로 떨어뜨린다는 것을 발견한다. 이 자세가 소리를 얼굴로 보내기에 편함을 알았다.

5) 높은 음 만들기(work out a scale of high top notes)

이런 식으로 '높은 음 만들기'를 연습하는데 처음에는 입을 열지 않고 '무-'로 연습을 시작한다. 봄이 되어 가족들이 시골로 가게 되자 일 년 만에 입을 열고 제대로 연습하는데, 놀랍게도 항상 꿈꾸어 왔으나 한 번도 낼 수 없었던 좋은 소리가 코와 입에서 나온다. 성악가들이 그런 소리를 내는 걸 보고 한번 내보고 싶어하던 바로 그 목소리가 나오는 것이다.

6) 내게 기적이 일어나(miracle had taken place in me)

그런 목소리를 낼 수 있다고는 상상치도 못했는데 '내게 기적이 일어나'고 있다. 전에는 고음을 오랫동안 내면 금방 목이 쉬었는데 오히려 목이 맑아진다. 그리고 지금까지 한 번도 내어 본적이 없는 음까지도 내어진다. 내 목소리에 새로운 색깔이 입혀지고 부드럽고 훌륭한 음색이 되었다. 어떻게 이 모든 일이 저절로 일어났을까? 낮은 음으로 '무―' 소리 연습으로 소리의 톤이 개발됐을 뿐 아니라 평소에 자신 없던 모음도 제대로 발음할 수 있게 됐다. 그리고 중요한 사실을 알게 되었으니, 편하게 낼 수 있는 모음은 일정한 방향으로 진행된다는 것과, 윗 잇몸과 연결된 경구개(hard plate)로부터 시작해서 얼굴 전면에 있는 비강으로 울려 퍼진다는 사실이다. 그래서 두개골 안에 있는 모든 발성 부분의 탐험을 시작으로 경구개, 연구개, 정수리 그리고 머리 뒷부분까지 공명하는 모든 것을 탐험했다.

7) 또 하나의 비밀(one other secret)

다행스럽게 '또 하나의 비밀'을 발견한다. 성악시간에 고음을 내면 '제발 하품하듯이 좀 해라'는 충고를 자주 했었는데, 그 충고가 나에게 도움을 준다. 높은 음을 낼 때 생기는 긴장을 해소하려면 목구멍과 턱을 하품할 때의 위치에 오도록 하면 된다. 그렇게 하면 목구멍이 펴지면서 필요 없는 긴장이 사라진다. 이 비법으로 나의 고음들은 풍부한 느낌을 갖게 되고 멋있게 울리게 된다.

8. 토르초프의 탐구
(research of Tortsov)

1) 불안전한 자음(shaky consonants)

이제까지 모음은 웬만큼 소리나게 되었다. 그래서 노래연습을 하는데 내 노래는 모음밖에 들리지 않는다. 자음은 제대로 소리가 되어 나오지 않고 삐걱거린다. 모음은 흐르는 강이고 자음은 강둑이라는 말이 맞다. 불완전한 자음이 섞인 내 노래는 강둑 없는 강이 되어 강물이 습지로 넘쳐들어서 내 노래는 익사한다.

그래서 이제 자음에 신경을 쓰게 된다.

2) 입술과 혀의 조절하기(making note of lips and tongue)

여러 자음의 소리 연습을 하며 소리를 노래로도 불러보지만 어렵고, 특히 혀끝으로 하는 치찰음이 잘 안 된다. 자음을 제대로 소리내기 위해서는 입속 '입술과 혀'의 위치와 형태를 잘 '조절'하는 방법을 배워야 한다. 그래서 발음 잘하는 학생의 도움을 받기로 했는데, 핑계를 대면서 나오지 않는 그의 결점을 비난하는 일이 벌어진다.

3) 여러 개의 자음에 강세
(emphasis on consonants several each time)

그는 자음을 너무 중시하여 하나의 자음에 강세를 두지 아니하고 여러 개의 자음에 강세를 둔다는 것이다. 그래서 자음이 모음을 망가뜨려서 전체적으로 망가지고 이상한 발음이 된다는 것이다. 그래서 노래하면서 터득하는 방법을 말하는데 적용해 봤는데 소리가 머리 뒷쪽으로 가고 얼굴 앞면으로는 소리가 오지 않았다.

4) 노래하는 방법으로 말하기(speak exactly the way you sing)

이때 목소리로 강한 느낌을 주는 발성이 좋은 외국 배우가 내게 소리를 제 위치에서 낼 줄 알면 '노래하는 방법으로 말하기'도 할 수 있다고 한다. 그래서 나는 확실하게 방향을 잡고, 노래와 말하기를 15분씩 번갈아서 노래와 말을 함께 하는 실험에 전념하는데 여전히 큰 성과는 없다.

5) 제2의 천성으로 만들어야(made second nature)

하루종일 아무렇게나 말하다가 몇 시간 연습한다고 금방 바뀌지 않는 게 당연하다. 바르게 말하는 태도가 습관이 되어서 언제나 그렇게 말하는 '제2의 천성으로 만들어야' 한다. 수업시간에는 경험 많은 선생의 지도를 받고, 그 다음에는 스스로 언제 어디서고 연습을 계속해서 연습하는 버릇이 몸에 배지 않으면 연습하는 게 아니다.

6) 일상적 말도 바뀌어(change in ordinary way of speaking)

이 탐구는 졸업 후에도 계속되었고 모든 노력을 다해서 최대의 시간을 투자하며 하루 종일 목소리를 관찰하며 지낸 시기도 있다. 그래서 평상시에 하는 '일상적 말도 바뀌었다'는 걸 스스로 알게 된다. 그 연습 전체가 하나의 연속된 수업이었다. 그런 시간을 가졌기 때문에 말할 때 나타나는 나쁜 습관을 버릴 수 있었다.

7) 노래할 때의 끊어지지 않는 선이 말할 때도 있어야

(in speech I acquired the same unbroken line of sound in singing)

전체적으로 보면 내 탐구의 결과가 성공적이라고 확신할 수 있다. 노래할 때뿐 아니라 말할 때도 내 의지대로 목소리를 얼굴 전면으로 보내는 방법을 터득했다.

더 중요하게 깨달은 것은 '노래할 때의 끊어지지 않는 선이 말할 때도 있어야' 한다는 것이다. 그것이 없으면 진정한 말의 예술은 불가능해진다. 계속적으로 추구했던 것은 소리의 끊어지지 않는 선이 시를 읊을 때는 물론이고, 일상의 대화에도 아름다움과 음악성을 부여해야 한다는 것이다. 그리고 끊어지지 않는 선은 노래할 때처럼 모음과 자음이 자신의 음을 계속 울리고 있을 때만 가능하다는 사실이다.

이제 우리는 소리의 제 위치 찾기와 성악발성과 무대의 대사발성에 대한 작업을 할 준비가 갖춰졌다.

8) 잘못된 자존심(false self esteem)

　그런데 일단 직업배우가 되면 '잘못된 자존심' 때문에 기초부터 배우려는 자세를 유지하기가 힘든다. 그래서 젊을 때 확실하게 해놓는 게 좋다. 사실 배우로서의 경력을 쌓아 나갈수록 나쁜 발성은 엄청난 장애요소이기 때문에 발성 때문에 발목이 잡히는 배우가 많다. 훌륭한 배우는 '내 목소리는 내 재산이다(my voice is my fortune)'라고 자신있게 말할 만하다.

8장
억양과 포즈(Intonations and Pauses)

1. 무대 화술
(speech on the stage)

오늘은 무대에서의 화술에 관한 몇 가지의 측면에 대한 수업이다.

1) 조율이 안 된 악기(instrument out of tune)

배우가 아무리 정서가 풍부하고 미묘해도 화술이 신통치 않으면 무슨 소용이 있겠는가? 훌륭한 연주가들은 조율이 안 된 악기로는 절대 연주하지 않는다. 그런데 화술이 안 된 배우들이 연기를 하는 사람은 많다. 음이 정확하지 않으면 음악이 될 수 없는 것과 같이 화술이 정확하지 않으면 연기가 될 수 없다. 악기의 조율에 과학적 기본적인 원칙이 있듯이 화술에도 과학적 기본적 원칙이 있다. 과학이 예술에 도움을 줄 수 있는 것은 과학과 예술이 서로 보완적인 역할을 할 때이다.

2) 처음부터 다시 훈련(re-train oneself from the beginning)

무대배우는 '처음부터 다시 훈련'을 해야 한다. 일상인들이 일상생활 하듯이 같은 자기 습관대로 해서는 안 되니, 보는 법, 걷는 법, 움직이는 법, 서로 교류하는 법, 말하는 법을 처음부터 다시 훈련해야 한다. 특히 화술의 경우는 자기의 결점에 익숙해 있어서 무엇이 잘못되었는지를 전혀 모르고 있기 때문에, 대사의 뜻을 제대로 알지 못하고 습관대로 하니 뜻과는 상관없는 판에 박은 연기가 된다. 그래서 배우는 먼저 자기 화술의 문제점을 찾아서 처음부터 다시 훈련해야 한다.

3) 듣는 척할 뿐(pretense of attentive listening)

일상에서는 각자가 자기에게 관심이 있는 것과 자기의 목표에 따라 듣고 말하면 문제가 없는데, 무대에서는 작가가 쓴 텍스트를 듣고 말해야 하기 때문에, 뜻을 잘 몰라도 대충 넘어가기도 하고 또 텍스트의 내용이 자신의 필요와 욕구와는 다르므로 대부분의 경우는 그냥 '듣는 척할 뿐'이다. 그래서 핵심을 모르면서도 아는 척하면서 편한 대로 자기 마음대로 연기를 하니 억지스러운 화술이 될 수밖에 없다.

4) 기계적인 소리(mecanical sound)

그리고 배우가 살아있는 반응을 보이기가 어려운 이유는, 연습하면서 그리고 공연하면서 같은 대사를 수 없이 반복해야 하기 때문에 앵무새가 되어버린다. 그래서 텍스트 속의 진짜 뜻은 사라져 버리고 기계적인 소리만 남게 된다. 배우가 무대 위에 있으면 뭔가를 해야 하므로 대사만 달달 외어서 자기 역을 만들어 보려고 하니까 항상 해왔던 것처럼 기계적으로 외운 정형화되고 판에 박은 '무대화술'이 된다.

5) 혓바닥에만 존재(only in the muscles of tongues)

배우가 대본을 처음에 접하면 새롭게 느껴져서 열심히 하지만, 오래 동안 습관적인 연습을 하면서 꾀가 나기도 하고 지겨워져서 대사를 이리 저리 굴려보게 된다. 그러고 나면 대사의 핵심을 깊이있게 파고들어서 뜻을 마음속에 새기지 않게 되고, 대사는 배우의 의식 바깥으로 밀려나서 '혓바닥에만 존재'하게 된다. 이렇게 되면 배우가 할 수 있는 것은 혓바닥만 놀려서 다람쥐 쳇바퀴 돌듯이 지껄이는 일 뿐이다.

2. 서브텍스트
(subtext) (잠재된 의미 – 뽀드텍스트 подтекст)[2]

'서브텍스트'란 텍스트 밑에 있는 텍스트이다. 서브웨이(subway)가 길 밑에 있는 길인 지하철인 것 같이 서브텍스트는 텍스트 밑에 있는 텍스트이다. 길 위에서는 지하철이 보이지 않고 땅속으로 들어가야 지하철이 보이는 것 같이, 눈으로 보이는 대본이나 대사에는 금방 나타나지는 않지만, 그 속으로 들어가 보면 '내재된 의미'나 '잠재된 의미'로서 또 다른 진짜 뜻이 숨어있으니 그것이 서브텍스트이다.

1) 내재된 느낌(inwardly felt)

서브텍스트는 등장인물의 내면에 있는 '내재된 느낌'의 표현이고, 서브텍스트 안에는 등장인물 속에 흐르는 생생한 생명력이 살아 있어서 삶과 존재의 기본을 제공한다. 그래서 서브텍스트는 희곡과 등장인물 속에

2　서브텍스트(subtext)는 번역 필요 없음. 서브텍스트는 텍스트 속의 텍스트로서 대본 속에 숨어있는 뜻을 말한다. 자세한 설명은 <가능한 불가능 드라마 극작> 이종한 지음, 서영, pp.246-247 참조.

있는 수없이 많은 거미줄처럼 얽힌 내적 패턴으로서, 만약에라는 마술, 주어진 상황, 상상력, 내면의 움직임, 주의의 대상, 진실과 신뢰, 적응, 조절 등의 수많은 요소로 짜여져 있다. 그래서 우리가 희곡 속의 대사로 말하는 것은 바로 이 내재된 서브텍스트이다.

굵은 케이블 속의 가는 선들처럼 이런 요소들이 모여서 희곡 전체를 관통하면 '초과제(super task)'가 된다. 그리고 우리의 느낌이 서브텍스트적인 흐름과 하나가 되어야 희곡과 등장인물에 '일관된 행동(through action)'이 생긴다.

2) 오감 일깨우기(arouse five senses)

행동의 일관된 흐름은 신체뿐만 아니라 대사로도 나타나고, 행동은 몸으로만 하지 않고 말로도 할 수 있다. 그리고 말을 가지고 사람의 '오감 일깨우기'를 할 수도 있다. 노래 제목, 화가, 음식이나 향수 같은 것의 이름만 떠올려도 청각, 시각, 후각, 촉각을 불러올 수 있다. 대사에는 느낌이나 영혼이 담겨야 한다. 말과 행동처럼 말과 생각도 불가분의 관계를 맺고 있다. 무대에서의 말은 느낌, 욕망, 생각, 내적 이미지, 시각, 청각 같은 감각을 불러일으켜야 한다. 상대배우와 관객에도 마찬가지다.

3) 내적 의미로서 서브텍스트(inner content of the subtext)

희곡에 쓰여 있는 말 그 자체는 중요하지 않다. 그 말의 '내적 의미로서 서브텍스트'가 그 말속에 채워질 때 그 말의 진면목이 드러난다. 희곡은 배우에 의해 공연되어서 살아있는 정서로 채워지기 전에는 완성될 수 없다. 교향곡의 악보도 연주되기 전에는 교향곡이 완성될 수 없으니, 희곡이나 악보의 서브텍스트에 배우나 연주자가 자기의 정서로 생명을 불어넣었을 때 영적 샘물인 내적 본질이 드러나게 된다. 작가가 희곡에 쓴 서브텍스트를 배우가 놓칠 수도 있고, 희곡에는 분명치 않은 서브텍스트를 배우가 만들어서 살려낼 수도 있다. 어쨌든 대사를 쓴 사람은 작가지만 서브텍스트를 드러내는 사람은 배우이다. 그렇지 않다면 사람들이 집에서 희곡을 혼자 읽지 왜 극장에 가겠는가?

3. 마음속의 그림
(mental pictures)

우리는 구름, 독수리, 라일락 같은 간단한 단어로 된 말을 들을 때 우리 마음속에 무슨 일이 일어나는가? 우리는 각자 자기들의 마음속에 떠오르는 '마음속의 그림'을 그려보게 된다.

1) 시각적 인상(visual impression)
그리고 우리가 들은 어떤 단어는 연상작용을 일으키게 되고, 자기 마음속의 그림을 다른 사람에게 그 내적 이미지를 '시각적 인상'으로 전달하려고 자기의 소리와 억양과 톤을 적절하게 선택하여 표현한다. 상상 속에 떠오른 이미지를 시각적 인상으로 그림처럼 선명하게 보여주려고 애를 쓰는 것이다.

2) 본능을 창조 작업에 끌어오기
(organic natures into our creative work)
우리의 타고난 '본능을 창조 작업에 끌어오기' 위해서 우리는 어떻게 할 수 있을까? 우선 배역의 인물이 가진 '목소리의 요소(vocal factor)'를 감각적이고 민감하게 반응하도록 만들어서 그것으로 우리의 '마음의 눈(mind's eye)'으로 볼 수 있는 은밀한 느낌과 생각과 이미지를 전달할 수 있게 해야 한다.

3) 추상적 개념을 구체화(to frame the abstraction)

우리는 말로 '독수리', '라일락' 등의 구체적인 그림을 전달하기는 어렵지 않지만 '정의', '옳음' 과 같은 추상적 개념을 말로 전달하기는 어렵다. '추상적인 개념을 구체화'하기 위해서는 '실체가 있는 어떠한 형태(tangible some form)'를 찾아내야 한다. 그것을 찾아내는 순간에 상상력이 먼저 반응을 보이면서 시각적 이미지를 만들어낼 수 있다.

정의의 개념을 '의인화하는 방법'도 생각해 볼 수도 있다. 한 손에 저울을 들고 손가락으로 법률책 문구를 가르키는 여인상을 떠올려보지만 만족할 수 없다. 시각적 표현으로 어떤 삶의 모습을 떠올린다. '추상적 개념의 구체화보다는 실제 삶의 구체화가 더 쉽다. 정의로운 삶의 모습을 보여준 사건을 기억해보면 정의의 느낌이 어느 정도 충족된다.

4) 마음의 눈(mind's eye)

인간의 몸은 다른 사람과 이야기를 할 때 먼저 '마음의 눈'으로 하려고 하는 말을 보고, 그 다음에 본 것을 입으로 옮기게 만들어졌다. 남의 말을 들을 때는 먼저 귀로 그 말을 듣고 그 들은 것을 마음속에서 그림으로 옮긴다. 그러니까 듣는다는 것은 말한 것을 보는 것이고, 말한다는 것은 시각적 이미지를 그리는 것이다. 그러니 배우에게 말은 단순한 소리가 아니고 이미지를 불러일으키는 도구이다. 그래서 상대방과 대사할 때는 상대방의 귀에 하는 게 아니고 눈에 해야 한다. 대사는 서로의 마음의 눈으로 소통돼야 하기 때문이다.

4. 무대에서 말하기
(on the stage and say)

연출선생은 폴에게 무대에 올라가서 아무거나 말해보라고 한다. 아니면 이야기를 지어서 해보라고 하지만 못 하자, 자기가 직접 이반 이바노비치의 얘기를 하고 나서 폴에게 그대로 얘기해 보라고 하고 폴은 두서가 없이 얘기를 하자 무슨 얘긴지 모르겠고 도대체 무엇을 전하려고 하는지 알 수 없다는 것이다.

1) 할 얘기를 마음속에 그려보기(make a mantalpicture of the story)
어떤 얘기를 하기 위해서는 어떤 상황 속에서 어떤 일이 일어나는지를 상상해 보지 않고는 얘기를 할 수 없으니, 얘기를 하려면 '할 얘기를 마음속에 그려보기'를 먼저 해야 한다는 것이다. 우선 하려고 하는 얘기의 배경을 상상해보고 그것을 그림으로 그려야 한다. 그 얘기의 그림을 마음속에 그려봐야 그 얘기를 자기 것으로 만들 수 있고, 그렇게 되야 자기의 필요에 의해서 하는 말이 된다.

2) 마음속의 영상화(whole film of inner pictures)
무슨 얘기를 하기 위해서는 어떤 상황과 배경에서 일이 일어났는지를 말해줄 수 있는 자기 나름의 '살아 움직이는 서브텍스트(running subtext)'을 만들고 그것을 자기 '마음속에 영상화'를 해야 한다. 이런 자기만의 내적 이미지들이 분위기를 만들어 주고, 그 분위기는 다시 자기 안에 있는 느낌을 불러일으켜 준다.

3) 상상의 진실일지라도 진실이 있어야
(we must have truth, if only truth of imagination)

실생활에서는 이 모든 게 실제로 일어나지만 무대에서는 배우가 이런 상황을 모두 준비해야 한다. 사실적이기 위해서가 아니고 우리의 창조적 본능과 무의식을 위해서 필요하기 때문이다. 그래서 '상상의 진실일지라도 진실이 있어야' 한다. 그 진실은 본능과 무의식이 믿을 만한 진실, 그 속에서 본능과 진실이 살아갈 수 있을 정도의 진실이 필요한 것이다.

4) 이미지 전달을 위해 초점을 가져야
(have a focal point to convey the image)

폴이 지금까지의 설명을 듣고 다시 얘기를 시도하는데 여전히 불만족스러워하며, 폴의 마음 속의 '이미지 전달을 위해 초점을 가져야' 한다며 초점이 없으면 이야기의 현실성이나 필연성을 믿게 할 수 없다는 것이다. 그래서 마리아를 초점의 역할을 위해 무대로 올려 보낸다.

5) 그녀의 마음의 눈으로 볼 수 있게(must see in her mind's eye)

이제는 마리아가 폴의 말을 듣고 이해하는 데 그쳐서는 안 되고, 폴이 보고 있는 이미지를 마리아도 '그녀의 마음의 눈으로 볼 수 있게' 해야 한다는 것이다. 그리고 본능이 시키는 대로 해보라고 한다. 마리아의 내적 비전에 영향을 주기 위해 '내적 활동(inner activity)'이 중요하고 한다.

6) 행동이 결여(lack of action)

폴은 근본적 의미를 음미했고, 상황이 마음속에서 그려지자 말을 했는데, 모든 것이 목표를 향해 스스로 조율되어서, 자기 자신을 주의깊게 살펴보기 시작했다고 한다. 그러자 마리아를 살펴야지 자신을 살피면 안 된다는 것이다. 마리아가 폴의 말 속에 담긴 의미를 이해하는지, 폴의 마음속의 그림을 마리아에게 보여주겠다는 충동이 없어서 주고받는 '행동이 결여'됐다고 한다. 상대방을 보지도 않고, 상대에게 자신을 적응시키지도 않고, 상대방에게 어떤 영향을 미치고 있는지를 보려고 순간순간 멈추지도 않았다. 상대에게 시간을 줘야 그 시간 동안 마음속의 서브텍스트를 파악할 수 있다. 얘기하고 포즈를 두면 상대가 의미를 파악하는 식이 계속되어야 서브텍스트가 소통된다. 자기가 만든 서브텍스는 자기는 알고 있지만, 처음 듣는 상대가 해독할 시간이 필요하다.

결국 마리아가 폴의 마음속에 있는 것을 들을 수 있고 느낄 수 있게 되어서, 연출선생이 원하는 것을 폴이 성공시켰다. 우리들도 폴의 말 속에 담긴 서브텍스트를 어느 정도 이해할 수 있었다. 폴은 감격하면서 상상의 서브텍스트를 지적, 감성적으로 처음으로 경험할 수 있었다고 한다.

5. 폴의 경험
(Paul's experience)

폴은 나와 함께 집으로 오면서 오늘의 경험들에 대해 한 얘기를 한다.

1) 폴이 설명(Paul's explain)
연출선생이 해준 얘기의 진정한 의미를 알았을 때, 그 얘기가 원래부터 '나 자신의 말(my own words)'처럼 애착을 갖게 되었다. 그 얘기가 내 자신의 얘기가 되자 무대에서 편안해지게 되고 자신을 조정하여 서두르지 않고 상대를 기다리게 할 수 있다는 게 멋진 느낌이었다. 그래서 포즈 순간의 평온함을 느끼고 통제력의 중요성과 함축적 의미를 깨닫게 됐고, 포즈는 포즈가 아니고 말하지 않는 순간에도 내적 활동을 멈추지 않았다고 한다.

2) 폴의 아저씨 조언(advice of Paul's uncle)

(1) 목적 있고 진실하고 생산적인 행동은 '창조의 가장 중요한 요소'이고 이것은 화술에서도 마찬가지다.

(2) '말한다는 것은 행동하는 것(to speech is to act)'이다. 행동은 자기 내부에서 보고 있는 것을 상대에게 전해주어야 한다는 목적을 만들어 준다.

(3) 내면의 비전을 상대에게 보여주려는 욕구를 가지고 있으면 그 '욕구가 행동을 낳는다(desire breeds action)'.

6. 마음의 눈
(inner eyes)

우리가 어떤 현상이나 사물이나 사건을 마음속으로 그려보거나, 실제에서나 가상의 삶 속의 경험을 되돌아 볼 때는 단지 느낌뿐 아니라 '마음의 눈'에 떠올려 봐야 한다.

1) 마음의 비전(inner vision)

우리의 '마음의 비전'은 극중인물의 삶과 연관돼야지, 인물을 연기하는 배우와 연관되어서는 안 된다. 그것은 배우 개인의 삶이 등장인물의 삶과 비슷하지 않으면 마음의 비전이 같을 수 없기 때문이다. 그래서 무대에서의 관심사는 등장인물의 마음의 비전 속에 있는 것을 배우 개인의 마음의 비전으로 어떻게 반영하느냐이다. 그리고 이런 이미지의 내적인 흐름은 허구적인 고안과 주어진 환경에서 나오므로, 배우가 역할의 내적인 생활에 주의집중을 하는 데 큰 도움을 준다.

2) 서브텍스트적 이미지의 흐름(subtextual stream of image)

지난 시간에는 짧은 모노로그를 위주로 했었는데 오늘은 연극 전체, 모든 대사를 가정해보려 한다. 그래서 이런 경우에는 텍스트의 처음부터 끝까지의 '서브텍스트적 이미지의 흐름'이 우리를 이끌어준다. 우리가 말하고 행동할 때 움직이는 그림이 '우리 마음 비전의 스크린'에 계속 비추어진다고 할 수 있다. 그러니까 단순한 대사로만 전달하는 게 아니고 이미지로 전달한다는 게 중요한 것이다.

3) 서브텍스트의 핵심 요소(elements in the subtext)

이 메소드의 비법은 텍스트의 본질적 의미를 찾으려면 텍스트 속으로 깊이 들어가야 한다는 것이다. '서브텍스트의 핵심 요소' 중 하나는 관련된 '정서를 기억하는 일'이다. 그것은 순간적으로 사라지기도 하고 변하기도 쉬운 정서이다. 그래서 서브텍스트의 흐름을 놓치지 않으려면 상당한 집중력이 필요하다. 감정에만 매달리지 말고 마음의 이미지에 주의를 기울여야 한다.

4) 자기 마음의 눈에서 상대방 마음의 눈으로
(from your mind's eye to that ofyour partner)

그래서 행동이나 말을 자기 자신이나 관객에게 하지 말고, 상대 배우에게 해야 효과와 힘을 얻을 수 있다. 그리고 그 내면의 이미지인 서브텍스트의 대상을 '자기 마음의 눈에서 상대방 마음의 눈으로' 전달하려면 행동을 중단 없이 끝까지 밀고 나가야 한다. 그렇게 될 때 그 행동이 의지를 불러오고, 이런 '마음의 동기부여'를 통해 배우의 창조적 정신의 모든 요소가 함께하게 된다.

5) 마음 이미지의 끊어지지 않는 선(unbroken line of inner images)

우리의 마음의 이미지가 항상 흘러가게 한다는 것은 우리가 항상 '배역의 서브텍스트를 생각하는' 것이고 느끼는 것이다. 우리가 이미 살펴본 '배역의 끊어지지 않는 선'과 마찬가지로 '마음 이미지의 끊어지지 않는 선'도 찾아내야 하고 그 흐름을 전달할 수 있어야 한다. 우리가 행동에 대한 작업에서 신체적 행동으로 정서를 불러 왔다면, 이제 말과 화술에 대한 작업에서는 마음 속의 이미지로 정서를 불러오고 있다.

6) 시각적 이미지(visual images)

우리는 항상 '마음의 눈앞(before mind's eye)'에 이미지로 된 '내적인 필름(inner film)'을 자주 돌려 볼 필요가 있다. 그래서 예상치 못했던 것과 즉흥적인 것이 창조에 좋은 자극이 된다는 것을 알아야 한다. 대사는 반복하면 할수록 닳아 없어지지만 '시각적 이미지'는 반복하면 할수록 더 강해지고 넓어진다. 상상력은 쉬는 법이 없어서 항상 새로운 터치와 디테일을 끊임없이 제공하여 우리의 마음속에 돌아가는 필름을 풍성하게 해주므로 이런 시각 이미지를 자주 떠올려 봐야 한다.

이제 우리는 서브텍스트로 만들어지는 시각적 이미지의 창조와 사용을 살펴봄으로써 '심리기술의 방법'의 비밀을 알게 된다.

7. 말의 기능
(funtion of the spoken word)

무대에서 하는 말의 기능은 대사의 서브텍스트를 명확히 하여서 상호간의 의사소통을 하거나, 그 의미를 우리 모두에게 재음미(review)하게 해주는 것이다.

연출선생은 바샤에게 무대에 가서 아무 대사나 해보라고 하자, 바샤는 토막나게 말을 끊어서 뒤죽박죽하게 한 마디도 못 알아 듣게 말해서 저지당한다.

1) 서브텍스트는 커녕 텍스트도 없다
(no any subtext, not even any text itself)

바냐의 말에는 '서브텍스트는 커녕 텍스트도 없다'고 한다. 그렇게 말을 제대로 못해서는 서브텍스트인 숨겨진 내적 의미는 고사하고 텍스트인 드러나는 대본의 의미도 알 수가 없다는 것이다. 말을 할 때는 어떤 질서가 있어야 하고 문장 전체를 소그룹으로 나누어서 정리해야 한다.

2) 논리적 포즈(logical poses)

어떤 대사를 작은 단위로 나누기 위해서는 '논리적 포즈'가 있어야 한다. 내용을 잘 알아듣게 하기 위해서 사용하는 논리적 포즈에는 두 가지의 기능이 있으니,

(1) 몇 가지의 단어를 모아서 한 마디(그룹)로 만들어주는 기능이 있고,

(2) 그렇게 만들어진 마디를 다른 마디와 분리해 주는 기능이 있다.

좋은 예를 들어보자.

'pardon impossible send to Siberia'라는 이 말을 어디에 포즈를 두고 두 마디를 만드느냐에 따라 뜻이 완전히 달라진다.

〈1〉 pardon – impossible send to Siberia.(사면 – 시베리아행 불가)

〈2〉 pardon impossible – send to Siberia.(사면불가 – 시베리아로 보낼 것)

첫 번째는 '자비'로 천국을 의미하고 두 번째는 '추방'으로 지옥을 의미한다.

3) 한 단어처럼(almost into a single word)

한 마디 안의 단어들는 통일성을 유지해서 '한 단어처럼' 들리게 해야 한다. 한 마디를 쪼개고 조각내서 너덜너덜해지면 의미는 인사불성해진다. 그래서 대사를 읽기 전에 화술상의 마디로 구분을 미리 해야 한다.

4) 마디 단위로 말하기(speaking in measures)

긴 말을 끊어서 '마디 단위로 말하면' 전달이 정확하게 잘 되기도 하지만, 또 다른 큰 이점은 자신이 그 말을 느끼는 데 도움을 주는 실용적인 면이 있다. 마디를 분할하고 읽으면 구절의 분석과 핵심파악이 동시에 된다. 그리고 마디 단위로 말하는 습관이 들면 화술이 형식면에서 고상하고, 내용면에서 깊이와 명확성이 생겨서 말의 본질적 의미를 놓치지 않게 된다.

그래서 화술이나 말에 관해서 우선적으로 해야 할 작업은 전체 구절을 마디로 분할하고 합당한 위치에 논리적 포즈를 두는 것이다.

8. 구두점
(punctuation signs)

오늘은 내가 〈오셀로〉 중의한 대목의 대사를 하게 한다. 긴 대사를 한꺼번에 끝내려고 하지만 숨이 모자라서 되지 않고 얼굴만 시뻘개진다. 논리적 포즈를 두라고 해서 몇 군데의 포즈를 두면서 해본다.

폰틱해의 차가운 격류가 / 뒤로 물러서는 일이 없이 / 곧장 프로폰틱 해와 헬레스폰틱 해협으로 흘러드는 것 같이, / 내 잔인한 생각은 격렬한 속도로 마음껏 복수하기 전에는 결코 뒤를 돌아보지도 않고, / 하찮은 애정으로 썰물처럼 물러서지는 않겠다.

1) 조급함에서 벗어나기(get rid of haste)

말을 너무 빨리하면 말 속에 빠져들지 못하고 말의 배후에 있는 것을 살필 여유가 없어진다. 그래서 시급한 문제는 '조급함에서 벗어나기'이다. 그러기 위해서 필요한 방법은 논리적 포즈와 마디를 만드는 것 외에도, 구두점을 따라서 하는 것이다.

2) 구두점(punctuation signs)과 억양(vocal intonation)

'구두점'은 각기 특정한 '억양'과 연관되어 있는데 그 종류는 마침표, 쉼표, 느낌표, 물음표 등이 있고 각자 고유의 함축적인 의미를 가지고 있다. 그리고 말의 억양은 듣는 사람에게 어떤 영향을 줘서 무언가를 하게 만든다.

(1) 마침표(period mark)

마침표가 있어도 목소리를 떨어뜨리면서 말을 마무리하지 않으면 문장이 끝난 것을 알 수 없다.

(2) 물음표(question mark)

물음표는 대답을 만들게 하고, 물음표의 특유한 억양을 없애면 질문을 받았는지 무슨 질문인지 알 수 없다.

(3) 쉼표(comma)

쉼표에서는 말을 하다가 잠깐 쉬어야지 계속하면 뜻이 헷갈리게 된다.

(4) 느낌표(exclamation mark)

느낌표는 놀라움이나 공감이나 승인 혹은 항의의 반응을 일으키게 한다.

(5) 콜론(colon)

콜론은 그 다음에 오는 말에 주의를 기울이게 한다.

3) 구두점의 도움(help of punctuation signs)

구두점의 의미를 모르고 있으면 말하는 데 방해를 받을 수도 있다. 쉼표를 가지고 구두점의 도움에 대해 알아보자.

(1) 직관적으로 원하는 것(What you instinctively want)

우선 쉼표가 있으면 일단 포즈를 두고 쉬려고 하겠지. 그리고 동시에 쉼표 앞에 있는 단어의 마지막 음절을 올려서 소리내고, 올라간 음을 잠시 유지한다.

(2) 쉼표의 성향(nature of a comma)

쉼표 앞에서 음절을 올리는 것은, 경고를 주기 위해 손을 올리는 것과 같은 느낌이 들어서 말이 끝나지 않았다는 의미로 다음 말을 기다리게 된다. 서두르지 않고 기다려야 하는 임무를 받게 된다.

(3) 마무리를 요구받음(demanded to final period)

그리고 그 쉼표 때문에 꼼짝없이 가다렸으니 억양을 내리는 마침표로 문장의 '마무리를 요구받게' 된다.

(4) 명료함과 표현력을 높이기(increase the clarity and expression)

쉼표 앞에서 억양을 올린 효과가 오래갈 수 있기 때문에, 포즈를 가지고 말을 중단함으로써 '명료함과 표현력을 높이고' 의사소통의 능력을 높여준다.

9. 억양의 패턴
(a pattern intonation)

연출선생이 우리에게 엄하게 말할 때는 계산된 억양 패턴에 따라 말한다고 한다. 분명하고 결정적인 내용을 전달하기에 알맞은 억양 패턴이란다. 단어나 구두점뿐 아니라 문장에도 일정한 패턴을 가진 억양이 적용된다는 것이다.

1) 이중굴절(double bend period)

처음에 억양이 올라가기 시작해서 정점에 이른다 그 정점에서 쉼표로 일단 끊기는 마디가 있고 그리고 억양이 꺾인 후에 잠깐 정지했다가 밑으로 떨어지는 패턴인데 '이중굴절' 혹은 '백조의 목(swan neck)'이라고 한다.

'너희가 주의집중을 성실히 안 하면, 이 수업을, 기필코 너희와 하지 않겠다.'

위의 문장을 아래의 그림과 같이 억양의 이중굴절 패턴으로 말한다는 것이다.

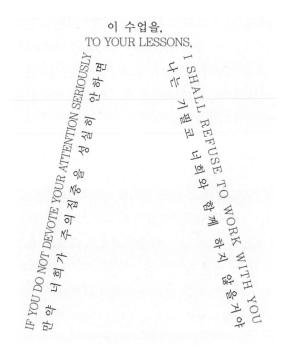

이중굴절(double bend period)

2) 음성 패턴(phonetic patterns)

배우는 모든 음성 패턴을 잘 알고 있어야 한다. 배우가 무대에서 가끔 음역이 축소되면서 음성 패턴에서 벗어나는 경우가 있다는 것이다. 음성 패턴은 나라별로 다르기도 하다. 라틴계 배우는 장조로 말하고 러시아 배우는 단조로 하고, 프랑스 배우는 환희의 순간에 반음을 올려서 하고 러시아 배우는 반음 내려서 한다. 프랑스 배우는 목소리를 올려서 생동감 있게 하고 러시아 배우는 두세 음 낮은 소리로 한다. 이것을 보완하지 않으면 충분한 억양변화를 보여줄 수 없다. 그래서 러시아 배우가 몰리에르의 작품을 하면 장조를 단조로 만들 수도 있다.

3) 결점 처치(defect to be remedy)

이것을 어떻게 '결점 처치'를 할 수 있을까? 어떤 구절이나 단어에는 반드시 그에 맞는 '의무 패턴(compulsory patterns)'을 써야 하는데 의무 패턴을 모르면 문제 해결이 안 되니, 그것에 익숙한 사람은 외형에서부터 내적 원인에 이르기까지 옳은 억양를 쓸 수 있다. 외형이 모양을 갖추게 되면 내적 원인도 동시에 알 수 있다.

4) 말의 영역 넓히기(extend the range of speech)

중요한 것은 억양의 높고 낮은 차이를 내면적으로 정당화시키며 넓혀야 한다. 외적인 것에서부터 내적 기본에 이르기까지 '말의 영역 넓히기'를 하고 나면 자기가 찾고 있는 진실에 가까이 다가갈 수 있게 된다. 민감한 사람일수록 더 쉽게 알아낼 수 있는데 자기의 음역이 넓어지고 억양의 높낮이 격차가 넓어지는 것을 알아채기 위해서는 상당한 '감수성'이 필요하다.

5) 강제적 방법을 불평(disturbed by forceful method)

그리샤가 이런 '강제적 방법을 불평'하지만, 그것은 '언어의 자연스런 속성' 중의 하나이고 화술의 의무사항을 충실히 지켜내면 최고의 자유를 맛볼 수 있단다. 그리샤의 웅변조의 억양이야말로 강제적인 것이라고 한다. 제멋대로 말을 가지고 장난하지 않고 제대로 된 화술을 익히면 사랑받는 배우가 될 수 있다고 한다.

10. 포즈
(pause)

오늘은 연출선생이 〈오셀로〉 대사를 반복시켰다.
갑자기 살아있는 억양이 마음속에 생기면서 억양에 친숙함이 느껴진다.

1) 자연스런 화술 기술 (natural speech technique)

그래서 음성적 변화를 통해서 바른 억양패턴이 생기니 새로운 정서기억이 떠오른다. '자연스런 화술'의 원천이란 말에 억양이 보태지면 사람의 정서와 기억과 느낌에 영향을 준다는 사실을 알게 된다는 것이다. 쉼표에서 억양을 바꾸고 포즈를 길게 하니 마음속에 감각이 살아나는 것이 느껴진다.

2) 논리적 포즈와 심리적 포즈
(logical pauses and psycholosical pauses)

심리적 포즈로 인해서 논리적 포즈가 강화되야 한다. 심리적 포즈를 유지하는 동안 분명한 목적의식을 가지고 있어야 한다. 논리적 포즈는 마디나 구절 전체를 정서의 개입 없이 분할해주기 때문에 문장의 이해를 도와주고, 심리적 포즈는 생각이나 마디나 구절에 생명력을 불어넣어주고, 말 속에 숨겨진 서브텍스트의 내용을 알게 해준다. 논리적 포즈 없이 말을 하면 알아들을 수가 없고, 심리적 포즈 없이 말하면 생명력이 없다. 논리적 포즈가 수동적이고 형식적이고 비활동적인데 비해, 심리적 포즈는 감정적으로 느끼게 해준다.

3) 포즈로 부분의 서브텍스트 전달
(pause conveys portion of the subtext)
배우는 '포즈로 부분의 서브텍스트 전달'도 할 수 있다. 배우의 마음 속에 숨어있는 의미가 포즈를 통해서 전달되는 것이다. 그리고 우리의 의식에서 나온 의미뿐 아니라 무의식에서 나온 의미도 포즈를 통해서 표현할 수 있다는 것은 포즈의 중요성이 얼마나 큰가를 보여준다.

4) 충격 강화(to heighten)와 완화(to soften)
심리적 포즈는 논리적 포즈나 문법적 포즈가 불가능한 곳에서도 쓸 수 있으니, 포즈를 두는 곳에 따라서 '충격 강화와 완화'에 다 사용할 수 있다. 예를 들면 우리 극단이 해외 공연을 가는데 두 명은 빼야 한다고 하고, 그 둘이 누구냐고 물으면, '나하고 그리고 ...' 포즈를 둔다. 이 포즈를 어디에 두느냐에 따라 의미가 달라진다.

'나하고 ... 그리고 ... 너야!'는 충격강화이고, '나하고 그리고 ... 너야'는 충격완화이다.

그리고 심리적 포즈는 초과제와 행동의 일관된 흐름을 지향하고 있다.

5) 주인공 포즈(star part pause)
장면 전체가 심리적 포즈로만 되어있는 경우가 있으니 이런 포즈를

'주인공 포즈'라고 한다. 하지만 심리적 포즈도 마냥 길어서는 안 되고 목적이 끝나면 다시 대사를 시작해야 한다. 그리고 심리적 포즈가 단순한 기다림으로 전락해서는 안 되니 그렇게 되면 '포즈를 위한 포즈(pause for the sake of the pause)'가 된다.

6) 루프트파우제(luftpause)

논리적, 심리적 포즈 말고도 다른 종류의 포즈가 있으니, 성악에서는 독일어로 '루프트파우제'라고 하는 것이다. 이것은 숨을 쉬기 위한 포즈를 말한다. 포즈 중에 가장 짧은 포즈다. 숨 들이쉴 시간만 있으면 되니까. 소리의 흐름을 방해하지 않고 템포를 잠깐 지연시키는 것이다. 그러니까 빠른 화술을 구사할 때 이 포즈는 어떤 특정한 단어를 돋보이게 만든다.

이제 화술과 관련된 포즈에 관한 것은 마무리하는데, 사실 이 포즈는 화술의 중요한 요소이고 진정한 화술의 최후의 수단일 수 있단다.

11. 억양과 포즈
(intonations and pauses)

그리고 억양을 통해서 화술의 근본적인 문제를 해결하는 데 도움받을 수 있다.

1) 단어 속에 서브텍스트 제시(exposition in words of the subtext)

역할들이 말하는 '단어 속에 서브텍스트 제시'를 어떻게 하느냐 하는 것은 근본적 문제 중의 하나이다. 사실 연극에서 '소리의 교류'을 통해 다른 사람과 교류하는 데 결정적 역할을 하는 것은 억양과 포즈, 두 가지이다. 억양과 포즈는 엄청난 일을 할 수 있으니, '말이 아닌(without spoken word)' 단지 '제한된 자신의 소리(just by limiting one's sound)'만으로도 단어 속의 서브텍스트를 억양과 포즈만으로 표현할 수 있으니 대단한 일이다. 이 사실을 증명하기 위해 연출선생이 움직임 없이 앉아서 무슨 말인지 알 수 없는 소리를 통해서 말을 하는 것과 같이 내재된 의미인 서브텍스트를 드러내는 연기를 한다. 내부에서 나오는 힘을 통해서 활기차고 진실한 느낌이 충만해 있다. 말이 아닌 침묵과 소리로, 억양과 포즈를 사용해서 숨겨진 내용을 놀랍게도 잘 드러내는 것이다.

2) 오직 억양과 포즈(only intonations and pauses)

연기를 끝낸 연출선생은 다음과 같은 결론을 내린다. 전혀 알아들을 수 없는 말을 하는데도 열심히 귀를 기울였고, 꼼짝 않고 앉아 있어도 눈을 떼지 않았고, 침묵할 때도 침묵의 의미를 알아내려고 애썼고, 아무도 내게 서브텍스트를 미리 주지 않았지만 나 스스로의 개념, 이미지, 생각, 감상을 만들어서 소리만을 내었다. 나에게 엄청난 관심을 보낸 이유는 이상한 소리 때문일 수도 있지만, 그것 보다는 오히려 '오직 억양과 포즈' 때문이었다. 한 마디도 못 알아들어도 배우가 전하고자 했던 서브텍스트로서의 의미, 분위기, 정서를 느낄 수 있었던 것이다.

12. 대사
(speech)

1) 열성 자체를 위한 열성(passion for its own sake)

내가 〈오셀로〉 대사를 여러 번 반복한 후 연출 선생의 평은 소리도 들리고 무슨 소리인지도 알겠는데 파워가 부족하다면서, 우리가 항상 해온 연극적 전통에 따라서 열정적으로 대사를 하는데, 그 열정은 '열정 자체를 위항 열정'이어서 긴장과 조급함으로, 리듬의 조화가 깨진단다.

2) 논리와 일관성(logic and coherence)

열정만으로 대사를 하면 말의 논리나 의미가 없어지니, 말을 할 때는 논리를 가지고 일관성이 있게 해야 말의 파워가 생긴다. 결국 '논리와 일관성'이 죽었다는 것이다. 대사의 어떤 부분을 강조하기 위해서는 다른 수단을 쓰지 말고 말 자체만으로 확실한 인상을 줄 수 있다. 단어와 구절을 정확히 분할하고, 적절히 조절하며 전달하고, 가지고 있는 생각을 설득력 있고 분명하게 나타내야 한다. 말에 강력한 효과를 가지려면 말하는 방법이 있으니, 그것은 '논리적, 일관성 있게 말하기와 올바르게 뛰어 읽기'이다.

3) 신체적 긴장(physical tension), 고긴장 연기(high-tension acting)

어떤 배우들은 효과적 화술의 잘못된 방법인 '신체적 긴장'을 주로 사용한다. 주먹을 불끈 쥐고, 온몸을 부르르 떨면서, 눈알이 튀어나오게 눈에 힘주며 강한 인상을 관객에게 심으려고 안달한다. 그리고 소리의 볼륨을 위해서 몸에 힘을 줘서 소리내는 것을 '고긴장 연기'라고 한다. 사실은 그렇게 해서는 볼륨이 생기지 않으니 목소리를 쥐어짜서 소리가 '수평 (holizontal line)'으로만 간다. 결국 '음역(vocal range)'이 좁아지면서 목이 쉰 듯한 고함소리가 나올 뿐이다. 이것이 바로 고긴장 연기이다. 그럼 어떻게 해야 하나?

4) 발성기관 근육이완(relax all the muscles of vocal apparatus)

그 반대의 경우를 생각해 보자. 먼저 발성기관의 근육을 이완하고, 모든 긴장을 풀고, 열정적으로 뭔가를 하겠다는 생각을 버리고, 조용히 음역을 확대시키고, 억양을 살리면서 느낌을 불러올 수 있는 상황을 마음속으로 그리면서 해야 한다. 그런 상황이 만들어지니까 소리도 저절로 편하게 나온다.

5) 음역을 넓혀(with a wider gamut)

그리고 '음역을 넓혀'보기 위해서, 그리샤가 30분 늦게 강의실로 온 상황을 마음 속으로 그리면서 말을 하니까 소리도 편하게 나오고 음역도 자연스럽게 확장이 된다. 이번엔 음역을 좀 더 넓혀서 5도 정도가 아니고 한 옥타브 전체를 사용해 보란다. 그래서 이번에는 상황을 그렇게 타일렀는데도 그리샤가 이번엔 한 시간을 늦게 왔다고 설정하니 "더 이상 참을 수 없어!"라는 거친 말이 나왔지만 절제를 해서 소리는 그렇게 크지 않았다. 연출선생이 바로 그거라고 한다.

6) 소리를 아래 위 수직적으로
(sound up and down in a vertical direction)

소리가 크지 않으면서 긴장도 없고 힘이 있었다는 것이다. 온몸을 긴장시켜서 소리를 수평 방향으로만 보내지 않고, '소리를 아래 위 수직적으로' 소리의 움직임을 만드니까 좋은 결과가 나왔다는 것이다. 소리를 크게 내는 것과 힘이 있는 것과는 다르다는 것이다. 큰 소리로 고함만 치는 것은 중요하지 않고, 목소리와 억양을 자기의 음성라인을 따라 자유롭게 오르내리며 변화를 시도하는 게 중요하다.

7) 강하게(forte) 와 약하게(piano)

강하게는 포르테이고, 강하지 않게는 피아노다. 그러니까 포르테(강하게)는 본질적으로 포르테가 아니라, 단지 피아노(약하게)가 아니라는 뜻이다. 마찬가지로 피아노(약하게)도 본질적으로 피아노가 아니라, 단지 포르테(강하게)가 아니라는 뜻이다. 그러면 포르테가 포르테가 아니고 피아노가 피아노가 아니라는 것은 무슨 소린가?

그것은 포르테나 피아노나 '절대적인 척도(absolute measure)'가 아니라는 것이니 무게를 달 수도 길이를 잴 수도 없다. 그래서 포르테와 피아노는 상대적인 척도이다.

〈오셀로〉의 대사를 처음에는 작은 소리로 하다가 약간 더 크게 하면 피아노에서 약간 멀어진 거다. 다음 행에서 조금 더 큰소리로 하면 피아노에서 좀 더 멀어진 거고, 이렇게 포르테까지 갈 수 있다. 이렇게 단계별로 조금씩 크게 내면 최종단계로 아주 세게인 '포르테 포르티시모(forte fortissimo)'에 도달한다. 피아노도 마찬가지로 최종단계로 아주 약하게 인 '피아노 피아니시모(piano pianisimo)'에 도달된다. 피아노 피아니시모와 포르테 포르티시모 사이에 소리의 상대적 크기가 모두 포함되어 있다. 목소리 크기를 조절하려면 계산과 한계를 명확히 알아야 하니 그렇지 못하면 과장된 연기에 빠진다.

8) 돌변적인 대비(cataclysmic contrast)

분별없는 가수는 강한 소리와 약한 소리를 번갈아 사용해서 급격한 대비효과를 잘하는 일로 여긴다. 첫 소절이 포르테 포르티시모에서 다음 소절이 피아노 피아니시모로 돌변적 대비를 한다면 이것은 있을 수 없는 일이다. 같은 일이 연극에서도 일어나기도 하는데, 고래고래 소리지르다가 갑자기 속삭이는 것은 본질적 의미와 상식에도 어긋나는 일이다. 이와는 반대로 포르테와 피아노를 적절히 사용해서 자기의 능력 이상을 보여주는 가수와 배우도 있는데, 이들은 성량이 풍부하다는 평판을 받지만 성량이 아니라 소리를 기술적 예술적으로 사용하는 것이다.

9) 볼륨보다 억양과 포즈

(forget volum, remember inflections and pauses)

큰 소리 자체는 무대에서 거의 쓸모가 없고, 대개의 경우 예술을 이해하지 못하는 사람들이 관객의 귀청 울리기에 급급한다. 파워가 필요하면 볼륨은 잊고 억양과 포즈를 기억해야 한다. '볼륨보다 억양과 포즈'가 더 중요하는 것이다.

10) 관객이 외치는(audience do the shouting)

어떤 사람이 토마소 살비니에게 당신은 나이를 먹었는데 무슨 힘으로 그렇게 힘차게 외칠 수 있냐고 물으니 "내가 외치는 게 아니라 '관객이 외치는' 겁니다. 난 단지 입을 벌리고 있고 내가 맡은 역을 정점에 이르게 하면, 관객이 필요가 있다고 느끼면 스스로 외치더라고요" 했다고 한다.

화술의 볼륨은 몸에 힘과 긴장이 있어서 외치는 게 아니고, 큰소리를 내거나 외치는 것과는 상관없이 억양을 통해서 목소리를 높이거나 낮추는 것이다. 그리고 볼륨은 소리가 피아노에서 포르테로 커질 때와, 피아노와 포르테의 상호관계에 의해서 생겨난다는 것이다.

9장
강세: 표현적인 단어
(Accentuation: The Expressive Word)

강세는 화술에 있어서 억양과 포즈에 이어서 세 번째 중요한 요소이다. 강세를 무분별하게 잘못 사용하면 말이 왜곡되고 구절 전체가 망가지게 된다.

소녀에게 무대로 가서 무슨 말이든 하라고 한다.

1. 강세
(Accentuation)

1) 중요한 단어(key word)

소냐가 'a wonder individual'라고 모든 단어에 강세를 두어 말한다. 강세는 손가락으로 어디를 지적하는 것과 같다. 그래서 강세는 구절이나 마디 안에서 '중요한 단어'를 지적해 준다. 그 지적된 단어로 정신과 내적 정수 그리고 '서브텍스트의 핵심'을 찾게 해준다고 한다.

2) 한 음절에 강세주기(put the accent on the syllable)

어떤 단어에 강세를 주려면 엑센트를 어디에 두느냐의 문제가 중요한데, 여기에 'individual'이라는 단어가 있으면 '인. 디. 비. 듀. 얼'이라는 5개의 음절 중에 세 번째 음절에 강세를 주는 것 같이 단어의 '한 음절에 강세주기'를 하면 된다.

3) 강세로 느낌 나타내기(accent indicate the feelings)

강세를 상황에 따라서 적절히 사용하면 애정이나 적의, 존경, 경멸, 솔직, 음흉, 빈정 등의 개인적인 많은 느낌들을 나타낼 수 있다. 그래서 말을 '강세로 느낌을 나타내는' 것은 여러 가지 요리를 만들어서 쟁반에 받쳐내는 일이라고 할 수 있다.

4) 하나의 멜로디선(be one melodic line)

나에게는 이 단어를 앞부분은 삼키고 뒷 부분은 파열시킨다며 단어를 발음할 때 하나의 개념, 하나의 의미 그리고 '하나의 멜로디선'이 되게해야 한단다. 그러면 그 선을 올렸다 내렸다 할 수도 있고 굴곡을 만들수도 있다며 모두에게 이 단어를 말하라고 한다.

5) 소리에 생명력 불어넣어(put life into sound)

시끌벅적하게 말하는 우리를 저지하고, 우리들은 모두가 기계적으로 해서 무미건조하고 형식적이고 활기가 없으니 '소리에 생명력을 불어넣어'라고 한다. 우선 이 단어 'indivisual' 자체가 가지고 있는 느낌이나 이미지를 단어에 집어넣으라고 한다. 각자가 마음속으로 그리고 있는 사람, 상대 배우에게 전달하고자 하는 사람의 모습을 말로 그려 보라고 한다. 우리가 보고 느끼는 것을 소리, 억양 그리고 모든 표현수단을 사용해서 전달하라고 한다.

6) 마음 눈의 망막에 비친(in the retina of your inner eye)

소녀가 다시 했으나 성공적이지 못하다. 그는 우선 말부터 하고 나서 그 다음에 의미를 생각을 한다는 것이다. 우선 한 사람을 생각한 다음에, 그 사람을 앞에 세워놓고 화가가 그림을 그리듯이 자기 '마음 눈의 망막에 비친' 그 사람의 모습을 얘기하라고 한다. 소녀가 다시 열심히 한다. 이제 단어를 통해 무언가 '행동이 필요한 느낌'과 무언가 의사소통하겠다는 필요를 느낀 것으로 충분하다며 다시 한 번 하라고 한다.

7) 분리할 수 없는 하나로(one inseperable whole)

소녀가 'wonderful ... individual' 하고 신중하게 발음한다. 그렇게 발음하면 두 명의 사람을 지칭하는 거라고 한다. 한 사람은 '원더풀한 사람'이고 또 한 사람은 '인디비듀얼한 사람'이라는 두 사람이 되니, 두 사람을 합쳐서 한 사람을 만드란다.

'wonderful − individual' 이렇게 형용사와 명사를 '분리할 수 없는 하나로' 만들면, 일반적이지 않은 '훌륭한 사람'이라는 뜻이 된다. 형용사는 명사의 특성을 말해주고 색깔을 입혀주는 것이다.

8) 한 군데만 강세주기(put just one accent)

이제 두 단어로 된 'wonderful individual'을 강세가 전혀 없이 하면 매가리가 없고 막대기같이 뻣뻣한 소리가 되니, 두 단어를 한데 묶어서 발음하되 한 군데만 강하게 때리지 말고 품위있게 어루만지듯 살짝 강세를 주면, 강세를 준 음절이 부드럽게 휘어지는 느낌이 생긴다. 이렇게 강세를 통해서 단어에 순박, 온화, 엄격, 강직 등의 색조를 입히는 방법을 알게 된다.

9) 귀가 아닌 눈에 말하기(do not speak to the ear but to the eye)

문제는 어떻게 말하느냐가 아니고, 듣는 사람이 어떻게 듣고 받아들이느냐이다.

그러니까 마음을 어떻게 전해서 상대에게 어떤 영향을 줄 수 있느냐가 중요하다. 그래서 가슴 속의 얘기를 말할 때는 '귀가 아닌 눈에 말하기'로 해야 한다. 그러니까 상대의 귀에 말하지 말고 눈에 말하라는 것이다.

2. 단어의 강세
(accent of the word)

1) 두 가지 규칙 (two rules)

(1) '명사를 수식하는 형용사'에는 강세를 두지 않는다. 형용사는 명사를 규정하고 보충하는 역할을 하므로 수식하는 명사에 포함된다. 이 규칙에 따라야 한다면 앞 에서 언급한 'wonderful individual'의 경우도 형용사인 'wonderful'에 강세를 둘 수 없게 되는 문제가 생긴다.

(2) 병렬의 법칙(law of juxtapostion)

그래서 규칙을 초월하는 강한 법칙인 '병렬의 법칙' 이 있다. 이 법칙에 따르면 생각, 느낌, 의견, 행동, 이미지를 나타내는 단어가 병렬의 위치에 있으면 반드시 그 중요한 단어를 강조해야 한다는 것이다. 그래서 'wonderful individual'의 경우도 명사를 수식하는 형용사이지만 느낌이나 이미지를 나타내는 중요한 단어이므로 강조를 해야 하는 것이다.

2) 적은 횟수로 중요 단어에 강세(accants are on the keywords)

소녀가 긴 문장을 말하면서 많은 효과를 거두기 위해 강세를 여러 군데에 계속 늘려나가니까 오히려 강세에 파묻혀서 무슨 말인지 이해가 힘들어진다. 강세는 횟수가 많으면 혼란스러워지므로, 강세의 횟수가 적을수록, 그리고 중요한 단어에만 강세를 둘수록 문장이 더 분명해지므로, 강세를 어디에 두느냐도 중요하지만 '적은 횟수로 중요 단어에 강세' 두기가 더 어렵고도 중요하단다.

3. 강세의 제거
(take off the stresses)

초보자들은 너무 잘하려는 마음에 강세를 너무 많이 그리고 잘못 사용한다. 그래서 강세의 균형을 위해서 필요 없는 강세를 제거하는 법을 알아야 한다.

1) 필요 없는 곳(where they are not need)
(1) 나쁜 습관(bad habits)
배우의 '나쁜 습관' 때문에 생겨난 습관적인 잘못된 강세는 제거해야 한다.
(2) 제거의 기교(art of excision)
　〈1〉 기둥 줄기를 벗어나는 산만한 것은 명료하고 깨끗하게 잘라낸다.
　〈2〉 주요한 단어만 강조하고 나머지는 그냥 따라오게 해야 한다.

2) 서브텍스트 만들어내야(must create the subtaxt)
소냐는 강세를 과도하게 사용하고, 폴은 강세 사용에 인색하다. 두 사람 다 같은 이유 때문에 그렇게 되는데, 그 원인은 말 속에 있는 내재된 의미인 서브텍스트를 모르기 때문이다. 의사소통의 기본인 '서브텍스트를 만들어내야' 한다.

3) 한 단어에서 다른 단어로(from one wordto another)

폴이 좋은 방법을 찾았으니, 하나의 강세를 한 단어에서 다른 단어로 옮겨가며 붙이는 것이다. 강세를 'wonderful individual'에서 'wonderful individual'으로 다른 단어로 강세를 옮겨서 단어의 의미와 효과를 증대시킨다.

4) 각 에피소드로 분할하기(breaking it up into separate episodes)

아래 네 개의 에피소드에서 굵은 글자에 강세로 강조한다.

(1) 에피소드 1 – wonderful individual이 도착한다.

(2) 에피소드 2 – 그는 그가 찾아온 사람이 집에 없는 이유를 듣는다.

(3) 에피소드 3 – 기다려야 할지 가야 할지를 어쩔줄 몰라 당황한다.

(4) 에피소드 4 – 기분이 상해서 가면서 다시는 오지 않겠다고 결심한다.

이렇게 네 개의 독립된 서술이 만들어졌고 각 서술에 하나씩의 강세를 주려면 이제부터 꼭 찾아서 해야 할 것들이 있으니 그것은 다음과 같다.

⟨1⟩ '각각의 사실(each fact)'을 분명히 보여주고

⟨2⟩ '생생한 내적 비전(vivid inner vision)'을 갖아야 하고

⟨3⟩ '적절한 강세위치(proper spacing of accents)'를 찾아야 하고

⟨4⟩ '내적 이미지 보기(to see inwardly the image)'를 해야 하고

⟨5⟩ '무엇뿐 아니라 어떻게(not only what did, but how did it)' 전달하였는가를 살펴보아야 한다.

5) 강세에 억양을 더해서 색조 입히기
(to add to his accentuation the color of intonation)

위의 4가지 에피소드의 인물의 기분은 어떠할까? 쾌활하고 즐거운가? 우울하고 근심스러운가? 더 구체적인 기분까지 반영하기 위해 폴은

'강세에 억양를 더해서 색조 입히기'를 한다. 위 에피소드에서 굵은 글씨체는 강세(accentuation)이고, 밑줄 그은 부분이 억양(intonation)이다. 이렇게 해서 강세뿐 아니라 인물의 디테일한 느낌과 색깔이 단어에만 국한되지 않고 에피소드 전체에서 풍겨나야 한다.

4. 법칙들
(the laws)

1) 모든 단어에 강세(all the words are stressed)
〈오셀로〉의 대사 중에 '폰틱 바다의 차가운 격류같이 …'의 소절에 강세를 두는데, 누구는 '폰틱'에 누구는 '바다'에, 누구는 '차가운'에 누구는 '같이'에 두니 다 달라서, 우리는 '모든 단어에 강세'를 두기로 했는데 연출선생이 그렇게 하면 문장의 존재 이유와 분별이 없어진다는 것을 상기시킨다.

2) 말의 법칙(law of language)
사실 〈오셀로〉의 대사에는 강세를 둘 수 있는 곳이 너무 많아서 헷갈리기는 한다.

그러나 '말의 법칙'을 적용하면 강세를 어디에 두어야 할지를 저절로 알게 된다. 만약 이사를 가서 널려진 짐을 어떻게 정리할지 허둥댈 때에 좋은 방법은 덩치가 크고 무거운 것부터 자리를 잡아나가는 것이다. 강세도 마찬가지로 대본에서 가장 '크고 중요한 것부터' 해나가면 된다.

3) 규칙을 활용하는 법 배우기(learn to make use of the rule)
규칙이 추구하는 '궁극적인 목표(ultimate goal)'가 무엇인지를 깨닫는 것이 '규칙을 활용하는 법 배우기'의 지름길이다. 이 책의 영문편집자인

E.R 햅굿은 이 부분의 러시아 원본의 내용을 생략한다. 이유는 러시아어의 독특한 언어규칙들이어서 영어와는 맞지 않는다는 것이다.

4) 서브텍스트, 일관된 행동, 초과제의 도움
(subtext, turough action, super-objective will helf guide)

실제적으로 문장 중에서 어디에 강세를 두느냐는 문제는 누가 뭐라고 해도 '서브텍스트'와 '행동의 일관된 흐름'과 '초과제'의 도움을 받는 것이 가장 중요하다.

5. 강세의 조정
(coordinating accents)

1) 여러 강세 조정하기(coordinating many accents)

한 구절 안이나 연속되는 구절들 안에 있는 여러 강세들을 어떻게 조정하는지에 대해 '너와 친한 사람이 여기에 왔다(A person familir to you come here)'라는 구절로 여러 가지의 강세에 대해 알아보기로 한다.

(1) 강세가 하나일 때 당연히 가장 알기 쉽고 편하다.

(2) 강세를 두 군데에 주어보자. '친한'과 '여기에' 강세를 주면 아무나가 아닌 친한 사람이라는 의미와, 아무 데가 아닌 바로 여기라는 의미가 된다.

(3) 세 번째 강세를 '왔다(come)'에 주면 의미에 다른 무엇을 타고 오지 않고 걸어서 왔다는 새로운 사실이 추가된다.

(4) 만약에 이 문장의 모든 단어에 마땅한 근거 없이 모든 단어에 다 강세를 주면, 강세로만 가득한 의미가 없는 문장이 된다.

(5) 셰익스피어의 〈안토니와 클레오파트라〉의 대사에 이런 것이 있다.

마음도, 혀도, 숫자도, 붓도, 방랑 시인도, 보통 시인도
생각하거나 말하거나, 예언하거나, 쓰거나, 노래하거나, 헤아리지
못하리
아, 그분의 안토니에 대한 사랑을 ….

여섯 개의 주어와 여섯 개의 술어를 결합시켜서 그러니까 36개의 명제를 만들었는데 누가 이 36개의 명제를 다 드러나게 대사할 수 있겠느냐는 것이다.

2) 하나의 명제 안에서 강세조절(accents in one proposition)
(1) 중요한 단어를 골라내어(to single out the keyword)

명제가 분명하면 하나의 명제 안에서 한두 개의 주요 단어를 선택 할 수 있다.

가장 '중요한 단어를 골라내'서 많은 강조를 하고 덜 중요한 것은 톤을 낮춰서 눈에 띄지 않게 해야 한다.

(2) 강세의 정도 차이(complex scale of accentuation)

강세에도 정도의 차이를 표시하는 강강세, 중강세, 약강세 같은 척도가 있듯이 화술에도 강세를 둘 때에는 여러 가지 '강세의 정도 차이'가 있다. 그 강세의 정도는 미리 계산되고 통합되고 조정되어야 한다. 약한 강세를 받는 단어로 강한 강세의 단어를 부각시킬 수 있게 도와야 하고, 강세의 단어가 서로 경쟁하면 안 되고, 전달이 쉽게 되도록 서로 융합해야 한다.

(3) 원근법이 되게 해야(must be perspective)

그래서 대사의 부분이나 전체구조를 '원근법이 되게 해야' 하고 원근법적 시각으로 바라봐야 한다. 캔버스는 2차원이지만 그림에서 깊이를 주기 위해 원근법을 이용하여 평면은 깊이를 만들고 전경은 앞으로 나온 것 같이 3차원을 만들어낸다.

그래서 그림은 한 평면밖에 없지만 여러 개의 평면이 있는 것 같이 우리를 착가하게 만드는 것이다.

(4) 화술의 평면(planes of speech)

우리의 화술에도 원근법처럼 한 구절 안에 멀고 가깝게 느껴지는 '화술의 평면'이 있다. 중요한 단어는 '평면의 전경(foreground of sound plane)'에서 생생하게 드러내고, 덜 중요한 단어는 '뒷편의 평면(deeper plane)'에서 역할해야 한다.

3) 강세의 질(quality of the accent)

화술의 평면에는 볼륨보다는 강세의 질이 더 중요하다.

(1) 강세의 선별(singling out of the accent)

　〈1〉 내려오는(coming down) 강세

　〈2〉 올라가는(movin up) 강세

　〈3〉 압도하는(bearing down heavily) 강세

　〈4〉 날카로운(keen thrust) 강세

　〈5〉 남성(masculine) 강세 - 사납고 짧게 끊어짐

　〈6〉 여성(feminine) 강세 - 끊어지지 않고 지속됨

(2) 강세가 억양과 결합(accent combined with intonation)

강세를 선별하고 단어를 조정하는 또 하나의 요소는 억양이다. 억양으로 어떤 형태감을 주면 상당한 표현력이 생기고 '강세가 억양과 결합'할 수 있으니 억양으로 단어의 다양한 느낌의 색조를 입힐 수 있다.

(3) 단어 앞뒤에 포즈를(place word between two pouses)

억양 말고 또 단어를 부각시키는 방법은 '단어 앞뒤에 포즈'를 두는 방법이다. 이 때 두 개의 포즈를 모두 심리적 포즈(psychological pauses)로 처리하거나, 둘 중 하나를 심리적 포즈로 처리하면 강하게 드러나게 할 수 있다.

4) 상호관계(inter-relationship)

강세를 받는 단어들과 받지 않는 단어들 사이에 상호관계를 만들어야 하고, 얼마나 강조할지 또 어떤 질로 처리할지를 생각해야 한다. 그러니까 단어를 돋보이게 하기 위해 강세의 정도를 상호관계와 서로 조화롭게 조정하는 것이 중요하다.

6. 나눠진 절 전체 이야기
(seperate clauses in a whole story)

지금까지는 단어(word), 문장(sentance), 소절(measure)이 포함된 하나의 절(clause) 안에서 이루어지는 강세에 대해서 알아봤는데, 이제 여러 개의 절로 나눠진 전체 이야기나 독백에 대해서 알아보자.

1) 중요한 절(important clase)

단어와 마찬가지로 중요한 절은 덜 중요한 절에 비해 상대적으로 많이 강조되고, 중요한 절에 있는 단어 역시 중요하지 않은 절에 있는 단어보다 더 강조된다. 그리고 절의 앞뒤에 포즈를 두어서 절을 강조할 수도 있다. 그 방법은 강조하려는 절을 다른 절보다 상대적으로 톤을 높이거나 낮추어서 처리하고 또 활기찬 억양이나 새로운 색조를 입히기도 한다. 그리고 템포와 리듬을 다르게 하는 방법도 있다.

2) 예술적 큰 과제에 다가감(achieve the great goal of art)

이렇게 만들어진 강세들이 많은 느낌과 의미를 가지고, 서브텍스트의 흐름과 행동의 일관된 흐름을 타고 우리가 추구하는 '예술적 큰 과제에 다가가게 된다. 그래서 작품과 역할 안에 있는 '인간정신의 생활을 창조

(creat the life of human spirit)'한다.

3) 화술의 가능성(speech possibilities)

'화술의 가능성'을 누가 최대한 활용하느냐는 경험, 지식, 심미안 (taste), 감수성(sensitiveness), 재능에 달려있다. 말에 대한 월등한 감각과 언어에 대한 이해가 있는 배우는 자기의 말을 조정하여 입체적이고 균형 잡힌 시각으로 훌륭한 솜씨를 보여줄 수 있다. 더 많은 가능성과 수단을 잘 활용하면 활기차고 강력하고 표현적인 말을 잘할 수 있게 된다.

7. 토르초프 자신의 대사
(Tortsov's speech himself)

이번 시간은 토르초프가 〈오셀로〉의 대사를 직접 하면서 화술의 비법과 극적효과와 문제 등에 대해 하나씩 보여주면서 설명하기로 한다.

1) 그의 당면한 문제(the problem with which he is faced)

대사를 보면서 먼저 해야 할 것은 '그의 당면문제'가 무엇인지 살펴봐야 한다. 상대가 이아고라면 오셀로는 처절한 복수심에 불타고 있다는 것을 이아고가 느끼고 믿게 해야 한다. '폰틱 바다와 같이…(Like to the Pontic sea)' 여기서 폰틱해의 조류가 큰 파도가 되어 밀어닥치는 모습과 질투심에 불타는 오셀로의 질투심으로 마음속에 몰아치는 태풍의 모습을 병치시켜야 한다. 이제부터 연출선생의 대사와 연기가 시작된다.

(1) 오셀로가 부정한 데스데모나를 봤을 것 같은 눈으로 이아고를 뚫어지게 본다.

(2) 그리고 '폰틱 바다와 같이…'까지 침착하고 부드럽게 말한다. 마음

속을 다 드러내지 않고 조금만 드러내고 감정을 아껴서 쌓아둔다. 그러나 속으로만 뒷부분의 대사를 한다. '폰틱 바다와 같이' (그것의 차고 운명적인 흐름은 결코 역류하지 않는다)

(3) 서두르지 말고 'sea' 다음에 잠시 쉬어야 한다. 두 박자나 최대한 세 박자로.

(4) 그 다음부터 한 계단씩 강하게 올리기를 한다. 두 번째 소절은 첫 소절보다 강하게 세 번째와 네 번째 소절까지를 같은 정도로 강하게 올리기를 한다.

'그것의 차고 운명적인 흐름은' (결코 역류하지 않는다)

그렇지만 소리치지는 않는다. 소란을 피운다고 파워가 올라가지 않고, 파워는 올라가는 그 자체에서 생긴다.

(5) 감정도 아껴야 하지만 '음역(voice register)'도 아껴야 한다.

(6) 목소리를 더 이상 높일 여유가 없을 때 강세를 확대하고 정교한 포즈를 준다.

(7) 논리적 포즈와 심리적 포즈를 준다. 포즈를 갖는 동안에 해야 하는 일은 마음속의 그림 살피기, 얼굴 표정, 생체광선 방출이 있고, 포즈 동안에도 극적 긴장은 계속되어서, 역동적 포즈는 자기와 상대를 흥분시킨다.

(8) '결코 역류하지 않는다.(Ne'er feels retiring ebb.)'

그러나 프로폰틱해와 헬레스폰트해를 향해 있다. 여기서 눈을 크게 뜨고 팔을 뻗어 올린다. 심리적 포즈에서 이 행동이 나오게 된다. 자연스런 본능으로서의 진실이다. 마지막 단어를 높은 음으로 발음한다. '헬레스폰트!'

(9) '나의 피의 격렬한 움직임이 되돌아가지 않는 것처럼, 모욕된 사랑을 향해 결코 역류하지 않을 것이다.' 여기서 강한 전환을 시도한다. 여기가 전체 대사의 정점이니까. 거짓 페이소스에 빠지면 안 된다. 내적 이미지와 목표의식을 확실하게 만든다.

(10) '모욕된 사랑을 향해 결코 역류하지 않을 것이다.' 이 구절의 마지막 두 단어만 큰 소리로 말한다. 그리고 '늠름하고 거대한 복수가 그들을 삼킬 때까지' '그들을 삼킬 때까지' 여기서 탬포를 죽인다. 어떤 의미가 있는지 확실히 보여줘야 하니까, 그리고 죽음을 의미하는 마침표를 붙인다. 이제 높은 절벽에 올라서 돌을 집어던져라. 그리고 돌 부서지는 소리를 들어라. 여기서 추락이 필요하다, 목소리의 추락! 제일 높은 음에서 가장 낮은 음으로, 마침표가 그것을 요구한다.

나는 화가 나고 반항심이 솟아올랐다. 배우가 이런 순간을 전문적인 테크닉으로만 처리해야 하는지, 그렇다면 영감은 언제 쓰는 것인가?

8. 심정의 토로
(pour out my feeling)

연출선생은 지금까지 우리에게 화술 자체를 가르친 게 아니고, 화술이 아주 중요하니 열심히 해야 된다는 것을 깨닫게 해줬다고 한다. 내가 할 수 있는 것은 다 했으니 이제 강세에 대해서는 새로 오신 선생이 해준다고 한다. 그러나 나와 폴은 끝까지 해줘야 된다며 심정을 토로하는데 목이 막힌다. 지금까지 배운 것을 화술에 적용하려고 애써도 뒤죽박죽이 되어서 제대로 할 수가 없다고 한다. 강세도 제멋대로고 구두점과 억양도 잘 안 되고, 화술의 여러 법칙을 어디에 어떻게 적용하는지 궁리하느라 머리가 터질 것 같다고 한다.

그러자 '그게 다 인내심이 없어서' 그런 것이라고 한다.

그리고 자기 집으로 저녁 9시까지 오라고 한다.

10장
성격 형상화의 퍼스펙티브
(Perspective In Chracter Building)

1. 퍼스펙티브
(perspective)[3]

　나와 폴은 9시 정각에 연출선생의 집에 도착하여 영감 대신에 연극적인 계산이 사용되는 것 때문에 마음이 아팠다고 실토를 하자 사태를 인정한다.

　배우 영혼의 반은 초과제, 행동관통선, 서브텍스트와 배우를 창조상태로 이르게 하는 요인이고, 나머지 반은 우리가 알아본 것 같이 심리기술에 연관되어 있단다.

1) 이중적 현존(double existence)

　배우는 연기할 때 두 부분으로 나눠진다. 토마소 살비니가 한 말이 그것을 잘 설명해준다. "배우는 무대 위에서 울고 웃을 때 자신의 눈물

3　퍼스펙티브(perspective)의 사전적 의미는 조망, 투시, 원근법, 전망, 관점, 시각, 상호관계이다.

과 웃음을 관찰한다. 바로 이런 '이중적 현존'으로서 실제의 삶과 연기 사이의 균형이 예술을 만든다." 그러니까 행위자로서 배우와 관찰자로서 배우가 동시에 존재한다는 것이다. 그리고 둘로 나뉘어 있어도 영감을 받는데 방해가 되지 않고 서로 도움을 준다. 이것은 꼬끄랑의 연기론에서도 '제1의 자아'와 '제2의 자아'로 이중적 현존을 설명하고 있다.[4]

2) 퍼스펙티브의 두 평행선(two paralled lines of perspective)

우리는 이미 1권의 '일관된 행동의 흐름'에서 두 개의 '퍼스펙티브가 두 평행선'을 이룬다는 것을 살펴본 적이 있다. 하나는 '역할의 퍼스펙티브'이고, 또 하나는 배우 자신이 연기 중에 사용하는 '심리테크닉의 퍼스펙티브'이다. 〈오셀로〉의 대사를 하면서 보여준 심리테크닉의 흐름이 배우 자신의 퍼스펙티브의 흐름과 같다. 이 두 퍼스펙티브가 멀어지기도 하는데 배우가 배역과 상관없이 가야할 주요경로에서 벗어나면 멀어진다. 하지만 다행히도 심리테크닉을 통해서 제 길로 돌아올 수 있다.

3) 5막 연극을 보면서(see a five acts play)

퍼스펙티브를 좀 더 쉽게 설명해 달라고 하자 5막 연극을 본 얘기를 한다. 1막을 볼 때는 역할을 생생하게 연기하고 열정적인 기질에 매료되었는데, 2막에서도 똑같아서 흥미가 시들해졌고 3막, 4막이 계속 1막에서 느꼈던 격렬함밖에 없어 지루하고 5막까지 똑같게 계속되니 짜증까지 났다는 것이다. 좋은 작품에 연기도 좋은데 점점 재미없어지는 이유가 뭘까? 훌륭한 교향곡을 잘 연주하는데도, 좋은 희곡을 잘 연기하는데도 성공하지 못하는 이유는 퍼스펙티브(관점, 전망, 투시)가 없이 연주하고 연기하기 때문이다. 퍼스펙티브에 대해서 더 구체적으로 알아보자.

---

4   제1의 자아는 배우, 제2의 자아는 역할을 말한다. <새론 배우예술>, 이숙, 우성, pp.225.

4) 퍼스펙티브의 의미(perspective' means)

퍼스펙티브의 의미는 작품과 역할의 전체적 맥락 속에서 조화롭게 이뤄진 부분간의 상호관계와 그 배치이다. 한마디로 말하면 '관점'이라고 할 수 있다. 그래서 이 관점 없이는 어떤 행동도, 움직임도, 제스처도, 생각도, 말도, 느낌도 그 무엇도 있을 수 없다. 어떤 언어행동에도 행동의 관점 즉 퍼스펙티브와 궁극적 과제(초과제)가 있어야 한다. 특히 배우에게 퍼스펙티브와 초과제가 없으면 '예' '아니오'도 말할 수 없으니 하나의 대사, 하나의 구절, 하나의 장면 하나의 막, 하나의 작품에는 항상 퍼스펙티브가 있어야 한다.

5) 용어의 확장(broader terminology)

화술에 대한 퍼스펙티브에서 우리는 논리적 퍼스펙티브만 생각하는데 이 '용어의 확장'이 더 필요하다. 퍼스펙티브라는 용어를 아래의 세 가지로 넓혀보기로 한다.

(1) 생각을 전달하는 퍼스펙티브와 같은 '논리적 퍼스펙티브'는 사상을 하나하나 펼쳐서 각 부분들의 전체적 표현과의 관계를 정해주고, 모든 것에서 중요한 의미가 담겨 있는 순간들을 찾아내게 한다.

(2) '복잡한 감정전달 퍼스펙티브(conveying complex feelings perspective)'는 내적으로 추구하는 드러나지 않는 서브텍스트적인 '퍼스펙티브의 흐름'이다. 중요한 목적이나 욕망을 '전경'에서 강조하고 덜 중요한 것은 '배경'에 머물게 한다.

(3) '예술적 퍼스펙티브 (artistic perspective)'는 전체의 스토리나 대사에 색조를 입힌다. 또한 생생한 표현을 위한 색조를 입히면서 화술의 여러 평면을 차별화하여 연속성과 톤과 조화를 만들어낸다.

6) 살아있는 사람으로 느낄 때(felt himself to be a living person)

배우가 자기의 역할을 충분히 생각하고 분석해서 역할 속에서 자신이 '살아있는 사람으로 느낄 때' 그는 온전한 퍼스펙티브의 세계를 접하게 된다. 처음에는 그의 말이 뭔가 모자랐는데 퍼스펙티브를 느끼면 분명한 통찰력을 갖게 된다. 단어나 구절에 얽매임에서 벗어나서 온전한 전체를 표현하는 말과 행동을 할 수 있게 된다. 자기 역할을 충분히 알지 못하여 살아있는 사람으로서의 느낌을 갖지 못하고 연기하는 배우는 내용을 이해하지 못하면서 계속 책을 읽는 사람과 같다.

7) 작품 전체의 퍼스펙티브(whole perspective of the play)

어슴프레한 퍼스펙티브(dim perspective)만 가지고 서브텍스트의 내재된 뜻도 모르고 어디로 가야 하는지도 모르고, 익숙해진 습관적 장면연기만 계속하면 결국 작품 전체의 퍼스펙티브는 무시하고 눈 앞에 보이는 생각, 말, 행동만 계속하게 된다.

(1) 막심 고리키의 〈밑바닥에서〉에 나오는 루카 역을 맡은 어떤 배우가 마지막 막에 자기가 안 나온다고 읽지도 않는다면, 그에게 영향받은 모든 등장인물을 결말로 이끌고 가야 하는 루카 역할을 제대로 할 수가 없다.

(2) 〈오셀로〉를 하는 어떤 배우는 결말만을 생각하고 1막부터 눈을 부라리며 연기한다. 하지만 토마소 살비니는 치밀하게 분석하여 정열적 사랑이 불타는 첫 장면부터 증오로 가득한 질투심에 불타는 살인자가 되는 마지막 장면까지의 전체적 퍼스펙티브로 일관성 있게 각 장면의 농익은 정서를 하나씩 전개시켜 나간다.

(3) 정신적으로 복잡한 〈햄릿〉의 역을 연기한다면 하나의 장면 속에도 작품 전체의 퍼스펙티브를 가져야 할 수 있다. 사랑의 대상을 바꾼 어머니에 대한 당혹감, 잠시 목격한 저승에서 괴로움 속에 있는 아버지의

고통, 아버지를 위해 해야 할 일을 알지만 어머니에 대한 자식으로의 애정, 젊은 여인의 사랑과 포기 그리고 죽음, 어머니의 죽음에 대한 공포, 살인의 끔찍함, 임무 후에 자신도 죽게 될 인간존재의 고통이 한꺼번에 밀려온다. 하지만 극의 진행에 따라 체계적이고 조화로운 흐름으로 이 비극을 심화시키려면 '작품 전체의 퍼스펙티브'를 갖지 않으면 연기할 수가 없다.

8) 마음속에 두 가지의 퍼스펙티브(two perspectives in mind)

햄릿의 역은 첫 장면부터 세심한 주의를 기울여야 한다. 이런 준비의 결과가 퍼스펙티브가 있는 연기로 나타난다. 역할이 전개됨에 따라 배우는 '마음속에 두 가지의 퍼스펙티브'를 염두에 둔다. '등장인물(chrater)'의 것과 '배우 자신(actor)'의 퍼스펙티브 이 두 가지를 가진다. 이 역시 제1의 자아와 제2의 자아의 문제다.

(1) 배우 자신(the actor)

역을 연기해야 하는 '배우 자신'은 앞으로 일어날 일들을 자기 마음속에 간직하고 있어야 한다.

(2) 등장인물(the character)

등장인물은 앞으로 일어날 일을 알아서는 안 되지만 그 역을 소화하기 위해서는 퍼스펙티브가 있어야 한다. 그래야 현재의 순간을 음미하고 그 순간에 자신을 맡길 수 있다. 그러니까 그 역의 미래는 그 역의 초과제이다.

9) 현재와 미래의 강한 대조

(powerful contrast between the present and theputure)

〈오셀로〉의 경우에 초기에 필요한 명랑한 분위기를 오셀로와 이아고의 씬이 없으면 어떻게 만들 수 있을까? 이 비극에 즐거움이 거의 없기 때문에 오셀로와 데스데모나가 사이프러스섬에 도착하여 신혼여행를 즐기는 행복한 시간을 시작으로 한다.

드라마에는 '현재와 미래의 강한 대조'가 필요하고 현재가 밝을수록 미래는 더욱 어두워진다. 현재의 행동을 제대로 파악하기 위해서는 과거와 미래를 떠올려볼 필요가 있다. 현재의 행동이 작품 전체와 어떠한 관계가 있는지를 알면 그 행동에 주의집중이 훨씬 쉬워진다.

10) 배우 자신의 퍼스펙티브(actor his own perspective)

그런데 배우가 역할만 잘하면 되는데 자기 자신의 퍼스펙티브가 왜 필요한가?

배우 자신의 퍼스펙티브가 있어야 무대에서 매 순간마다 자기 내부의 창조적 힘과 그 힘을 외부로 표현하는 능력을 스스로 평가하고, 힘을 배분하여 역 창조를 위해서 준비한 것을 합리적으로 사용할 수 있는 조종자의 위치에 설 수 있기 때문이다. 오셀로를 연기하는 배우는 의심이 만든 질투심이 계속 커져서 여러 번의 격정을 보여줘야 한다는 것을 알고 조종해야 한다. 질투심을 단계적으로 사용해야지 한꺼번에 다 써버리면 역할 전체의 균형이 깨진다. 배우는 신중하고 빈틈없는 조종자로서 가장 중요한 절정의 순간을 위해 감정과 힘을 비축하고 있으며 적재적소에 효과적으로 써야 한다. 그리고 예술적 정서는 '파운드 단위가 아닌 온스 단위'로 가늠해야 한다. 즉 감정을 뭉텅이로 쏟아붓지 말고, 킬로그램(kg)이 아닌 밀리그램(mg)의 단위로 세밀하게 가늠해야 하고 디테일하고도 밀도 있는 예술적 정서가 필요하다.

11) 폭(breadth)과 흐름(sweep)

그리고 퍼스펙티브는 우리의 내적 경험과 외적 행동에 '폭 과 흐름'을 가져다 주어서 창조작업에 절대 필요하다. 달리기를 하면서 열 발짝마다 멈춘다면 제 궤도에 오를 수 있는 가속도를 얻지 못한다. 하지만 연기에서는 정서, 의지, 생각, 상상력을 자극하고 불러일으키기 위해서 그렇게 할 필요가 있다. 단거리 경주에 힘을 다 쓰지 말고 깊이와 퍼스펙티브와 멀리 있는 목표점을 염두에 둬야 한다. 배우는 폭과 흐름을 항상 가늠해야 하고 이것은 화술과 제스처, 행동, 템포—리듬에 다 적용된다.

12) 극적 예술인의 퍼스펙티브(perspective of a dramatic artist)

배우는 절제하지 않고 모든 것을 한꺼번에 쏟으면 위험하다. 연기하는 인물의 피와 살이 될 신체적 힘과 수단을 정확히 찾아야 한다. 힘과 수단을 통제하려면 내적인 힘뿐만 아니라 극적 예술가의 퍼스펙티브를 갖추고 있어야 한다. 그리고 보면 이 퍼스펙티브는 우리가 오래전부터 알고 있던 '행동의 일관된 흐름'과 비슷하다. 같은 개념은 아니지만 같은 뿌리를 가진 가까운 보조자이다. 퍼스펙티브는 작품 전체를 관통하는 통로이고 행동의 일관된 흐름은 그 통로를 따라서 앞으로 나간다.

11장
움직임의 템포와 리듬
(Tempo-Rhythem In Movement)

템포는 고정된 마디 안에서 같은 길이를 가진 단위의 박자가 얼마나 빠르고 느린가를 나타내고, 리듬은 주어진 템포와 마디 안에서 움직임이나 소리의 단위 사이의 양적 관계를 나타낸다.

템포와 리듬에는 눈에 보이지 않는 '내적 템포와 리듬'이 있고 눈에 보이는 '외적 템포와 리듬'이 있다. 우리는 1권에서 내적 템포와 리듬을 공부했어야 했는데, 지금 하는 이유는 보이는 외적 템포리듬을 먼저 재미있게 배우면서 내적 템포리듬은 저절로 알 수 있기 때문이다. 눈에 보이지 않는 템포리듬은 감각적 지각대상이어서 가르치고 배우기가 힘들지만, 이제는 눈에 보일 터이니 쉽게 알 수 있고 재미도 있을 것이다.

1. 리듬 놀이
(playing with rhythm)

　조교 라흐마노프가 많은 메트로놈(metronome-박절기)을 가져와서 무대 위에 늘어놓는다. 둥근 테이블에 큰 메트로놈을, 작은 테이블들에 작은 메트로놈 세 개를 놓는다. 제일 큰 메트로놈은 10에 맞춰져서 느린 박자로 똑딱거린다.

1) 속도의 등급(rates of speed)
　"하나 … 하나 … 안단테(느리게) … 하나 - (그리고) - 안단티시모! (매우 느리게)"
　(메트로놈의 추를 조금 내리면 보통 안단테가 되어 안단티시모보다 빠르다)
　"하나 - (그리고) - (추를 밑으로 더 내린다)
　"하나 - 하나 - 하나 (알레그로(빠르게)가 된다)
　(그리고 프레스토(급속하게)가 된다)
　(이번엔 프레스토 프레스티모(빠르게 매우 빠르게)가 된다)
　* 안단테(andante) - 느리게, 안단티시모(andantissimo) - 매우 느리게
　* 알레그로(allegro) - 빠르게, 프레스토(presto) - 급속하게
　　프레스토 프레스티모(presto pretissimo) - 빠르게 매우 빠르게

2) 핸드벨 울리기(strike a handbell)
　속도를 10에 맞춰놓고 처음에는 두 번 똑딱할 때 핸드벨 울리고, 다음에는 세 번, 네 번, 다섯 번, 여섯 번 똑딱할 때마다 핸드벨을 울린다. 결국 두 박자, 세 박자, 네 박자, 다섯 박자, 여섯 박자에 벨을 울리게 되는 것이다.

다음에는 작은 메트로놈 하나를 큰 메트로놈보다 두 배 빠른 속도로 똑딱이게 한다. 큰 메트로놈은 온음표에 맞추고, 작은 메트로놈 하나는 2분음표에, 작는 다른 하나는 4분음표에, 또 하나는 8분음표에 맞춰 똑딱거린다. 연출선생과 폴이 열쇠를 가지고 16음표와 32분음표에 맞춰서 두드렸다.

3) 완전한 질서의 순간(second of perfect order)
세 개의 작은 메트로놈의 박자는 한 소절이 시작되는 순간에만 큰 메트로놈의 박자와 맞아떨어진다. 바로 이 순간이 '완전한 질서의 순간'이다. 소리들이 미로처럼 뒤엉켜 있지만 이 체계화된 혼돈 속에는 질서와 조화가 있는 것이다. 이 질서와 조화가 바로 템포-리듬의 놀라운 작용에서 나오게 된다.

4) 템포와 박자(tempo and beat)
'템포'는 빠름이나 느림을 의미한다. 그래서 템포에 따라 행동이나 말이 빨라지거나 느려진다. 템포가 빠르면 말이나 행동하는 시간이 짧아짐으로 빨리 해야하고 템포가 느려지면 시간이 길어지니 행동과 말의 기회가 많아진다.

'박자'는 시간을 측정하는 길이로서 큰 메트로놈과 일치한다. 박자에는 템포와 속도에 따라 여러 가지의 박자가 있다. 단위와 마디는 불변이지만 시간을 측정하는 길이인 박자는 항상 변한다. 세 개의 작은 메트로놈과 열쇠를 두드려서 만든 박자가 바로 리듬을 나타내고 있다. 우리는 일정한 마디 안에 수많은 리듬을 만들었다.

5) 연기에도 같은 일이 생김(same thing occurs in action)
배우의 행동과 말은 시간 속에 진행되므로, 어떤 행동을 한다는 것은 주어진 시간을 움직임과 포즈와 말로 채우는 것이다. 그리고 말을 한다는 것은 주어진 시간을 다양한 길이의 소리와 그 소리들 사이의 포즈로 채우는 것이다. 한 마디를 구성하는 조합은 1/4과 2/8와 4/16와 8/32을 합하여 시간의 한 마디를 만들고, 4/16와 1/4과 2/8는 3/4이라는 시간의 한 마디를 만든다. 이 리듬은 한 마디를 가지고 있는 시간을 다양한 부분으로 분할하는, 생각할 수 있는 모든 길이의 집단이 모여서 이루어진다. 무대에서의 행동과 말은 집단적으로 이뤄지니까 템포−리듬의 혼돈 속에서 자기가 필요한 템포−리듬을 찾아서 재편성하여 자기만의 독자적인 속도의 흐름 속에 이루어야 한다. 배우는 무대 위의 혼란 속에 자신만의 리듬을 찾는 데 익숙해져야 한다.

2. 리듬-템포 놀이
(play at rhythm-tempo)

오늘은 아이들처럼 손뼉치고 노는 리듬−템포 놀이를 한다.

1) '하나'에 손뼉치기(beat each 'one')
똑딱거리는 메트로놈에 맞춰서 "하나... 둘... 셋... 넷..."을 세면서 '하나'에 손뼉을 친다. 그런데 별로 재미없고 지루해서 모두가 하품이 나온다.

2) '하나' 와 '셋'에 손뼉치기(beat 'one' and 'three')
이번에는 '하나' 와 '셋'에 손뼉치기를 하면서 조금 생기가 나긴 했지만 재미없다.

3) 네 박자 모두에 손뼉치기(all for beat)

이번에는 '한' '둘' '셋' '넷' 모두에 손뼉치기를 하면서, 기분이 좀 나아져서 조금 효과가 생기고 힘이 좀 난다.

4) 4분음표를 8분음표로 바꾸고 첫 8분음표에 손뼉치기

이번엔 4분음표 '하나'를 8분음표 '하나' '하나'로 바꾸고 '하나, 하나'에 손뼉친다.

'하나, 하나 … 둘, 둘 … 셋, 셋 … 넷, 넷' 이제 재미가 있어서 모두 일어서서 친다.

5) 4분음표 대신에 16음표 그리고 36음표로 바꿔서 하니
에너지가 하늘을 찌른다.

템포–리듬 속에는 점점 내적 기분을 끌어올리는 마력이 있는 것 같다.

6) 4/4박자의 마디를 두 개의 4분음표에 해당하는 2분음표 하나와 4분쉼표 하나 그리고 마지막을 4분음표 하나로 채워서, 첫 2분음표에 손뼉을 치고 4분쉼표에는 '흠' 소리를 내고 마지막 4분음표에는 강세를 둔다.

"하나 – 둘, 흠, 넷"

이렇게 되자 장중하고 약간 평온한 분위기가 생긴다.

7) 마지막 4분음표 대신에 8분음표를 사용해서 실험을 계속한다.

"하나 – 둘(2분음표), 흠(4분쉼표), 흠(8분쉼표), 8분음표"

그리고 2분음표는 4분음표 2개로 대체되고 나중에 이 4분음표는 8분음표와 8분쉼표로 그리고 또 16분음표로 대체되면서 혼란한 분위기로 바뀐다.

8) 이 실험은 싱커페이션(syncopation)을 사용하여 계속되고 혼란은 가중된다.

그리고 박자를 2잇단음표(duples), 3잇단음표(triplets), 4잇단음표(quadruplets)로 연결시키고 실험은 더 빠른 템포로 반복되고 새로운 분위기와 정서반응이 생긴다.

9) 강세의 종류와 강도를 달리(varied strength and kind of accent)

선명한 강세, 중후한 강세, 건조한 강세, 스타카토(staccato), 가벼운 강세, 무거운 강세, 강한 강세, 부드러운 강세 등 '강세의 종류와 강도를 달리'하여 사용한다.

10) 템포와 리듬의 변화(variations of tempi-rhythms)

강세뿐 아니라 '템포와 리듬의 변화'를 시키자 대조적인 분위기가 생긴다.

안단테 마에스토소(andante maestoso), 안단테 라르고(andante largo), 알레그로 비보(allegro vivo), 알레그레토(allegretto), 알레그로 비바체(allegro vivace) 등을 통해 리듬이 사람을 흥분에 빠지게 할 수 있고 정서적 영향을 받음을 확인한다.

그리고 템포와 리듬을 제대로 사용하면 올바른 감정을 끌어내지만 그렇지 못하면 잘못된 감정이 생겨서 적절한 템포-리듬을 찾을 때까지 벗어날 수 없게 된다.

3. 새로운 템포-리듬 게임
(new game with temop-rhythm)

오늘은 또 새로운 템포-리듬 게임을 한다. 연출선생은 폴에게 군사훈련을 받은 적이 있냐며 발로 행군할 때 나는 소리를 내고, 학생들이 모두 따라하여 교실에 군대행진의 박자가 울러퍼지자 북소리가 연상되는 리듬을 친다.

1) 리듬 추측하기(to guess the rhythm)
우리도 함께 리듬을 보태면서 북을 치는 군악대 같은 소리를 만드니, 그 리듬과 템포를 통해 군사훈련 받으러 가는 느낌을 받는다. 이제 한 사람이 어떤 리듬을 두드리면 다른 사람이 무슨 리듬인지를 추측하기를 시작한다.

"똑-똑, 똑-똑, 똑-똑-똑, 똑-똑-똑, 똑-똑"

아까보다는 좀 경건한 듯한 느낌이다. 〈탄호이저〉의 '순례자의 합창'이다.

바냐가 "트라 - 타타, 트라타타 - 타 - 타!" 하는데 전혀 모르겠다. 그런데 바냐는 이게 사랑과 질투란다. 우리는 각자 모든 방법을 동원해서 리듬표현을 하고 추측하기에 골몰한다. 그런데 그 리듬을 정확히 추측해서 맞추는 경우가 없다.

2) 자기 정서기억을 깨우치기(awakening of one's emotion memory)
우리는 이 실험은 완전실패라고 불평을 하는데, 이 실험은 자기를 위해서 하는 거지 다른 사람을 위한 것이 아니란다. 이 실험의 첫째 목적은 스스로 템포-리듬에 빠져들게 하고 어떤 리듬을 두드림으로 '자기 정서적 기억을 깨우치기' 위한 것이다. 그리샤는 영향을 준 것은 템포-

리듬이 아니고 의도된 상황이라고 하니, 그럼 그 상황은 어떻게 만들어졌냐고 반문하고, 우리 모두는 그건 템포-리듬이라고 외친다. 다른 사람이 이해하고 안 하고는 중요하지 않고 다만 자기가 만들어낸 리듬이 상상력을 작동시켜서 주위상황과 그에 맞는 정서를 불러오는 것이 중요하단다.

4. 새로운 게임
(new game)

오늘은 연출선생의 끝없는 상상력으로 새로운 게임이 다시 시작되니 그것은 긴 기차 여행을 떠나려는 여행자의 템포-리듬이다.

1) 여행자의 템포-리듬(tempo- rhythm of a traveller)

기차역에 도착해서 기차 출발 전의 상황에 따른 행동의 템포-리듬의 차이다.

(1) 시간이 남았을 때(plenty of time left)

천천히 매표소로 가서 표를 사고, 진열대의 신문 잡지들 훑어보고, 식당에 가서 가벼운 식사를 하고 아직 상당한 시간이 남았으므로 한가롭게 신문을 읽는다.

(2) 시간이 임박할 때(only a shot time)

기차 출발 5분 전에 도착했는데 매표구에 사람이 늘어서 있다. 심장이 두근거리고 차분함은 사라지고 흥분과 어수선함으로 목이 마르고 계속 시계를 본다.

(3) 기차 출발 시간에 도착(just at train time)

기차가 출발하려고 증기를 뿜는다. 짜릿한 이 흥분상태를 어떤 흥분의 템포-리듬으로 두드릴지 전혀 감이 잡히지 않는다.

2) 내적 이미지나 어떤 상황(inner images or certain circumstances)

이 연습의 요점은 템포-리듬을 분명히 기억하려면, 그에 관한 '내적 이미지나 어떤 상황'이 반드시 주어져서 목적에 관련된 정서에 영향을 미쳐야 한다는 것이다.

그리고 배우와 템포-리듬과 상황은 서로 상호간의 영향을 주고받는데, 주어진 상황은 템포-리듬을 자극하고, 템포-리듬은 주어진 상황에 대한 배우의 생각을 자극하게 된다.

3) 템포-리듬은(tempo- rhythm is)

(1) 템포-리듬은 정서적 기억을 자극한다.

(2) 템포-리듬은 시각적 기억과 이미지에 생명을 부어준다.

(3) 템포-리듬은 주어진 상황과 연관되어서도 필요하다.

(4) 템포-리듬은 그 자체의 내적 본질을 위해서도 필요하다.

(5) 템포-리듬은 외적으로는 사람의 기질에 직접 영향을 주고
    내적으로는 사람의 정서를 풍부하게 해준다.

(6) 템포-리듬은 이 모든 것으로 우리의 기억 속에 남아 있고
    그래야만 창조적인 목적에 사용될 수 있다.

5. 우리 스스로 즐기기
(entertain ourseleves)

지난 시간까지는 연출선생이 즐기게 해줬으니 이번에는 우리 스스로 즐겨보란다.

1) 행동에 리듬강세 주기

(mark in action by means of rhythmic accent)

중요한 것은 행동의 중요 포인트에 어떻게 리듬적 강세를 주는가이다. 팔, 다리, 몸 전체, 얼굴표정, 문자, 음절, 단어를 포함한 모든 행동으로 템포-리듬을 표시하고 나타낼 수 있다.

(1) 아무 일도 하지 않을 때(do nothing)

조용히 앉아있거나, 누워있거나, 휴식을 취하거나, '아무 일도 하지 않을 때'도 역시 템포-리듬은 있다. 다만 외적이고 가시적이지 않고 내적이고 정서적으로 느낄 수 있다.

(2) 생각, 꿈꿀 때, 슬플 때(think, dream, grieve)

생각하고 꿈꾸고 슬퍼하는 일도 우리의 삶의 표현이므로 그 속에 템포-리듬이 있다. 삶이 있으면 행동이 있고, 행동에는 움직임이 있고, 움직임에는 템포가 있고, 템포가 있으면 리듬이 있다.

(3) 무언의 메시지(wordless message)

무언의 메시지를 주고받을 때 그 속에 아무 움직임이 없을까? 어떤 내적 움직임이 있다면, 서로 보고, 느낌을 주고받고, 친해진다면 그 속에 당연히 템포-리듬이 있다. 생각의 날개, 상상의 날개란 생각과 상상 속에 템포-리듬이 있다는 것이다.

(4) 보이지 않는 움직임 속(invisible movements)

마음속에 정서가 생겨서 어떻게 떨리고, 두근거리고, 갈등하는가를 느껴보면 그 보이지 않는 움직임 속에는 박자가 있다. 그러니까 템포도 리듬도 있다는 것이다.

만약 일어나는 일과 그 템포-리듬이 맞지 않는다면 웃기는 일이다. 그래서 사람의 삶 속에는 고유한 템포-리듬이 있는 것이다.

2) 리듬, 템포의 일치 순간 찾기
(mark the moments of rhythmic coincidence)

이제 리듬과 템포에 대해 남은 하나의 문제는 템포와 리듬이 일치하는 순간을 어떻게 찾느냐는 것이다.

(1) 리듬 찾기(mark the rhythm)

음악에서 멜로디는 몇 개의 마디로 이뤄졌고, 각 마디는 여러 가지 길이와 세기를 나타내는 음표로 이루어졌다. 음표에서부터 마디로 그리고 다시 멜로디로 이어지는 이 과정이 리듬을 만들어낸다.

(2) 템포 찾기(mark the tempo)

음악의 템포는 눈에 보이는 실체가 없기 때문에 음악을 연주하는 연주자가 스스로 템포를 조절하거나, 지휘자가 모든 연주자들을 위해서 템포를 조절해준다.

(3) 무대 예술가는(artists of the stage)

무대에서의 행동은 다양한 길이와 크기의 움직임으로 이뤄지고, 대사는 길거나 짧은 강세가 있거나 없는 문자와 음절과 단어들로 이뤄지니 이것들이 리듬이다. 그리고 행동이나 대사는 마음속으로 하나, 둘 세는 배우 마음속의 메트로놈의 템포에 의해서 만들어진다.

3) 내적 템포와 일치하는 순간의 연속성
(unbroken line of moments when they coincide with inner tempo)

그래서 배우는 강세를 받아야 할 음절(syllable)이나 움직임(movement)이 '내적 템포와 일치하는 순간의 연속성'을 항상 만들어야 한다. 배우가 무대에서 할 행동과 말을 직관적으로 알고 행하면 맞는 템포−리듬이 저절로 만들어져서 말과 행동에 일치하는 내적 템포의 순간적 연속성을 계속 만들어갈 수 있다. 그러나 배우가 직관적으로 처리할 수 없으면, 템포−리듬을 밖에서 안으로 접근하는 기술적 방법으로 찾아내야 한다.

4) 템포-리듬의 기술적 성취
(to establish tempo-rhythm by technical means)

(1) 필요한 리듬 스스로 두드리기(beat out for yourself the rhythm you need)

우선 자신에게 '필요한 리듬을 스스로 두드리기'를 해야 한다. 그러려면 사람의 정서를 자극하는 내적 이미지, 상상력을 통한 창조, 상황의 창출이 있어야 한다.

(2) 템포-리듬과 정서의 관계(between tempo-thythm and feeling)

그래서 이제 템포-리듬과 정서 사이에 어떠한 관계가 있는지 알아봐야 한다.

5) 행동의 템포-리듬 실험(examining tempo-rhythm of action)

말의 템포-리듬은 다음에 하기로 하고 우선 '행동의 템포-리듬 실험'을 한다.

(1) 한 마디를 음표 하나로 채우기(one whole note fill up an entire mesure)

큰 메트로놈을 느린 속도에 맞추고, 쟁반 대신 손가방 위에 재떨이와 상냥갑 등을 올려서 들고, 4/4박자에 맞춰 저쪽에 갔다가 돌아와서 사람들에게 나눠 주는 동작이다. 메트로놈이 한 번 움직이는 긴 시간 동안 하나의 동작만 하는 것인데, 음악에서 '한 마디를 하나의 온음표로 채우는' 것과 같다.

(2) 느린 동작의 정당화(to justify slow motion)

그렇게 느린 동작 혹은 거의 움직이지 않는 것을 어떻게 정당화시킬 수 있을까?

〈1〉 멀리 있는 희미한 부분을 집중적으로 보면서 동작을 정당화
시켜 본다.

〈2〉 메트로놈이 한 번 움직일 때마다 새 동작을 추가한다. 잘 보려
고 몸을 숙이거나 손이나 다리의 자세를 바꿀 구실을 찾는다.

(3) 템포-리듬 성장(grow the tempo-rhythm)

작은 메트로놈을 가져와서 큰 메트로놈이 한 번 움직일 때 처음엔
두 번, 그 이후엔 네 번, 여덟 번, 열여섯 번씩 움직이게 조정하니, 음악
의 2분, 4분, 8분, 16분음표에 해당한다. 이와 같이 우리는 한 마디에 두
개, 네 개, 여덟 개, 열여섯 개의 움직임으로 채워나간다. 이렇게 점점 빨
라지는 움직임이 최고조에 이르니 달려드는 벌떼를 쫓는 모습을 연상하
게 된다.

우리는 점차로 행동의 템포-리듬에 익숙해지고 즐기게 된다. 행동이
메트로놈의 움직임과 일치했을 때 흐뭇했고 무대에서 일어나는 일을 믿
을 수가 있게 된다.

6. 다시 쟁반연습
(tray exercise again)

1) 나의 쟁반연습(my tray exercis)

메트로놈의 움직임은 극도로 늦어졌고 모두 어찌할 바를 몰라서 내
가 해야 한다.

(1) 온음표 하나(only one whole note)

무척 느린 한 마디의 음표(온음표)가 있는 상황이므로, 나의 동작도
하나이어야 하고 동작도 하나만으로 메트로놈이 한 번 움직이는 시간을
채워야 한다. 부드러우며 진지한 분위기다. 스포츠 클럽의 회장이 상을

수여하는 것을 생각한다.

온음표 〇

(2) 2분음표(second notes)

상을 수여한 후 먼저 떠났다가 다시 돌아와서 수여한 상을 회수한다. 어색하고 애매한 상황이다. 2분음표의 리듬이다. 내 자신이 수상자들에 의해 쫓겨난 심판이라는 느낌으로 불유쾌한 감정으로 반응한다.

2분음표 𝅗𝅥 𝅗𝅥

(3) 4분음표(forth quarter notes)

이 상황을 4분음표의 템포–리듬으로 하게 되자 나는 공식행사에서 샴페인을 돌리는 집사라는 느낌이 든다. 그리고 4분음표와 8분음표가 혼합되자 비틀거리고 산만하고 어색한 자신감이 결여된 분위기다. 〈벚꽃동산〉의 에삐호도프 같은 느낌이 든다.

4분음표 𝅘𝅥 𝅘𝅥 𝅘𝅥 𝅘𝅥

(4) 8분음표(eighth notes)

8분음표로 속도가 빨라지자 열차역의 식당의 웨이터가 된다. 몰려든 손님들에게 미친 듯 음식접시를 나른다. 8분음표를 16분음표로 바꾸자 나의 자신감이 급격히 약화된다. 손에 있는 것을 떨어뜨리지 않으려고 애쓴다.

8분음표 𝅘𝅥𝅮𝅘𝅥𝅮𝅘𝅥𝅮𝅘𝅥𝅮𝅘𝅥𝅮 → 𝅘𝅥𝅮𝅘𝅥𝅮𝅘𝅥𝅮𝅘𝅥𝅮𝅘𝅥𝅮𝅘𝅥𝅮𝅘𝅥𝅮𝅘𝅥𝅮

(5) 싱커페이션 박자(syncopated time)

이번에는 싱커페이션 박자로하자 흥분, 불안, 불확실, 주저의 느낌이 나면서 샴페인에 독이 들었다는 바보같은 생각이 떠오르고 자신있게 더 행동을 할 수 없다.

(6) 스타카토(staccato)

바냐가 성공적으로 이 연습을 계속한다. 이제 라르고 렌토(largo lento)에 이어서 '스타카토'를 잘 해낸다. 진정한 승자는 바냐다.

2) 창조능력을 고양(stir one's cteattive faculty)

오늘의 수업으로 확신한 것은, 움직임의 템포-리듬은 직관적, 직접적, 즉각적으로 우리를 적절한 감정으로 유도하고 우리를 느끼게 해주고 '창조능력을 고양'시킨다는 것이다. 템포-리듬이 정서기억과 상상력에 영향을 준다는 사실이 행동을 음악에 맞춰서 할 때 분명하게 드러난다. 메트로놈의 움직임에 따른 단순한 템포-리듬이 소리, 화음, 멜로디와 결합해서 우리에게 큰 힘을 보여준다.

(1) 피아노 연주에 맞춰서(to play something on the piano)

피아노를 연주하면서 우리에게 음악에 맞춰 움직여보라고 한다. 음악의 템포-리듬에 음악이 주는 느낌을 전달하는 게 이제 무척 재미있다.

(2) 자기 나름(his own way)

연주하는 사람의 의도를 생각지 않고 자기 나름으로 음악과 템포-리듬을 해석한다. 정반대의 해석도 있지만 우리 각자의 해석은 나름의 설득력이 있다.

〈1〉 요란한 리듬(agitated thythms)

요란한 리듬을 들을 때 산적이 말을 타고 달려 온다는 생각이 든다. 가구 뒤로 몸을 날려서 숨는다.

〈2〉 부드러워져(grew tender)

멜로디가 '부드러워져'서 감상적으로 변하자 새로운 리듬과 행동이 나타난다. 사랑의 느낌이다. 산적이 아닌 애인이 온다.

〈3〉 불길한 분위기(turned baleful)

음악이 불길해지자 나에게서 그녀를 빼앗아 간다.

결국 템포-리듬이 이미지뿐만 아니라 전체 장면을 제시하는 힘을 가졌다는 것을 분명하게 알게 된다.

7. 그룹으로 나누기
(broke up into group)

오늘은 메트로놈 세 개를 다른 속도로 작동하고 우리를 세 그룹으로 나누었다.

1) 마지막 인터미션(intermission precceding the last act of a play)

우리 소그룹은 각각 그룹의 목표와 상황을 정하고, 각 그룹은 온음표, 4분음표, 8분음표에 따로 맞추는 방법이다. 소냐는 헷갈리니 하나의 메트로놈에 맞추자고 하나, 사람은 하나가 아닌 각자 다른 템포-리듬을 갖고 있고 무대도 그렇다고 한다.

(1) 첫 번째 그룹(first group)

이제 공연이 마지막 인터미션에 이르렀고 첫 그룹은 더 출연하지 않으므로 분장을 지우고 편한 마음으로 집에 갈 준비를 한다.

(2) 두 번째 그룹(second group)

두 번째 그룹은 마지막 막에 출연하기 위해 의상을 갈아입고 분장도 손본다. 소냐는 이 그룹에 포함되어서 무도 의상을 입어야 하는데 10분 밖에 안 남은 상태다.

(3) 세 번째 그룹(third group)

세 번째 그룹은 완전히 다른 템포-리듬으로 소란하고 생생한 장면을 만들고 있다.

그런데도 소냐는 이 소란에 전혀 상관없이 차분하게 머리를 만지고 있다.

2) 목적을 가진 행동(acting with a purpose)

연습이 끝나고 연출선생이 소냐에게 어떻게 그런 소란한 중에서도 방해가 안 되었냐고 묻자, 아마 너무 바빠서 그런 것 같았다고 한다. 바로 그것이다. 처음에는 리듬을 리듬 자체로 받아들여서 소란하게 느꼈지만, 이번에는 자기 리듬 안에 '목적을 가진 행동'을 하고 있었으므로 다른 것의 방해를 받을 여지가 없었다는 것이다.

(1) 양식화된 템포-리듬(stylized tempo-rhythm)

군인들이나 군무를 추는 무용수들처럼 여럿이 하나의 리듬에 맞춰야 할 때는 '양식화된 템포-리듬'이 있어야 한다. 이것은 집단적 공연에서 기계적 훈련을 통해서 가능하며 그 힘을 보여준다. 그러나 모든 사람이 하나의 템포-리듬에 맞춰 행동한다는 것은 옳지 않고, 연기예술에는 더욱 그러니 상투적 연기로 이끌기 때문이다.

(2) 여러 리듬을 하나로 모음(union of various rhythms)

그러나 다양한 템포-리듬이 섞여서 '여러 리듬을 하나로 모음'으로 하나의 전체를 이룰 때는 심장이 고동치는 참된 삶의 단면이 만들어질 수 있다. 화가는 원색을 섞어서 자기가 필요한 새로운 색을 만드는 것과 같다. 배우가 템포-리듬을 사용할 때도 화가와 같이 해야 할 필요가 있다.

(3) 상이한 템포-리듬(different tempo-rhythm)

한 장면에 출연하는 여러 배우들 사이에는 '상이한 템포–리듬'이 있고, 한 사람의 내부 중에도 상이한 템포–리듬이 있다. 어떤 주인공이 분명하고 강한 입장을 가질 때는 하나의 템포–리듬이 필요하지만, 햄릿처럼 자기의 마음이 서로 싸울 때는 여러 가지 리듬이 동시에 생긴다. 서로 다른 템포–리듬이 서로 다른 원인을 가짐으로 내적 갈등이 생기는 것이다. 그리하여 내적인 느낌을 강하게 일으킬 수 있다.

(4) 실제로 해보기(to try it out on myself)

다른 두 가지 템포–리듬이 내 속에서도 있을 수 있는지 '실제로 해보기'로 한다.

〈1〉 술 취한 약사(a drunken pharmacist)

나는 약사인데 술에 취해서 돌아다니며 약병을 흔들고 있다. 그런데 전혀 기대하지 않은 일이 생긴다. 다리는 술 취한 걸음으로 늦은 템포이고, 약병을 흔드는 손은 빠르고 불규칙한 리듬을 타고 있는 것이다.

〈2〉 두 상반된 리듬의 결합(two contradictory rhythms came merge)

나는 걸음의 템포를 더 늦추어서 만취하게 만들고, 빠른 손놀림의 리듬을 더 우스꽝스럽게 만들려는데 정말 신기하게도 '두 상반된 리듬의 결합'이 이루어진다.

〈3〉 한 사람이 세 개의 템포 연합(combining in one person three tempi)

다음은 세 개의 메트로놈에 따라 '한 사람이 세 개의 템포를 연합'하는 것이다.

나는 무대에 나갈 준비를 하고 있는데 첫 번째 메트로놈에 맞춰 시를 암송하고, 두번째 메트로놈에 맞춰 날카로운 신경으로 분장실을 왔다갔다 하면서, 세 번째 메트로놈에 맞춰 의상을 챙겨 입고 타이를 매는 것이다. 우선 의상 입기와 걸어다니기 두 가지를 익숙하게 먼저 연습한 후에

시 읊는 것을 추가하여 성공한다.

〈4〉 네 번째 템포-리듬(fourth tempo-rhythm)

더 어려운 네 번째 템포-리듬의 연습은 소냐가 하기로 한다. 역할은 빅토르 위고의 〈노트르담의 곱추〉에 나오는 집시 처녀 에스메랄다 역이다. 첫 번째는 처형장으로 가는 행렬의 음산한 드럼 소리에 맞춰 느리게 걷는다. 두 번째는 사형선고를 받은 여인의 심장의 고동소리로 이승의 마지막 순간을 느낀다. 세 번째는 목숨을 구해달라고 기도하는 것이고, 네 번째는 손으로 가슴을 쓸어내리는 것이다.

소냐는 어찌할 바를 몰라서 머리를 움켜잡는다. 연출선생은 언젠가는 머리를 움켜잡는 대신에 템포-리듬을 생명줄처럼 움켜쥘 날이 올 거라고 위로한다.

8. 메트로놈 없이 연습 반복
(repeat all the exercises without metronom)

오늘은 지나간 시간에 해왔던 템포-리듬에 관한 모든 연습을 메트로놈 없이 반복 연습을 한다.

1) 마음속으로 숫자세기(only a mental count)

이번에는 메트로놈의 도움을 받지 않고 '마음 속으로 숫자세기'를 하면서 움직여야 한다. 원하는 속도를 마음속에 정해놓고 행동의 중요한 순간이 상상 속의 메트로놈의 박자와 맞아야 한다. 도대체 어떤 흐름으로 리듬을 찾아야 하나? 내부? 외부? 이미지 흐름? 가상 상황의 흐름? 겉으로의 움직임이 없이 속으로만 리듬을 찾는다는 것은 무척 어렵다.

2) 몸의 어디에 템포-리듬이 있나
(where is the tempo-rhythm in my body?)

가상의 메트로놈은 내 몸의 어디에 있고, 내 몸의 어디에 템포-리듬이 있나?

머리인가? 손가락인가? 발가락인가?

(1) 몸속에 있다가 신체기관으로 나타나(inside body and manifesting withphysical means)

나의 템포-리듬은 몸 속 여저기를 돌아다니다가 이런저런 신체기관을 통해 나타난다. 그러나 직감으로 드러나지 않을 때는 신체를 사용해도 되지만, 계속 쓸 수 있는 좋은 방법은 아니란다.

(2) 그럴듯한 상황을 만들어내야(invent appropriate circumstance)

그래서 우선 신체를 사용해서 리듬을 찾아낸 후에, 상상력으로 그런 리듬이 나올 만한 '그럴듯한 상황을 만들어내야' 한다. 그렇게 하면 만들어낸 상황 자체가 자기 내부의 리듬을 포함하게 된다.

(3) 더 미묘한 정신적 두드림(more delicate mental beat)

템포-리듬에 대한 느낌이 보다 확실해지면, 스스로 신체를 사용하는 거치른 방법보다 '더 미묘한 정신적 두드림'의 방법을 사용할 수 있게 된다. 그리고 안으로는 빠르고 격하고 고르지 않은 템포-리듬을 유지하면서 밖으로는 냉담할 정도로 침착함을 보여주라는 것이다.

3) 나의 마리아 살해 상상(I imagined, I had murdered Maria)

나는 미칠 듯한 질투심 때문에 발작적으로 마리아를 살해했다고 상상한다. 그리고 이 만들어낸 상상을 스스로 믿고 나자 숨겨야 할 무언가가 생기고, 숨겨야 할 그것 때문에 마음의 동요가 심해진다. 그리고 심장의 고동이 커지고 오히려 아무 일 없었던 것처럼 행동하기 위해 노력한다.

4) 두 개의 리듬 생김(two rhythms created themselves)

이렇게 되자 '두 개의 리듬이 생겨'난다. 그 두 개는,

(1) 빠른 속도의 내적 리듬(inner rhythms)이 그 하나이고

(2) 강요된 평온(enforced calm)이라는 외적 리듬이 또 하나다.

이 두 개의 전혀 다른 리듬의 결합은 내게 강력한 영향을 미친다. 타당성 있는 상황과 행동의 흐름을 찾았기 때문이다.

(3) 내부의 동요를 드러낸(revealed one's inner turmoil)

그런데 이 나의 불안한 구석이 있는 침착함이 나의 '내부의 동요를 드러낸'다.

그래서 겉으로 태연한 척하면서 움직이지만 그 겉으로 드러나는 태연함이 오히려 나의 안달하는 속마음을 드러내게 된다. 일상에서도 이런 일이 많이 있다.

5) 대조적 템포-리듬(contrasting tempo-rhythms)

어떤 경우에는 희곡이나 역할 전체가 몇 개의 '대조적인 템포-리듬'의 결합에 기초를 두고 있으니, 체홉의 〈바냐 아저씨〉의 아스트롭과 소냐의 역할은 항상 겉으로는 태연하지만 속으로는 용솟음치는 정서를 가지고 있다. 우리는 겉으로 보이는 것으로 사람을 판단한다. 그래서 자연스럽지 못한 신체적 움직임에 주의가 가게 된다.

그래서 눈을 자세히 보아야 그 사람의 속에든 감정을 알 수 있다.

(1) 눈 보여주는 방법(how to show one's eye)

우리에게 숨기려는 것은 그 사람의 눈을 보면 알 수 있다. 그래서 배우는 수많은 관객에게 자기의 눈을 보여주는 방법을 알아야 한다. 방법을 알아야 하지만 통제할 줄도 알아야 한다. 관객이 작은 배우의 눈을 보기는 힘든다. 돌아서거나 움직일 때 특히 조심해야 한다. 눈이 관객에게 보일 수 있게 연기해야 한다.

(2) 그리샤에 대한 평(coment to Grisha)

다음은 그리샤와 소냐의 질투심 많은 남편이 아내를 닦달하는 장면의 연기를 하게 한 후에 연출선생의 그리샤에 대한 평이다.

그리샤는 본심을 숨기려는 사람 같지 않고 숨길 게 없는 사람 같다고 한다. 나는 두 가지의 템포-리듬이 존재했는데, 그리샤는 하나의 템포-리듬만 있다는 것이다. 한 가지의 템포-리듬만 가지고는 복합적이고 상반된 정서를 표현할 수 없으니, 몇 가지의 템포-리듬을 가져야 한다는 것이다.

9. 공연 전체의 템포-리듬
(whole perfomances have tempo-rhythm)

지금까지는 그룹, 개인, 장면, 순간의 템포-리듬을 살펴봤는데 이제는 희곡 전체, 공연 전체의 템포-리듬에 대해 알아보자. 희곡이나 공연의 템포-리듬은 하나가 아니지만, 변화하는 속도와 박자의 결합이 계속 일어나면서 전체적인 하나의 템포-리듬을 형성한다.

1) 비극을 보드빌 템포로 공연(tragedy in tempi suited to vaudeville)

특히 공연에서의 템포-리듬은 대단히 중요하다. 작품, 연기, 디자인이 모두가 좋은데 템포-리듬 때문에 성공하지 못하는 경우가 있으니, '비극을 보드빌 템포로 공연'하면 어떻게 되겠는가? 반대로 평범한 연기이지만 경쾌한 템포로 성공하는 경우가 많다. 이것은 우리의 공연에서 심리 테크닉의 중요성을 말해주는 것이다.

2) 정확한 심리기술의 수단(exact psycho-technical means)

그런데 우리는 템포-리듬의 문제로 '정확한 심리테크닉의 수단'을 어떻게 사용하는지를 전혀 모르고 있다.

(1) 공연 전체의 템포-리듬(overall tempo-rhythm of dramatic performance)

참 아이러니하게도 우리의 공연 전체의 템포-리듬은 우연히 생긴다는 것이다. 자기 역을 제대로 하고 관객 반응만 좋으면 템포-리듬은 저절로 생기는 것으로 알고 있다. 정확한 심리기술의 수단을 깨우치고 있으면 외적, 내적인 기초를 마련할 수 있을 텐데 안타까운 일이다.

(2) 연주자, 성악가, 무용가(musician, singer, dancer)

그리고 보면 연주자, 성악가, 무용가들은 행운아들이다. 그들에겐 메트로놈도, 연주 지휘자도, 합창 지휘자도 있으니 템포-리듬의 문제를 모두 해결해 준다. 그리고 공연할 때에 악보도 볼 수 있고 지휘자가 계속 조절해 준다.

(3) 같은 공연을 다르게 공연(selfsame play be performed differantly)

배우들은 원칙도, 메트로놈도, 음표도, 악보도, 지휘자도 없다. 그래서 '같은 연극을 다르게 공연'들을 하고 있는 실정이다.

(4) 삶의 일상적 사건에 매달려(dependant on the incidents of life)

그렇게 되면 연극에서 희곡이 중요하지 않고, 공연 직전 배우의 정신 상태가 공연 전체의 성패을 좌우하니, 배우들의 일상적인 생활에서 우연히 일어나는 '삶의 일상적 사건에 매달려' 있는 것이 템포-리듬이라는 비극적인 상황이다.

3) 자연인, 배우, 역할자(humanbeing, actor, his part)

우리의 당면한 문제는 배우의 세 가지 기능적인 역할이 잘 조정되지 않는다는 것이다. 그러니까 자연인으로서의 역할과, 배우로서의 한 면(actor on one side)과, 맡은 역할로의 또 다른 역할(his part on the other)이 잘 조정되지 않는다는 것이다. 무대에서 자연인도 되고, 배우도 되고, 역할도 되는 이런 황당한 사건이 우리의 무대에서 계속 일어나는 있는 것이 현실이다.

(1) 첫 번째 테스트공연(first test performance)

우리의 '최 번째 테스트공연' 때의 상황을 지휘자가 되어서 당시의 템포-리듬을 지휘로 보이라고 하여 그 황당한 상황을 죽을 힘을 다하여 지휘하고 나니, 연출선생은 지휘한 템포를 200으로 정한다.

(2) 고골리의 〈결혼〉에 나오는 느리고 냉정한 폿콜레신의 역할

다음은 가장 조용하고 지루한 템포-리듬을 지휘하라며, 〈결혼〉의 폿콜레신의 역할을 속도 20으로 해야 한다면, 지금 템포가 200의 상태인 자연인과 배우로서 폿콜레신 역할에서 필요한 20을 어떻게 조정시키겠느냐고 한다.

(3) 격차 줄이기(how can this discrepancy be reconciled?)

설령 이 격차를 스스로 진정을 해서 속도를 100으로 줄였다 해도 아직도 큰 격차가 있다는 것이다. '이 차이의 조화를 어떻게' 할 것인가?

(4) 템포-리듬 느끼는 방법 배우기(to lean to feel tempo-rhythm)

가장 좋은 방법은 '템포-리듬을 느끼는 방법을 배우는' 것이다. 배우 중에 템포-리듬에 대한 절대적인 감각을 가진 사람이 있다면 그 사람에게서 우리는 무엇을 얻을 수 있을까를 생각해 보란다.

(5) 오페라 군중 합창장면(big crowd, a choral scene)

연출선생이 오페라 연출 때 군중합창 장면이 있었는데 그 중에는 성악가와 엑스트라도 있었고, 그 군중장면은 모두를 압도하는 대단한 수준이었는데, 그런 비결은 그 장면 속의 템포-리듬인데, 그 장면 속에는 색조와 유연성과 맵시가 들어있어서 그 거친 장면을 훌륭하고 조화로운 장면으로 만들었다는 것이다.

4) 템포-리듬의 감각(sense of tempo-rhythm)

최소한 몇 사람만이라도 템포-리듬의 감각을 키워야 한다. 단지 한두 명의 배우가 모든 배우와 전체공연을 이끌어 갈 수 있다는 것이다.

(1) 위대한 선배들(great predecessors)

우리의 위대한 선배인 쉐프킨, 사도프스키, 슘스키, 사마린은 등장 전에 무대에 나와서 공연의 템포-리듬을 붙잡기 위해 상당한 시간을 보냈단다. 그들은 등장을 준비하는 위대한 배우였을 뿐 아니라 의식적, 직관적으로 템포-리듬에 민감했고 활용을 할 줄 알았단다.

(2) 심리기술의 기초(basis of the psycho-technique)

작품이나 역할에 맞는 '심리기술의 기초'는 무엇이냐는 질문에, 작품의 템포-리듬은 '행동의 관통선'과 '작품의 내적 의미'가 갖는 템포-리듬과 같다고 한다.

행동의 관통선을 위해서는 두 가지 퍼스펙티브인 배우의 퍼스펙티브와 역할의 퍼스펙티브가 필요하단다. 화가가 색들 사이의 균형관계를 맞추는 것처럼 배우는 행동의 일관된 흐름에 따라 템포-리듬의 균형 있는 배분이 필요하다고 한다.

10. 공연을 위한 전기 지휘기
(electrical conductor for plays)

오늘도 일찍 학교에 왔는데 조교 라흐마노프가 프롬프터 박스에 전구 두 개를 달아서 '공연을 위한 전기 지휘기'를 만들어 놓았다. 연출선생은 직접 연기를 하면서 대단한 템포-리듬감각과 상상력으로 전기 지휘기의 리듬을 소화하고, 전기 지휘기의 효용성도 입증하고 우리에게도 사용해 보라고 한다.

그러나 우리 중에는 그 누구도 전기 지휘기를 제대로 활용하지 못하고 모두 우왕좌왕할 뿐이다. 전기 지휘기는 배우에게 큰 도움이 되고 공연의 템포-리듬을 조절하는 역할을 할 수 있지만, 그것은 템포-리듬에 대한 훈련 감각을 갖고 있어야 한다며 사실 배우들 중에 그런 사람이 거의 없다고 한다. 연기에서 템포-리듬이 얼마나 중요한지를 거의 깨닫지 못한다는 것이다. 그래서 우리는 앞으로 연기훈련을 받으며 템포-리듬에 지속적인 특별한 관심이 필요하다고 한다.

11. 오늘 하루 좋은 템포-리듬 있기를
(good day and good tempo-rhythm)

연출선생은 우리에게 '오늘 하루 좋은 템포-리듬 있기를!'라는 인사로 시작한다.

정확하게 자기의 템포-리듬이 어떠하냐고 묻지만 모르겠다고들 하고 아무도 시원한 대답을 하지 못한다.

1) 자기생활의 템포-리듬(tempo-rhythm of his own life)

사람이 움직이고, 느끼고, 숨쉬는 데에도 맥박이나 심장이 뛰는데 '자기 생활의 템포-리듬'을 모른다니 이해가 안 간다고 한다. 살아가는 모든 것에 속도와 박자가 있으니 그걸 느껴야 한단다. 사실은 누구나 느끼기는 하지만 문제는 어느 시점에 그걸 느껴야 하는지를 모르고 있다는 것이다.

2) 자신의 느낌을 발견해내야(discover your own feelings)

누구에게나 템포와 리듬은 자기 안에 내재되어 있는데, 중요한 문제는 자기의 내부에 있는 템포와 리듬을 찾기 위해서는 자신의 느낌을 그냥 흘리지 말고 '자신의 느낌을 발견해내야' 한다는 것이다.

3) 항상 거기에 있다(always right there)

오늘 아침에 일어났을 때 템포-리듬이 어땠느냐고 묻는데, 우리는 모두가 골똘히 생각한다. 사람의 템포-리듬은 '항상 거기에 있다'며 그 질문이 대답하기가 그렇게 어려우냐고 한다. 우리는 살아온 모든 순간을 정확치는 않아도 항상 가지고 있다.

4) 두 가지 접근방법(both these approaches)

잠시 후 연출선생은 '새로운 게임'을 생각해낸다. 우리에게 빠르고 불규칙한 리듬을 반복해서 들려주고는 어떤 상황과 정서적 경험에서 이런 리듬이 나오는지 생각해 보란다. 우리는 각자 상황을 만들어 보고 연출선생의 접근방법을 듣는다.

(1) 느낌에서 템포-리듬으로(from feeling to tempo-rythm)

우리 수업의 전반부에서는 내적 경험의 느낌을 템포-리듬으로 밖으로 표현했다.

(2) 템포-리듬에서 느낌으로(from tempo-rythm to feeling)

지금은 다른 사람의 템포-리듬을 가지고 자기의 정서와 상상을 보태어서 살아있고 느낌 있는 템포-리듬으로 만들고 있다. 결국, 우리는 느낌에서 템포-리듬으로 가고, 그리고 다시 '템포-리듬에서 느낌으로' 가는 두 가지 접근방법을 다 거치게 됐다. 배우는 이 두 가지 접근방법을 모두 기술적으로 통제할 줄 알아야 한다는 것이다.

12장
화술에서의 템포-리듬
(Speech Tempo-Rhythm)

지금까지는 움직임과 행동이 어떻게 템포-리듬을 나타내고, 내적 창조에 도움을 주고, 내부와 외부의 상충, 변화와 통일성 등으로 템포-리듬을 잘 살려내는가를 알아봤다면 이제는 행동보다 말과 음성을 통한 템포-리듬에 대해서도 살펴보려 한다.

1. 음성이 템포-리듬의 수단을 제공
(voice sound provide a means of the tempo-rhythm)

음절과 단어를 소리로 표현하는 우리의 음성이 작품의 내적 의미 속에 흐르는 템포-리듬을 전달하는 훌륭한 수단을 제공한다.

1) 시간 분할이 리듬을 형성(division of time makes rhythm)
우리가 하는 말은 주어진 시간 안에서 이루어지고, 그 시간이 글자(letters), 음절(syllables), 단어(words)들의 소리로 분할되는데 이 '시간 분할이 리듬을 형성'한다. 그러니까 어떤 음과 음절과 단어는 음악의 8분음표나 16분음표처럼 짧게 소리내야 하고, 어떤 것은 온음표나 2분음표처럼 무게 있고 장중하게 소리내야 하고, 어떤 음이나 음절에 강약의 리듬적 강세를 두거나 아니면 전혀 두지 않기도 하고, 포즈나 숨을 쉬기도 하면서, 시간의 분할을 통해 다양한 말의 템포와 리듬이 나온다.

2) 말을 마디 단위로 나누는 박자(beat to form speech measures)

배우는 템포-리듬을 사용해서 균형있는 말의 스타일을 만들어야, 고상한 비극과 쾌활한 희극의 분위기를 전달할 수 있다. 그래서 말의 템포-리듬을 만들기 위해서는 소리를 단위로 분할하는 것만으로는 충분하지 않고 '말을 마디 단위로 나눌 수 있는 박자'가 반드시 있어야 한다. 행동의 템포-리듬 때는 메트로놈과 벨을 사용했는데 말에서는 무엇을 사용할까?

3) 마음속으로 카운트(to make use of mental count)

배우가 단어와 특정 문자와 음절을 속으로 알아채고 그들 각각의 리듬적인 강세를 조율하기 위해서 어떻게 해야 할까? 메트로놈의 사용 대신에 '마음속으로 카운트'를 하는 방법밖에 없다. 그리고 배우 자신을 마음속의 카운트가 가진 템포-리듬에 직관적으로 맞출 수 있도록 해야 한다.

4) 조화된 말의 음악적 성향
(well blended speech posseses qualities of music)

박자가 맞고 어울리고 '조화된 말은 음악적 성향'이나 노래에서 볼 수 있는 성질을 많이 가지고 있다. 글자와 음절과 단어는 말을 할 때에 음표(musical notes) 역할을 하고, 그리고 소절이 만들어지고, 아리아가 나오고 교향곡이 나오니 조화롭고 아름다운 말은 음악적인 것이다. 말을

할 때 어떤 구절을 온음표, 4분음표, 16분음표 등으로 다양하게 발음할
수 있다.

5) 예술은 질서, 규율, 정확성, 마무리를 요구
(art requires order, discipline, precision and finish)

우리의 모든 '예술은 질서와 규율과 정확성과 마무리를 요구'하고 있다.

재능 있는 성악가들은 리듬의 질서가 어긋나지 않게 하고, 악보의 음
표를 규율에 따라 정확히 처리하고, 온음표는 꽉 채우는 소리로 마무리
를 잘할 것이다. 예술에서는 혼돈이나 무질서조차도 템포-리듬이 있어
야 한다. 그래서 만약 성악가가 진정한 예술가가 되지 못하면 그냥 노래
부르는 사람에 머물게 된다. 이것은 연기의 화술에도 그대로 적용된다.

6) 배우가 취할 것(take an actor)

(1) 리듬이 고르지 못한(uneven rhythm)

바샤의 경우와 같이 '리듬이 고르지 못해'서, 절마다 리듬을 바꾸거
나, 같은 구절 안에서도 리듬을 바꾸고, 문장의 반은 느린 템포로 하다
가 나머지 반은 빠르게 처리하는 등으로 전혀 리듬감이 없이 엉뚱하게
대사를 해서는 안 된다.

(2) 제멋대로의 속도(slipshod speed)

전혀 주의를 기울이지 않고 입에서 나오는 대로 말하는 배우는 그야
말로 '제멋대로의 속도'로 대사를 한다. 그래서 불완전하고 마무리도 없
는 반쪽짜리 말을 하게 된다. 그리고 성격 표현의 의도가 아니면서 멋으
로 자기가 하고 싶은 대로 말의 속도를 아무렇게나 바꾸어서는 안 된다.

(3) 주어진 템포-리듬 유지하기(must preserve the given tempo-rhythm)

텍스트에 있는 대사는 그 대사 나름의 템포-리듬이 있기 마련이므
로, 그 구절 전체적인 말의 속도와 항상 보조를 맞추어야 하고, 그 말에

'주어진 템포-리듬 유지하기'를 반드시 해야 한다.

7) 화술의 중요한 두 가지 요소(two important elements of speech)

우리의 문제는 많은 배우들이 말하는 데 있어서 '화술의 중요한 두 가지 요소'에 대한 훈련을 제대로 받지 못했다는 사실이다. 그 두 가지는,

⑴ 말을 할 때 한편으로 부드럽고, 느긋하고, 잘 울리고, 거침이 없어야 하며

⑵ 동시에 다른 한편으로는 빠르고, 경쾌하고, 명료하고, 힘이 있어야 한다.

그런데 우리가 자주 들을 수 있는 대사는 긴 포즈 사이에 급하게 처리되는 대사들뿐이다. 당당하면서 느리게 말을 하기 위해서는 무엇보다도 울려퍼지는 율동적 흐름으로 말 없는 포즈를 채워야 한다. 그러려면 먼저 내면적인 기반이 있어야 느리면서 당당하고 유창하게 말할 수 있다.

8) 훌륭하고 빠른 화술(good rapid speech)

템포가 유지되고 리듬이 분명히 살아있는 '훌륭하고 빠른 화술'을 배우가 구사하는 것을 들을 수 있는 기회는 정말 흔하지 않다. 그런 화술을 위해서는 아래의 두 가지를 알고 실천해야 한다.

⑴ 말을 아주 빨리하는(real patter) 것을 배워야 한다.

빨리 말을 하려면 아주 느리고 아주 정확하게 말하는 것부터 배워야 한다. 이런 방법으로 오랫동안 반복연습을 해서 말하는 신체기관을 빠르게 말할 수 있도록 숙달시켜야 한다.

⑵ 진정한 예술가들을 모델로 놓고 그들의 화술의 방법인 명료함과 조화로운 균형과 규칙을 정확하게 배워야 한다.

9) 말을 할 때는(in speaking)

(1) 음, 음절, 단어를 '적절한 길이(proper length)'로 처리하고

(2) 소리 조각을 결합 때 '분명한 리듬(clean cut rhythm)'을 사용하고

(3) '구절을 마디로 끊어서(phrases into measures)' 처리하고

(4) 여러 구절들 사이의 '리듬의 상호관계(rhythmic relationship)'를 조절
하고

(5) '정확한 강세 두기(clear accentuation)'를 하고

(6) 모두가 '정서 기억(remembered emotions)', '인물 이미지(character image)의 창조에 부합되어야 한다.

10) 분명한 리듬감(clear cut rhythm)

그리고 '분명한 리듬감'을 가지고 말을 하면 리듬에 민감해질 수 있다. 그런데 한 가지 중요한 것은 이 모든 경우는 '주어진 상황'과 '만약에'라는 마술에 그 내적 기초를 두고 정확히 말할 때만 가능하다는 것을 알아야 한다.

2. 산문의 템포-리듬
(tempo- rhythm in prose)

오늘 수업에는 다시 큰 메트로놈이 느린 템포로 움직이고, 벨을 울려서 마디를 표시하고, 작은 메트로놈으로 말의 리듬을 나타내게 한다. 내게 무슨 말이든지 하라고 해서 영화 얘기를 하는데, 메트로놈과 벨과 나의 말은 각자 따로 놀고 있다.

1) 장단 맞춰줘도 춤 못 춰(the band is playing, the flag just flaps)

연출 연생이 내게 '장단을 맞춰줘도 춤을 못 춘다'고 한다. 그러나 메트로놈의 운율에 말을 어떻게 맞추는지 모르는 나로서는 당연하다고 생각한다.

(1) 강세를 어디에 맞추는지(where should the stresses coincide)

노래나 운문일 때는 강세나 운율을 기계적 박자에 맞출 수 있지만, 산문에서는 '강세를 어디에 맞추는지' 모르고 강세도 놓치고 박자도 놓치고 있다.

(2) 우연히 박자를 맞추다(by accident I happened to coincide with the beat)

그런데 나도 모르게 메트로놈에 '우연히 박자를 맞추는' 일이 생긴다. 몇 초 동안 맞다가 다시 처음처럼 맞지 않게 된다. 그래서 애를 쓰면 쓸수록 혼란에 빠지고 메트로놈에게 쫓겨나서 울기 바로 직전에 이르러 더는 못하겠다고 호소한다.

2) 너무 많은 템포-리듬 찾으려
(too demanding in your tempo-rhythm)

그렇게 스스로 혼란에 빠지지 말라며, 산문에서 '너무 많은 템포-리듬을 찾으려' 하기 때문에 기대에 못 미치는 것일 뿐이고 한다. 운문이나 춤은 사전에 정해지지만 산문은 엄격하고 규칙적이지는 않다고 한다. 리듬 감각이 뛰어난 사람은 리듬의 일치를 자주 만들 수 있지만 덜 발전된 사람은 적게 만든다는 것이다.

3) 산문의 템포-리듬은 우연히 일어나
(tempo-rhythm in prose is accidental)

산문에도 템포-리듬이 있지만 일상적인 말에서 '산문의 템포-리듬은 우연히 일어나'는 것이다. 산문에는 여러 템포–리듬이 섞여있다. 여기는 이렇게 저기는 저렇게 각 구절마다 고유한 리듬이 있다. 산문에서는 음표, 포즈, 마디, 멜로디, 템포–리듬이 대본 속의 글자, 음절, 단어, 구절과 통합되어 있다.

4) 수학적 리듬(mathematically rhythm)

산문에다가 '수학적 리듬'을 실어주면 단순한 산문(simple prose)이 운문처럼 들리고 음악성을 띠게 된다. 그렇게 통합되면 전체가 모여서 조화롭고 리드믹한 음악적 소리를 만들고 소리에 텍스트의 내용을 심게 된다. 그럼 음악에서는 어떤 일이 생기는가? 가사에 멜로디를 붙여 노래하고, 노래 없는 부분엔 반주가 있고, 마디에서는 박자를 맞추려고 잠시 멈추기도 한다.

산문에서는 글자, 음절, 단어는 음표이고, 포즈를 만드는 것은 말을 마디별로 마무리짓기 위해서 리듬으로 채우는 것이다. 그리고 대사를 할 때 강세가 일정한 위치에 반복적으로 붙으면 운문에 접근할 수 있다.

5) 포즈는 다른 느낌 만들어

(pauses creats a sorts of different rhythm)

포즈는 리듬을 채우기도 하고, '포즈는 다른 느낌의 리듬을 만들어'준다. 글자, 음절, 단어들 사이에 포즈를 두면 포즈가 없을 때와는 전혀 다른 느낌의 리듬이 만들어진다. 우리가 말할 때나 침묵할 때나, 움직일 때나 가만히 있을 때나 항상 템포–리듬에 따라야 한다.

6) 일반적 포즈(ordinary pauses), 호흡을 위한 포즈(pauses for breath)

'일반적 포즈'는 작품에서 필요한 포즈이고, '호흡을 위한 포즈'는 배우가 숨쉬기 위해서 필요한 포즈이다. 시나 산문에서 '일반적 포즈'나 '호흡을 위한 포즈'는 대단히 중요하다. 포즈는 리듬의 흐름을 구성하는 요소일 뿐 아니라, 리듬을 만들고 조절할 때 중요한 역할을 한다.

7) 의미 없는 음절로 박자 맞추기
(replace the beats with nonsensical syllables)

마디 안에 있는 빈 공간을 포즈로 채워서 마무리하는 작업이 있는데 이것을 "딴–따–단–따(ta–ta–ti–ra–ra)"라고 한다. 이것은 우리가 노래를 부를 때 가사를 모르면 '딴–따–단–따–단' 식의 의미 없는 음절로 박자 맞추기'를 하는 것을 말한다.

이제 내가 수업 처음의 강세두기 연습에서 메트로놈의 똑딱소리와 우연히 일치된 것을 치욕적으로 생각했던 것이 치욕이 아니고 당연하다는 것을 알게 되었다.

3. 산문 대사의 리듬
(prose speech rhythm)

1) 여러 리듬을 하나로 결합
(how to combine varying rhythms into one whole)

이제 문제는 어떻게 구절마다 계속 바뀌는 '여러 리듬을 하나로 결합' 시킬 수 있느냐이다. 교향곡의 지휘자가 3/4박자 교향곡을 5/4로 어떻게 넘어가느냐의 문제이다. 지휘자는 그 과도기에서 생기는 장애를 극복할 수 있게 해줘야 한다.

(1) 리듬의 단계적 변화(series of transitional, rhythmic steps)

지휘자는 연주자와 관객을 이끌고 새로운 리듬으로 가기 위한 논리적인 방법으로 '리듬의 단계적 변화'로 이끌어간다. 배우도 특정 템포–리듬을 가진 구절을 다른 템포의 구절로 넘어가려면 단계적 변화를 해야 한다. 지휘자는 지휘봉으로 하지만 배우는 '딴따단따단(tatatirareering)'의 도움을 받아야 한다.

(2) 단계적 장치의 필요(need the transitional devices)

배우들에게 '단계적 장치가 필요'한 이유는 무대의 다른 배우들과 관객들을 함께 이끌고 새로운 템포-리듬으로 자연스럽게 들어가기 위해서이다. 배우가 산문에서 '딴따단따단'을 사용하여 이질적인 리듬과 구절을 가진 마디 사이를 서로 부드럽게 연결할 수 있다.

(3) 메트로놈 박자에 맞추기(coincide with the beat of the metronom)

그 이후 시간은 평소대로 말하면서 중요한 단어와 음절을 가능한 것은 '메트로놈의 박자에 맞추기'의 연습을 한다. 특히 강조해야 할 단어와 구절이 메트로놈의 똑딱거리는 소리와 맞아떨어지도록 연습한다. 이 연습으로 구절을 말할 때 내용상의 빈 부분을 포즈나 마음속의 숫자세기로 채우기도 가능해지고, 어떤 하모니와 내적 자극도 받을 수 있었다. 나는 이제 내적 감각에 영향을 미치는 템포-리듬의 중요성을 실감하게 된다.

4. 표현력 있는 템포-리듬
(expressive tempo-thythm)

1) 운문 고전(verse classic)

이번에는 그리보예도프의 운문 고전인 〈지혜의 슬픔(woe from too much wit)〉의 한 장면으로 운문에 대한 수업을 한다.

파무소프: 무슨 일인가? … 몰찰린, 자넨가?
몰찰린: 저는? …

파무소프: 이 시간에, 여기를? 왜? …

이 운문 대사를 산문체로 한번 바꾸어 보면,

"자네가 무엇 때문에 여기에 와 있는가? 자네 몰차린이 맞는가?"
"예, 접니다."
"자네가 도대체 이 시간에 어떻게 여기에 와 있고 무슨 이유로 왔단 말인가?"

뜻은 같지만 산문은 말이 많아지고 간결함, 명료함, 단호함, 격렬함이 없어진다. 그러나 운문에는 불필요한 단어가 없고 마무리와 통제가 깔끔하며 여운이 있다. 산문에서는 문장 전체가 필요한 표현이 운문에서는 한두 마디로 끝난다.

2) 운문의 정교성(exquisite quality of verse)

시의 달인이 있다고 하여도 산문으로 운문이 가진 깔끔하고 예리한 리듬과 '운문의 정교성'을 그대로 전달할 수 없다. 앞에서 예시한 몰찰린의 "저는? …"이라는 단 한 마디의 대사 속에는 공포감, 당혹감과 변명을 해야 하는 굴욕적인 느낌이 있다. 이 한 마디 운문대사에 숨어있는 이 서브텍스트(subtext)를 배우가 외적으로 표현하려면 내적으로 이 상황의 정교성을 예리하게 느낄 수 있어야 한다.

3) 다른 형식(different form), 다른 정서(different emotion)

시(poetry)는 산문하고는 '다른 형식'을 가지므로 '다른 정서'를 드러낸다. 또 그 역으로 시는 서브텍스트를 통해서 '다른 정서'를 드러내므로 '다른 형식'을 가진다. 산문과 운문의 중요한 차이는 서로 다른 템포-리

듬을 가졌고, 이 다른 템포-리듬으로 우리의 감각과 정서에 미치는 영향
도 다르다는 것이다. 여기에 근거해서 운문이든 산문이든 말을 리드믹하
게 하면 텍스트 속에 담긴 생각과 정서가 분명해질 수 있고, 역으로 생각
과 정서를 분명히 하려면 말을 리드믹하게 해야 한다.

4) 템포-리듬과 정서 사이에 효과의 공존(effect of tempo-rhythm on emotion and of emotion on tempo-rhythm)

템포-리듬이 정서에 미치는 효과와 정서가 템포-리듬에 미치는 효과
는 공존한다.

이것은 우리가 실습했던 것이다. 어떤 분위기, 행동, 상상의 이미지를
템포-리듬으로 두드려서 표현하고 팔로 지휘도 하고 그 후에는, 단순히
템포-리듬만 두드려도 그 이미지가 정서적 기억과 느낌으로 되살아났었
던 것을 경험했다.

두드리기만 해도 그런 일이 일어났으니, 생생한 목소리와 단어 음절이
가지고 있는 템포-리듬과 그 속에 함축된 의미를 사용하면 더 큰 효과
를 얻을 수 있다.

5) 토마소 살비니의 독백 (soliloquy by Tommso Salvini)

연출선생은 토마소 살비니가 연기한 〈죄인가족(Family of a Criminal)〉
의 독백이 생각난다며, 이태리어를 몰라서 무슨 얘긴지 알지는 못했지만,
정서를 깊이 느낄 수 있었던 것은 그의 억양이 아주 훌륭했고 거기에 표
현적인 템포-리듬까지 있었기 때문이란다. 운문 속의 템포-리듬으로 종
소리와 요란한 말발굽 소리의 상황을 상상해 보란다.

들어라 종소리-
쇠 종소리를!

장엄한 세상만가의 굴복!
등자를 박차고 말에 오른다.

5. 소리뿐 아니라 포즈도
(not only of sounds but also of pauses)

우리가 말을 하기 위해서는 소리뿐 아니라 포즈도 필요하다는 것을
알아야 한다.

1) 운문에 포즈 두기의 한계(verse is a limit to pause)
리듬은 항상 배우 속에 있어서 행동을 하든 안 하든, 말이 있든 없든
일단 배우가 무대에 서면 나타나게 된다. 그래서 '행동과 무행동, 말과 침
묵 속의 템포-리듬'이 서로 어떤 상호관계가 있는지를 살펴보자. 운문의
경우는 말을 끊거나 포즈를 둘 수 있는 시간이 한정되어 있어서, 포즈를
오래 두면 템포-리듬이 깨지고 운문에 균열이 생기므로 '운문에 포즈를
두기의 한계'가 있는 것이다.

2) 포즈가 불가피한(pauses are inevitable)
그러나 필요한 행동을 하기 위해서는 긴 '포즈가 불가피한' 때가 있으
니, 그리보예도프의 〈지혜의 슬픔〉의 첫 장면의 예를 보자. 리사는 아침
까지 계속되는 몰찰린과 여주인의 밀회를 끝내야 해서, 소피아의 침실문
을 노크하지만 반응이 없다.

리사 : (포즈. 시계를 보다가 꾀를 생각해낸다) 시계를 앞으로 돌려야
　　　지. 꾸중이야 듣겠지만 워쩌. 시계종소리가 나면 ... (포즈. 가

로질러 시계로 가서 시계 바늘을 돌리자 종소리가 난다. 파무소프가 들어온다) 오, 주인님!

파무소프: 그래 주인님이다 (포즈. 시계로 가서 종소리를 멈추게 한다) 무슨 짓이냐.

너 참 못됐구나. 너 같은 아이는 처음 본다.

위에 있는 세 가지의 포즈는 성격상 행동을 위해 대사 사이에 상당한 간격이 필요하다. 그런데 운문에서는 운율을 맞춰야 하므로 사정이 더 복잡해진다.

3) 행동에서 진실의 느낌(feeling of truth in action)

그래서 운율을 맞추어야 하는 대사 사이에서의 포즈는 '행동에서 진실성의 느낌'을 확보하기 위해서 조정해야 할 필요가 있다. 포즈가 너무 길어지면 운율을 놓쳐서 흘러오던 운율이 엉키게 되고, 너무 짧으면 '행동에서 진실성의 느낌'이 없어져버리니 그 둘을 서로 어떻게 잘 조정하는 게 중요하다. 그래서 말, 포즈, 무언의 행동이 교대로 나타날 때는 딴따-단따를 사용해서 내적 리듬을 유지할 수 있다.

4) 행동과 대사가 허물어지면(undermining of the action and speech)

그런데 파소므프를 연기하는 대부분의 배우들은 대사 사이의 긴 공백을 두려워 하여 행동을 너무 서두르게 된다. 포즈로 중단되었던 행동과 대사와 템포-리듬을 빨리 회복하려고 한다. 그러나 결국 일관성을 잃게 되어서 관객은 무대에서 일어나는 일을 믿지 않게 되고 행동과 대사의 진실성이 무너져서 연기는 넌센스가 된다.

생명력도 없고 기본 바탕도 없는 연기를 관객들은 받아들이지 않는다. 이런 상황에서 행동을 서둘러서 '행동과 대사가 허물어지면' 결국 포즈가 단축되기는 커녕 훨씬 더 길게 느껴지게 된다.

5) 진실성과 리듬의 감각(sense of truthfulness and rhythm)

그래서 태엽을 감거나 시계 종소리를 멈추게 하는 중요한 동작이 본 뜻에서 벗어나게 되므로, 자기 내면의 박자에 맞추어 필요하고 중요한 행동을 조용히 행해야 된다. 그렇다고 과도한 포즈를 둬서도 안 되고, '진실성과 리듬의 감각'에서 동기부여를 받아야 한다. 긴 포즈 다음에 대사를 다시 시작할 때는 운문의 리듬을 새롭게 강조할 필요가 있다. 그렇게 되면 끊어졌던 리듬감을 자신이나 관객이 다시 찾을 수 있게 된다.

배우는 말을 할 때뿐만 아니라 침묵할 때도 리듬감을 계속 갖고 있어야 한다. 그리고 대사와 포즈를 별개로 생각지 말고 하나로 생각해야 한다.

6) 실과 같은(like a thread)

이제 우리는 이 템포-리듬이 배우에게 얼마나 중요한지를 알아가게 된다. 결국 이 템포-리듬은 '행동의 일관된 흐름'과 '서브텍스트'와 그리고 배우가 맡고 있는 역의 움직임, 말, 포즈, 정서적 경험을 따로 놀지 않게 하나로 이어주는 '실과 같은' 역할을 한다.

6. 템포-리듬 복습
(review oh tempo-thythm)

1) 살리에르의 독백(Salieri soliloquy)

우리는 푸쉬킨의 〈모짜르트와 살리에르〉에 나오는 살리에르의 독백으로 연습한다.

먼저 레오가 하는데 멋지게 한다. 연출선생은 움직임은 좋지 않았는데 말하는 것은 리드믹하기는 하지만 약간 건조하고 내적인 부족함이 있다고 한다. 그리고 바샤가 하는데 레오와는 대조적으로 움직임은 좋지만 말하는 리듬감이 좋지 않다고 한다. 다음으로 그리샤가 하자 그리샤는 한 가지의 고정된 템포-리듬만을 사용하여 움직임, 말, 침묵이 단조로운 박자 속에서 이뤄진다며 연습을 중단하고 더 얘기해야 할 게 있다고 한다.

2) 다른 측면의 템포-리듬(another aspect of tempo-rhythm)

템포-리듬에는 다음과 같은 또 다른 측면의 템포-리듬이 있다는 것이다.

(1) 레조뇌르(raisonneur)

고상한 아버지는 고상한 리듬으로만 연기하고 철없는 소녀는 항상 쉬지 않고 재잘거리는 리듬으로만 연기함으로 정해진 템포리듬에 따라서 연기한다는 것이다. 그리샤는 지도하는 사람의 역할을 개성파 배우나 해설하는 사람(변사)인 '레조뇌르'의 템포-리듬을 사용하게 되어서 생활 속의 변화되는 리듬을 사용하지 못하고 있단다.

(2) 내면적 리듬 무시(ignore the inner rhythm)

그리고 많은 배우들이 시의 외형적 형식과 운율에 빠져서, 서브텍스트와 삶과 느낌 속에 담겨있는 '내면적 리듬 무시'를 전적으로 한다는 것이다. 음악에서의 너무 현학적 관점에만 빠져서 내면적 리듬을 무시해서는 결코 안 된다.

(3) 기계적 정확성(mechanical precision)

배우가 수학적으로 정확한 리듬에서 벗어나는 것을 두려워하고 기계적인 정확성을 가지고 시에 운율을 붙여서 읽으면서, 서브텍스트가 없어지는 것을 두려워 한다는 이유로 포즈를 두는 것까지도 역시 두려워 한다. 결국은 격조 높은 서브텍스트의 의미를 몰라서 서브텍스트를 없어지게 한다. 그래서 남는 것은 리듬 그 자체에 대한 관심과 기계적 낭송으로서의 '기계적인 정확성'뿐이다.

(4) 템포는 살아 움직여야(tempo must go on living)

이런 배우들은 템포에 대해서도 똑같은 태도를 보여서 처음부터 끝까지 한 가지 고정된 속도를 사용한다. 템포는 살아 움직이고 변한다는 사실을 모르고 하나에만 매달린다. 감수성이 모자라는 템포는 메트로놈의 똑딱 소리와 다를 바 없다. 안단테는 고정된 안단테가 아니고 알레그로는 절대적 알레그로가 아니다. 그 둘은 서로의 영역으로 다가갈 수 있다.

3) 연극에 적용(applies to the theatre)

이 모든 것들은 연극에서도 적용되어질 수 있다.

(1) 기계적 기술자(just mechanical craftsmen)

기계적 배우와 연출가가 있을 수 있다. 말이 지루하고 단조롭고 형식적인 배우와 연출가는 속에 품고 있는 것이 없고, 겉으로 드러나는 것이 전부인 기계적 기술자라고 할 수 있다. 템포와 리듬도 항상 틀에 박혀서 운문을 잘 다룰 수가 없다.

(2) 빛나는 예술가(splendid artists)

그리고 '빛나는 예술가'로서 배우와 연출가가 있을 수 있다. 이들은 무한하게 변화하고 모든 것이 생생하게 살아있어서 단순한 모사가 아니고 창조적이고 표현적이다. 겉으로 드러나는 것 외에 내적으로 감추어진 서브텍스트가 무궁무진해서 템포와 리듬도 변화하고 운문을 항상 잘 다룰 수 있다.

(3) 운문이 산문이 되어(verse terned into prose)

운문에 걸맞지 않게 내면적 의미에 너무 과도하게 집착하면 '운문이 산문이 되어' 버릴 수 있다. 포즈에 사용한 심리기술 때문에 운문이 무거워지고 복잡해서 혼란스런 심리에 빠져들 수도 있다. 그래서 내적 템포리듬이 둔해지고 복합성 자체가 운문 속에 나타나지 않게 잘 조정해야 한다.

(4) 소프라노가 콜로라투라가 되어서는(soprano to coloratura)

'소프라노가 콜로라투라가 되어서는' 안 된다. 풍부하고 힘 있는 목소리의 바그너 풍의 '소프라노'가 공기 같이 가벼운 '콜로라투라'의 아리아가 되어서는 안 된다. 마찬가지로 가벼운 운율을 가진 그리보예도프의 희곡을 불필요할 정도로 과도한 정서적 서브텍스트로 둔하게 만들어서는 안 된다. 그러나 운문이 깊은 정서적 내용을 가질 수 없다는 것은 아니다. 오히려 숭고한 경험이나 비극적 정서를 위해서 운문형식을 취하는 것이다. 그러나 배우가 과도한 서브텍스트로 운문을 둔중하게 만드는 것은 바람직하지 못하다.

(5) 세 번째 유형의 배우(a third type of actors)

앞에서 언급한 '기계적 기술자'와 '빛나는 예술가'의 두 유형의 중간에 '세 번째 유형의 배우'가 있다. 이 배우는 '서브텍스트와 내적 템포-리듬'과 '운문텍스트와 외적 템포-리듬'에 같은 흥미를 가진다. 그래서 운문대사를 하기 전에 자신을 '템포리듬의 물결'에 맡긴다. 대사, 움직임, 정지, 정서, 침묵, 논리적, 심리적 포즈 이 모든 것을 할 때 템포-리듬의 물결 속에 젖어 있다. 이런 배우에게 포즈는 공허한 죽은 시간이 아니고, 충만한 의미의 살아있는 시간이다. 이때 배우는 자연스럽게 운문에 다가갈 수 있고, 내적 템포-리듬과 외적 템포-리듬이 일치하고 텍스트와 서브텍스트가 하나가 된다.

7. 토르초프의 요약
(summing up by Tortsov)

연출선생은 지금까지 수업한 템포-리듬에 대해서 요약한다.

1) 손뼉치기(clapped hands)

손뼉치기로 마음속에 떠오르는 장면을 표현하기.

2) 마음속 메트로놈(make-believe metronom)

마음속 메트로놈으로 다양한 정서 불러오기.

3) 쟁반연습(exercise with the tray)

쟁반연습으로 회장에서 웨이터로 내적 외적인 현저한 변화의 체험을 한다.

4) 음악에 맞춘 동작(acting to music)

모든 행동을 음악에 맞춰서 하기.

5) 분위기 창조, 정서 자극(created the mood, stimulated the emotion)

모든 분위기 창조와 상응하는 정서를 자극하는 것이 템포-리듬이다.

(1) 말의 실험(experiments with word)

4분음표, 8분음표 등 음표에 맞춘 '말의 실험'으로 다른 느낌을 체험한다.

(2) 운문 리듬과 무언행동의 통합(combining verse of rhythm and silent action)

'운문 리듬이 있는 무언의 행동과의 통합'을 어떻게 하는가를 알아본다.

(3) 내적 감각과 경험의 창출(created our feeling and inner experience)

이런 모든 연습에서 '내적 감각과 경험의 창출'이 된다는 것을 체험한다.

결국 템포-리듬은 우리의 내적 삶, 경험, 정서에 작용된다는 것을 알게 된다.

(4) 거의 기계적 자극제(almost mechanical stimulus)

템포-리듬은 사람의 감정과 밀착되어 있다는 확신을 갖는다. 템포-리듬이 경험의 즉각적인 '거의 기계적인 자극제'인 것이다.

(5) 상호의존, 상호작용(interdependent, interaction)

템포-리듬과 감정은 '상호의존, 상호작용'과 결속의 관계이다.

(6) 배우의 역에 진짜 살게(true sense of living actor's part)

희곡과 역할의 정확한 템포-리듬은 '배우의 역에 진짜 살게' 되는 것이다.

6) 템포-리듬의 상충(clash of tempo-rhythm)

성악가가 무대에 올랐는데 자기가 느끼는 템포-리듬과 상충하는 정서의 템포-리듬이 무대에서 흐르고 있다면 그 성악가의 노래는 결국 엉망이 될 것이다.

(1) 정서(feeling)의 템포-리듬과 말과 행동(words and act)의 템포-리듬

배우가 느끼는 '정서의 템포-리듬'과 그 정서를 신체적으로 표현하는 '말과 행동의 템포-리듬'이 전혀 다르다면 그의 연기도 엉망이 될 것이다. 그러면 우리가 최종적으로 가야 할 곳은 어디인가? 심리기술의 가능성이다.

(2) 우리의 정신, 의지, 감정(our mind, will, feeling)

우리는 내부의 모든 동기를 자극할 수 있는 직접적, 즉각적인 수단을 가지고 있으니, 그것은 심리기술의 가능성인 우리의 '정신'과 '의지'와 '감정'이다.

〈1〉 '우리의 정신'에 직접 영향을 주는 것은 말과 텍스트와 사상이다. 이것을 통해서 우리는 생각을 할 수 있으니까.

〈2〉 '우리의 의지'는 초과제와 일관된 행동의 흐름에서 직접 영향을 받는다.

〈3〉 '우리의 감정'은 템포-리듬으로부터 직접 영향을 받는다.

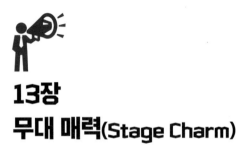

13장
무대 매력(Stage Charm)

1. 매혹
(fascination)

이 세상에서 우리를 '매혹'하는 것이 많이 있지만, 그 중에서도 배우가 관객을 매혹하는 경우가 가끔 있으니, 관객을 사로잡는 그 힘은 어디서 나올까? 그것은 정의할 수도, 파악할 수도 없는, 보이지도 않는 자질에서 나온다. '배우의 전 존재' 그 자체에서 나오는 설명할 수 없는 매력이다. 그것은 배우의 결함까지 장점으로 보이게 만든다.

1) 무대에서만의 매력(be called stage)
그것은 타고나지 않은 '무대에서만의 매력'이다. 이 매력은 타고난 자연스러운 것이 아니고 오직 무대에서만 드러나고 일상에서는 전혀 매력적이지 않을 수 있다. 배우로서는 큰 장점이지만, 이 자질은 신중하고 지혜롭고 분별있게 사용해야 한다.

그 자질을 잘못 사용하면 어떤 배우가, 잘 사용하면 어떤 배우가 될까?

(1) 타락한 배우(dubbed prostitutes)

배우가 이 자질을 정확히 깨닫지 못하고 오직 매력적이기 위해서만 이 능력을 사용하면 수치스러운 결과가 일어나니, 이런 배우는 '타락한 배우'라고 불려진다. 자기 역할의 창조를 위해서 연기하는 것이 아니고, 자신의 이익을 위해서 관객을 사로잡는 능력으로만 사용하기 때문이다. 결국 자기과시를 위해서만 사용하므로 그 능력이 배우를 망치게 된다. 자연이 부여한 능력을 올바르게 사용하지 않으면 '자연이 복수(nature revenges)하는' 것이다.

(2) 단조로운 배우(monotonous actor)

관객을 사로잡는 그 능력의 또 다른 위험성은, 그 능력을 자기 자신만을 위해서 사용하고 싶은 유혹에 빠져서 '단조로운 배우'가 되는 것이다. 만약에 어느 배우가 '자기 인물화 속에 숨어서(hide themselves in a charactorization)' 작품이 아닌 오직 자기 자신의 인기를 위해 같은 연기만 계속 되풀이하여 단조로운 배우가 되면 그를 좋아하던 관객들이 그에게서 돌아서게 된다.

(3) 반감 사는 배우(public against him)

가장 불행한 배우는 무대 밖에서는 멋진 사람이라고 칭찬은 받지만 무대에만 오르면 관객에게 '반감 사는 배우'가 있다. 이 불행한 배우는 무대 밖에서는 멋지다고 칭찬을 들으면서, 왜 무대에서는 형편없어 보일까? 이런 배우는 무대에서 매력이 넘치는 배우보다 예술에 대해서는 훨씬 지적이고 타고나고 양심적인 경우가 많지만 그 재능이 늦게 나타날 수가 있고 시간이 필요하기 때문이다. 그래서 현명한 배우는 이런 배우를 주목하여 그 예술적 장점을 파악하고 그 장점을 찾아서 자기의 것으로 만들 필요가 있다.

(4) 예술적인 창조 배우(artistically create charm)

그런가 하면 무대에서 진정한 매력을 가진 '예술적인 창조 배우'가 있다.

관객을 사로잡는 개인적인 타고난 능력이 없기 때문에 자기 자신을 그대로 드러내지 않는 배우이다. 개인적인 매력으로서가 아니고 예술적으로 창조된 매력으로 관객의 주의를 이끌어내는 배우이다. 그의 창조 행위 속에는 섬세함, 상냥함, 우아함, 대담함, 발랄함과 심지어 교만함과 신랄함까지 담겨있어서 관객을 휘몰아서 끌어당기게 된다.

2) 부정적 자질을 극복(overcome the repellent quality)

그런데 무대에서 매력을 타고나지 못한 배우가 매력을 개발해서 '부정적 자질을 극복'하는 방법은 없을까? 제한적이기는 하지만 방법이 있다.

(1) 단점 보완(toning down shortcomings)

매력을 개발하기보다는 매력이 없는 자기의 '단점을 보완'해야 한다. 그러기 위해서 먼저 자기의 단점이 무엇인지를 이해해야 한다. 어쩌면 이해보다 단점을 느껴야 한다. 깊이 관찰하여 자신에 대해 구체적으로 단점을 정확히 알아야 그것과 씨름할 수 있다.

(2) 체계적 노력(systematic work)

자기가 타고난 일상적인 부정적 자질과 습관을 없애기 위해서는 대단한 인내력과 엄청난 '체계적 노력'을 해야 한다. 타고난 능력을 찾아내는 것은 어렵다. 어쩌면 불가능할 수도 있다. 그러나 최선의 방법은 체계적 노력의 습관화이다.

(3) 무대 매력 창조(create stage charm)

지금까지 우리가 찾으며 실습하고 잘 배워온 연기 방식으로 어느 정도의 '무대매력 창조'를 할 수 있다. 사실 좋은 연기는 '그 자체가 매력적이다. 실제로 우리는 주변에서 별로이던 배우가 완숙해지는 것을 가끔 보게 된다.

(4) 아름다움과 고상함(beauty and nobility)

이러한 변화가 가능해지는 것은 배우가 자신이 하는 예술을 제대로 알기 위해서 남 모르게 노력할 때이니 그 노력이 아름답다. 예술은 '아름다움과 고상함'을 낳고, 아름다움과 고상함은 그것이 무엇이든 사람을 끌어당기는 힘이 있다.

14장
연극윤리(Toward An Ethics For The Teatre)

1. 창조적 연극상태에 기여
(contributing to a creative dramatic state)

이제 우리는 진정한 '창조적 연극상태에 기여'하는 중요한 또 다른 요소도 알아봐야 한다. 그것을 윤리, 규율 혹은 공동체 의식이라고 한다.

1) 윤리(ethics)

우리 작업을 미리 준비하게 해주는 일, 이것들이 있어야 살아 숨쉬는 예술에 함께 참여할 준비로서의 태도가 갖춰지게 된다. 그러니까 창조적 상태에 이를 수 있게 도와주는 중요한 역할을 하는 그것이 바로 '윤리'이다. 작가, 작곡가, 화가는 시간에 쫓기지 않고 편한 장소와 시간에 일 할 수 있지만, 배우는 지정된 시간과 장소에서 일해야 한다. 그래서 질서, 규율, 윤리강령이 항상 필요하다.

2) 자신 속의 예술을 사랑하라(love art in yourself)

배우가 예술작업을 하면서 마음에 둬야 할 것은 '예술 속의 자신을 사랑하지 말고(not yourself in art)', '자신 속의 예술을 사랑하라'는 것이다. 예술을 하는 자기 자신을 애지중지하지 말고, 자기 자신 속에서 창조되는 예술을 진정 사랑해야 한다. 그래야 예술에 헌신적으로 임할 수 있고, 진실의 눈으로 예술을 볼 수 있다.

3) 연극 안의 세균(bacilli in the theatre)

극장은 많은 세균들에 노출 되어있고, 좋은 세균과 나쁜 세균이 있다.

(1) 좋은 세균들(good bacilli)

좋은 세균은 위대한 사상, 정서, 고귀한 것에 대한 열정을 키워주고, 예술의 근본, 창조의 방법을 알게 해주고, 그리고 예술을 향한 참된 열정을 키워준다.

(2) 나쁜 세균들(harmfull bacilli)

나쁜 세균은 배우를 타락하게 한다. 극장에는 많은 유혹이 손길을 뻗고 있어서, 스스로 절제하는 법을 배워야 하고, 흙 묻은 신발로 극장에 들어오면 안 된다. 그래서 나쁜 세균을 없애려면 발을 털고 극장에 들어오는 습관을 들여야 한다.

2. 만들고(to build up)
부수기(to tear down)

극장 배우 중 한 명이 스캔들을 일으켜 경고를 받자, 그리샤는 극장이 배우의 사생활에 끼어들 권리가 없다고 한다. 연출선생은 한 손은 애써 '만들고' 다른 한 손은 허무한 '부수기'를 하면 되겠느냐며 자기 경험

중에서 한 가지 예를 든다. 어떤 연극을 봤는데 연기를 정말 잘한 배우가 있었고, 식당에서 친구와 흥분해서 찬사를 하는 중에 그 배우가 들어와서 열광적으로 맞이하자, 그가 우리를 별실의 자기 테이블로 초대하고 인사불성으로 술을 마셨는데, 술값을 내지 않겠다고 추태를 부렸단다.

배우는 무대 위에서 만들고 사생활에서 부수기를 해서는 안 된다는 것이다.

3. 선의의 경쟁이란 미사여구
(fine sounding phrases such as enlightened competition)

배우와 연출가들 사이의 선두 다툼, 상대방 성공의 질시, 급여와 역할의 분열과 서로 간의 야망, 비열한 음모를 '선의의 경쟁이란 미사여구'로 위장하면서 무대 뒤에서의 험담이 어렵게 일구워 놓은 예술작업을 망가뜨려서는 안 된다. 어떤 여배우 두 사람은 무대 뒤에서뿐만 아니라 무대에서도 천박하게 상대를 헐뜯는 예도 있었다고 한다. 이런 나쁜 버릇을 고치지 못하면 자멸에 빠지게 된다는 것이다.

4. 한 사람은 모두를, 모두는 한 사람을 위해
(one works for all and all for one)

연극공연은 '한 사람은 모두를 위해, 모두는 한 사람을 위해'서 작업해야 한다. 그래서 상호책임을 느껴야 하고, 이런 신뢰 관계가 깨어지면 모든 것이 무너진다. 한 개인에게 훌륭한 재능에 대해서는 찬사를 보내지만, 스타시스템은 인정하지 않으니, 우리의 예술에는 앙상블 연기가 필요하기 때문이다.

5. 한 사람이 늦으면 모두가 엄망
(one person is late it upsets all the other)

배우는 연습 시작 30분이나 적어도 10분 전에 연습장에 와서 자기의 내적 상태를 점검해야 한다. 연극은 집단작업으로 이뤄진다는 것을 명심하면 어떻게 할지를 알 수 있다. 연극에서는 '한 사람이 늦으면 모두가 엄망'이 되고 만다. 개인이 공동작업에 끼치는 영향을 알지 못하면 막대한 지장을 가져오므로 예술적 윤리와 규율이 절대적으로 필요하다.

6. 연습은 예술가의 평생 동안
(exercises go on through whole lives as artist)

톨스토이나 체홉 같은 작가들은 매일 정해진 시간에 책상 앞에 앉아 무언가를 써야 한다고 생각한다. 집에서 자기가 하는 예술을 연마하는데 게으른 배우들의 핑계는 항상 시간이 없다는 것이다. 배우의 '연습은 예술가로 살아있는 동안 평생' 해야 한다. 성악가는 목소리와 호흡, 무용수는 신체기관에 신경 쓰면 되지만, 배우는 팔다리, 눈, 얼굴과 전신의 유연성, 템포와 리듬감 그 모두를 자기가 평생 동안 책임지기 위해서는 평생 동안 연습해야 한다. 그래서 생각이 없는 배우는 등장을 기다리며 분장실에서 아무것도 안 하고 빈둥거릴 때 가장 많이 지치게 된다.

7. 살아있는 자신만의 정서
(his own living emotion)

　많은 배우들이 창조적 작업을 하면서 주도적인 역할을 하지 않으려고 한다. 누군가 이끌어주기를 기다리며 눈치 보는 수동적인 사람이 되어서 능동적으로 움직이지 않는다. 배우는 연습할 때 다른 사람이 이루어 놓은 작업에 빌붙어서 이득을 가져오면 안 된다. 다른 사람의 노력이나 창조에 의지하는 게으름뱅이는 전체 작업의 방해꾼이다. 자기가 맡은 역에 생명을 불어넣을 수 있는 '살아있는 자신만의 정서'는 그 누구도 아닌 바로 자기 자신이 만들어야 한다. 배우는 창조적인 의지와 기술을 개발할 의무를 가진 사람이다.

8. 오직 조건의 충족 아래
(only under necessary condition)

　배우의 예술과 극장에서의 의무는 등장인물의 내면적 삶을 창조하고 작품의 핵심을 신체를 통해서 극적으로 표현하는 것이다. 공연에 관계하는 모든 사람들은 예술의 궁극적 목표에 절대적으로 종속해야 한다. 공연 때뿐만 아니라 연습할 때와 하루 종일 어디서나 마찬가지다. 예술가는 어떤 '필요조건의 충족 아래'에서 조건이 충족되어야 성공적인 작업을 할 수 있다. 따라서 누가 그 조건을 하나라도 흩트리면 그 집단 전체에 해를 끼치게 된다.

15장
성취의 도표화(Patterns Of Accomplishment)

1. 연기의 전체 시스템
(whole system of action)

　오늘 라흐마노프 조교의 집을 방문했는데 그는 연기의 전체 시스템에 관한 현수막(banners)을 만들고 있다. 우리가 2년간 배운 모든 것들을 한 눈에 보고 복습할 수 있게 하는 현수막이다. 나는 조교와 함께 학교 강당에 전시하기 위한 이 작업을 밤 늦도록 도와준다.

2. 도표 전시하기
(patterns be exhibit)

배우의 준비(preparations of an actor)	배역의 준비(preparations of a part)
전반적 창조상태 (over-all creative state)	
내적 창조상태(inner creative state)	외적 창조상태(external creative state)
지성(mind) 의지(will) 감정(feeling)	
심리기술(psycho technique)	외적기술(external technique)
내적 자질(inner inner qualities)	신체적 속성(physical attributes)
상상력(imagination)	근육이완(relaxation of muscles)
정서적 기억(emotional memoty)	표현력 있는 신체(expressive body)
주의집중(concentration)	체조(gymnestics), 무용(dance), 곡예(acrobatics), 복싱(boxing)
비트와 과제(bits and tasks)	유연성(plastisity)
내적 인물화(innrr characterization)	외적 인물화(external characterization)
감정과 논리와 일관성, 진실과 신뢰 (logic & coherence of feeling, truth & belief)	신체적 행동의 논리와 일관성 (logic & coherence of physical action)
내적 템포리듬(inner tempo-rhythm)	외적 템포리듬(external tempo-rhythm)
교류(communication), 적응(adaptation), 무대매력(stage charm), 절제, 마무리(restrain, finish)	

3. 역할로 살기와 그 준비
(to live a part & to prepare it)

연출선생 토르초프는 조교 라흐마노프에게 지난 2년 동안 우리가 배운 것을 한눈에 들어오게 도표로 잘 만들었다고 칭찬한다. 우리의 2년의 과정은 '역할을 어떻게 살아내야 하는지(how to live a part)'와 '그 역을 살아내기 위해 스스로 어떤 준비를 해야 하는지(to prepare ourselves for it)'에 대한 탐구라고 한다.

1) 연기 시스템의 근저(system of acting is based)
우리는 세 가지의 연기 시스템의 근저가 무엇인지를 배운 것이다.

(1) 행동의 원칙(principle of activity)

첫 번째가 '행동의 원칙'이다. 배우는 '등장인물의 이미지와 정서(character images and emotions)'를 연기해서는 안 되고, '역할의 이미지와 열정 안에서 행동(act in the images and passions of a role)'을 해야 한다는 것이다.

(2) 제시된 상황 조성(to produce the proposed circumstances)

두 번째는 푸쉬킨의 유명한 말인 '배우의 임무는 정서를 만들어내는 데 있지 않고 참된 감정이 자연스럽게 나올 수 있는 '제시된 상황을 조성'하는 데 있다.

(3) 인간 본성의 유기적 창조(organic creatness of our own nature)

세 번째의 근저는 '인간 본성의 유기적 창조'로서 '의식적 기술(conscious technique)'을 통해 예술적 진실인 '잠재의식적 창조(subconscious creation)'에 이르는 것이다. 그래서 우리가 추구하는 주요 목표는 인간의 타고난 창조성과 잠재의식에 대한 자극이다.

우리는 이런 명백한 법칙의 기반에서 의식적 훈련과 실험을 하면서 알지 못하던 잠재의식의 세계도 느낄 수 있다.

2) 배역 생활하는 과정(process of living a part)

이 왼쪽 벽에 붙은 도표의 요소들은 첫째 해에 공부한 것으로 '역할을 생활하는 과정' 전체를 나타내고 있다. 이 과정이 연기에서 아주 중요하니, 배우 창조작업의 매 순간에 자기의 정서로 활력을 불어넣어야 하는 연기의 내적 측면이기 때문이다. 배우가 자기의 정서로 직접 체험하지 않고는 생명력이 있을 수 없다. 그래서 배우가 지기 역할을 체험하지 않는 한 그 속에는 예술이 없다. 이 역할의 체험을 위해서는 역할탐구를 계속해야 하고 무대 경험도 쌓아가야 한다.

3) 연기의 외적 측면(external aspect of acting)

이 오른쪽 벽에 붙은 도표의 요소들은 두 번째 해에 배우며 실습한 것으로 연기의 외적 측면인 신체기관의 형성을 위주로 우리가 훈련했었던 것들이다.

(1) 내 눈에 보이게 해야(visible to my eyes)

관객이 극장에 가면 우선 보고, 알고, 이해하고 배우들과 함께 느끼고 싶어한다. 그래서 배우들은 보이지 않는 내적인 경험을 '내 눈에 보이게' 만들어내야 한다. 배우는 자기 역할을 하면서 감정을 갖고 있으면서도 잘 표현하지 못해서 헷갈리게 하는 경우가 많이 있다. 배우가 자기 감정을 잘 나타내지 못하는 것은 훌륭한 연주자가 조율이 안 된 악기로 연주하는 것과 같이 안타까운 상황이다. 맡은 역할의 삶이 복잡미묘하면 할수록 표현하는 배우의 신체는 섬세하고 강력하지만 예술적이어야 한다.

(2) 외적 기술(external technique)

그러기 위해서는 엄청난 외적 기술이 필요하다. 그래서 배우의 신체기관, 목소리, 발성, 억양, 단어와 구절처리, 화술, 표정, 움직임의 유연성, 걸음걸이, 포즈 등을 통해 내부의 감정을 자유자재로 외부로 표현할 수 있어야 한다. 그렇게 해서 내적 삶의 미세한 변화와 우여곡절을 최대한 민감하게 반응하여서 보이지 않는 내적인 감정을 신체적 외적인 형태로 드러내야 한다. 그러자면 배우는 항상 자기의 신체를 타고난 능력의 최대의 한계까지 훈련시키고, 계속적으로 개발하고 교정하고 조율하는 작업을 끊임없이 해야 한다.

4. 세 가지의 원동력
(three motive forces)

우리의 내적 삶 속에 '세 가지의 원동력'은 지성, 의지, 감정이라는 것을 '3인의 대연주자'로 비교해서 설명들은 바 있다. 이 창조의 세 가지 원동력은 내적인 삶 속에 포함되어 있지만, 외적 창조상태에 속해 있는 여러 요소의 공명을 통해 만들어진다. 오르간의 소리가 내부에서 나오지만 외부의 파이프를 통해서 크게 공명된다. 이처럼 지성과 의지와 감정은 내부에 있지만 그것이 외부로 공명되어 나와야 그 진가가 드러나게 되므로 도표에서는 내적이나 외적의 어느 한 쪽이 아닌 중간에 위치시키고 있다. 그리고 도표의 순서를 단계별 작업순서에 따라 일부 바꾸게 된다.

1) 창조적 과정(creative process)
창조적 과정은 시인, 작가, 연출자, 배우, 무대 디지이너 및 관계자들의 상상력을 통한 창작부터 시작한다.
(1) 상상력과 만약이란 마술(the magic if)과 제시된 상황
(2) 비트별 분할과 과제(task)
(3) 대상에 대한 주의집중(concentration of attention on object)

(4) 진실의 감각(sense of truth), 신뢰의 감각(sense of faith)

(5) 행동을 유도하는 욕망(desire, which leads to action)

(6) 교류(communication)

(7) 적응(adaptation)

(8) 내적 템포-리듬(inner tempo-rhythm)

(9) 정서적 기억(emotion memory)

(10) 논리와 연속성(logic and continuity)

창조에는 논리와 연속성이 있어야 한다. 비논리적 인물도 논리적 계획과 작품의 전체적 구조 안에서 표현되어야 한다.

1〉 감정의 논리와 연속성(logic and continuity of feelings)

2〉 행동 목록 작성(set up a list of action)

사랑의 정서가 배어나는 행동목록을 만들어본다.

〈1〉 첫 만남(first meeting)

남녀의 첫 만남은 끌리고 관심이 고조된다.

〈2〉 두 번째 만남(second meeting)

두 번째 만남에 공동관심사에 대해 얘기한다.

〈3〉 최초의 비밀(first secret)

이제 둘 사이에 둘만의 최초의 비밀이 생긴다.

〈4〉 최초의 다툼(first quarrel)

우호적 충고를 하면서 최초의 다툼이 생긴다.

〈5〉 화해(reconciliation)

둘은 화해를 하고 한층 더 가까워진다.

〈6〉 장애물(obstacles)

장애물이 생기고 비밀편지와 최초의 선물교환을 한다.

〈7〉 첫 키스(first kiss)

은밀한 첫 키스를 하고 격식을 떠나서 마음이 편해진다.

〈8〉 요구 증가(growing demends)

상대방에게 점점 요구가 많아진다.

〈9〉 질투(gealousy)

서로 믿음이 약해지고 질투가 생긴다.

〈10〉 결렬(break)

이제 둘은 믿음이 깨어지게 된다.

〈11〉 이별(separation)

둘은 각자의 길로 서로 이별한다.

〈12〉 다시 만남(meet again)

둘은 용서하고 다시 만난다.

배우가 상황을 제대로 인식하고 적절한 사고와 정서로 이 행동을 상상 속에서 하나씩 취해 나가면 처음은 외적으로 차츰 내적 사랑에 빠진 상태에 도달하게 된다. '사랑에 빠진다'라는 상태에 이르기 위한 목적과 행동을 무대에서 실행하게 된다. 이때 배우는 연극적 가식에 빠진 행동이 아니라 실제 행동을 경험하게 된다. 배우는 작은 사건과 순간들을 이해하고 실현해야 판에 박은 연기를 피하게 된다.

5. 침대에서 일어나서
(get out of bed)

잠에서 막 깨어나고 침대에서 일어나서 몸을 깨우는 체조로 할 수 있는 훈련들.

1) 외적 창조 상태 (external creative state)

졸음이 남아 있고 몸은 굳어 있어서 귀찮지만 해야 할 외적 창조 상태가 있다.

(1) 근육풀기(limber up the muscles)

몸 깨우는 체조로 몸을 따뜻하게 하고 몸과 얼굴의 '근육풀기'를 한다.

(2) 목소리 조절(tune voice up)

'목소리 조절' 작업으로 분명한 발성, 구절처리, 화술구사를 한다.

(3) 리듬과 템포의 서클(cycles of rhythm and tempi)

음조 변화를 통해 모든 '리듬과 템포의 서클' 사이를 오간다.

(4) 몸 전체의 조화(whole physical harmony)

몸 전체의 조화로 질서와 규율 그리고 균형감을 느낀다.

(5) 과제의 필요(need a task)

움직일 준비가 되면 구체적 형태를 나타내기 위한 '과제가 필요'하다.

2) 내적 의지의 지시(inner dictates of will)

이제 '내적 의지의 지시' 그대로 따를 수 있어야 한다. 이제 연주자 3명인 지성, 의지, 감정의 세 원동력이 제 자리를 잡는다.

3) 전반적 창조상태(general creative state)

이제 할 것은 모든 것을 하나로 모으는 일이다. 내면의 심리기술과 외적인 신체 테크닉을 통합하는 것을 '전반적 창조상태'라고 한다.

(1) 내부에서 외부로의 반사작용(reflection from inner to outer form)

'내부에서 외부로의 반사작용'이 즉각적, 자발적, 정확할 수록 관객은 내적인 삶을 더 깊이 느낀다.

(2) 내부와 외부의 상호작용(inner and outer coodination)

배우는 창조과정에서 항상 '내부와 외부의 상호작업'이 이뤄지는 종합적 상태에 있어야 하고 전반적 창조상태에서 벗어나면 안 된다.

4) 제2의 천성(second nature)

이런 상태에 머무는 것 자체를 '제2의 천성'으로 만들어야 자연스럽고 전형적인 속성이 될 수 있다.

(1) 역할의 온전한 준비(prepares a whole part)

이제는 배우가 맡은 자기 '역할의 온전한 준비'를 해야 한다.

(2) 배우의 요소(elements of actor)

우리가 찾아 본 여러 가지 '배우를 구성하는 요소'라는 것은 '자연적인 인간상태(natural state of human beings)'이므로 실제의 인간의 삶과 비슷하다.

(3) 습관과 테크닉의 개발(development of habits and technique)

일상에서는 저절로 만들어지는 상태가 무대에서는 순간에 사라진다. 그래서 엄청난 노력으로 '습관과 기술의 개발'이 필요하다.

(4) 습관과 훈련(habit and training)

체계적인 내적, 외적인 '습관과 훈련'이 필요하다. 훈련으로 습관을 만들어야하니 습관이 제2의 천성이란 말이 옳은 것이다.

(5) 생명력과 진실 불어넣기 (breathes life and truth)

소품으로 둘러싸인 무대에 '생명력과 진실을 불어넣는' 것은 창조적 상태이다.

5) 초자연적 구성요소(ultranatural components of our nature)

연출선생은 도표의 맨 위의 빈 곳에는 '초자연적 구성요소'가 들어가야 하니, 우리의 신체적 진실과 인간본성의 초자연적 구성요소의 중요성에 전력투구해야 한다고 하자, 그리샤가 그렇게 중요한 것을 두고 우리는 왜 아래쪽 요소로 씨름했냐고 한다. '한꺼번에 꼭대기로 오를 수 없다'며 우리에게 계단이 필요하니, 이 도표가 계단이라고 한다. 이 도표에 있는 것들은 모두 예술의 가장 중요한 최고의 영역인 '잠재의식(the subconscious)'에 이르기 위한 준비라고 한다.

6. 가장 중요한 것
(capital impotance)

이제 우리는 전문가의 수준에까지 오게 되었으니 가장 중요한 것을 배워야 한다.

1) 본성의 오묘함(subtlety of nature)

인간의 '본성의 오묘함'이 극장에서 어떻게 작용하는지를 깊이 탐구해야 한다.

2) 초과제(super task)와 일관된 행동(through action)

영양이 풍부한 수프를 만들려면 고기와 야채를 약한 불에 오래 끓여서 국물이 우러나게 해야 한다. 그러나 불이 없으면 끓일 수 없다. '초과제와 행동의 일관된 흐름'이 요리를 하게 해주는 불이다. 일상에서는 우리의 창조적 본성이 부분으로 나눠지지 않지만 무대에서는 쉽게 서로 떨어져나간다.

(1) 모든 부분의 재결합 방법(the means of reuniting all these parts)

우리는 지금까지 배운 '모든 부분의 재결합을 할 방법'을 찾아서 같이 행동하게 해야 한다. 준비한 모든 구성요소를 '행동의 일관된 흐름'을 축으로 모아야 한다.

(2) 희곡의 중심사상(the core of a play)

'초과제(super task)'가 작가의 희곡 집필을 촉발하는 중심사상과 핵심을 나타낸다. 역할에 맞춰 준비한 구체적인 목적을 하나의 흐름으로 꿰어서 '희곡의 중심사상'이 곧 '초과제'가 되어 희곡의 중심사상이 된다.

16장
연기에 관한 몇 가지 결론
(Some Conclusions On Acting)

1. 자연의 시스템
(natural system)

1) 스타니스랍스키 시스템(Stanislavski system)

지금까지 우리가 배운 방법을 소위 '스타니스랍스키 시스템'이라고 부른다. 그러나 이것은 한 사람에 의해서 만들어지지도 않았고, 우리 모든 인간의 본성에서부터 나온 것이다.

(1) 유기적 본성의 일부분(part of our organic natures)

이 방법은 정신적 측면에서나 육체적 측면에서나 타고난 인간 본성의 일부분일 뿐이다. 그러니까 '자연의 법칙(the law of nature)'에 기초를 두고 있다. 아이가 태어나고, 나무가 자라는, 예술적 이미지의 창조는 다 같은 질서 속에 있다.

(2) 창조는 자연의 필요(creativeness is natural necessity)

어떻게 창조의 본성에 다가갈 수 있을까? 우리는 자연의 창조능력을 가지고 태어났다. 창조한다는 것은 우리의 필요가 아닌 '자연의 필요'에 의해서이다. 그래서 우리는 이 자연의 시스템에서 벗어나서는 창조를 할 수 없다.

(3) 왜곡되고 과장된 연기(perform contortions of pretentious proportions)

그런데 참 이상하게도 배우가 무대에 나가면 천부적인 능력은 간곳 없고, 창조적이지도 않은 '왜곡되고 과장된 거짓 연기'를 하게 된다. 왜일까? 관객 앞에서 창조를 해야 하기 때문이다. 그것은 작가가 쓴 대사, 화가가 그린 장치, 연출가가 주문한 것을 연기하는 것, 그 자체에 진실하지 않다는 것이다. 당황, 공포, 속박, 습관, 자기과시를 통해서 왜곡과 과장과 거짓 연기를 하게 된다.

2) 역할을 살아가는 예술(art of living a part)

우리는 현재 통용되는 모든 연기방법을 벗어나서 오직 '역할을 살아가는 예술'을 우리 연기의 접근방법으로 하고 있다.

(1) 인간 정신의 삶이 창조(creativeness is the life of a human spirit)

어떤 종류의 창조에도 인간 정신이 그 중심에 와야 한다는 원칙을 우리는 따른다. 그러니까 배우와 맡은 역할, 그 둘 사이에 하나가 될 수 있는 감정을 찾아내서 우리의 잠재의식 속에 있는 '인간 정신의 삶이 창조'의 중심이 되어야 한다.

(2) 보여주기(to exhibit) 아닌 오직 느껴야(only feel)

정신의 삶이란 보여줄 수 있는 것이 아니고 저절로 생기거나 어떤 것의 결과로 나타나기 때문에 단순히 겉으로 '보여주기'로 그쳐서는 되지 않고 '오직 느껴야' 한다. '보여주기'는 경험할 수 없는 것을 자기 맘대로 억지스럽게 만들어서 보이는 것일 뿐이므로 '존재할 수 없는 경험(non-existent experience)'이다.

(3) 치고 빠지는 인상(hit and run impressions)

배우는 무대에서 '치고 빠지는 인상'을 풍겨서는 안 된다. 지금 당장

보기에는 그럴 듯하지만 조금 후면 사라져 버리는 단순히 시각적 청각적 효과로 연기를 해서는 안 된다. 배우는 치고 빠지는 가짜 약장수가 되어서는 곤란하다.

(4) 정서에 남는 인상(impressions made on the emotions)

우리가 중요시하는 것은 관객의 '정서에 남는 인상'이어야 하고, 평생 잊을 수 없어서 관객이 배우를 친구로 가족으로 사랑하는 사람으로 느끼게 해야 한다. 그를 보기 위해 극장에 더 오게 하고 자기들과 같은 실질적 인물의 인상을 줄 수 있어야 한다.

(5) 자연의 법칙과 함께 살기(live in accordance withnatural laws)

사실 우리는 '자연의 법칙과 함께 살기'에는 너무 단순하고 평범해서 어쩌면 더 어려울 수도 있다. 대부분의 배우는 항상 뭔가 모자라는 것 같아서 쓸데없이 덧붙이고 과장하기를 좋아하니 이것이 자연법칙을 방해하는 핵심요인이다.

3) 우리 시스템의 근본(basis of our so called 'system')

소위 '우리 시스템의 근본'은 다음과 같이 분명하게 요약할 수 있다.

(1) 뒤틀리는 경향(tendancy toward distortion)을 옳은 길로(to the right path)

배우는 연기를 자연스럽게 하기보다는 뭔가 본성에서 '뒤틀리는 경향'이 있다. 우리의 시스템은 이 본성에서 멀어지는 것을 '옳은 길'로 바로잡는 방법을 찾아서 본성을 올바른 길로 이끌어 주는 것에 목적을 두고 있다.

(2) 자연법칙 되찾기(restore the natural law)

우리의 이 시스템으로 배우가 관객 앞에서 뭔가 해야 한다는 안달로 훼손시켰던 자연법칙을 정상적인 인간의 창조적 상태로 되돌리기 위해서는 '자연법칙 되찾기'를 통해 원상회복시킬 수 있다. 그러려면 인내가 필요하다.

(3) 위대한 예술가(great artist)는 신의 은총으로 연기(act by the grace of God)

'위대한 예술가는 신의 은총으로 연기한다'는 것은 그만큼 어렵다는 말이다. 그러나 신의 은총은 기다리기만 해서는 오지 않는다. 신의 은총은 노력하는 자에게만 내린다.

(4) 영감에 이르는 길 찾기(sought an approach to inspiration)

재능을 많이 타고난 배우일수록 내적 자질에 관한 기술에 신경써야 한다. 위대한 배우인 쉐프킨, 에르몰로바, 두제, 살비니는 창조적 상태의 요소를 타고났지만 끊임없이 기술의 연마에 몰두했다. 그래서 그들에겐 영감이 자연스럽게 찾아왔지만 평생 이 영감의 길을 찾기 위해 계속 노력했다.

(5) 창조의 법칙 탐구(study the laws of creativeness)

재능만 믿고 노력을 하지 않는 사람은 결코 천재가 될 수 없지만, 재능이 뛰어나지 못한 사람도 예술의 본성(nature)과 '창조의 법칙을 탐구'하면 천재에 가까이 다가갈 수 있다. 이 우리의 시스템이 그렇게 되도록 도와줄 것이다.

4) 전체로 통합하기(merged into a whole)

시스템은 어거지로 자기 속에 밀어 넣을 수 없고 시스템이 제2의 천성이 될 때까지, 자기본질의 일부분이 되어서 어디에서나 불러낼 수 있도록 그 구성요소를 연구하고 '전체로 통합하여' 골격을 이해하고 우리의 시스템을 정복해야 한다.

(1) 유기적 접붙이기(organiccally grafted into us)

시스템의 정복을 위해서는 점차적인 훈련이 필요하고, 시스템의 방법이 자동적 습관이 될 때까지 배우의 내부와 '유기적 접붙이기'로 시스템이 자기와 융합되어야 한다. 그래서 시스템이 배우의 제 2의 천성이 되어서 배우와 분리되지 않고 하나가 되어야 한다.

(2) 어려운 것을 습관적으로(difficult suould become habitual)

'어려운 것을 습관적으로' 만들어 놓아야 쉬워지고 아름다워진다. 거장 피아니스트나 무용수는 연주 자체가 근육에 습관적으로 기억될 때까지 연습을 반복한다. 배우에게도 어려웠던 것이 반복연습의 습관적 동작으로 자연스러워진다.

(3) 연기 습관화의 위험한 측면(dangerous part of habitual acting)

그러나 이 '연기 습관화의 위험한 측면'이 있으니, 잘못된 방향으로 습관화될 수 있기 때문이다. 배우가 본성에 의해서 하지 않고 옳지 않은 것을 습관화시키면 우리의 목표에서 멀어지게 된다. 실제로 배우는 잘못된 상태에 너무 쉽게 빠질 수 있고, 그것이 자연스럽게 습관화된다는 것이 문제이다.

(4) 습관은 양날의 칼(habit isa two-edged sword)

습관은 잘 사용하면 엄청난 가치를 발휘하고 잘못 사용하면 무서운 해악을 불러온다. 그래서 '습관은 양날의 칼'인 것이다. 훈련된 습관으로 창조적 상태에 이르려면 시스템에 기초하여 하나씩 단계적으로 작업해야 한다.

(5) 요지부동의 편견(inflexibility of prejudices)

배우의 작업에 더 나쁜 것도 있으니 일부의 배우들이 가지고 있는 '요지부동의 편견'이다. 재능을 덜 타고난 배우일수록 이론이나 기술이 자기와는 상관이 없다고 하며 '천재성에 심취(overwhelmed by genius)'하게 되는 것이다.

(6) 영감이 떠오르지 않을 때(inspiration does not turn up)

많은 배우들은 그럴 만한 이유도 없이 '영감이 떠오르지 않을 때'가 있다고 억울해 한다. 사실은 이유가 없는 게 아니고 분명한 이유가 있지만 모르고 있는 것이다. 본성에 대해서 모르고, 감정을 끌어내는 방법도 모르고, 기술도 모르면서 신의 풍성한 은총을 바라지만 가엾은 자투리 은총이 내릴 뿐이다.

5) 진짜 이익은 뒤늦게 알아(slow to see real interests)

배우는 보통 사람들이 그러하듯 어디에 이익이 있는지 허둥대기만 하다가 '진짜 이익은 뒤늦게 알아'차린다.

(1) 비문명적(lake of civilization)

우리 인류의 선조들은 많은 시련과 고통을 겪으며 탐구를 해서 위대한 진리를 찾고 발견했지만 사람들은 공짜로 가질 수 있는 그 소중한 걸 뒤늦게 알게 되고 알면서도 선뜻 손을 내밀어 가지려고 하지 않는다. 이것이 너무나 '비문명적'이지 않은가? 배우에게 많은 문제들이 있지만, 특히 배우의 화술의 문제가 가장 심각하다. 셰익스피어나 푸쉬킨 같은 천재 시인들은 배우를 위해 훌륭한 언어를 갈고 닦아두었지만 쳐다보지도 않는다.

(2) 수치스럽고 허접한 화술(speech with scandalous slovenliness)

아무 도움이 없이 정확한 화술을 잘 구사하는 배우도 있지만 극히 드물다. 음악가들은 이론이나 악기에 엄청난 정성을 쏟는다. 배우들은 왜 화술공부와 목소리와 말과 신체를 정성 들여 가다듬지 않는가? 배우는 왜 신체라는 악기를 방치하고 있는가? 그러다가 '수치스럽고 허접한 화술'로 발 연기를 해야 하는가?

(3) 우연은 예술이 아니다(accident is not art)

많은 배우들이 '우연은 예술이 아니'라는 것과 우연으로 시작해서는 연기를 제대로 이룰 수 없다는 것을 받아들이지 않으면서도 은밀하게 최고의 배우를 꿈꾼다. 최고의 연주가는 악기를 완벽하게 다룰 줄 알면 되지만, 배우가 할 일은 너무 많다. 인간의 모든 정신적, 신체적 측면을 동시에 작동시켜야 하므로 우연이 아닌, 체계적이고 끈질긴 노력과 준비를 하지 않고는 배우예술을 할 수 없다.

6) 시스템은 동반자(system is a companion)
(1) 시스템은 목적이 아니다(system is not a goal)

시스템은 창조적 상태에 이르는 데 필요한 '동반자'이고, 그 자체가 '목적이 아니'므로 배우가 무대에 오르면 시스템은 잊고 자기 본성에 따라야 한다.

(2) 심리기술의 과도 (too exaggerated care of psycho-technique)

'심리기술을 과도'하게 사용하면 '기술을 위한 기술의 사용(technique usedfor its own sake)'의 잘못을 저지르게 되는 안타까운 결과를 가져온다.

(3) 최고의 신체적 표현 도구(best physical instruments of expression)

이제까지 우리가 배운 것 중의 많은 것은 오랫동안 '실제적 경험(practical experience)'을 해야 완전히 이해가 될 수 있다. 그리고 예술적 작업에 필요한 창조적 상태를 알고 나면, 역할 속의 자신의 감정을 관찰, 평가하고 역의 이미지를 비판하는 방법을 배워야 한다. 그리고 배우는 자신을 가꾸어서 자연의 아름다움에 버금할 수 있는 '최고의 신체적 표현 도구'가 될 수 있어야 한다.

2. 위대한 예술가
(greatest artist)

'위대한 예술가'는 창조적 본성과 천재성, 재능, 영감, 잠재의식, 직관을 가진다.

1) 영감에 이르는 길 찾기(find some paths leading to inspiration)

우리는 본성을 창조하는 법을 배우는 게 아니고 본성에 접근하는 방법을 찾는다. 그리고 영감을 연구하는 게 아니고 '영감에 이르는 길 찾기'를 해야 한다. 잠재의식도 마찬가지다. 할 수 있는 것은 다 하고 그 이상은 잘할 사람에게 맡겨야 한다.

(1) 본성의 창조력(creativeness of our nature)

어떠한 기술도 '본성의 창조력'을 대신할 수 없다. 본성에 합당한 기술을 갖추면 움직임, 화술, 템포−리듬 모든 것이 생기를 띠고 '내부에서 나오는 불타는 진실감'이 생기게 된다.

(2) 예기치 않은 그 무엇(unexpected something)

훌륭한 연기인데 아쉬움이 있으면 '예기치 않은 그 무엇'이 빠진 것이다. 판단이나 분석이 필요한 게 아니고, 예기치 못한 그 무엇이 타고난 본성의 마르지 않는 원천에서 솟아나는 의식의 차원을 넘어서는 순간이 바로 '예기치 않은 그 무엇'이다. 그것이 바로 이상적인 연기의 극치로 배우가 잊지 못할 순간이다.

(3) 단순한 이미지가 아닌 인간 열정(not just an image, but a human passion)

이미지는 하나의 '단순한 이미지가 아니고 인간의 열정'이어야 한다.

⟨1⟩ 통상적 규칙 깨뜨리는(breaks through all the usaul rules)

대담한 비논리성, 비리듬 속의 리듬성, 통상적 심리를 거절하는 과감성이 '통상적 규칙을 깨뜨리는' 굉장한 연기를 가져온다.

⟨2⟩ 반복될 수 없는(cannot be repeated)

참된 연기는 똑같이 '반복될 수 없는' 것이다. 이번 공연이 다음 공연과 똑같이 반복될 수 없으니 상황이 바뀌면 연기도 바뀐다.

〈3〉 배우는 단지 도구(actor is only instrument)

배우가 지난번과 똑같이 연기하고 싶어도 그럴 수 없는 것이 '배우는 단지 도구'로서 자기 몸을 빌려줄 뿐이고 창조는 본성이 하기 때문이다.

2) 자신의 모자람 알기(to recognize one's lake of it)

사람이 가진 최고의 지혜는 '자신의 모자람을 아는' 것이다. 직관과 잠재의식의 영역은 예술가의 주인인 인간의 본성만이 그 비밀을 알고 있을 뿐이다. 그래서 훌륭한 배우는 항상 자신의 모자람을 스스로 찾고 끊임없이 보완해야 한단다.

난 푸쉬킨의 시에 나오는 늙은 왕처럼 높은 곳에 올라 광활한 세계로 가고 싶다.

높은 곳에 올라
행복하게 바라보네
하얀 천막들이 산재된 계곡
저 멀리 바다와 그리고
그 위를 달리는 돛단배 ...

〈성격구축〉 끝.

스타니스랍스키 시스템**Stanislavsky System** 제3권 ───

CREAT-
ING 역할창조

Работа актера над ролью

배우의 역할에 대한 작업

A

ROLE

제1부

그리보예도프의 〈지혜의 슬픔〉
Griboyedov's 〈Woe from Wit〉

1장
연구 시기(The Period of Study)

역할에 대한 준비기간은 연구시기인 '역할에 대한 준비기'와 정서적 경험시기인 '역할의 삶 구축기'와 그리고 신체적 구현시기인 '역할의 외적 구현기'의 세 가지가 있다.

1. 역과의 첫 만남
(first aquaintance with a part)

맡은 배역과 친숙해지는 것도 준비 기간에 해당한다. 처음 희곡을 읽을 때 받는 첫인상은 아주 중요하다.

1) 첫인상(first impressions)
첫인상은 상대에 대한 처녀림의 신선함을 느끼게 한다. 그래서 예술에 대한 열정에 큰 자극제가 되고, 창조과정에도 큰 의미와 힘이 된다.
　(1) 의외적이고 직접적(unexpected and direct)

첫인상은 '의외적이고 직접적'이어서 배우의 작업에 영원한 발자국을 남긴다. 그리고 사전에 계획된 것이 아니어서 편견이 없는 백지의 상태다.

(2) 본성이 솟는 샘(wellsprings of his nature)

아무 비판도 거치지 않은 첫인상은 배우의 영혼 속으로 자연스럽게 들어가서 배우의 '본성이 솟는 샘' 속에서 맡은 역을 할 수 있는 근원이 되고, 이미지가 커나갈 수 있는 싹이 된다.

(3) 씨앗(seeds)

첫인상은 배우의 영혼 속에 떨어진 '씨앗'이다. 영혼에서 발아가 되어 살아지지 않는다. 배우가 준비과정에서 많은 것들이 수정되고 바뀌어도 첫인상만은 고수하려고 한다. 배우는 영혼의 문을 열고 첫인상을 활용할 방법을 찾아야 한다.

2) 첫 독회(first reading of a play)

첫 독회를 하기 전에 작품을 읽기에 적합한 상태가 갖춰줘야 한다. 그 '구체적인 때(the occasion)'는 정신적, 신체적으로 경쾌하고 탄력있고 '부력 있는(buoyant)' 상태의 때이다.

(1) 편견(prejudice)

신선하고 순수한 첫인상을 받는데 위험한 장애물(dangerrous obstacles) 중의 하나는 '편견'이다. 편견은 영혼을 닫아(block up the soul)버린다. 첫 독회에서 편견을 가지면 안 되지만, 상상력을 밀어낼 만한 외부의 영향을 받지 않게 노력해야 한다. 역할에 대해 배우가 갖는 이미지와 창조적 감각이 분명해질 때까지 자신의 생각을 간직해야만 한다. 역할의 태도가 성숙하고 확립되어야 예술적 독립성을 해치지 않고 주변의 조언과 의견을 폭넓게 활용할 수 있게 된다. 그러나 자기의 생각이 가장 중요한 것이다.

(2) 창조적 정서가 자유롭게(free rein to his creative emotion)

배우가 안다는 것은 느낀다는 것이므로 처음 작품을 읽을 때는, '창조적 정서가 자유롭게' 고삐를 풀어줘야 한다. 작품을 처음 읽을 때에 이미지, 감각기억, 시청각 등의 감각기관을 통한 창조적 상상력이 활발히 작동한다. 그래서 배우의 상상력은 자신만의 색깔로 극작가의 대본을 아름답게 치장해 준다.

(3) 극작가의 시각 찾기(to find the playwright views)

그리고 배우가 해야 할 중요한 일은 작품에 담긴 '극작가의 시각 찾기'이다. 배우가 극작가의 시각을 찾게 되면 작품을 읽는데 정신이 팔리게 된다. 내용에 따라 얼굴 표정과 몸짓을 하게 되고 자연스럽게 나오는 동작을 하게 된다. 앉아 있지 못하고 작품 읽어주는 사람에게로 다가간다.

(4) 작품 읽는 사람 (the reader)

배우에게 처음으로 작품을 읽어주는 사람이 지켜야 할 사항이 있다.

⟨1⟩ 자세한 설명 피해야(avoid too illustrative)

작품 읽는 사람은 지나치게 '자세한 설명을 피해야' 한다. 그렇게 되면 배역과 이미지에 대한 개인적 해석을 배우에게 강요하는 결과가 되므로, 작품의 테크닉적인 도움과 작품의 기본사상과 내적 행동의 주된 흐름만 전달해줘야 한다.

⟨2⟩ 작품의 인간정신(human spirit in the play)

배우들마다 그 희곡에 담긴 '작품의 인간정신'이 펼쳐가는 삶의 주된 흐름을 따라갈 수 있도록 인도해야 한다. 작가의 사상, 작품의 토대, 본질, 전개흐름, 문학적 가치를 간단하고 명료하게 제시해줘야 한다.

(5) 스스로 작품이해(grasp the play by himself)

배우가 자기의 지성과 감정으로 '스스로 작품을 이해'하면 아주 큰 행운이다. 이런 경우에는 모든 법칙이나 방법에 신경쓰지 말고 배우의 창조력에 맡기는게 더 좋다. 이런 경우는 드물기 때문에 스스로의 이해에만 의존할 수는 없다.

⟨1⟩ 사막의 오아시스(oases in a desert)

처음 작품을 읽어줄 때 배우는 자기내부에 자리잡는 개인적 순간들만 남고 나머지는 애매하고 분명치 않기 때문에 외부에서 끌어오는 경우가 많다. 배우의 내부에 남겨진 순간적인 인상과 느낌은 '사막의 오아시스'나 어둠속의 한 줄기 빛과 같다. 배우의 내부에 자리잡는다는 것은 그 순간 생명이 불어넣어진 것이고, 그렇게 되면 우리에게 편안해지고, 생명이 없으면 우리 본성에 낯설은 것이다.

⟨2⟩ 몇 줄기 빛(few bright spots), 빛의 홍수(flooded with light)

한 번 읽고 작품을 이해하기는 어렵다. 여러 가지 다른 방식으로 접근하는 방법도 있고, 심도 깊은 내용은 배우의 많은 노력을 필요로 한다. 처음에는 부분적으로 받아들였던 작품이 시간이 지나면 점점 익숙하고 친근해지면서 그 빛이 커지고 퍼져서 전체를 가득 채우게 되기도 한다. 어둠 속에서 '몇 줄기 빛'이 비치다가 점점 빛이 강해져서 '빛의 홍수'로 어둠이 사라지는 경우가 많다.

3) 진지한 준비(serious preperation)

우리 중에 작품과의 첫 대면을 위해서 '진지한 준비'를 하는 사람이 얼마나 될까?

실제로 첫인상의 중요성을 깨닫고 있는 배우는 많지 않다. 전철이나 버스 안에서 서둘러 작품을 읽기도 하는데, 이럴 경우 창조력 발휘의 가능성을 잃게 된다. 그후부터는 작품을 읽어도 창조적인 직관력에서 중요한 경이라는 요소가 사라졌기 때문에 돌이킬 수 없는 큰 손실을 보게 된다. 훼손된 첫인상을 지우려는 것은 잃어버린 순결을 되찾으려는 것과 같다.

2. 분석
(analysis)

작품과의 첫 만남이 끝나면 다음 단계는 분석하는 과정이다.

배우는 분석을 통해 자기의 역할을 더 많이 이해하게 된다. 분석은 작품을 부분적으로 연구해서 작품 전체와 친숙하게 만든다. 그러니까 작품의 부분에 생명을 불어넣음으로써 작품 전체를 파악할 수 있게 해준다.

1) 예술이 창조하는 것은 감정(in the art it is feeling that creates)

분석은 지적인 과정이어서 무미건조하고 수학적인 접근이 되기 쉬운데, '예술이 창조하는 것은 감정'이지 지성(mind)이 아니다. 예술에서의 주인공은 감정이고 지성은 조연으로서 보조적이고 종속적이다. 학문적 분석의 결과는 생각(thought)이고, 예술적 분석의 결과는 감정(feeling)이다. 그래서 배우의 분석도 감정에 대한 분석이고, 감정에 의해 전해진다.

2) 분석의 창조적 목적(creative purpose of an analysis)

창조과정에서 감정이나 분석을 통해 역할을 이해하는 것은 아주 중요하니, 삶의 90%를 차지하는 잠재의식을 꿰뚫어 볼 수 있기 때문이다. 분석의 창조적 목표는,

(1) 작가의 작품연구(study of the playwright's work).

(2) 창조작업의 정신적 그 외 자료조사(seach for spiritual or other material in creative work).

(3) 배우자신의 정신적 그 외 자료조사(seach for spiritual or other material in the actor). 여기서 자료란 5감과 관련된 것으로, 배우의 정서기억이나 머릿속에 기억된 경험에 대한 기억이다.

(4) 배우 영혼의 창조적 정서 준비(preperation in an actor's soul of

creative emotions). 일상적 외양이 아닌 배우의 영혼의 창조를 위한 정서를 준비한다.

(5) 새로운 격양 일으킬(new impulses of excitement) 창조적 자극 찾기(search for creative stimuli). 처음에는 살아나지 않았지만 등장인물의 내면을 불러낼 수 있는 새로운 자극제가 될 만한 것에 대한 연구이다.

3. 주어진 상황(given circumstance)과
제시된 상황(proposed circumstance[1]

푸쉬킨(Pushkin)이 극작가에게 요구한 것은 '주어진 상황 속에서 진실한 정서와 느낌을 가지라'는 것인데 이것은 배우에게도 요구된다. 그것은 배우의 정서가 진실하고 사실적으로 느낄 수 있도록 배우가 직접 '제시된 상황'을 준비할 수 있도록 하기 위함이다.

1) 의식을 통해 무의식으로(through the concious to the unconcious)
무의식은 배우가 원할 때 일어나지 않는다. 그래서 지성을 사용하여 감정을 끌어내고, 의식적 준비작업의 도움을 받아서 무의식적, 직관적 창조력으로 행동을 이끌어내야 한다. 이것이 '의식을 통해 무의식으로' 가는 연기예술의 테크닉이고, 직관적 정서를 끌어내는 자극제가 '예술적 열정, 열의(artistic enthusiasm, ardor)'이다.

---

1   '주어진 상황(given circumstance)'은 작가가 작품 속에 만들어 놓은 상황이고, '제시된 상황 (proposed circumstance)'은 배우가 역할을 만들기 위해 스스로 만들어내는 상황으로 해석 하면 이해가 빠르다. '주어진 상황'이 작품 속에 있는 일반적 상황이라면 '제시된 상황'은 배우가 만들어야 하는 구체적 상황이다.

2) 분석은 창조적 자극제의 수단
(analysis as the means of creative stimuli)

예술적 열정과 열의를 통해 이뤄지는 작품의 '분석은 창조적 자극제의 수단'이다. 이 창조적 자극제가 배우의 창조력을 이끌어내는 가장 적합한 수단이 되는 것이다. 예술적 열정은 배우가 작품을 처음 접했을 때에 가장 커서 작품에 반하게 되고, 작품에 완전히 빠져들어 분석해 가면서 배역을 잘 이해하게 된다.

3) 지성이 정찰병이 되어(mind be a scout)

직관적 이해의 기적이 없을 때 배우는 어떻게 하나? 열정을 일으킬 재료가 무언지 찾아내야 한다. '지성이 정찰병이 되어'서 작품의 모든 방향을 샅샅이 뒤져야 한다.

지성이 개척자가 되어 창조력, 직관, 감정을 위해 새로운 길을 개척하여, 감정이 열정를 이끌어낼 만한 자극제를 찾게 하고, 그 자극제를 통해 직관을 일으키게 하라.

잃은 물건을 예상 못한 곳에서 찾는 경우도 있다. 정찰병을 사방으로 보내서 자극제를 일단 찾아내고, 마지막 선택은 느낌이 갖고 있는 직관에 맡겨라.

4) 배우의 가슴에 씨앗을 심어(plant the seed in an actot's heart)

분석과정에서 작품과 역할을 보이는 것부터 정신적 단계에 이르기까지 모든 면을 다 해부를 해야 한다. 그리고 창조열정의 자극제가 될 만한 것을 찾아서 '배우의 가슴에 씨앗을 심어'야 한다.

5) 역할의 여러 가지 면(roles have many planes)

작품과 '역할'에는 여러 가지의 면'이 있으니

(1) 외적인 면(external plane)은 사실, 사건, 플롯, 형식 등이다.

(2) 사회적 상황(plane of social situation)은 계층, 국적, 역사, 환경 등이다.

(3) 문학적 면(literary plane)은 작품의 사상, 문체 혹은 다른 관점 등이다.

(4) 미학적 면(aesthetic plane)은 무대장치, 극적 예술적 부분이다.

(5) 심리적 면(psychological plane)은 내적 행동, 감정, 내면표현이다.

(6) 신체적 면(physical plane)은 외적 과제, 신체행동, 인물화이다.

(7) 개인적 창조 감정(personal creative fleeings)은 배우 자신의 감정이다.

6) 초의식의 영역(realm of the superconscious)

땅의 지표처럼 한 작품은 여러 층의 의식으로 이뤄진다. 사람의 정신을 한 층씩 파고 들어가면 무의식에 이르게 되고, 지구의 핵 같이 깊은 곳에는 볼 수 없는 인간의 본능과 열정이 끓고 있으니 이것이 '초의식의 영역'이다. 생명의 중심이고 인간이며 예술가인 한 배우의 불가침의 자아이고, 영감의 원천으로서 의식하지는 못하지만 몸으로 느낄 수는 있다.

4. 외적인 상황 연구하기
(studying the external circumstances)

작품분석은 외적 형식인 텍스트에서 출발해서 보이지 않는 내적 본질로 들어간다.

1) 희곡의 외적인 것부터 분석

(begin analysis with the externals of a play)

외적인 상황을 연구하기 위해서는 '희곡의 외적인 것부터 분석'을 시작하는데, 말로 된 텍스트(verbal text)로 희곡이 제시하는 외적 상황을 끌어낸다. 말하기 어려운 느낌보다는 상황에 관심을 둔다.

(1) 사실의 면(plane of facts)

희곡의 외적 상황 가운데 쉽게 알 수 있고 연구하기 쉬운 것은 실제로 일어나고 있는 '사실의 면'들이다. 사실의 하나하나가 나름의 의미를 갖고 있으며, 쉽게 이해가 되는 사실은 배우의 머리 속에 바로 들어온다.

(2) 희곡에 부담(burden on the play)

반면에 단번에 찾거나 밝혀낼 수 없는 것들은 이해하지 못한 채 공중에 뜬 상태로 남아 있어서 '희곡에 부담'이 된다. 그래서 혼란을 일으키게되고 알지 못한 사실 속 '진실의 생생한 리얼리티(truth of living reality)'를 찾을 수 없게 된다.

(3) 희곡내용 되풀이 말하기(retelling the contents of the play)

희곡에 부담이 되는 이 부분을 어떻게 해야 할까? 네미로비치 단첸코가 제시한 방법은 '희곡 내용을 되풀이 해서 말하기'이다. 희곡에 있는 사실과 그 순서와 상호간의 연결을 적고 외우게 한다. 작품의 내용에 익숙하고 적응하면 그 속의 뜻과 상호관계와 의존성을 이해하는 데 도움을 준다.

2) 〈지혜의 슬픔(Woe from wit)〉의 예

외적 사실성의 과정을 그리보예도프의 〈지혜의 슬픔〉으로 분석해 보자.

운문으로 된 이 고전 희극은 1982년대의 러시아의 모스크바를 배경으로 한다.

주요인물로는 지주나 귀족은 아니지만 큰 저택을 가진 집주인 파무소프와 감상적 유럽문학에 심취한 미혼의 그의 딸 소피아가 있다. 그녀는 어린 시절 친하게 지내던 유능하고 독립적인 차츠키의 구애에 우쭐하지만, 그가 외국에 나간 동안 아버지의 비서로 아첨꾼인 졸장부 몰찰린을 끼고 논다. 소작농 리자는 이 집의 하녀이며 소피아의 몸종인데 집주인 파무소프가 관심을 가지고 귀찮게 굴지만 하인인 페트르슈가를 사랑한다.

(1) 작품의 현재 시제(present tense of the play)

인물들이 외적으로 드러내는 1막 내용의 사실들(facts)은 다음과 같다.

〈1〉 소피아와 몰찰린은 함께 밤을 샜다.

〈2〉 둘은 새벽까지 파아노와 플롯의 이중주를 연주한다.

〈3〉 소피아를 지켜야 할 리자는 잠에 빠져있다.

〈4〉 놀란 리자가 깨어서 자기 방들로 가라고 애원하나 듣지 않는다.

〈5〉 리자가 시계바늘을 앞으로 돌려서 종소리가 나게 한다.

〈6〉 놀란 소피아 아버지 파무소프가 나온다.

〈7〉 파무소프가 리자를 보고 치근덕거린다.

〈8〉 리자는 파무소프에서 떨어지려고 기지를 발휘한다.

〈9〉 소피아가 나오고 밤이 지난 것을 아쉬워한다.

〈10〉 두 연인이 피할 새가 없어 파모소프에게 들킨다.

〈11〉 파모소프가 놀라서 추궁하고 고함을 지른다.

〈12〉 소피아의 기지로 꿈 얘기를 하여 위험을 모면한다.

〈13〉 몰찰린이 서류싸인 핑계로 파무소프와 나간다.

〈14〉 리자는 소피아를 비난하고 소피아는 하루시작이 우울하다.

〈15〉 리자는 차츠키의 얘기로 소파아가 그를 떠올리게 한다.

〈16〉 소피아는 화를 내며 몰찰린만을 더욱 생각한다.

〈17〉 예상치 않은 차츠키의 도착. 소피아 당황하여 키스, 냉랭한 반응.

〈18〉 파무소프가 와서 차츠키를 보고 놀라고 둘이 마주한다.

〈19〉 소피아는 아버지에게 꿈대로 되고 있다며 나간다.

〈20〉 파무소프는 차츠키가 소피아에게 품는 의도를 의심한다.

〈21〉 차츠키는 소피아를 시적으로 찬양하고 떠난다.

〈22〉 파무소프는 당황하면서 의혹을 갖는다.

이것이 파무소프의 집에서 이뤄진 1막의 사실들에 대한 목록이다. 4막까지의 모든 사실을 다 기록하면 작품의 외적인 사실들 모두가 드러날 것이다. 이렇게 하나로 모아진 사실들이 '작품의 현재 시제'를 제공해 준다. 그러나 과거가 없는 현재란 없다. 현재는 과거에서 흘러 나오고, 과거는 현재가 자랄 수 있게 뿌리가 된다.

배우는 항상 자기역할의 과거를 끌고 다닌다는 것을 알고 느껴야 한다.

(2) 미래에 대한 전망(prospect of the future)

그리고 '미래에 대한 전망'이 없는 현재도 있을 수 없다. 그래서 배우는 미래를 상상해 보고 그 이미지를 그려보고 추측해야 한다. 과거와 미래가 없는 현재는 시작과 끝이 없는 중간과 같아서 앞뒤가 찢겨 나간 책을 읽는 것과 같다. 결국 '과거와 미래에 대한 꿈'이 현재를 만들고, 미래에 대한 꿈이 배우를 연기하게 만든다. 그래서 배우는 작품의 작은 힌트에서 등장인물이 미래에 대해 어떤 꿈을 가지고 있는지를 파악해야 한다.

배우는 과거가 있는 역할의 현재를 미래와 연결시킴으로써 인물의 내적 삶에 입체감을 줄 수 있다. 과거와 미래를 통해서 인물의 현재를 더 깊이 이해할 수 있다. 그래서 배우는 시대적인 문학과 역사기록 등을 살펴서 활용해야 한다.

(3) 사회적인 측면(social level)

작품에서 외적인 현재의 시제와 과거와 미래가 시간적 측면이라면,

이제 '사회적인 측면'도 연구해야 한다. 〈지혜의 슬픔〉에서 사회적 측면의 사실은 다음과 같다.

〈1〉 소피아와 몰찰린의 만남은 그녀의 감상적이고 해이해진 도덕성을 보여준다.

〈2〉 리자와 소피아 관계에는 집을 쫓겨나 농장이나 시베리아 추방의 위협이 있다.

〈3〉 파무소프가 리자에게 치근덕거림에는 당시 러시아 사회의 위선이 있다.

〈4〉 동시에 파무소프는 알렉세예프나 공주의 질책과 지위 잃음을 두려워한다.

〈5〉 리자는 차츠키를 좋게 보는데, 소피아가 몰찰린과 결혼하면 우습게 된다.

〈6〉 외국에서 돌아온 차츠키가 역마차로 귀향한다는 것은 어떤 의미인가?

(4) 문학적인 면(literary plane)

작품을 단번에 이해할 수도 있지만, 깊이 파고들면 '문학적인 면'에 도달하게 된다. 작품을 일반적으로 봐서 형식, 스타일, 대사형태 등을 알수 있다. 그리보예도프의 〈지혜의 슬픔〉도 가벼운 터치의 운문, 선명한 리듬감, 맛깔나는 대사를 일반적으로 알지만 더 깊이 들여다 보면 각 분의 조화와 어울림, 우아함, 전개의 논리, 스토리의 배경, 독창성, 인물화, 과거와 미래에 대한 암시 등에 감탄하게 된다.

작가의 독창성, 형식과 본질을 비교 평가할 수 있는 문학적인 면들이 있다.

(5) 미학적인 면(aesthetic plane)

작품을 계속해서 파고들면 조형예술, 음악 등을 포함한 극과 예술분야를 함께 아우르는 '미학적 면'들을 만나게 된다. 작가가 작품 속에서 언급하는 장면, 세트, 건축, 조명, 배우의 몸짓과 태도 그 외의 작품 속의 모든 것 속에 심미적인 면이 내재하고 있다.

5. 외적 상황 속에 인물 넣기
(putting life into external circumstance)

이제까지는 작품에서 드러나는 사실들을 확인하였다면, 이제부터는 그 사실들의 기초와 원인이 무엇이고 그 뒤에 감춰진 것이 무엇인지를 찾아내야 한다. 그러니까 희곡과 배역의 삶에 주워진 상황들에 대한 기록을 정리한 것일 뿐이므로, 아직은 생생한 현장감과 진실한 감정과 살아 숨 쉬는 느낌 있는 연기를 할 수가 없다.

1) 연극적인 것에서 인간으로(from the theatrical to the human)
그래서 정신적 생활(spiritual life)과 내용물을 부어 넣어서 생명 없는 상태를 생동감 있는 상태로 바꿔줘야 한다. 단순히 '연극적인 것에서 인간'으로 만들기 위해서는 작품 속에 있는 사실과 사건에 대한 단순한 연극적인 기록에 머물지 않고, 삶이 깃든 정신으로서의 '살아 움직이는 삶의 형태'로 다시 만들어줘야 한다.

2) 예술적인 꿈의 영역(sphere of artistic dream)
그러기 위해서는 예술적 상상력의 도움을 받아야 하니, 이제부터의 작업은 이성적 면(plane of reason)을 떠나서 '예술적인 꿈의 영역'으로 들어가야 한다. 사람은 실제적인 삶을 살고 있지만 그의 상상 속의 삶을 살기도 한다. 바로 그것이 배우의 속성이므로 상상 속의 삶이 더 즐겁고 재미있기 마련이다.

배우의 상상력은 다른 사람의 삶에서 흥미로운 특징과 성격을 끌어와서 자기에게 적용하여 내적 의미로 가득한 자기의 본성에 가까운 삶으로 창조해 낸다. 그러나 이 '가상의 삶(imaginary life)'은 우연히 생기는 게 아니고 자기 마음 속에 소중히 간직하고 있던 것이다.

(1) 꿈을 사랑해야(must love dreams)

그 마음 속에 간직하는 가상의 삶이 현실보다 매력적이고, 배우가 간직하던 그꿈은 창조적 본능을 통해 열정적 반응으로 드러나게 된다. 그래서 배우는 항상 이상을 가지고 있어야 하고 자기의 '꿈을 사랑해야' 하고 이용할 수 있어야 한다.이것이 배우의 중요한 창조적인 재능 가운데 하나이다.

(2) 공상의 활용(to use his fancy)

배우는 어떤 주제로든 '공상의 활용'을 할 수 있어야 한다. 배우는 어린아이처럼 장난감 놀이도 할 줄 알고 그 속에서 기쁨을 찾을 수 있어야 한다. 배우에게 상상력이 없이는 창조력이 있을 수 없다. 예술적인 상상의 영역을 거치지 않은 배역은 관객의 마음을 끌 수 없다. 어떤 재료가 주어지든 상상 속의 진실한 삶을 창조 할 수 있어야 한다. 주제에만 벗어나지 않게 자유로이 꿈을 펼쳐야 한다.

〈1〉 마음의 눈(inner eye)

이 가상의 삶이 갖는 예술적 기능에는 여러 가지가 있다. 우선 '마음의 눈'이 있으니 이 마음의 눈으로 수없이 많은 '시각적 이미지'를 볼 수 있다.

〈2〉 마음의 귀(inner ear)

그리고 '마음의 귀'를 통해서 온갖 멜로디, 음성, 억양 등의 '감각과 정서기억들'을 들을 수 있다. 보이는 것을 연기하는 배우는 훌륭한 마음의 눈을 타고났고, 들리는 것을 연기하는 배우는 민감한 마음의 귀를 타고난 것이다.

3) 소극적 상상(passive imagining)과 적극적 상상(active imagining)

사람은 시각이나 청각이나 느낌 등을 통해 많은 이미지를 기억 속에 저장한다. 저장된 이미지인 이 상상을 소극적과, 적극적 상상의 두 가지로 나눌 수 있다.

(1) 소극적 상상(passive imagining)

'소극적 상상'은 행동으로 이어지는 충동이 아니고, 제 3자의 입장에서 음미하면서 바라볼 수 있는 상상이다. 자신의 꿈을 스스로 보는 관객의 입장이다.

〈지혜의 슬픔〉으로 소극적 상상에 들어가 보자. 파무소프가 등장할 때 1920년 대의 모스크바의 옛 집의 현관과 계단, 파무소프가 앉았음직한 안락의자, 수공예로 만든 가구들을 상상으로 그려볼 수 있다. 소피아가 자수틀을 들고 앉아 하품을 하며 수틀에다 수를 놓는 모습을 상상할 수 있다. 그리고 각 방의 배치와 하인 페트르슈카와 거주자들의 모습을 떠올릴 수 있고, 의상을 입은 차츠키와 몰찰린을 배우 자신의 어린 시절로 대치시켜 보자. 물론 잘 안 될 것이다. 그러면 희곡 속의 상황과 인물의 성격 속으로 깊이 파고 들어가야 한다.

(2) 적극적 상상(active imagining)

'적극적 상상'은 말 그대로 바라보기만 하는 게 아니고 직접 그 상상 속에 들어가서 그 꿈에 적극적으로 참여하는 것이다. 자기 자신이 어떤 인물 속으로 들어가는 전환을 해야 한다. 이 전환이 바로 소극적 상상에서 적극적 상상으로 바뀌는 과정이다. 자기가 머릿속으로 상상했던 것들의 중심에 자신이 직접 서야 한다. 이제 구경꾼으로 바라보는 게 아니라 그 환경 속에 직접 들어가야 한다. 그 속에서 자신의 존재감이 강해지면 적극적 상상 속에서 주인공이 될 수 있다.

이것이 바로 상상의 적극적 면이다.

6. 내적 상황 만들기
(creating inner circumstances)

내적 삶을 만든다는 것은 지금까지 분석을 하면서 쌓아온 재료들을 희곡 속의 삶과 함께 융화시키는 일이다. 이제 연구과정이 심화되어 외적, 지적인 데서 내적, 정신적인 데로 접어들게 된다.

1) 배우의 창조적 정서(actor's creative emotions)

이제부터는 '배우의 창조적 정서'가 필요하다. 배우가 대본이나 대사를 통한 '지적 분석(intellectual analysis)'이나 '의식적 이해수단'이 아닌 배우의 자기 감각과 진실한 정서, 자기 인생경험을 배역에 집어넣어야 한다. 그러려면 배우자신이 역할 집안의 중요한 사람이 되어야 하고, 그의 상상이 수동적인 관찰자 아니고 그 속에 실제로 살아 움직여야 한다. 이것이 전체 준비과정에서 심리적으로 어렵고도 중요하므로 많은 집중력이 요구된다.

2) 나는 존재한다(I am)

배우의 창조적 정서의 이 순간을 배우들은 '나는 존재한다'라고 말한다. 이 순간부터 그 속에 있는 모든 것을 깊이 느끼기 시작하고, 작가에 의해 주어진 환경 속에 배우가 혼연일체가 되기 시작한다. 그래서 그 삶 속에 배우가 실제로 살아서 존재하고 있으므로 '그 일부가 될 권리(the right to be part of them)'를 갖기 시작하는 시점인 것이다. 이제 〈지혜의 슬픔〉으로 실제의 예를 살펴보자.

(1) 적극적 참여자(active participant)

〈지혜의 슬픔〉의 준비과정에서 관찰자에서 '적극적 참여자'로, 즉 파무소프 가족의 일원으로 옮겨가려 한다. 우선 할 수 있는 것은 나의 주변으로 시선을 주면서 이리저리 다녀본다. 복도로 들어가서 계단을 올라가고 거실 문을 연다. 그리고 대기실 쪽의 문을 미는데 의자로 막아둬서 밀어내고 무도실 쪽으로 간다. 이 정도면 적극적 참여자가 되는 건가?

(2) 자기기만일 뿐(nothing more than self deception)

이런 식으로 걸어다니며 느끼는 것은 적극적 상상의 결과도 아니고 어떤 상황에 실제로 처해 있다는 느낌이 아니다. 왜 나를 기만해야 하는가? 어떤 감정을 가져야 한다고 몰아붙이며 그 속에 사는 존재라는 느낌을 강요할 뿐이다. 대부 분의 배우가 이런 실수를 저지른다. 결국 '자기기만일 뿐'이다.

(3) 진정한 삶의 느낌(true feeling of the life), 우연한 상상의 감정(accidentallyimagined emotion)

자신이 그 상황을 살고 있는 존재라는 것을 상상만 할 뿐이지 진짜로 그 상황을 느끼려고는 하지 않기 때문이다. 맡은 역의 '진정한 삶의 느낌'을 실제로 느끼는 것과 '우연한 상상의 감정'을 생각만 하는 것은 전혀 다른 것이다. 우연한 상상의 감정으로는 배우를 '그릇된 환상'에 빠지게 하여 오직 '쥐어짜는 기계적 연기(forced and mechanical acting)'만을 하게 한다.

(4) 그 곳에 진짜 존재하는 느낌(felt the truth of my being there)

그럼에도 불구하고 파무소프의 저택을 걸어다니는데 내가 정말 '그 곳에 진짜 존재하는 느낌'이 드는 순간이 있다. 의자를 치울 때 실제로 힘이 들어가는 것을 몇 초간을 느끼고 다른 가구들 사이를 걸으면서 사라진다.

3) 사물을 이용하는 연기(played by an objective)

위의 과정에서 잠시 동안 느꼈던 경험을 통해서 '나는 존재한다'라는 상태가 되기 위해서는 특정한 물건 즉 '사물을 이용하는 연기'가 큰 도움이 된다는 것을 알게 된다. 이제 다른 사물을 가지고도 실험해 본다. 더 좋은 방법은 없을까?

4) 살아있는 존재에 접근(contact with animate objects)

그래서 용기를 얻어서 이번엔 '살아있는 존재에 접근'해 보려고 하인 페트르슈카를 선택한다. 2층 복도에서 그를 만난다. 나는 장난스럽게 손가락을 놀리며 '지금 리자를 기다리는 중이지?'라는 생각을 하며 빤히 보니까 그는 웃음을 짓는다. 이 순간에 나의 상상 속의 상황이 실제의 상황처럼 그의 실존을 느낀다. 그의 존재를 느끼고 믿으면서 '나는 존재한다'라는 느낌이 강해지고 창조의 기쁨이 충만한다.

(1) 살아있는 대상에 대한 느낌(feeling concerning a live object)

이러한 상황은 상황 그 자체에서 직접 이루어지는 게 아니고, 자신이 그곳에 있다는 존재감을 느끼기 위해서는 '살아 있는 대상에 대한 느낌'이 큰 힘이 된다는 게 확실해졌다. 배우에게는 존재하는 그 상황 자체보다는 그것에 대한 생생한 느낌이 더 필요하고 중요한 것이다.

(2) 신체적 이미지(physical image)보다 내적 이미지(inner image)

'나는 존재한다'라는 상태에 도달하기 위해서는 얼굴, 몸, 태도 등의 '신체적 이미지'보다는 그 인물의 마음 속에 가지고 있는 '내적인 이미지'가 더 중요하다는 것을 알게 된다. 그리고 다른 인물과의 만남을 통해 이들의 심리와 나 자신의 심리를 알아내는 것 역시 중요하다는 것을 알게 된다. 나는 페트르슈카의 내적 이미지를 볼 수 있게 되어서 그와의 만남은 성공적이다.

(3) 그들과 자신의 관계 설정(one's own relationship to them)

그리고 해야 할 것은 '자신의 살아온 인생경험(one's own life experence)'을 이용하여 파무소프 집안 식구들의 삶을 느끼고 '그들과 자신의 관계 설정'을 하는 일이다. 이 일은 작품 한 편을 써야 하는 거창한 일은 아니고, 이 집안에 떠돌고 있는 얼굴 없는 유령 중에 살아있는 존재를 찾는 정도면 충분하다. 그러기 위해서는 파무소프 집안 사람들을 만나야 한다.

5) 파무소프 집안 식구들 방문

(call on the inmates of the Famusov household)

이제 나는 파무소프 집안의 가장인 파무소프와 여주인공 소피아, 하녀 리자와 몰찰린을 만나려 한다.

(1) 방사선 주고받기(giving out and receiving rays)

나는 복도를 지나 파무소프의 방문을 연다. 잠옷차림으로 봄노래를 부르며 지휘자 흉내를 내는 그를 본다. 지금까지 훈련해 온 덕분에 나와 그의 존재를 느끼려고 애쓰지만 신체적으로는 얻을 수 없으니 다른 접근 방식이 필요하다. 나의 의지와 감정의 방사선을 그에게 보내어 영혼을 느끼려고 '방사선 주고받기'를 한다. 그러나 신통치 않아 곧 흥미를 잃고 공상에서 튕겨 나와서 소피아에게로 간다. 거기서도 그녀의 존재감을 느끼기는 하지만 지속하지 못하고 생각이 흩어진다. 몰찰린에게 가지만 아주 역시 짧은 동안의 관심만이 유지된다. 왜 이렇게 될까?

(2) 목적이 없음(lack purpose)

그 대답은 간단하다. 무엇을 해야 할 '목적이 없음'이 그 이유이다. '단순한 신체적 감각(mear physical sensation)'만으로는 오래 흥미를 끌 수가 없다. 목적이 있으면 달라질 것이다. 소피아와 몰찰린의 결혼을 위한 음식준비를 한다는 목적을 가지고 다시 시도를 해보니 모든 것이 달라진다. 소피아가 아버지의 비서와 결혼을 하므로 직계 가족만 참석하여 조용히 치러지고, 식구들은 별로 축하하고 싶지도 않다. 목적이 있으니 상황과 행동이 구체적으로 생기고 나는 실제로 행동한다.

6) 내가 실제로 행동(I am in action)

목적이 있는 이 새로운 결합이 내게 흥분을 일으키고, '내가 실제로 행동'을 하니까 나의 생각, 느낌, 의지, 상상력이 모두 실제 상황이 되어서 바쁘게 진행된다. 그래서 이번에는 결혼준비라는 무생물이 대상이 아닌 생명이 있는 대상인 파무소프에게로 다시 간다. 이번의 목적은 내가 지옥의 사자가 되어서 이 괴팍한 노인을 화나게 하려는 것이다. 그는 잠옷차림으로 소년에게 찬송가를 가르치고 있고, 나는 그의 비위를 건드리는 말로 계속 약을 올리니까 내가 큰 죄인이라며 급히 물러난다.

(1) 존재에 대한 나의 느낌(my own sence of being)

이번에는 소피아와 스칼로주브의 결혼을 모두에게 전한다는 목적으로 시도를 해서 성공하는데, 대화하는 대상에게서 살아있는 영혼을 느낀다. 그리고 그 상황 속에 있는 '존재에 대한 나의 느낌'은 새로운 실험을 할 때마다 점점 더 강해진다.

(2) 목적과 상황이 복잡해(purpose and circumstance become complex)

작업이 진척되면서 점점 나의 '목적과 상황이 복잡해'져서 온갖 사건이 일어난다.

나의 상상 속에서 소피아를 먼 지방으로 보내기, 소피아의 비밀 약혼자 몰찰린은 무엇을 하는지? 소피아의 납치 계획, 소피아와 몰찰린이 함께 있는 게 발각된 후 가족회의에서 소피아 변론의 역할도 한다. 뭔가 산만하기만 하다는 생각이 든다.

(3) 사건이 있어야(must be incidents)

이 실험적인 시도를 하면서 단순한 행동만으로는 '나는 존재한다' 의 상태에 도달하지 못한다는 것을 느끼면서 '사건이 있어야' 한다는 걸 알게 된다. 사건이 있으면 상상속의 삶 중에 자신이 존재할 수 있고, 다른 사람에 대한 느낌과 그들과 자신의 관계도 알 수 있고, 내 안의 '기적적 변화(miraculous metamorphosis)'가 일어나고 있음을 느낀다.

7) 내적 상황의 진가 음미
(appreciate inner circumstance at their full value)

이런 시점에 이르면 스스로 '내적 상황의 진가를 음미'할 수 있다. 이 내적 상황은 사람의 내, 외적인 삶과 다른 사람과의 관계 속에서 생기는 사건에 대한 자기의 태도가 함께 얽혀서 '나는 존재한다'에 다가갈 수 있게 한다.

(1) 살아있는 영혼을 불어넣어(breathe a living spirit)

'나는 존재한다'의 상태에 도달할 수 있는 배우는 살아있는 어떤 대상도 실제로 느낄 수 있고, 상상속의 얼굴 없는 유령들과도 소통하고, 모든 내외적 상황과 자기가 맡은 배역에 '살아 있는 영혼을 불어넣어' 살아 움직이는 역을 만들 수 있다.

(2) 정서의 진실성(sincerity of emotions)

생명을 불어넣는 일은 앞으로 이어지는 작업에서도 중요한 부분을 차지한다. 지금까지 한 기적적인 변화의 순간으로 1단계의 연구작업을 정리해 보자. 농부가 씨 뿌리기 위해 밭을 갈 듯이 배우는 자신의 영혼을 파헤치면서 지금까지의 과정에 도달하면 작품에서 요구되는 창조적 정서와 경험을 이끌어낼 수 있는 토대는 마련되었다. 작품분석을 통해 작가가 제시한 상황에 생명을 불어 넣어서 '정서적 진실성'이 자연스럽게 자라나게 된다. 이제 이 과정을 계속 발전시켜서 역할과 하나가 될 때까지 키워나가야 한다.

7. 사실에 대한 평가하기
(appraising the facts)

'사실에 대한 평가하기'는 지금까지는 해왔던 것을 지속적으로 실천하고 반복하는 것이다. 다른 것이 있다면 지금까지는 자기가 생각하는 대로 작품을 '임의대로 변형(ad libitum)'시켜서 해 왔는데 이제부터는 작가가 쓴 희곡 자체를 다룬다는 것이다.

1) 희곡 자체 다루기(to deal with the play itself)

실제적으로 희곡에서는 내적인 상황과 외적인 상황이 따로 구분되어 있는 게 아니고, 직접적으로 연결되어 있다. 형식인 외적 상황을 파고들어가면 그 안에 내용인 감춰진 내적 상황이 있다. 우리는 지금부터 그리보예도프의 〈지혜의 슬픔〉 속에 있는 감춰진 것을 찾기 위해서 '희곡 자체 다루기'를 해야 한다.

(1) 〈지혜의 슬픔〉의 외적 사실(external facts of 〈Woe from wit〉)

'나는 존재한다'의 상태로 들어가서, 나의 배역은 차츠키이지만 이 인물보다는 파무소프 집안의 모든 상황을 더 구체적으로 살펴서 알아야 한다.

〈1〉 먼저 두 연인 소피아와 몰찰린 만나기다. 내가 소피아라면 내가 바라고 할 수 있는 게 무엇인가? 몰찰린의 비현실성 때문에 거부감이 생기지만 나의 상상력이 작가의 작품을 정당화시키고 내가 소피아가 되게 해준다.

〈2〉 사실에 감정적으로 접근(approach of feeling for the fact)

작가가 만든 사실을 정당화하고 내적 설명을 덧붙이며 '사실에 감정적으로 접근'하는 방법을 찾아간다. 나의 이성, 감정, 상상력이 각자 자기의 주장을 펼친다.

상상력이 '소피아가 프랑스 소설의 나쁜 영향으로 천한 몰찰린을 사랑할 수 있다'고 하자, 화난 감정이 '그런 감정을 갖게 될 계기가 뭐지?' 이성이 '감정이 불러오는 반감이지' 다시 감정이 '차츠키가 그 괴팍한 소피아를 사랑하는 게 가능한가?' 상상력이 '몰찰린이 소피아의 생각처럼 자애롭고 사려깊다면 어떨까?' 둘의 의견이 계속되자, 이성이 '작가 그리보예도프는 소피아의 자기기만과 몰찰린의 몰염치를 의도한 것'이라고 하여 둘의 사랑의 정당한 기반을 제시하여 믿게 되고, 이를 통해 감정에 대한 분석이 이뤄지고 차츠키에 대한 내적 상황도 얻게 된다.

〈3〉 파무소프는 어떤 사람(Who is Famusov)

'파무소프는 어떤 사람인가?'라는 질문에 나는 독선적이고 권위적 영주라고 생각하는데, 상상력이 '그건 소피아가 주인공이란 얘기야' 하니, 지성이 '왜?'냐고 묻는다. 상상력이 '여주인공만이 그런 폭군을 요리할 수 있으니까. 옛것과 새것의 갈등이 일어나고 사랑의 자유! 근대적 주제잖아' 하자, 지성이 '파무소프가 마리아 알렉세에프나 공주에게 잘 보이기 위해 가문을 위하는 척하지 않나? 그리고 그가 딸한테는 끌려다니는 아버지면 어때?' 이렇게 그의 실체가 만들어진다.

〈4〉 차츠키의 귀향(return of Chatski)

차츠키는 소피아에겐 오빠나 다름없으니, 한 때의 연인이었고 약혼자나 마찬가지다. 그가 연락도 없이 여러 달 동안 외국으로 마차 여행을 다니다가 갑작스레 돌아왔다. 소피아가 당황하면서도 양심의 가책을 감추기 위해 차츠키를 공격한다. 차츠키의 비난과 날이 선 위트가 불편하고, 만만한 몰찰린의 복종과 부드러움과 너무나 대조적이다. 그래서 소피아는 옛 친구이자 약혼자였던 차츠키가 제정신이 아니라고 주변 사람들이 믿도록 만드는 게 현명하고 양심의 가책도 덜게 된다.

〈5〉 예기치 않은 해프닝 가득(full of unexpected happenings)

작가 그리보예도프가 파무소프 집안의 많은 삶의 애기를 이 하루 동안에 재미있고 '예기치 않은 해프닝을 가득'하게 해놓았다. 이 수많은 얘기를 4막 안에 다 처리하려면 빠른 페이스와 민첩한 내적 템포가 필요하다. 그리고 배우가 많이 관찰하고 이해할수록 경험의 폭이 넓어지고 상황에 대한 느낌이 분명해지고, 상상력을 잘 활용하면 생활화되어 습관이라는 제2의 천성이 된다.

2) 나의 사실 평가(my appraisal of facts)

누가 읽어주는 희곡을 처음 접했을 때의 무미건조함과 지금의 '나의 사실 평가'와는 어떤 차이가 있는가? 처음에는 사실이 외적인 액세서리에 불과했지만 이제 내가 직접 생명을 불어넣음으로 생생한 사건들이 된다. 파무소프의 등장이 처음엔 아무 느낌이 없었는데, 이제는 두 연인의 만남이 드러나서 긴박감이 생긴다. 차츠키의 등장도 이제 단순한 무대 출연이 아니라 가문의 방탕한 아들의 귀환이고 사랑하는 여인과의 상봉 순간이다. 파무소프 집안의 모든 상황들이 서로 얽혀서 큰 의미를 지니는 하나의 생생한 현실이 된다.

3) 살아있는 정신의 전달(conveys the living spirit)

배우는 희곡에 담긴 사실과 플롯을 땅 밑을 흐르는 물줄기처럼 무의식적으로 '살아있는 정신의 전달'이 되게 만든다.

(1) 사실로서의 사실(a fact as a fact)

무대에서 필요한 사실은 작품의 내면적 내용이 담긴 사실이다. 정서가 행동으로 이어지는 동기로서의 역할을 할 수 있는 사실이다. 에피소드에 지나지 않는 '사실로서의 사실'은 그 자체만으로는 아무 가치가 없다. 그것은 오히려 진정한 내적 생명을 앗아감으로 해가 된다. 작품 속의 사실이 등장인물을 행동하게 하고 굴복하게도 하고 극복하게도 한다. 그래서 사실에 대한 평가가 중요하다.

(2) 사실들의 평가(appraisal of facts)

작품 속의 사실이 작품의 내적 생명을 드러내어 볼 수 있게 해준다. 그러면 이 사실들을 어떻게 알아내고 '사실들의 평가'를 제대로 할 수 있는가? 그 방법은 외적으로 보이는 사건들 속으로 파고 들어서 그것을 만들어낸 원인으로서의 '내적 사건(inner event)'을 찾아내야 한다. 그래서 내적 사건의 성격과 흐름의 방향과 인물의 과제와 패턴도 찾아내야 한다.

4) 내적 패턴의 이해(to comprehand the inner pattern)

그러니까 작품의 사실을 평가한다는 것은 한 인간이 가진 '내적 패턴의 이해'이고 그것을 느끼는 것이다. 배우가 작가가 만든 생소한 삶을 받아들여 소화시켜서 자기 것으로 만드는 것이다. 사실을 평가한다는 것은 결국은 희곡이라는 텍스트 아래 감춰진 등장인물의 '내적 삶의 수수께끼(riddle of the inner life)'를 풀어 줄 단서를 찾는 것이다.

5) 같지 않다(not quite the same)

희곡의 사실과 사건을 설정한 후에 정지된 채로 두면 안 된다. 언제든지 내적인 부분에 대해 재평가가 추가될 수 있다. 어제의 평가는 오늘의 평가와 '같지 않다'.

평가는 같을 수가 없으니 접근과정이 미묘하고, 알아차리지 못할 정도의 작은 변화가 있을 수밖에 없으므로 그 변화가 창조의 큰 자극제가 될 수 있다. 자극제의 위력은 그것이 가지고 있는 '참신함(novelty)'과 '이외성(unexpectedness)'에 있다.

그래서 배우가 갖아야 할 가장 중요한 내적 테크닉 가운데 하나는 새로운 접근을 통해 새로운 자극제를 찾을 줄 아는 능력이다.

2장
정서적 경험의 시기
(The Period Of Emotional Experience)

　제1장은 역할의 준비과정인 1단계이었고, 이제 제2장은 창조과정인 2단계로 들어가게 된다. 1단계의 과정은 만난 지 얼마 안 되는 두 연인의 구애의 단계라면, 2단계의 과정은 두 연인의 사랑이 완성되는 단계로 결합과 잉태라고 할 수 있다. 1단계에서는 '주어진 상황'을 연구했다면, 이제 2단계에서는 배우가 자기배역의 정서와 내면의 '제시된 상황'을 창조하게 된다. 역할에 대한 이 정서적 경험은 창조과정의 토대로서 매우 중요하다. 배역을 생활하고 경험하는 이 유기적 과정의 시작과 전개, 창조 작업을 살펴보자.

1. 내적 충동과 내적 행동
(inner impulses and inner action)

　나는 〈지혜의 슬픔〉의 준비단계에서 파무소프 집안의 환경 속에 존재하는 법을 알았고, 생활의 근거로서 사실과 사건들은 식구들을 만나면서 파악하고 인물의 정서를 느껴봤다. 그러면서 나는 그들의 목표에 대한 열망과 충동을 품을 수 있었으니, 파무소프를 찾아갔던 것을 떠올리면서 내가 원하는 것은 그의 관심을 끄는 것이다. 그리고 그를 골려주고 싶은 충동이 생기기도 한다.

1) 행동으로 이어지는 충동(impulses leading to the action)

이와 같은 창조적 충동 뒤에는 어떤 '행동으로 이어지는 충동'이 뒤따르게 된다.

충동은 내부의 채워지지 않는 욕구이고, 행동은 욕구가 외적이든 내적으로 채워진 상태이다. 충동은 내적 행동을 불러오고 이 내적 행동이 외적 행동을 만들게 된다.

2) 과제를 실천에 옮기는 수단(means of carrying out a task)

행동으로 이어지는 충동이 어떤 것인지 알았으니 이번에는 관찰대상을 정하여 '과제를 실천에 옮기는 수단'을 찾아보자. 파무소프로 인해 중단되었던 소피아와 몰찰린 두 사람의 장면에서 소피아 입장이 되어 이 난감한 상황을 빠져나갈 방법은 무엇일까? 침착하게 당혹감을 감추고, 자제력을 발동하여 파무소프의 기분을 맞추기 위해 그가 화를 내면 침착해지는 것이다. 그가 누그러지면 원망하는 표정으로 동정심에 호소해보려고 한다.

3) 예상 못한 내적 충동들(unexpected inner impulses)

한동안 내 안에서는 동정심에 호소하려는 간교함과 복합적 감정 등 온갖 미묘한 '예상 못한 내적 충동들'이 솟아 오르는데, 이것들은 본성에 의해 나오고 직관에 의해서 만들어질 수 있는 것들이다. 아직 겉으로는 드러나지 않고 마음 속에 머물지만 상상력이 잘 발동하면 행동으로 나올 수 있다. 상상력과 감정의 말을 들어 보자.

상상력이 '네가 소피아라면 어떻게 할래?' 감정은 '얼굴에게 천사의 표정을 지으라고 하지' '그 다음엔?' '입 꾹 다물고 있으라고 하지, 온갖 독설을 퍼붓고 지쳐서 숨을 고를 때까지' '그 다음엔?' 플롯을 보여주며 몰찰린과 오늘 저녁파티에 연주할 이중주 연습을 했고, 우리가 너무 오래 연습한 건 잘못했다며 아버지 손에 입 맞추면서 딸이 이중주를 망쳐서 아버지 체면이 손상되면 안 된다 하고, 왜 이 방에서 했냐면 피아노가 있는 영접실엔 절 못 들어가게 했잖냐며 울면서 내 편 들어줄 어머니도 없는 고아라며 차라리 죽어버리겠다고 대성통곡하면 다 해결될 거라고 한다.

* * *

4) 내적 행동으로 넘어가(move to the inner action)

이렇게 하여 나는 행동에 대한 열망, 이끌림, 충동을 통해서 '내적 행동으로 넘어가'게 된다. 삶은 행동이다. '드라마'라는 말은 '나는 행동한다'의 희랍어에서 왔다.

배우는 외적인 무언가가 아니고 내적인 그 무엇, 즉 정신적 활동(spiritual activity)으로 보여준다. 그래서 연기는 걷고 행동하는 단순한 신체의 움직임이 아니고 내적인 움직임과 충동이 있는 것이다.

(1) 무대적 행동(scenic action)[2]

'무대적 행동'은 정신으로부터 육체로, 중심으로부터 주변부로, 내적인 것에서 외적인 것으로, 배우의 느낌으로부터 신체적 형태로 옮겨간 것이다. 무대에서의 외적 행동이 영감을 얻지 못했을 때는 눈과 귀는 즐겁게

---

2   영문 'scenic action'을 묘사적 연기(신은수, p.75), 무대 행동(김균형, 역할창조, p.68), 무대의 행위(양철혁, 역에 대한 배우작업, p.67)으로 번역했는데 '무대적 행동'이 가장 적합하다.

해줄 수 있지만, 마음을 파고 들지 못해서 역할의 혼을 전달하지 못한다. 연기에서의 내적 충동(inner impulses)은 행동으로 이어지는 자극과 내적 행동 그 자체로서 아주 중요하니, 내적 충동을 통해서 표현되는 창조성만이 무대적이다. 따라서 배우의 소극적 상태는 무대적 행동을 죽이고, 느낌을 위한 느낌, 테크닉을 위한 테크닉만을 만들게 된다.

(2) 무행동의 탐닉(luxuriates in inaction)

가끔 게으른 '무행동의 탐닉' 속에서 자기기만의 감정에 빠져 뒹구는 배우가 있다. 아무것도 창조하지 못하고도 배역이 자기에게 딱 맞는다는 느낌으로 자신감에 넘쳐서 배역을 잘 해내고 있다고 생각하지만, 아무것도 안하는 그 무행동의 소극적 감정이 진실일 수도, 배역을 잘할 수 없고 감정에 활기와 내적 생명을 실을 수도 없으므로 관객의 가슴 속에 와 닿지 못한다. 이런 소극적 감정으로는 배우 내부에만 그의 감정이 남아있어서 내적, 외적 어떤 행동도 할 수 없다. 진정한 연기란 소극적 연기가 필요할 때라도 배우는 적극적으로 연기해야 한다.

(3) 내적 생명의 흐름(flow of inner life)

우리의 실제 삶에서는 끊임없이 솟는 열망과 기대, 내적 도전, 내적 행동과 외적 행동을 통한 목적달성 등으로 이뤄지고 있다. 인간의 끊이지 않는 연속적 열망이 창조의지의 지속적 활동을 만들고 이것이 '내적 생명의 흐름'을 만들어 줌으로써 배우가 맡은 배역을 '살아있는 유기체(living organism)'로 생생하게 경험할 수 있게 해준다. 배우가 이런 경험을 이끌어내기 위해서는 배역에 대한 그의 '예술적 열망(artitic desire)'이라는 불꽃을 잡아서, 내적 열망을 이끌어내어 행동으로 이어지는 내적 도전을 해야 외적 신체적 행동으로 나올 출구를 찾게 된다.

그래서 배우는 일상의 삶이든 무대의 삶이든, 인간으로서 정신적 신체적으로 몰입하지 않고는 일상의 삶도 무대 위 역할의 삶도 제대로 살아갈 수 없다. 항상 직접 생각하고 만들어낸 열망을 실천하여 자신의 것으로 소화해야 한다.

2. 창조적 과제
(creative task)

그러면 배우에게 창조 의지의 열망을 어떻게 이끌어낼 수 있을까? 창조적 정서는 나오라고 한다고 나오지 않으므로 먼저 바라는 것이 생기게 해야 한다. 그러려면 배우에게 매력적인 과제를 만들어 줘야 하니 이것이 바로 '창조적 과제'이다.

1) 과제는 원동력(task is the motive force)

창조에 있어서 '과제는 원동력'이고 자극제이다. 과제는 감정을 일으키기 위한 미끼(lure)이다. 과제는 행동 속에 살아있는 존재인 역할에게 메시지를 전달한다. 일상의 삶은 끊임없는 과제와 그 달성이고 무대의 삶도 마찬가지이다. 과제는 음악의 음표와 같아서 박자를 결정하고, 음표가 모여서 하나의 멜로디인 감정을 만들고 이것이 모여서 교향곡과 오페라를 만든다. 과제는 지성(mind)을 통해서 파악할 수 있는 의식적인 것일 수도 있고, 직관적으로 솟아나는 정서적이고 무의식적인 것일 수도 있다.

(1) 의식적 과제(conscious task)

그런데 '의식적인 과제'는 느낌이나 의지가 없이도 무대에서 표현될 수 있겠지만, 무미건조해서 창조적 과제를 전달하는 데는 적합하지 않다. 생명력이 없는 의식적 과제는 매마른 단어의 생동감이 없는 암송에 불과하다. 배우가 원하는 과제에 지성만으로 도달한다면 생생한 경험이 없는 보고에만 그쳐서, 창조자가 아니라 보고자의 역할로 머물고 말 것이다. 의식적인 과제는 살아있는 감정이 의지에게 호소할 수 있게 해주어야 극적인 효과를 거둘 수 있다.

(2) 무의식적 과제(unconscious task)

최상의 창조적 과제는 배우의 감정을 순식간에 장악해서 배우가 과제를 향해 직관적으로 나갈 수 있게 해주는 '무의식적 과제'이다. 이런 형태의 과제에는 '즉시성(immediacy)'이라는 위력이 있다. 이 무의식의 과제는 창조 의지를 끌어들이는 자석이 되어 '거부할 수 없는 열망'을 불러일으키게 된다. 이 무의식적인 과제는 배우 스스로의 정서와 의지에 의해 태어나서 직관적 상태로 들어가서는 의식적으로 비교 검토하여 결정한다. 그리고는 배우의 정서, 의지, 지성 모두가 함께 창조 작업에 참여하게 된다.

2) 과제를 처리할 능력(ability to handle the task)

배우의 행동을 일으키게 할 수 있도록 과제를 찾거나, 과제를 만들거나, 그러한 '과제를 처리할 능력'을 갖추는 것이 중요하다. 여기에 접근할 방법으로서의 하나의 예를 〈지혜의 슬픔〉에서 살펴보자. 차츠키가 소피아의 짝은 몰찰린도 스칼로주브도 아니라는 것을 납득시키려는 열망이 있다. 그러면 어떻게 처리해야 할까?

(1) 진정한 신뢰(believe in the sincerity)와 진실의 느낌(truth of his feeling)

차츠키 역의 배우가 자기의 과제에 대한 '진정한 신뢰'를 갖지 못하면 외적인 행동만 계속 하게 될 것이고 '진실의 느낌'을 갖지 못하면 자신의 정서에 믿음을 가질 수 없고, 정서의 믿음이 없으면 배역을 진정으로 느낄 수 없다.

(2) 무엇이 내게 그런 믿음을 주나?(what give me such faith?)

그렇다면 나의 과제에 대해서 '무엇이 내게 그런 믿음을 주나?' 몰찰린 같은 실속없는 기회주의자와의 결혼으로 자신을 희생하게 됨을 모르는 젊은 여성에 대해서 연민, 모욕감, 심미적 분노를 느꼈던 경험을 떠올린다. 바람직하지 못한 결합이 가져올 여성의 미래는 사람의 본능을 자극하여 세상물정 모르는 여성이 잘못된 길을 가려고 하면 막아야 한다는 열망이 나의 과제에 믿음을 주게 될 것이다.

이렇게 열망을 위해서 충동을 자극할 수 있고, 자극받은 충동은 행동하게 한다.

(3) 이 충동은 무엇으로 이뤄?(of what do these impulsives consist?)

그렇다면 '이 충동은 무엇으로 이뤄'지는가? 사람은 누구나 예민한 젊은 여성이 인생을 파괴하는 것을 보면 막으려는 느낌이 생긴다. 그녀에게 삶의 눈을 뜨게 해주고 싶고 스스로 파괴하지 말라고 설득시키고 싶어한다. 차츠키로 분한 나는 소피아에게 나의 진심을 납득시켜야 한다. 그녀가 나의 우려를 느끼고 심사숙고하게 해야 한다. 그러나 이 내적, 외적 충동과 행동들로 그녀의 의도가 꺾어질까?

* * *

3) 심리, 신체적인 두 과제(both physical and psychological task)

의식적, 무의식적 과제는 둘 다 신체와 영혼을 통해서 실천할 수 있다. 그래서 과제는 심리적일 수도 있고 신체적일 수도 있다.

(1) 신체적 과제(physical task)

'신체적 과제'의 예를 들어보자. 파무소프의 집을 방문할 때 행동으로 해야 하는 외적인 과제들은 문을 두드리고, 손잡이를 돌리고, 문을 열고, 고개 숙여 인사하는 등의 과제를 신체적 행동으로 옮겨야 한다. 이 신체적 과제는 습관적이어서 근육을 통해 기계적으로 실천된다.

(2) 간단한 심리적 과제(simple psychological task)

우리의 내부에서도 이 상황에 대한 '간단한 심리적 과제'가 많이 있다. 소피아는 아버지의 화를 가라앉히고 벌을 피하기 위해서는 당혹감을 감추고, 아버지를 당황하게 하고, 감동시켜 연민을 끌어내고, 수치심으로 빗장을 풀고, 아버지 지위를 강조하는 등의 많은 간단한 심리적 과제를 행동으로 옮겨서 벌을 피하게 된다.

(3) 배역의 생활화 과정(process of living a part)

배역의 삶을 나의 실제적 삶과 같이 살아갈 수 있게 하는 '배역의 생활화 과정'에 처음 들어갈 때 필요한 것은 사람의 타고난 본성이며 신체 조직의 습관인 '연속성(consecutiveness)', '점진성(gradualness)', '논리적 느낌(logic of feeling)'이다. 이것들이 하나로 연결되어야 배역과 배우가 밀착되어 생활화가 이뤄진다. 일상에서는 비논리적인 것도 있지만, 연기에서는 끊어져서 연속성이 없거나, 갑자기 튀어서 점진성이 없고, 명쾌하지 않아서 논리적이지 않으면 납득이 안 된다.

(4) 다른 사람 납득시키기(convincing the other person)

배우가 '다른 사람을 납득시키려'면 그의 과제를 실천해야 한다. 상대에게 자신의 사상과 감정을 납득시키려면 앞의 소피아의 실제적 예에서 보듯이 자신의 심리적 과제와 내적인 행동을 실천해서 보여줘야 한다. 이게 쉬운 일이 아니다.

(5) 역할의 생명선이 끊긴(the inner thread of his role breaks)

대부분의 경우에는 배우가 배역의 상태로 머물러 있을 때는 자기가 대사를 할 때뿐이고, 자기 대사가 끝나고 상대 방에게 넘어가면 '역할의 생명선'이 끊긴다. 이런 일이 일어나면 배우의 신체적 과제와 심리적 과제로 이뤄진 역의 생명선이 끊어져서 배우의 상투성과 연극쪼에 빠져서 역할을 제대로 생활하지 못한다.

3. 역할에 대한 총보
(score of a role)

나는 이제 〈지혜의 슬픔〉에서 차츠키로 분한 배우로서 나의 상상 속으로 1820년대의 모스크바에 있는 파무소프 집안의 회오리 바람치는 상황 속에 존재하기 시작하여, 나의 신체적 과제와 간단한 심리적 과제가 만드는 것을 찾아내려고 한다.

그러나 나는 아직 차츠키가 갖는 느낌을 갖지 못하는 나 자신일 뿐이다. 외국에서 막 귀국했고 집에도 가지 않고 나의 집과 다름없는 이 집 대문 앞에 마차를 타고 도착하여 마부가 하인을 불러 대문을 열어 달라고 한다. 이 순간에 나는 무엇을 바라는가? 이 상황에서 차츠키의 큰 과제들은 무엇이고 작은 과제들은 무엇일까?

1) 대과제(큰 과제) A(large task A) – 소피아와 재회 서두르기
오랫동안 꿈꾸던 소피아와의 만남을 서두르고 싶다.

대문이 열리고 들어가고 하인이 다가와 반긴다. 이제 작은 과제들을 살펴보자.

    a 그와 인사를 주고 받아야 한다. (마차에서 내린다)

    b 잠든 문지기를 깨워야 한다. (개가 꼬리를 흔든다)

    c 오랜 친구인 개를 쓰다듬어주고 싶다.

      (현관으로 간다. 문지기가 반긴다)

    d 문지기와 대화를 나눠야 한다. (집사와 하녀장을 만난다)

    e 소피아의 안부 물어야 한다.

      (영접실로 가고 리자가 달려온다. 나의 바람은?)

    f 소피아를 보고 싶은 게 주된 과제다.

      (새로운 큰 과제가 생긴다)

2) 대과제 B(large task B) - 껴안고 함께 느낌 나누기

절친이자 여동생 같은 소피아를 만나 껴안고서 감격을 나누고 싶다.

이 대과제에 바로 도달할 수는 없고 계속되는 내적 소과제들이 필요하다.

    a 소피아를 살펴보고 변화를 칭찬하고 싶다.

      (14세 소녀가 17세 여성이 됐다)

    b 입 맞추며 내 느낌을 전하고 싶다.

      (껴안지만 모자란다. 다른 방법을 찾는다)

    c 표정과 말로 기분 좋게 해주고 싶다.

      (냉랭, 당혹의 표정이다. 새 목표 필요)

3) 대과제 C(large task C) - 어린 시절 친구의 냉대 이유 찾기

소피아가 왜 이런 차가운 반응을 보이는지 알아야 한다.

    a 무슨 문제가 있는지 고백하게 해야 한다.

    b 새로운 접근으로 명확한 질문이 필요하다.

    c 그녀가 나에게 관심을 돌리게 만들어야 한다.

4) 대과제 D(large task D) - 주변 인물들에게 상황 물어보기

소피아와 주변 인물들에게 모든 상황을 질문해 봐야 한다.

그리고 각자의 작은 과제들을 찾아야 하는데 파무소프가 등장해서 대화가 중단된다.

이렇게 새로운 큰 과제와 작은 과제들이 계속 만들어지면서 대단원의 과제까지 간다.

5) 대과제 Z(large task Z) - 세상으로 나가기

다시는 모스크바에 돌아오지 않겠다. 세상에 나가 내 상처를 달래겠다.

    a 하인에게 마차 준비를 명령한다.

    b 파무소프 집을 떠난다.

이렇게 열거한 과제들을 선택하고 실천하는 과정에서 나는 의지와 욕망을 뒤흔드는 내적, 외적인 상황을 느낄 수 있었고 느낌이 열망을 불러와 행동으로 이어질 수 있는 내적 충동을 자극한다. 이 모든 것이 결합되어 차츠키의 배역에 생명을 생명을 불어넣는 순간으로 나아갈 수 있다. 이 과정을 살펴보면 일련의 '비트들(bits)'이 각자 한 가지의 '대과제(large task)'를 중심으로 구성된다. 그 대과제를 이루기 위해서는 작은 내적 의미를 가진 소과제가 있어서, 그 소과제들을 하나씩 이루어서 제목을 붙일 수 있는 하나의 장면(scene)으로서의 대과제가 실천되어진다. 이 장면이 모여서 막(act)이 되고 막이 모여서 한 작품이 된다.

이처럼 크고 작은 과제들로 이뤄진 단위, 장면, 막을 포함하는 분류목록을 '역할의 총보(score of a role)'라고 부르기로 하자. 이제 이 총보는 신체적 과제와 간단한 심리적 과제로 채워질 것이다.

6) 살아있는 느낌(live feelings)

총보의 과제들은 심오한 의미가 없고 외적으로 드러나는 것에 영향을 미치고 감정에는 약간의 영향을 미친다. 그럼에도 총보에 담긴 과제들은 '생생한 느낌'의 창조물이고 메마른 이성의 산물이 아니다. 이 과제들은 배우의 예술적 본능, 창조적 감수성, 인간 본성의 특질에서 자극을 받는다. 그리고 각 과제에는 연속성, 점진성, 논리가 담겨있다. 악보는 이런 '자연스러운 과제'로 이뤄져 있어서 배우가 인간에서 자기 역할의 삶에 가까이 다가갈 수 있게 해준다.

7) 습관은 창조에 큰 역할(habit plays great part in creativeness)

연습과 공연을 계속 반복하면 악보가 습관화된다. 그래서 역할의 모든 과제와 그 순서에 익숙해져서 '습관은 창조에 큰 역할'을 한다. 어려운 것은 습관화시키고, 습관화되면 쉽고, 쉬운 것은 아름답다. 그래서 습관은 제2의 천성, 제2의 현실이 된다. 결국 총보는 배우가 외적 행동으로 나가게 하는 자극제인 것이다.

4. 내면의 톤
(inner tone)

외적 부분과 간단한 심리적 부분만을 다루는 악보에서 모자라는 것은 배우의 열정에 불을 붙이고 정서를 불러일으키는 것이다. 그래서 이 악보에 정서를 매혹시킬 수 있는 감정과 내면적인 것이 필요하다.

1) 매혹시키는 힘(power to attract)

재미가 없는 총보 속의 과제로는 큰 흥분을 일으키지 못한다. 이런 과제는 감정과 배역의 삶을 신체적, 외면적으로 접근하고 있으므로 내면을 '매혹시키는 힘'이 필요하다. 역할의 삶에서 나오는 내적 삶을 찾아야 한다. 신체적 총보에 담긴 과제들은 누구에게나 적용되는 전형적인 것이므로, 특정한 인물에 대한 그 사람만의 고유한 개성으로 드러내지 못하고 있다. 이런 총보는 방향은 보여주지만 생명력을 만들어내지 못하므로 진정한 창조력을 불러일으키지 못한다.

2) 깊은 내적 내용의 과제(task with a deeper inner content)

배우는 열정적 정서가 있어야 감정(feeling), 의지(will), 지성(mind)으로 자신의 모든 것을 실천으로 옮길 수 있다. 이 열정적 감정을 위해서는 '깊은 내적 내용의 과제'가 있어야 한다. 신체적 총보에 생명을 불어넣어 줄 수 있는 내적 내용의 과제까지를 갖춰서 완성시킨 총보는 외적, 신체적 진실뿐 아니라 내적인 아름다움과 생기로 배우를 매혹시킬 수 있다. 이런 창조적 과제는 단순한 흥미가 아니라 열정적인 흥분, 욕망(desires), 열망(aspirations), 행동을 불러낼 수 있다.

(1) 자력(magnatic qualities)

사람을 끌어들이는 '자력'이 없는 과제는 역할을 제대로 할 수 없다. 선동적인 과제가 다 훌륭하다고 할 수는 없지만 무미건조한 과제는 쓸모 없다고 할 수는 있다. 차츠키가 도착한다는 사실은 그 대과제와 소과제를 보면 알 수 있듯이 내적, 정서적 모티브가 있어서 흥미로울 수 있다. 이제 차츠키라는 역할에 대한 악보에 흥미뿐 아니라 자력까지 느낄 수 있도록 깊이를 더해주자.

(2) 역할 속의 "나"("I" in a role)

차츠키의 마음 속 깊숙한 곳의 흐름을 따라가며, '역할 속의 "나"', 라고 할 수 있는 은밀한 내적 삶의 원천과 하나가 돼서 역할의 핵심에 다가갈 수 있도록 해주자. 그럼 어떻게 해야 하나? 만들어진 악보 속의 차츠키의 과제를 다 뜯어 고쳐야 하나? 그렇지는 않다. 그 과제는 그대로 존재하되 깊이가 더해져서 새로운 실체를 얻게 되는 것이 달라지는 것이다.

3) 내면의 톤(inner tone)

배우와 역할 속의 "나"가 둘이 아니고, 배우가 역할 속의 "나"가 되어 혼연일체가 된 것이다. 이제 달라지는 것은 배우의 내적 존재가 새로워지고, 그가 갖게 될 과제에 세밀한 빛깔이 더해지고, 깊이 있는 의미, 새로운 토대, 내적인 동기 등이 더해질 것이다. 이렇게 달라지는 내적 분위기를 '내면의 톤'이라고 부르자. 배우들은 이것을 '감정의 싹(germ of feeling)'

이라고 한다. 역에 대한 깊이가 더해지게 되면 내면의 충동, 심리적인 암시, 내면의 출발점, 악보의 내적 톤, 정당화의 근거가 더해지는 것이다.

(1) 다양한 기조(varying keys)

음악에서 음조를 장조나 단조의 다양한 키(음조)로 연주할 수 있지만 멜로디는 바뀌지 않고 톤만 바뀐다. 장조에 빠른 템포로 연주하면 발랄하고 힘찬 느낌을 주고, 단조에 느린 템포로 연주하면 슬프고 서정적인 느낌이 생긴다. 연기에도 같은 과제로 연기하더라도 음악의 키(음조)처럼 연기의 톤에 따라서 느낌이 달라진다. 차츠키의 귀향을 차분, 경쾌, 슬픔, 불안, 흥분, 혼잣말 등 여러 가지 느낌과 톤으로 할 수 있다.

(2) 차츠키의 제시된 상황(proposed circumstances of Chartski)

차츠키가 어린 시절의 벗으로 귀향하지 않고 열열한 사랑을 품고 돌아온다면 악보를 다른 톤으로 느끼려고 할 것이고 전혀 다른 빛깔을 지니게 될 것이다.

⟨1⟩ 열정적 연인의 기조(key of a lover's passion)

악보가 열정적 연인의 톤으로 바뀌어도 신체적 과제와 간단한 심리적 과제 자체는 바뀌지 않고 과제의 실행방법이 바뀐다. 차분한 상태면 신중하게 실천하고, 들뜬 상태면 격하게 실천할 것이다.

⟨2⟩ 기계적으로 실천(executes them mechanically)

열정에 사로잡힌 남자가 그 열정에 복종하게 되면 신체적 과제를 잊어버리고 '기계적으로 실천'하면서도 그 사실을 깨닫지 못한다. 우리는 실생활에서도 걷고, 초인종을 울리고, 문을 열고 하는 것들을 뭘 하는지도 모르고 기계적으로 할 때가 있다. 그러니까 우리의 몸은 습관적으로 근육운동을 하는 것이다.

⟨3⟩ 주의의 중심(center of attention)

그러나 우리의 영혼은 깊이 있는 심리적인 생활을 한다. 그렇다고 이런 구분으로 우리의 몸과 영혼이 단절되는 것은 아니다. 이러한 사실이 일어나는 것은 '관심의 초점'이 삶의 외적인 부분에서 내적인 부분으로 이동하기 때문이다. 그러므로 배우가 기계적으로 처리했던 신체적 총보가 심화되어 새로운 느낌으로서의 이를테면 심리적인 것이 된다. 그렇게 하기 위해서는 미리 갖춰야 할 게 있으니 '열정의 본질'을 느끼고 있어야 한다.

⟨4⟩ 머리 속 아닌 가슴 속(not in my brain but in my heart)

사랑의 열정을 어떻게 이해할 수 있나? 그것은 '머리 속이 아닌 가슴 속'에서 찾아야 한다. 생명의 본질은 식물처럼 씨앗이 있어서 씨앗에서 싹이 나고, 뿌리가 나고, 줄기가 나고, 잎과 꽃의 성장으로 절정에 이른다. 사랑도 씨앗, 수태, 성장, 개화의 노선을 거치게 된다. 정열이나 열정은 복합적인 정서의 경험으로 다체로운 감정과 경험의 총체적 결합이다.

⟨5⟩ 정열은 구슬더미(passion is a pile of beads)

인간의 '정열은 구슬더미'에 비유할 수 있다. 다양한 색상의 구슬이 수없이 많이 모여 화려한 조화를 이룬다. 구슬들이 뒤섞여서 구슬더미의 전체적 색조를 만들듯이 모순되기도 하는 많은 정서가 합쳐져서 전체적인 정열을 만든다.

⟨6⟩ 끝없는 사랑과 증오의 공존(hatred exists alongside constant love)

차에 치일 뻔한 아이를 어머니는 세게 때린다. 미워서인가? 잃을까봐 두려워서이다. 그 순간 '끝없는 사랑과 증오가 공존'하는 것이다. 모순되는 것은 정열만이 아니고 그 구성요소도 마찬가지다. 역할은 저마다 여러 요소가 모여서 전체적인 정열을 이루고 인물의 내적이고 정신적인 이미지를 결정해 준다. 이제 차츠키에 대해 살펴보자.

4) 차츠키의 역할 살피기(take the role of Chartski)

소피아를 향한 차츠키의 사랑에는 사랑의 장면은 없고 갈등을 일으키는 감정과 행동들만 있다. 그렇다면 차츠키는 소피아에 대한 사랑을 어떤 식으로 보여주나?

(1) 차츠키가 행하는 것은 무엇?(what is Chatski doing?)

차츠키는 도착하자마자 소피아를 만나려 한다. 만나고는 냉정한 이유를 알려고 하고, 농담과 친척들 얘기를 하고, 그녀에게 가시돋친 말을 하고, 많은 생각으로 괴롭고, 소피아가 배신하려는 것을 알고, 그녀에게서 떠난다. 이 중에 사랑의 고백은 고작 몇 줄뿐이다.

(2) 배우의 팔레트(palette of actor)

인간의 정열을 보이려면 악보가 풍부하고 다채로워야 한다. '정열 자체 말고도 겉모습 속의 '감정'을 생각해야 하고, 대립하는 것을 찾아야 한다. 그래서 배우가 연기를 하면서 선함 속에 악함을, 쾌활 속에 진지함을 찾아낼 수 있을 때 '인간 정열의 연장(extent of human passions)'과 '배우의 팔레트'를 넓힐 수가 있다.

(3) 점진적 긴 시간을 두고(gradually and over a long period)

인간의 정열은 발단 없이 한꺼번에 절정에 도달하는 게 아니고, '점진적 긴 시간을 두고' 이루어진다. 하나의 느낌이 거의 알아채지 못하게 서서히 바뀐다.

오셀로의 시작은 유쾌하고 밝은 느낌에 가득차 있다가 여기저기 검은 점이 나타나고 불길한 그림자가 섞이고 어두워지면서 질투가 생기고 결국 완전한 암흑 속에 휩싸이게 된다.

(4) 배우의 열정에 대한 태도(attitude of actors toward passion)

'배우의 열정에 대한 태도'는 일방적(one-sided)이고 편향적(single-tracked)이어서 사랑은 오직 사랑, 증오는 오직 증오밖에 없어서 단선이고 평면적이다.

⟨1⟩ 자신만의 특별한 색깔(his own special color)

악인은 까맣고 선인은 하얗기만 한 단색이므로 배우는 정열의 종류에 따라 '자신만의 특별한 색깔'을 가지고 있다. 그래서 그 결과로 나오는 배우의 연기는 '일반적(in general)'일 수밖에 없다.

⟨2⟩ 그 외적인 결과(about its external results)

배우에게 이런저런 장면의 연기를 할 때 무엇에 중점을 두느냐고 물으면, 눈물, 웃음, 기쁨, 놀라움 등이라고 대답을 하는데, 이것은 배우의 내적 행동이 아닌 '그 외적인 결과'만을 얘기하고 있으면서도 그것을 모르고 있는 것이다.

⟨3⟩ 길잡이 되는 패턴(pattern be guided)

그러므로 배우는 정열의 본질을 이해하여 자신의 '길잡이 되는 패턴'을 파악해야 할 필요가 있다. 배우는 인간의 영혼과 본성을 잘 이해할수록, 그리고 많이 연구할수록 정열의 본질을 깊이 파고들 수 있고 그의 연기는 배역의 악보보다 세부적이고 다채로워질 수 있다.

5) 차츠키의 총보 수정(Chatski score recast)

이제 정열의 전개과정을 치츠키의 소피아에 대한 사랑의 악보 수정을 살펴보자.

(1) 대과제 A'

지난번의 대과제 'A' '소피아와의 만남을 서두르고 싶다'를 '빨리 보고 싶다'로 바꾼다. 서두르는 것이 대과제로는 옳지 않으니 보고 싶다는 과제 뒤에 서두르게 된다.

(2) 소과제 a'

이제 대과제 A였던 '소피아의 만남을 서두르고 싶다'를 소과제a'로 가져온다.

(3) 소과제 b' ~ 소과제 f'까지는 하나씩 순서를 미룬다.

대과제 A가 소과제 a'로 내려왔으니 원래의 소과제는 하나씩 뒤로 밀리게 되어 a가 b'가 되고, b가 c'가 되고, c가 d'가 되고, d가 e'가 되고, e가 f'가 된다.

(4) 소과제 g' '옷을 입고 있는 중인가요?'가 새로 보충된다.

f'에서 스츠키는 집사와 하녀장을 만나서 '아가씨 일어났어요?'로 끝났다. 이 다음에 소과제 g'가 보충되어서 '들어가도 될까요?' 하고는 대답을 듣지 않고 복도를 달리고 뒤에서 부르니 다시 달려가서 '옷을 입고 있는 중인가요?' 하고 힘들게 억제하는데 누군가 소리치며 달려온다. '아! 리자!' 그녀의 옷소매를 잡고 따라간다. 꿈인가 생시인가? 소피아인데 아무 말을 할 수 없다. 성숙해서 다른 사람같이 되었다. 이제 저절로 새로운 과제가 생긴다.

(5) 대과제 B'

눈앞의 환상에게 인사 건네고 이야기 나누고 싶다.

하지만 어떻게? 성숙한 여인에 대한 새로운 말과 관계를 찾아야 한다.

(6) 소과제 a'

소피아를 찬찬히 보면서 헤어진 후 그녀에게 일어난 변화를 생각해 본다.

지난 번에는 '변화를 칭찬한다'였는데, 이번에는 '생각해' 보는 걸로 바뀌었다. 겉치레의 외적인 칭찬이 내적인 깊이의 생각으로 바뀌었다. 그냥 보는 게 아니라 그녀의 영혼 속을 들여다보고 싶은 것이다.

(7) 상상의 소피아 보며(gaze at imaginally Sophia), 진실 느끼기(feel the

truth)

'상상 속의 소피아를 보며' 내가 바라보는 그대로의 진실을 느낀다. 그리고 친근감, 어쩌면 당혹감, 혹은 어색함이 더해진다. 무슨 기억이 떠오르는가?

(8) 예전으로 돌아가(go back a long way)

'예전으로 돌아가'서 소녀를 만나는데 사람들이 남매같은 한 쌍이라고 한다. 편지교환을 한다. 어른이 되지만 기억 속엔 소녀다. 재회하지만 서로 당황한다.

(9) 예전의 방식은 안 된다(could not be the way I used to)

결국 성장해버린 소녀와 어떤 얘기를 나눠야 할지 아무 생각이 나지 않는다. '예전의 방식은 안 된다'는 것을 안다.

(10) 새로운 관계의 모색(to establish a new mutual relationship)

'새로운 관계의 모색'을 시도하니까 뭔가 내 안에서 느낀다. 그리고 상상 속에 만남의 이 순간에 생명을 얻는다. 어린시절 기억이 머리속에 되살아난다.

(11) 소과제 b' 억눌렸던 느낌(pent- up feeling)을 키스에 담아 전한다.

예전이라면 더 깊은 키스를 하겠지만 조심스럽게 전과는 다르게 한다.

(12) 소과제 c' 표정과 말로(with look and word) 소피아를 기분좋게 해야 한다.

만약 소피아가 당황하고 어색한 나의 상황을 눈치챈다면 어떻게 해야 할까?

위축감과 쓸쓸함이 가득해지고 환상이 깨져서 열정이 식는 것을 느끼게 되자 여기서 벗어나고 싶어진다.

6) 실제로 그 자신의 악보가 되어(actually becoms his own score)

지금까지 연인 톤으로 진행된 이 악보가 '실제로 그 자신의 악보가 되어서, 악보가 작품에 담긴 사랑의 열정과 평행선을 이루며 조화가 이뤄졌을 때에 소피아에 대한 차츠키의 사랑이 전달될 수 있다. 이제 차츠키의 열정이 발전하는 논리적 순서를 따라 '과제와 비트'를 구분하기 위해 텍스트로 다시 돌아가자.

7) 배역의 텍스트 해부법 알아야
(know how to dissect the text of your part)

이 과정에 들어가려면 자신의 역할에 해당하는 '배역의 텍스트 해부법을 알아야' 한다. 그리고 전체적으로 종합되었을 때 열정에 도달하는 각 단위, 과제, 주요 순간을 구분하는 법도 알아야 한다. 그리고 텍스트의 주요시기에 그 토대와 내적 동기를 부여해야 한다. 그러니까 배역의 텍스트는 열정의 외적 패턴이 아니라 내적 패턴을 따라가야 하고, '열정의 사슬(chain of passion)'의 주요 순간이 있는 위치를 잘 찾아내야 한다.

8) 두 총보 비교(comparison between the two scores)

이제는 차츠키 역에 대한 친구의 톤과 연인의 톤의 총보를 비교해 보자.

(1) 친구 톤(key of a friend) 과 연인 톤(key of a lover)

소피아에 대한 열망에 심취한 연인 톤의 차츠키는 주변 사람들을 제대로 파악하지 못하고 기계적으로 인사하는데, 친구 톤의 차츠키는 그들의 행동을 주의 깊게 관심을 가지고 대한다. 연인 톤에서는 주변을 보지도 않고 과제를 향해 직행하지만, 친구 톤에서는 주변인물과 집안을 둘러보는데 많은 관심을 둔다. 이 때의 '내적인 톤'은 친구 톤과 연인 톤에 다 담겨 있어서 폭이 넓고 깊이도 깊다.

(2) 톤의 심화(deeper the tone)

한 인물의 톤이 심화할수록 배우 마음에 더 와닿아서 강하게 마음속으로 파고들고, 그 인물의 실체를 이룰 때까지 과제와의 결합력이 더욱 커져서 잘 전달된다. 그렇게 되면 과제의 수는 줄어들지만 내용의 질은 높아진다.

(3) 인물 톤의 심화(increasingly deeper tones)

배우는 '인물 톤의 심화'를 경험하면서 똑같은 신체적, 간단한 심리적 악보라도 자기 마음에 더 까까이 다가오는 것을 알 수 있다. 역할이 지닌 내적 요소에 외적 요소까지 추가되면 배우는 다양한 여러 가지 정서적 경험을 할 수 있게 된다.

이런 감정은 다채롭고 과제의 깊은 의미뿐 아니라 내적 정당성도 얻을 수 있다.

(4) 신비로운 "나"(mysterious "I")

이렇게 되면 배우는 '신비로운 "나"'가 되어서 가장 은밀한 핵심부에 도달한다.

이곳은 인간의 온갖 정서가 원시상태로 존재한다. 이 인간의 열정 넘치는 용광로 속에는 배우의 창조적 본성 모두가 녹아서 근원적, 유기적인 것들만 남는다.

5. 초과제와 일관된 행동
(super task and through action)

1) 초과제(super task)

총보에 담긴 모든 목표가 결국은 하나의 '초과제'로 모아진다. 초과제는 내적 본질이며 모든 것을 껴안는 모든 과제들의 과제이다. 역할의 종합적 총보이고 모든 단위의 종합인 것이다.

(1) 내적 인식(inner sense)

초과제에는 희곡의 모든 하위 과제들의 의미와 '내적인 인식'이 담겨있다. 이 초과제를 쫓아가면 우리의 의식을 초월해 말로 표현할 수 없는 그무엇이 있다. 〈지혜의 슬픔〉 속에는 그리보예도프의 혼이기도 한 그 무엇, 작품 쓰기의 영감이 되고 배우 연기의 영감이 되는 그 무엇이 있다. 〈까라마조프의 형제들〉의 초과제에는 작가가 인간의 영혼 속에서 신과 악마를 찾는다. 〈햄릿〉의 초과제에는 존재의 비밀에 대한 탐구, 〈세 자매〉의 초과제에는 더 나은 삶에 대한 염원이 있다.

(2) 천재적인 예술가(artists of genius)

천재적인 예술가만이 한 가지 초과제를 정서적으로 경험하고, 작품의 혼에 몰입해서 작가와 작품이 하나로 혼연일체가 될 수 있다. 깊은 내용과 영적 통찰, 생명력 가득한 정서와 생각이 담겨야 위대한 과제로서의 초과제가 될 수 있다. 이 초과제가 배우의 정신적 중심에 뿌리내려야 많은 작은 과제를 만들어서 보여준다.

2) 일관된 행동(through action)

초과제만 만들었다고 창조가 되는 게 아니고, 배우의 창조성은 초과제를 향한 갈망과 행동의 표현으로 이루어진다. 창조의 본질을 표현하는 이 갈망이 역할과 작품의 '일관된 행동'이다. 작가에게 일관된 행동이 초과제를 '발전시켜 나가게 하는 표현(expressed by the progression)'이라면, 배우에게 일관된 행동은 초과제를 '살아 움직이게(active attainment)' 해주는 것이다. 그래서 초과제와 일관된 행동은 등장인물의 창조적 과제와 창조적 행동을 대표하고 있다.

(1) 중심사상(leitmotive)

초과제를 작품의 정수라고 한다면, '일관된 행동'은 작품 전체를 흐르는 중심사상(leitmotive)이다. 일관된 행동으로 배우의 창의성과 갈망을 끊임없이 이끌어낸다. 초과제와 행동의 일관성은 '신비한 "나" 속에(in our my sterious "I")' 뿌리내린 타고난 삶의 목표와 열망이다.

(2) 무의식적 연대감(unconcious bond)

우리 일상에서의 모든 내적, 외적의 일들은 우리의 생각과 타고난 열망과 함께 관통 행동의 흐름과 신비한 '무의식적인 연대감'을 통해 중요한 의미를 지닌다.

우리는 가끔 실제 삶과 무대에서, 관통하는 흐름이 무의식적이고 저절로 드러나는 경우를 볼 수 있다. 그러나 이것은 궁극적인 과제, 즉 초과제가 비밀스럽고 무의식적으로 우리 인간의 열망을 흡수한 후에 가능해지는 것이어서 무작정 기다리기만 해서는 나타나지 않는다.

(3) 배역을 생활하는 과정(process of living your part)

배우는 총보를 생생하게 신체적 심리적 과제로 작성할 수 있어야 하고, 초과제(욕망), 관통 행동(노력), 달성(행동)이 축척되어 정서적으로 배역을 생활화하는 창조적 과정을 이루게 된다. 그래서 '배역을 생활하는 과정'은 그 역할에 대한 총보의 초과제와 행동의 일관된 흐름을 통해서 확실하게 달성되어질 수 있다.

3) 반대쪽의 일관된 행동(counter-through actions)

실생활이나 무대에서나 장애물이 있기 마련이다. 나와 상충되는 누군가의 행동이나 노력으로 갈등을 일으키고 장애 요소에 부딪히게 극복하거나 패배하거나 둘 중 하나가 된다. 특히 무대에서는 일관된 행동을 따라가면 충돌하는 인물이나 '반대쪽의 일관된 행동'이 있기 마련이다. 이 두 관통 행동으로 극적 상황이 생긴다.

(1) 배우의 능력범위(within the powers of an actor)

모든 과제는 배우가 미칠 수 있는 '배우의 능력범위' 내의 것이어야 한다. 그렇지 않으면 그 과제가 길잡이가 아닌 공포감을 만들고 배우의 느낌을 경직시켜서 진실한 모습을 보여주지 못하고, 상투적 연기 기교적 연기를 하게 된다. 그래서 창조적 과제가 배우의 감정적 느낌의 수준을 유지해야 배우는 진정한 배역을 생활할 수 있다.

(2) 과제가 의심을 불러일으킬 때(objective raises doubts)

만들어진 '과제가 의심을 불러일으킬 때'나 분명치 않을 때에도 마찬가지다.

이렇게 되면 배우의 창조 의지의 노력을 갉아먹거나 파괴해 버린다. 의심은 창의성의 적이어서 배우의 역할수행 과정을 헛되게 만든다. 배우의 의지가 창조의 본질에서 벗어나지 않게, 의지가 갖는 포부를 약화시키지 않게 해줘야 한다.

6. 초의식
(superconscious)

배우가 창조성에 관한 모든 수단, 방법을 다 동원한 후에는 의식의 한계에 이른다. 이 영역은 지성이 아닌 느낌으로, 생각이 아닌 창조적 정서로 다가가야 한다.

1) 무의식, 직관의 영역(realm of the unconscious, of the intuition)

그렇게 되면 '무의식, 직관의 영역'이 시작된다. 적당한 테크닉으로는 다가갈 수 없으니 예술적 본능(artist−nature)만으로 다가갈 수 있다. 창조성의 주된 원천은 영혼 깊숙한 곳에 감춰져 있으니, 우리 마음대로 가서 닿을 수 없는 이 영혼의 중심부에 '초의식의 영역'이 있다. 여기에 우리의 '신비로운 "나"(misterious "I")'가 있으니, 볼 수도 들을 수도, 정의할 수도 없는 영적인 재료의 저장고이다.

2) 어떻게 도달하나?(how to reach it?)

그러면 배우가 그 초의식의 영역에 '어떻게 도달하나?' 그 방법은 오직 '타고난 본능의 도움(aid of nature)'을 받아야 한다. 배우가 한 인간으로서 가지고 있는 타고난 본능이 은밀한 초의식으로 들어갈 수 있는 열쇠를 가지고 있다. 이 영감의 비밀로 들어가는 방법을 인간의 본능만이 알고 있고 기적을 이룰 수 있다.

(1) 강제되지 않은 창조적 삶(unforced creative life)

초의식은 본성이 지성의 보호에서 벗어나, 관습(conventions)과 편견(prejudices)과 강압(force)에서 벗어나는 곳에서부터 시작된다. 초의식으로 접근할 유일한 방법은 본성의 일상적이고 '강제되지 않은 창조적 삶'을 통하는 것이다.

(2) 인도의 요가 수행자들(yogis of India)

초의식의 영역에서 기적을 일으키는 것을 우리는 '인도의 요가 수행자들'에게서 볼 수 있다. 이들은 의식적인 준비 과정을 통해서 무의식의 경지로 나아가며, 신체적인 것에서 정신적인 것으로, 현실에서 비현실로, 자연적인 것에서 추상적인 것으로 나아간다. 생각을 한 줌 잡아서 잠재의식의 가방 속에 넣으며 네가(잠재의식) 살펴보라며 잠자러 간다. 잠을 깨서 준비 됐냐고 묻는다. 잠재의식이 안 됐다고 하면 다시 생각 한 줌을 가방에 넣고 일하러 갔다 와서 다시 묻고 역시 안 됐단다. 계속 이런 식이지만 결국엔 잠재의식은 준비됐다며 필요한 것을 돌려줄 것이다.

3) 초의식의 양식(food for his superconscious)

자신의 초의식과 교류를 이루려면 배우는 생각 한 줌을 잡아서 잠재의식의 가방 속에 집어 넣을 줄 알아야 한다.

(1) 한 줌의 생각(handfuls of thoughts)

창조를 위한 재료로서의 초의식의 양식이 그 '한 줌의 생각' 속에 있다. 그 한 줌의 생각은 무엇으로 이뤄지며 어디에서 얻을 수 있는가? 생각 한 줌은 우리의 기억 속에 있는 지식, 정보, 경험 등의 모든 재료로 이루어져 있다. 그래서 배우는 독서, 관찰, 여행 등 다양한 삶을 통해 기억의 창고에 계속 채워 넣어야 한다.

(2) 서두르지 말라(must not be in a hurry)

한 줌 생각을 잠재의식에 넘겨 주고는 급하게 서두르지 말아야 한다. 씨앗을 심고 뿌리가 내렸는지를 확인하려고 계속 땅을 파는 우를 범하지 말고, 뿌리가 내릴 때까지 기다릴 줄 알아야 한다.

4) 열망은 준비된 상황에서
(inspiration appear only in prepered circumstance)

우리가 지금까지 해온 역할에 대한 작업은 잠재의식의 영역에서 잠자고 있는 열망을 일깨우기 위한 준비작업이다. 배우가 역할을 할 때 열망이 저절로 나타나리라고 기대들을 하지만, '열망은 준비된 상황에서'만 모습을 드러낸다. 준비된 상황이 틀어지면 잠재의식 속으로 숨어버린다. 배우가 잠재의식과 열망에 대해 생각하기 이전에 적절한 내적 상태를 가지고 있어야 그것이 제2의 천성이 된다.

이제 역할 준비의 두 번째 단계를 마쳤다. 첫 번째 단계가 창조적 열망을 품을 수 있는 내적 토대인 분석 과정이었고, 이 두 번째 단계는 창조적 열망을 전개해서 열망과 행동에 내적 충동을 불러오는 정서적 경험 과정이다. 이에 따라 외적인 신체 행동, 즉 역할을 실제적으로 해내기 위한 준비를 이제 갖추었다고 할 수 있다.

이제 우리는 인물창조의 세 번째 단계에 와 있다. 첫 번째가 연인의 만남이라면, 두 번째가 결혼과 임신이고, 이 세 번째는 아이의 출산과 성장이라고 할 수 있다.

3장
신체적 구현의 시기
(The Period of Physical Embodiment)

1. 역할의 외적 구현
(embodiment of the role)

지금까지 우리는 욕구(desires), 과제(task), 열망(aspirations)을 준비했으니, 이제부터는 '역할의 외적 구현'을 해야 한다. 역할의 생각과 감정과 과제를 말과 동작의 구체적인 형태로 전달하기 위해서는 내적으로든 외적으로든 '행동으로 나타내야(put them into action)' 한다.

나는 차츠키 역의 준비 과정을 거쳤으니 이제 첫 연습을 위해 극장에 간다.

1) 첫 연습(first rehearsal)

나는 시작될 연습에 흥분을 느낀다. 무엇부터 해야 할까? 이제는 내가 아니고 차츠키라고 생각해야 하나? 그러나 내 몸과 영혼이 그렇게 따라줄 것 같지 않다.

(1) 기적 같은 변신(miraculous metamorphosis)

배우가 무대에서 맡은 역할의 주된 행동선에 맞추어서 외적 표현방식을 개발하고 자기의 매너리즘과 외양을 바꿀 수는 있지만, 나는 내가 아닌 다른 누구도 될 수 없으니 '기적 같은 변신'은 불가능하다.

(2) 자기 고유의 권리(his own right)

배우는 자기 자신을 벗어날 수는 없다. 정신적이든 신체적이든 맡은 역할에 가깝게 변신을 할 수는 있지만, 배우는 '자기 고유의 권리'로서 연기해야 한다. 현실에서 벗어나지 않고 현실을 이용해서 창조적 과제에 도달해야 한다.

(3) 연결고리(bond)

마차 안에 앉아서 내가 맡은 역할의 가상의 상황과 현재 처해있는 나의 실제의 환경 사의의 '연결고리'를 어떻게 찾아내야 하나? 일상적인 현실 속에 있는 나의 존재와 내가 맡은 배역의 삶을 어떻게 연결지을 수 있을까?

(4) 실제의 삶 속(in real life)

이제 중요한 것은 지금 내가 처한 '실제의 삶 속'에서 '나는 존재한다(I am)'라는 상태가 되어야 한다. 막연한 상상 속이 아니라, 바로 이 마차 안에서 실제로 실천해야 한다. 오랫만에 돌아왔다는 상상만으로는 모자란다.

(5) 되고 싶은 상태(in the desired state)

막연한 상상력에만 매달려 있어도 내가 내 자신의 기만에 속지 않으므로, 상상력이 아닌 지금 실제적으로 내가 '되고 싶은 상태'가 될 수 있는 '다른 접근방식을 찾아(seek other approach)'내야 한다.

2) 나 스스로에게 질문하기(ask myself)

외국에서 집으로 돌아온다는 사실이 어떤 의미를 가지는지를 '나 스스로에게 질문하기'를 여러 가지로 해본다.

(1) "오랜만에 외국에서 귀국한다는 것은 무슨 의미가 있고 이해가 되나?"

이 질문으로 나의 경험 중의 비슷한 상황과 비교를 해본다. 여행 중의 마차의 덜컹거림, 추위와 웅크린 잠과 그리고 집에 왔을 때의 평온함과 편안함을 느낄 수 있다. 그래서 차츠키의 '이틀 낮과 이틀 밤을 한숨도 못 자며 폭풍속의 수백 마일을 바삐 달렸다'라는 대사가 이제 나에게 느낌으로 다가온다.

(2) "남자가 그리던 여인을 만나러 간다면 어떻게 할까?"

내가 다른 남자라면 어떻게 할까라는 좀 광범위하고 모호한 느낌의 질문이다.

그리고 "내가 그리던 나의 여인을 실제 만나러 간다면 어떻게 할까?"

이 질문은 다른 사람이 아닌 '나 자신의 감정(my own feeling)'이 동반된다.

(3) "그 여인을 1820년대 모스크바의 파무소프 집안으로 데려간다면 어떻게 할까?" 약간 어색함을 느낀다. 한 편에 있는 나와 그녀는 현대의 사람인데, 다른 한 편에는 1820년대의 파무소프가의 식솔들이 있다. 하지만 사랑 앞에 시대의 생활이 그렇게 중요한가?

(4) "그녀를 어떤 식으로 만날까? 어떤 말과 행동을 할까?"

꽃다발을 사갈까? 진부하다. 외국에서 사온 선물을 줄까? 유치하다. 인사는 어떻게 해야 할까? 내 마음을 보여주고 그녀의 차츠키의 대사 '발길은 더디어도 이 몸은 그대 발 앞에 와 있다오!'가 처음에는 거슬렸는데 이제 발 아래 무릎 꿇고 저절로 흘러 나온다. 작가 그리도예프의 내적 충동을 깨닫게 된 것이다.

(5) "나는 과연 그녀에게 어울릴 괜찮은 사람인가?"

그녀는 나의 사랑과 숭배를 받을 만큼 순수하지만, 나는 잘 생기지도, 서정적이지도 않으니 더 훌륭하고 세련되었으면 싶다.

(6) "차츠키의 모든 대사에 내 정서는 어떤 반응을 하나?"

처음에는 보고싶지 않던 대사들이 불현듯 중요하게 다가온다. 차츠키가 우리 삶의 황폐와 소피아의 정신적 성장을 저해하는 사람들을 통렬히 비판하는 것은 영혼의 고통, 조국에 대한 사랑, 너무 소중한데도 소피아아에게는 없음에 대한 깨달음과 아픔 때문이다.

(7) "무의식적 인사로 왜 예술적 만족감을 느꼈나?"

유명한 비행가며 자동차 경주선수인 그와의 무의식적 인사로 나는 어떤 예술적 만족감을 느꼈다. 왜인가? 나의 내적 충동에서 직접 나온 팔의 무의식적 동작이었다. 그 제스처를 취하게 했던 상황이 내 안에 준비된 채 기다리고 있다가 무의식적으로 표출되어진 것이다.

3) 대본 읽기 시작(reading begins)

우리는 극장내의 연습실에서 대본읽기를 시작해서 대본 1막을 다 읽었다. 그런데 연출자는 눈살을 찌푸리고 있고 우리는 모두가 당혹과 난처와 환멸에 쌓여있다. 왜 이렇게 됐나?

(1) 산산조각으로 깨져(broken up into tinny fragments)

지금의 느낌은 모두 '산산조각으로 깨져'서 어떻게 해야 할지 모르겠다. 지금까지 풍성히 쌓아올린 창조성이 싸구려 기교와 진부한 연기, 부자연스런 음성과 억지 억양에 밀려나 버렸고 근육도 굳어지고 총보도 다 사라져 버린 느낌이다.

(2) 무슨 일들이 일어났나?(what has happened to it all?)

이 질문의 대답은 간단명료하다. 노동에 고통이 따르듯이, 배우가 역할을 창조할 때는 이 무기력한 '불가피한 순간(inevitable at the moment)'이 오게 되어있다. 배우의 창조는 지금이 고뇌로부터 어느 누구도 피할 수 없다. 여러 번 경험해도 매번 끔찍한 무기력에 빠지고 영원히 회복되지 않을 것 같은 느낌이 든다.

(3) 점진적 더딘 단계(gradually in slow stages)

배역을 정서적으로 경험한 다음에 그것을 신체적 형태로 표현하는 창조적 작업은 한 순간에 갑자기 이뤄지지 않고 '점진적 더딘 단계'로 서서히 이루어진다.

〈1〉 역할의 정신적 경험(experience your role mentally)

〈2〉 가상 이미저리로 형상화(embodied in an imaginative image)

〈3〉 조용히 연구(in the quiet of study)

〈4〉 친밀한 연습(intimate rehearsals)[3]

〈5〉 소수의 관객(presence of a few spectarors)

〈6〉 드레스 리허설(dress rehearsal)

(4) 친밀한 연습장에서의 재창조(how can recreate in an intimate rehearsal)

이제 우리가 맡은 역할에 대해 집에서 준비했던 것을 '친밀한 연습장에서 재창조'를 어떻게 해야 하는지에 대해, 연출선생은 작가의 텍스트에 들어갈 준비가 안 됐다며, 희곡의 대사를 혹사시키는 읽기를 더 이상 하지 말자고 했다. 친밀감과 생각이 담기지 않은 대사 읽기는 앙꼬 없는 찐빵 같아서 내용 없는 껍데기이니, 단어와 대사를 생생한 느낌으로 채워야 텍스트가 생명을 얻는다는 것이다.

(5) 천재 작가의 작품(work by a genius)

'천재 작가의 작품' 속에는 불필요한 순간이나 감정이 없으므로, 배역에 대한 총보에도 초과제와 일관된 행동의 실행에 꼭 필요한 느낌만이 있어야 한다. 그러려면 배우의 창조작업이 정확하다는 것을 입증할 수 있는 총보와 내적 이미지가 있어야 한다. 작가의 작품에 어울리는 총보가

---

3   친밀한 연습(intimate rehearsal), <역할창조(신은수, p.127)>에는 '본격적 연습', <역할창조(김균형 p116)에는 '상세한 연습'으로 번역했다. 그러나 이 연습은 배우와 역할이 하나같이 친밀해지게 하는 목적의 연습을 말하므로 '친밀한 연습'이 적합하다.

필요하다는 것이다.

4) 작품에 대사가 많아 과잉
(many words in the text seem superfluous)

만약에 〈지혜의 슬픔〉의 '작품에 대사가 많아 과잉'이라면 배우의 총보가 아직' 확실하지 않다(not yet perfect)'는 뜻이므로, 작품의 사상과 감정만 찾아내는 것으로는 모자라니, 배우가 무대에서 연기하면서 실제로 시험해 보아야 한다.

(1) 살아 있는 용어로 변형(to convert into living terms)

배우가 작품에서 찾아낸 것을 '살아있는 말로 변형'시킬 수 있어야 한다. 위대한 것은 간결하지만 심오한 의미가 있다. 대본의 언어가 배우 자신의 살아 있는 말로 드러나야 배우의 외적 표현형식과 방법은 텍스트와 어울려진다.

(2) 육체적 이미지(physical image)

배우의 총보도 알차야지만 전달될 표현형식인 배우의 '육체적 이미지'도 생동감이 있고 '예리하고 실체로 가득차야(incisive and full of substance)' 한다.

(3) 작가의 언어가 배우의 언어(word of playwright is the actor's word)

이렇게 육체적 이미지로 인물창조가 텍스트의 수준에 맞을 때 배우의 감정과 언어의 훌륭함이 입증된다. 그래서 '작가의 언어가 배우의 언어'가 되고, 텍스트 전체가 배우에게 가장 잘 맞는 악보가 된다.

(4) 남아도는 감정과 표현(superfluous feeling and experience)

배우가 쌓아온 내적 재료가 어떤 명확한 순간에 결정체가 되고, 신체적 구현을 통해 인물의 감정표현이 완성되는 '창조 준비과정의 마지막 단계'에 이른다. 이때가 되면 작품의 모든 대사가 배우에게 버릴 게 없는 것으로 다가온다. 그러나 우리는 아직 이 단계에 도달하지 못하고, 외적 표현 방법을 찾고 있으므로 '남아도는 감정과 표현'이 있다. 대사가 너무 간결한 것 같아서 배우가 자기의 감정과 말을 첨가해서 텍스트를 채운다.

(5) 신체적 형상화 과정(process of physical embodiment)

배우가 등장인물의 '신체적 형상화 과정'에 들어가면 그 인물의 정서를 전달하려고 대사, 음성, 제스처, 동작, 행동, 표정을 낭비하고 무절제하게 사용하니, 이는 모든 것을 다 사용하려는 배우의 욕심 때문이다. 많은 것을 동원하면 더 좋은 표현을 할 것이라고 생각한다. 그러나 탐구 시기에는 작가의 언어뿐 아니라, 배우의 언어도 너무 섣불리 굳어져서 성숙한 총보의 정서를 잘 전달할 수 없다.

5) 에튜드(Этюд)[4]

작품 읽기를 중단하고 우리는 임의로 택한 주제를 두고 에튜드를 시작한다.

자기가 맡은 역할과 비슷한 감정과 행동, 이미지를 겉으로 표현하는 방법을 찾기 위한 예비연습(preparatory expression)이다. 이 에튜드는 텍스트가 아닌 전혀 새로운 상황을 제시했을 때 느끼는 '감정의 자연스러움' 과 그 자연스러움의 논리(logic)와 연속성(sequence)을 배우가 알 수 있게 된다.

(1) 우연한 욕망과 과제(casual desires and task)

에튜드의 요점은 우리 내부에서 솟아나는 '우연한 욕망과 과제'를 행동으로 표현하는 것이다. 이때의 열망과 과제는 희곡의 허구적 사실에서 나오지 않고, 연습과정에서 배우들이 직접 느끼고 있는 실제의 상황에서 저절로 생기게 된다.

(2) 내적 충동(inner impulses)

이 실제적 상황으로 우연한 욕망과 과제가 생기면, '내적 충동'도 따

---

4   햅구드 영어본의 '즉흥연기(improvisations)'는 잘못된 번역이다. 원본에는 '에튜드(Этюд)'다.

라서 일어나고, 그 충동이 즉흥연기의 직접적 과제와 초과제를 끌어내게 된다.

(3) 실제의 환경 속에(amid his actual surroundings)

이제 배우는 상상이 아니고 '실제의 환경 속에' 살아있고, 동시에 이 환경은 등장인물의 영향 안에 있으면서, 동시에 연기하고 있는 자기 자신의 실제적이고 살아 움직이는 생생한 내적 충동으로 가득차 있는 것이다.

(4) 하나로 묶어야(make a bond)

1820년대 모스크바에 있는 파무소프 집안의 상황과, 내가 맡은 역할의 작중 인물인 차츠키의 삶과, 그의 역할을 연기해야 하는 배우인 나 자신을 연결해서 새로운 창조적 과제로 과거와 현재와 미래를 '하나로 묶어야' 한다.

(5) 새로운 창조적 과제(new creative task)

하나로 묶어진 이 '새로운 창조적 과제'는 우선 내 안에 있는 삶의 원동력인 의지와 지성과 감정을 행동으로 불러내기 시작하고, 상상력을 깨워서 차츠키에 관한 이들의 왕성한 대화가 시작된다. 상상력이 말한다 "차츠키도 모스크바 예술극장 배우 중에 친구가 없으란 법이 있나?" 지성이 "없다면 이상하지" 상상력이 "예술극장에 차츠키의 친구 중에 쉬엡킨도 있었을 거야. 근데 저 까무잡잡한 남자는 누구지?" 차츠키도 저 사람을 보면서 나와 같은 느낌을 받았을 거라고 생각하면서 그 순간 나는 차츠키가 된다.

(6) 나 자신의 말(my own word)

얼마 전까지도 차츠끼의 대사가 나에게 다가오지 않는 무용지물이었는데, 의지와 지성과 감정과 상상력의 적극적인 활동으로 이제는 내가 차츠키가 되어서 간결하고 자연스럽게 이야기를 끌어나간다. 이제 차츠키의 대사가 남의 말이 아니고 '나 자신의 말'이 되어서 역할을 신체적으로 드러내기 시작한다. 남의 말은 자기의 말로 소화되기 전에는 생소하고, 자기 것이 되야 생생한 감정이 생긴다.

나 자신의 말이 나에게 가장 적합하므로 맡은 역할을 신체로 드러내는 첫 단계에서도 꼭 필요하다.

6) 신체적 행동이 사실로 전환(physical action is converted into fact)
배우의 '신체적 행동이 극적 사실로 전환'이 과연 어떻게 될 수 있을까?

(1) 역할을 쉽게 신체로 표현(easily finds of physical express)

역할을 쉽게 신체로 표현하려면 눈, 얼굴, 음성, 제스처, 동작과 모방의 도움이 필요하다. 눈으로 표현이 부족하면 단어, 억양, 말투 등의 음성으로 하고, 여기에 제스처와 동작이 더해지면 느낌과 생각이 더 강하게 표현된다.

　〈1〉 눈과 얼굴(eyes and face)

　　'눈과 얼굴'의 표현은 섬세해서 작은 '근육 움직임(muscular movement)'으로도 느낌, 생각, 감정을 나타낸다. 그래서 눈과 얼굴에 긴장이 생기면 섬세한 표현이 깨어진다. 특히 얼굴은 잠재의식적 메시지 전달에는 눈보다 낫지만 얼굴근육의 긴장과 나쁜 습관으로 작위적이 되면 실제가 왜곡될 수도 있다.

　〈2〉 음성(voice)

　　생각과 아이디어를 분명히 전달할 때는 말을 사용할 수밖에 없다. 음성과 말투에도 긴장과 상투성이 있다. '음성'에 긴장이 생기면 소리, 발음, 억양이 딱딱하고 거칠어진다. 그리고 '발성 상투성(vocal cliches)'이 없어야 내적 감정에 맞는 음성과 화술이 가능한데, 상투성이 생기면 없애기가 무척 어렵다.

　〈3〉 신체적 제스처와 동작(physical gesture and movement)

　　눈, 얼굴, 음성에다가 '신체적 제스처와 동작'으로 생생한 모습이 더해지면 느낌과 생각이 더 강하게 표현된다. 이렇게 되면 신체적 표현은 배우의 창조 의지의 노력에 의해 마무리되고 사실로 전환되어서 배우의 내적 감정을 신체를 통해 정확하게 표현할 수 있게 된다.

(2) 역할의 신체적 구체화(physical incarnation of a role)

이렇게 악보 전체가 구체적 틀을 갖추게 되면 자연스럽게 열망과 포부가 생겨서 배우는 영향력을 행사할 행동이 하고 싶어진다. 그러나 행동에는 몸 전체를 이용한 동작이 함께 해야 하니, 내적 감정까지 풍부하게 전달해야 한다.

그래서 내면이 완성되고 신체까지도 내적 감정으로 통제할 수 있는 최종단계에 도달할 때까지 '역할의 신체적 구체화'을 보류해야 한다.

⟨1⟩ 신체행동(physical action)

이제까지 경험한 정서의 본질과 내적 과제를 몸이 느끼게 되고, 더 이상 보고만 있을 수 없을 때 행동을 해야 창조의지를 '신체행동'으로 전달하려는 본능적이고 자유스런 의지가 솟게 된다.

⟨2⟩ 긴장과 작위성(tensions and artificalities)

배우의 신체에서 '긴장과 작위성'을 없애려면 금기(prohibitions)가 있어서는 안 된다. 자기의 신체에게 이러 이러한 것은 하지 말라고 명령할 수는 없고, 표현의 기준을 정해놓고 그것을 따라 움직이라고 설득해야 한다. 제스처 자체를위한 제스처는 작위적이어서 내적감정의 표현에 방해가 된다.

⟨3⟩ 외적 표현방식, 기계적 작위성

(external method, mechanical artificalities)

배우의 외적 '표현방식과 기계적 작위성'은 금방 몸에 배어 잘 없어지지 않고, 특히 배우의 근육에 배인 근육 기억(muscular memory)은 점점 커지고, 정서적 기억은 쉽게 깨진다.

〈4〉 내적 행동(inner action)과 외적 움직임(outword movements)

배우가 자기의 신체와 정신 사이와 '내적 행동과 외적 움직임' 사이에 차이가 있어서 일치하지 않으면 안타까운 일이다. 외적인 표현이 자기의 느낌과 다르게 나타난다면, 악기로 멜로디를 연주하는데 다르게 연주하는 것과 같다.

〈5〉 배역의 구체화(bodily incarnation of a part)

배우가 배역의 열정과 '배역의 구체화'를 표현할 때 정확해야 할 뿐 아니라 아름답고 우아하고 다채롭고 조화로워야 한다. 거리의 악사는 아무 바이올린으로 연주해도 괜찮지만 파가니니는 자기의 명품 바이올린이 필요하다. 배우의 내적 창조성이 알찰수록 외적인 음성과 말과 행동이 완벽하고 풍부해야 한다.

(3) 내적 악보의 신체적 표현형태(physical form for the inner score)

모든 '살아있는 생체(living organism)'는 외적인 틀인 신체적 몸을 가지고 있다. 우리는 배역의 '내적 악보에 대한 신체적 표현형태'를 살펴보고 있다.

〈1〉 외적 이미지의 지적 창조(intellectual creation of an outer image)

'배역을 구현하는 의식적 수단(conscious means of embodying a part)'은 상상력과 마음의 눈과 귀를 이용해서 '외적 이미지를 지적으로 창조'하는 것으로 시작된다. 그래서 배우는 표현하려는 인물의 외적 걸음걸이 동작 등을 기억과 마음의 눈으로 보고 원하는 샘플들을 찾고 종합하여 외적 이미지를 만들어 낸다.

〈2〉 살아있는 모델 찾기(seek a live model)

그러나 원하는 재료를 자신의 기억과 내적 활동으로 찾지 못하면, 자기의 주변에서 원하는 '살아있는 모델 찾기'를 해야 한다. 그러려면 일상생활에서 참고할 만한 자료들을 꾸준히 찾아서 모아둬야 한다.

〈3〉 잠든 상상력 깨우기(to stir up his dormant imagination)

이런 재료들도 도움이 안 되면 '잠든 상상력 깨우기'를 해야 한다. 찾고 있는 얼굴이나 외양을 스케치해보기도 하고 얼굴, 입, 눈 등 전체적 윤곽이나 의상을 그려보기도 한다. 그리고 그려진 것을 자신에게로 옮기는 작업을 한다.

〈4〉 자기 자신에서 이미지 찾기(looks for the image on himself)

배우는 가끔 '자기 자신에게서 이미지를 찾기'도 한다. 자기가 원하는 머리모양을 해보기도 하고, 눈썹도 움직여 보고, 얼굴근육을 오므려도 보는 등 다양한 시도를 해보고 분장으로 마무리해 본다.

〈5〉 내적 이미지가 알아차려(inner image recognizes)

이렇게 외적 이미지가 어느 정도 살아나면 '내적 이미지가 알아 차려'서 외적 이미지의 모양, 걸음걸이, 동작 방식들을 더 구체적으로 만들어 준다. 그러므로 배우는 먼저 감정적 시각적 기억을 찾아보고, 스케치, 사진, 그림에서 찾아보고, 자기의 생활 속에서 찾아보면 전혀 예상치 못했던 것이 찾아진다.

7) 자기 감정에 맞게 몸을 유지(keep one's body at the one's feeling)

배우가 '자기 감정에 맞게 몸을 유지'하는 능력이 역할 구현에서 가장 중요하다. 하지만 아주 뛰어난 신체적 표현수단이라도 잠재의식에서 나오는 것이므로 보이지 않는 감정을 완벽하게 전달하기는 어렵다.

(1) 혼에서 혼으로 직접 전달(convey directly from soul to soul)

감정은 '혼에서 혼으로 직접 전달'되고, 보이지 않는 내적 흐름과 영의 발산(radiations of spirit)과 의지의 강요(compulsions of will)를 통해서 교감한다. 이런 것은 무대에서 직접 강력한 영향을 미치므로 말이나 행동으로는 불가능한 것을 전달할 수가 있다.

(2) 직접적 교류의 힘(power of direct communication)

눈에 보이지 않는 의지와 감정의 방사(radiation)를 통한 '직접적 교류의 힘'은 엄청난 매력과 전염성을 가지고 있다. 최면사는 야생동물이나 성난 폭도들에게 체면을 걸어 온순하게 만들고, 수도승은 인간을 죽음까지 몰고 갔다가 소생시키고, 배우는 자기에게서 발산되는 정서를 관객과의 '직접적 교류의 힘'을 통해서 꼼짝 못 하게 사로잡는다.

(3) 고조된 군중의 흥분 (nervous excitement of the crowd)

많은 대중들 앞에서 창조 작업을 하는 상황이 창조에는 걸림돌이라고도 하지만, 관객과의 교감을 통해 '고조된 군중의 흥분'은 배우의 창조성을 가장 효율적으로 전달해주는 지름길이기도 하다.

(4) 내적 흐름을 증대 (increase the flow of inner currents)

대중의 그 거대한 느낌은 감전된 듯한 배우의 감정과 객석의 분위기를 한껏 높여주고 '내적 흐름을 증대'시켜준다. 배우는 무대 위에 있는 동안은 의식적이든 무의식이든 항상 자신의 정서를 발산하고 쏟아 부어야 한다. 내적 흐름이야말로 보이지 않는 초의식을 효과적으로 전달하는 강력한 수단이다.

제2부

셰익스피어의 〈오셀로〉
Shakespeare's Othello

희곡 〈오셀로〉 제1막 1장 베니스의 거리
번역본에는 희곡 〈오셀로〉의 1막 1장이 실려 있으나 생략함.

4장
작품과의 첫 만남(Fist Aquaintance)

1부에서는 그리보예도프의 희곡 〈지혜의 슬픔〉으로 수업을 했고, 이제 2부에서는 셰익스피어의 희곡 〈오셀로〉로 수업을 하기로 한다. 연출선생은 이 작품은 초보자에게는 어렵고 위험스럽기도 하지만, 모두에게 흥미를 줄 수 있고 모두가 참여할 수 있는 작품이 필요하다며 캐스팅까지 한다. 브러벤쇼는 레오, 오셀로는 코스차, 이아고는 그리샤, 데스데모나는 마리아, 로더리고는 바냐, 캐시오는 폴, 에밀리아는 다샤, 어릿광대는 니꼴라스로 정하지만 공연은 하지 않고 스터디만 한다는 것이다.

비극적 정서의 일관성, 논리적 전개, 관통선, 초과제가 뚜렷한 이 작품에 우선 매력을 느끼고 신체 심리적 방식을 관찰하고, 연습과정의 모든 접근방식을 배워야 한다.

1. <오셀로> 읽기
(read <Othello>)

연출선생이 〈오셀로〉 읽기를 하자고 하니 학생들이 다 읽었다고 하자, 그러면 책을 치우고 작품 내용을 외적 플롯과 사건의 흐름만 얘기하자고 한다.

1) 외적 플롯, 사건의 흐름(simple external plot, line of events)

그리샤에게 '외적 플롯과 사건의 흐름'에 대해 말해보라고 하자, 오셀로 역은 자기에게 적역이어서 다 알지만 다른 역은 훑어만 봤다고 한다. 바냐는 읽었지만 여러 페이지를 빼고 읽어서 설명은 못 한다 하고, 폴은 많이 잘려나간 공연을 봤는데 전체적인 것을 잘 모르겠다 하고, 니콜라스는 희곡을 읽는 대신에 유명한 평론을 봤다고 하고, 바샤는 기차 안에서 중요 장면만 읽었다고 한다.

2) 첫인상(first impression)과 '경의'라는 요소(element of 'surprise')

배역과 처음 접하는 순간은 잊을 수 없는 순간이 되어야 한다. 그래서 '첫인상'이 중요하니 작품을 처음 읽을 때 올바른 인상을 받아야 성공에 영향을 미칠 수 있다. 두 번째 읽을 때는 '창조의 직관영역(realm of intuitive creativeness)'에 아주 큰 잠재력을 가진 '경의라는 요소'가 생기지 않는다. 어그러진 첫인상을 바로잡기는 좋은 첫인상을 받기보다 더 힘들다. 배역에 처음 접하는 것은 인물창조의 중요한 첫 단계이어서 그릇된 첫인상을 가지면 편견까지 가질 수도 있다.

3) 긍정적 편견(positive prejudices)

편견은 무언가에 반대해서 생기지만, 끌리는 쪽으로 생길 수도 있다.

그리샤와 바냐는 작품을 부분적으로 접했다. 그림의 어떤 부분을 오려 내서 그것만 보아서는 그림 전체를 이해할 수 없다. 작품의 주인공은 훌륭한데 다른 인물들은 가치가 없다고 생각해서 한 역만으로 작품 전체를 판단한 배우는 그 역에는 우호적이지만 잘못된 편견을 갖게 된다. 이것이 '긍정적 편견'이다. 그 반대로 주인공을 제외한 나머지 역들이 성공적이라고 잘못 판단되면 '부정적 편견(negative prejudice)'이 된다.

4) 최악의 선입견(worst preconceptions)

내적인 부분이 어렵고 복잡해서 계속 읽으면서 연구해야 핵심을 알 수 있는 작품도 있다. 입센이나 메테를링크의 상징주의 작품들은 수수께끼 풀 듯이 접근해야 한다. 작품과의 첫 만남에서 너무 많은 부담을 받으면 지루한 작품이란 편견이 생기고, 그래서 머리를 쥐어짜다 보면 '최악의 선입견'이 생기기도 한다. 작품을 복잡하게 따져들수록 창조적 경험에서 멀어지고 매마른 지적 연기나 과장된 연기가 된다. 이런 작품은 그 본질과 표현형식을 파악한 후에 접근해야 한다. 논리보다는 예술적 직관(artistic intuition)으로 접근하는 게 훨씬 더 중요하다. 예술의 매력이 순간의 불길처럼 타오를 수도 있지만, 그 불꽃은 역시 순간적으로 꺼질 수도 있다. 그리고 배우에게는 자품에 대한 무의식적인 우호나 편견이 있기 마련이다.

5) 편견 피하기(how to avoid prejudices)

자기를 편견에서 보호하기는 어려운 일이니 '편견 피하기'의 방법을 배워야 한다.

(1) 자신의 독립성 지키기(to protect your indipendances)

먼저 선입견을 갖지 않고, 객관적으로 많은 견해와 비평을 읽고 들으면서 자신의 견해를 만들고 '자신의 독립성을 지키기'를 해야 한다.

(2) 자유로워지는 방법을 알기(know how to be free)

많은 지식과 경험을 가지고 있어야 다른 의견에 휘둘리지 않고 '자유로워지는 방법을 알고' 실천할 수 있다.

(3) 본질로 파고들기(entering into essentials)

이것은 어떤 법칙으로서가 아니라 많은 연습을 통한 예술에 대한 개인적 성찰을 통해서 '본질로 파고들기'를 할 수 있다.

(4) 기본이 되는 것 찾아내기(discover what is fundamental)

정도에서 벗어나는 것과 중요하지 않은 것을 거부할 수 있을 때 '기본이 되는 것 찾아내기'가 가능해진다.

(5) 자기 나름의 길 찾기(to find your own way)

자신의 독립성을 지키고, 자유로워지고, 본질을 파서 기본을 찾아내면, 다른 사람과 자기의 소리에 귀 기울이면서 '자기 나름의 길 찾기'를 할 수 있게 된다. 그렇게 되었을 때 '편견 피하기'가 가능해진다.

2. 새 작품의 첫 평가
(first estimate of a new work)

문학적으로 뛰어난 희곡이라고 해서 모두 무대에 올릴 수 있는 것은 아니다. 그것은 어떤 정형화된 규칙이 있는 게 아니다. 대단한 학자들의 도움 없이도 우리의 수업에서 배운 '실천적 방법(practical methods)'을 토대로 '새 작품의 첫 평가'를 우리 모두가 할 수 있다. 항상 첫 작품을 대할 때는 그릇된 편견을 버려야 한다.

1) 오셀로 첫 만남 평가하기(to reckon your first contact with Othello)
작품을 처음 읽은 후에는 자기 나름의 평가를 해야한다. 이제 '오셀로와의 첫 만남 평가하기'를 해서, 평가의 결과를 앞으로 해야 할 작업에 활용할 필요가 있다. 각자 읽은 것을 기억하여 가장 큰 인상을 받은 것을 얘기하기로 한다.

(1) 가장 큰 인상(greatest impression)

배역을 만들기 위해서 먼저 할 것은 읽으면서 자기의 내면에서 '가장 큰 인상'을 받은 것에 자신을 맞춰나가야 한다. 그러기 위해서는 각자의 '마음의 눈(mind's eye)'으로 본 것과 '마음의 귀(inner ear)'로 들은 것을 직접 얘기해봐야 한다.

코스차(나)는 오셀로가 원로원 앞에서 말하는 것과 데스데모나와 오셀로의 죽음이 가장 큰 인상이었다고 말한다.

2) 개별적 순간들의 느낌 강화해야
(feel individual moments must strengthen)

우리는 '개별적 순간들의 느낌'만을 가지고 있으므로 그것을 이용해서 '강화해야' 한다는 것이다.

(1) 영혼의 한 귀퉁이(little corner of your soul)

작품과 첫 만남의 감정이 우리 '영혼의 한 귀퉁이'에 있어서 컴컴한 방과 같다.

(2) 윤곽으로 짐작(certain suggestions of outline)

작품의 어슴프레한 빛이 어둠 속에 있어서 '윤곽으로 짐작'할 수 있을 뿐이다.

(3) 틈 벌려줘야(enlarge the chinks)

문의 '틈을 벌려줘야' 한 점의 빛이 넓어져서 공간을 채우고 어둠이 사라진다.

이렇게 되어야 작품의 첫 만남의 느낌을 강화하고 제대로 평가할 수 있다.

3) 창조의 시작(creative beginning)

작품을 자세히 이해할수록 단편적 부분이 커져서 서로 맞닿게 되어 역할 전체와 작품 전체를 가득 메우게 된다. 결국 '창조의 시작'은 '분리된 섬광(seperate flashes)'에서 자라나는 것이다. 체홉이 〈벚꽃동산〉 집필 전의 느낌은 낚시하는 사람과 멱을 감는 사람, 회의적 신사, 창문으로 밀려오는 만개한 벚꽃나무. 사라져가는 당시 러시아의 아름답지만 무익한 사치스러움 등 단편적이고 분리된 섬광들이다. 그래서 창조의 과정을 설명한다는 것은 실제로는 불가능한 일이다.

4) 생소하게 다가오는 경험(some experiences are alien to us)

작품 중에 어떤 부분은 감동을 주고 어떤 부분은 그렇지 않은 이유는 뭘까? 정서적 생생한 반응과 의식적 담담한 반응의 차이는 뭔가? 그것은 우리의 본성에 가까이 접근하는 경험이 있고 '생소하게 다가오는 경험'도 있다. 그래서 창조는 겉으로 보기에는 정신적 본질과 공통점이 전혀 없어 보이는 원천에서도 나오기도 한다.

5) 재능이라는 진주(perls of his talant)

진정한 시인은 '재능이라는 진주'를 작품 전체에 골고루 뿌려 놓는다. 진주는 감동과 영감에 불붙이는 발화제로서 최상의 재료이다. 좋은 작품의 아름다움은 곳곳에 있어서 외적 형식은 물론이고 보이지 않는 깊숙한 곳에도 있다. 그리고 열정을 일으킬 재능의 진주가 표면에만 살짝 덮혀 있으면 배우의 흥미와 느낌도 잠깐으로 그치겠지만, 잠재의식의 깊은 곳에 묻혀 있다면 배우의 생동감 넘치는 반응도 깊어져서 파고들수록 더 인간 본성에 다가갈 수 있다.

작품과의 첫 만남에서 생기는 이런 열정은 배우가 맡은 역할을 내적으로 연결시켜줄 '내적 연대감(inner bound)'이 되고, 이런 연대감이 직관적이고 자연스럽게 만들어지는 게 중요하다.

3. 확대 심화시키기
(to enlarge and deepen)

〈오셀로〉와의 첫 만남으로 우리의 기억 속에 어떤 인상과 느낌의 부스러기를 남겼으니, 이제 그것들을 확대하고 심화시켜 나가야 한다.

1) 작품 전체 정독하기(reading the whole play carefully)
첫 만남에서 잘못했던 것을 되풀이하지 않도록 주의깊게 '작품 전체를 정독'하면서 작품연구에 널리 쓰이는 정해진 규칙에 따라 읽어야 한다.
(1) 규칙에 따라 읽어나가야(reading must proceed according to rules)
첫 만남에서 놓친 것들을 찾기 위해서는 정해진 '규칙에 따라 읽어나가야' 한다.
〈1〉 언제 어디서(when and where)
저마다의 정신집중이 잘 될 수 있을 때에, 주변의 방해가 없는 곳에서 읽는다.
〈2〉 느낌을 열어줄 분위기(atmosphere to open your emotions)
예술적 인상을 받아들일 수 있도록 자기 '느낌을 열어줄 분위기'에서 읽는다.

2) 예술적 열정(artistic enthusiasm)
배우가 작품과 자기의 동일시가 잘 안 되거나 맡은 배역과의 감정소통이 잘 안되면 창조를 이끌어낼 열정이 생기지 않는다. 이 '예술적 열정'은 창조의 원동력이고, 차가운 의식적 접근으로는 얻을 수 없는 '감정의 깊이'를 얻게 해주는 최고의 안내자이다.

(1) 고삐 풀어주기(give freer rein)

배우에게 작품과의 첫 만남 이후에는 자유로운 '고삐 풀어주기'를 해주어서 그의 예술적 열정에 최대한의 자유를 누릴 수 있게 해줘야 한다. 그래서 배우가 예술적 열정에 전염되도록 그냥 방치하여 혼자 읽고 골똘히 생각하고 보석을 찾아내고 흥분하고 소리지르는 배역에 '사로잡힌(swept away)' 상태로 둬야 한다.

(2) 불타오르는 예술적 정서(ardent artistic emtion)

이렇게 불러일으켜진 배우의 창조적 정서는 그의 눈으로 볼 수도 없고, 귀로 들을 수도 없고, 이성으로 깨달을 수도 없고, 오직 '불타오르는 예술적 정서'를 통해서만 가늠할 수 있어서 역할의 내밀한 느낌을 무의식으로 파헤쳐 들어간다.

3) 내적 테크닉의 주된 과제(principal task of inner technique)

배우가 자신의 감정과 의지와 지성에 '불붙일 수 있는 능력(ability to fire)'이 배우의 중요한 자질 가운데 하나이고, 배우의 '내적 테크닉의 주된 과제'이다.

(1) 올바른 선택(proper choice)

그런데 여기서 우리에게 큰 궁금증이 생긴다. 우리의 첫 만남 작품이 이렇게 어렵고 유명한 작품이 과연 적합한가인데, 그리샤와 많은 학생들이 우리의 선택이 잘못되었으니 다른 작품으로 '올바른 선택'을 해야 한다는 결론을 내린다.

(2) 공부에 실용적 교훈적(practical and instructive to study)

그러나 연출선생의 시각은 달랐다. 첫인상이 훼손되었기 때문에, 새로운 대면이 더 복잡해질 수 있고 기술적인 면도 더 섬세해질 수 있다는 것이다. 알려지지 않는 새 작품보다는 세계적인 명작인 〈오셀로〉가 더 우리의 테크닉 '공부에 실용적이고 교훈적'이라는 것이다.

4. 토르초프의 <오셀로> 낭독
(Tortsov's reading of Othello)

우리의 연출선생인 토르초프가 직접 〈오셀로〉의 작품 읽기를 한다.

1) 희곡을 분명하게(clarification of the play)
연출선생의 낭독은 단순히 '알려주는 것(repoting)'이 아니고, 중요한 곳은 설명을 하면서 정확한 낭독으로 우리에게 희곡을 여러 각도에서 생각하게 해주고. '희곡을 분명하게' 해준다.

(1) 플롯과 구성 전달(present the plot and structure)
희곡의 '플롯과 구성 전달'에 최선을 다하고 빠뜨렸던 부분을 되살려 내었다.

(2) 감정 부분의 암시(hinted at places of emotion)
낭독에 감정을 싣지는 않았으나 필요한 곳에 '감정 부분의 암시'를 해 준다.

(3) 밑그림과 흐름의 선을 느끼게(to feel something the drift, the line)
각 역할의 토대가 될 어떤 '밑그림과 흐름의 선을 느끼게' 해주었다.

(4) 주요구문을 생생히 알려주어(vividly maked out the main phases)
작품 속의 '주요구문을 생생히 알려주어' 도입부 의미를 깨닫게 해주 었다.

(5) 이야고의 소동, 로더리고의 방해(Iago's uproar, Roderigo's balking)
'이아고는 소동'을 일으키고, '로더리고는 방해'만 하는 흥미있는 장면 을 만든다.

(6) 이야고와 캐시오(Iago and Cassio)

술취한 '이야고와 캐시오'의 언쟁은 단순한 난동이 아닌 반란의 조짐까지 있다.

(7) 오셀로와 이야고의 갈등선(conflicting lines of Othello and Iago)

'오셀로와 이야고의 갈등선' 전개의 경로가 하나 아닌 여러 경로로 잘 드러난다.

2) 행간의 흐름 느끼기(feel the sweep of space)

이번 낭독으로 작품의 전개 속에서 '행간의 흐름을 느끼게' 됨으로, 겉으로 드러나지 않는 작가의 궁극적인 내적 목적으로 서서히 다가가고 있는 느낌이 들었다.

(1) 빛이 비치는 영역이 늘어나(spots of light have been enlarged)

이 작품과의 첫 만남에서 받았던 인상에 추가할 수 있는 다른 무언가를 얻을 수 있었고, 그래서 '빛이 비치는 영역이 늘어나'게 되었다.

(2) 비극의 사건별 순서(factual sequence of the tragedy)[5]

연출선생은 이제 낭독이 끝났으니 이 비극의 플롯이라고들 말하는 '비극의 사건별 시퀀스'를 추려내서 말해 보라고 한다.

3) 희곡의 골격 찾기 (find the skeleton of a play)

이제 할 것은 희곡의 전개순서를 가려내어 작품의 흐름을 얻어야 한다. 모든 작품엔 저마다의 골격이 있고 그 골격에 문제가 있으면 작품 전체가 망가진다. 그래서 '희곡의 골격 찾기'를 통해 작품을 하나로 모아야 한다. 그 방법을 살펴보자.

(1) 무엇이 없으면 '희곡' 존재도 없나?(without what thing, there be no play?)

---

5   '사건별 순서'는 희곡에서 어떠한 일들이 일어났는가를 차례대로 정리하는 순서를 말한다.

무엇이 없으면 희곡의 존재도 없는, 그 무엇이 무엇이냐는 질문에 답을 찾기이다.

　　〈1〉 데스데모나에 대한 오셀로의 사랑(Othello's love for Desdemona)
　　　　'데스데모나에 대한 오셀로의 사랑'이 없으면 희곡 〈오셀로〉가
　　　　존재할 수 없다.
　　〈2〉 이아고의 사악한 음모(Iago's wicked intrigue)
　　　　'이아고의 사악한 음모'가 없으면 희곡 〈오셀로〉가 존재할 수
　　　　없다.
　　〈3〉 이아고의 복수심, 야망(Iago's vengeance, embition,)
　　　　'이아고의 복수심, 야망'이 없으면 희곡 〈오셀로〉가 존재할 수
　　　　없다.

(2) 어떤 것이 없으면 오셀로와 데스데모나의 '사랑'이 존재할 수 없나?
(without what thing, there be no love between Othello and Dedemona?)
그것이 없으면 사랑이 존재할 수 없는, 그것이 무엇이냐는 질문의 답
찾기이다.

　　〈1〉 데스데모나의 낭만적 황홀경(romantic ecstacy of Dedemona)
　　　　특별한 '데스데모나의 낭만적 황홀경'이 없으면 둘의 사랑은
　　　　이뤄질 수 없다.
　　〈2〉 무어인의 전설적 전쟁 무용담(Moor's legendary war stories)
　　　　'무어인 오셀로의 전설적 전쟁 무용담'이 없으면 둘의 사랑은
　　　　이뤄질 수 없다.
　　〈3〉 나라를 구해야 할 갑작스런 전쟁(sudden war to save country)
　　　　오셀로가 할 '나라를 구해야할 갑작스런 전쟁' 없으면 사랑은
　　　　이뤄질 수 없다.

(3) 어떤 것이 없으면 두 민족간의 분열이 존재할 수 없을까?
(without what thing, there be no cleavage between the two races?)

⟨1⟩ 베니스인의 속물근성(snobbery of the Venetians)

⟨2⟩ 귀족의 명예(honor of the aristocracy)

⟨3⟩ 혈통 섞임의 불명예(disgrace of mixing black and white blood)

⑷ 전체적인 조건(whole series of conditions)

위에서 살펴본 이 모든 것들이 작품의 골격을 제대로 갖추기 위한 '전체적인 조건'으로 등장인물 각자에게 필요한 것이다. 이것은 길가에 세워진 표지판처럼 배우를 인도해주는 역할을 한다. 작품에 제시된 이 모든 상황이 배우에게 영향을 줄 수 있어야 하고, 배우는 자기 역할에 대한 총보 속에 이것이 처음부터 있도록 치밀하게 만들어야 한다.

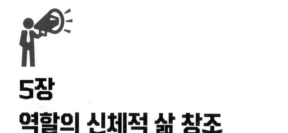

5장
역할의 신체적 삶 창조
(Creating the Physical Life of a Role)

1. 역할의 신체적 생활
(physical life for a role)

연출선생이 만든 우리의 시스템은 내적인 성격과 외적인 성격간의 긴밀한 관계에 토대를 두고 있다. 이 시스템은 배우가 '맡은 배역의 신체적인 삶'을 직접 느끼게 하는 데 도움을 주려고 고안한 것이다.

1) 실제적 연습(practical example)
이제부터 우리는 무대에서 실제적 연습을 하기로 한다. 그리샤와 바냐에게 무대로 올라가서 첫 장면을 연기하라고 한다. 대본도 없고 준비도 없이 어떻게 연기를 하냐고 황당해 하니, 겉으로 보여주는 수준의 연기라도 해 보라고 한다.
(1) 실감나게 연기하기(to execute like a real humanbeing)
겉으로 보여주는 수준의 연기도 어렵다. 그래서 '가장 단순한 신체적 과제(the simplest physical task)'를 '실감나게 연기하기'가 가장 어려운 것이다.

〈1〉 걷는 방법(way you walk)

그리샤와 바냐가 무대에 올라서 걷는데 그들의 걸음걸이가 길거리를 '걷는 식'으로 자연스럽지 않고 무대를 밟고 지나가 듯이 무척이나 어색하게 걷는다.

〈2〉 무대상의 관행(conventions of the stage)

배우는 무대에서 얼굴을 관객 쪽으로 향해야 하는 '무대상의 관행'을 지켜야 한다. 그래서 배우는 관객에게 최대한 얼굴이 많이 보이는 곳에 서야 한다.

〈3〉 주의할 대상에 흥미 갖기(interested in the object of one's attention)

배우가 어떻게 해야 어색하게 어딘가를 노려보지 않을 수 있을까? 자기의 목표를 정하고 '주목할 대상에 흥미를 갖어야' 한다.

〈4〉 자신에게 묻기(to ask yourself)

그리고 저것이 세트가 아니고 브러벤쇼 집이고 놀라운 사실을 전하러 왔다면 어떻게 해야 할까?라고 '자신에게 묻기'를 해야 한다. 묻고 나서 자기 마음이 대답한 대로 행동하면 된다.

2) 논리적 순서(logical sequence)

맡은 역할의 총보(score of roles)에는 '논리적 순서'가 있어야 한다.

(1) 주변 둘러보기(look around)

'주변 둘러보기'를 하고 보고 듣는 사람 없는지 확인한다.

(2) 모든 창문 살피기(exame all the window)

불켜진 곳이 없는지, 인기척은 없는지 '모든 창문 살피기'를 한다.

(3) 돌을 모아 창문에 던지기(get stones and throw at the window)

작은 '돌을 모아서 창문에 던져'본다. 안 되면 다른 창문에도 시도해 본다.

(4) 고함, 손뼉, 발구르기(yell, clap, stamp)

큰소리로 고함을 지르고 손뼉도 치고 계단 위에서 발구르기를 한다.

(5) 눈을 사용(use your eyes)

'눈을 사용'해서 자물쇠 구멍으로 보든지 문틈으로 들여다본다.

(6) 로더리고가 중심인물(Roderigo should be the principal person)

'로더리고가 중심인물'이고 화난 상태이니 이야고가 설득시켜야 한다. 이렇게 되면 더 이상 신체적 과제가 아니고 간단한 심리적 과제가 된다.

3) 신체적 진실성을 찾아(seek out the physical truths)

이런 크고 작은 과제와 행동 중에서 크고 작은 '신체적 진실성을 찾아'내야 한다.

(1) 그 진실성을 느낄 때(when you sensed that faith)

'그 진실성을 느낄 때' 배우는 그가 행하는 신체적 행동의 사실감을 신뢰한다.

(2) 신뢰는 가장 강력한 자석(faith is the most powerful magnets)

배우의 작업에서 '신뢰는 가장 강력한 자석'이 되어 느낌을 직관으로 경험한다.

(3) 과제와 행동이 리얼해지기(taskes and actions become real)

오직 배우가 믿어야, 그의 '과제와 행동이 리얼해져'서 생생하게 살아난다.

(4) 끊어지지 않는 선(unbroken line)

이러한 리얼한 과제와 행동으로부터 '끊어지지 않는 선'이 형성된다.

결국 신체적 진실성을 찾기 위해서는 진실로 느끼고 믿는 것이 가장 중요하다.

4) 반복과 고치기(repeat them, correct them)

배우는 자기가 맡은 역할의 작은 부분을 진정으로 느끼고, 믿음과 신뢰를 가질 때까지 연습을 계속하면서 '반복과 고치기'를 해나가야 한다. 그리샤와 바냐의 분주한 연기가 어색해서 두 사람을 중단시키고 고쳐야 할 것들을 알려준다.

(1) 연극쪼(theatrical manner)

이 두 사람의 연기는 잘못 길들어진 '연극쪼'에서 벗어나지 못한다.

(2) 얄팍한 허위(sheer falseness)

모든 동작이 상투적, 비논리적, 비진실성으로 이뤄진 '얄팍한 허위'이다.

(3) 필요한 일정의 시간(space of time needed)

정상적인 행동을 하려고 하면 그 행동에 '필요한 일정한 시간'이 있어야 한다.

(4) 과제가 흐리면 행동이 혼란(blurs his task, confuses his action)

배우가 하는 연기의 '과제가 흐리면 행동이 혼란'스러워러질 수밖에 없다.

(5) 재현적 유형(representational type)

왜 과제가 흐려지는가? 항상 똑같은 것을 되풀이해서 보여주는 '재현적 유형'의 배우들은 과제의 필요성을 느끼지 못하기 때문에, 자기가 하는 연기의 결과에 무관심하다. 그리고 그리샤와 바냐 두 사람의 문제점을 다음 같이 지적한다.

〈1〉 생사의 문제(question of life and death)

이야고와 로더리고의 경우에는 그들의 계획의 결과에 '생사의 문제'가 달려있다. 핵심은 소란을 위해서가 아니고, 브레벤쇼를 빨리 깨우기 위해서이다.

〈2〉 척도 감각(sense of measure)

그리고 그들은 '스스로를 지나치게 발산하려(over-exerting yourselves)' 하고 많은 것을 보여줘야 한다는 강박관념이 있는데, 방대한 것을 나누어서 처리할 수 있는 '척도 감각'이 있어야 하니, 하고 싶은 것의 3/4을 줄여야 한다.

〈3〉 논리와 연속성이 없어(no logic or sequence)

두 사람의 행동에 '논리와 연속성이 없어'서 마무리와 통제가 안 된다. 바냐는 객석에 관심이 있고, 그리샤는 이아고가 아니라 자기 자신을 생각하고 있다. 둘은 처음부터 다시 하면서 잘못된 부분을 반복하며 바로잡아준다.

5) 옳은 스텐실(right stencils)과 크리케(clichès)

'스텐실'은 등사(인쇄)의 원판을 말하는 것으로 '원형'이라고 할 수 있고 '크리케'는 '상투성'으로 번역되고 있다. 연출선생은 원형으로서의 '옳은 스텐실(원형)'과 '크리케(상투성)'가 있듯이, '나쁜 스텔실'과 '크리케'도 있다는 것이다.

(1) 훌륭한 스텐실(good stencil)

그래서 배우는 맡은 배역의 총보에 대한 '훌륭한 스텐실'을 만드는 습관이 몸에 배어야 진실한 배역을 만들 수 있다. 그래서 총보를 정확히 실천하는 습관과 훌륭한 스텐실이 몸에 베이면 배역의 진실을 사실적으로 재연할 수 있게 된다.

(2) 작은 허위 하나(one small untruth)

배우가 연극쪼를 고치지 않으면 행동에 믿음이 없다. 아주 '작은 허위 하나'로 진실한 행동이 훼손되고, 나머지 모두가 '연극적 허위'로 일그러진다.

(3) 인위적인 태도나 동작(artificial manner or movement)

유기물질(organic substance)에 인공적 화학물질을 한 방울만 넣으면 완전히 파괴되듯이, 배우의 '인위적인 태도나 동작'은 다른 모든 동작을 다 망치게 한다.

(4) 신뢰감 상실(loss of faith)

이렇게 되면 배우가 자신이 행하는 것에 대해 스스로 믿지 못하여 '신뢰감의 상실'로 마음 상태에 손상을 줘서 '고무도장(rubber-stamp)' 연기를 하게 된다.

(5) 잘못된 연극쪼의 습관(false theatrical habit)

그리샤는 다리 경련을 일으키는 듯한 '잘못된 연극쪼의 습관'으로 인해 그녀의 행동에 신뢰감을 가질 수 없게 하니 그 이상한 걸음걸이를 없애야 한다.

(6) 작은 원(small circle)과 작은 신체적 과제(smal physical tasks)

베니스인들은 걷기보다 곤돌라를 많이 타니, 그리샤는 건들거리며 걷지 말고 운하에 있는 곤돌라를 타게 하여, 그 '작은 원' 안에서 그리샤는 편안해지고 객석으로부터 주의를 돌려서 곤돌라 안에서 '작은 신체적 과제'를 찾을 수 있었고 경보를 전하려는 그들의 행동이 작품의 플롯에 가까워졌다.

(7) 서브텍스트(subtext)

그래서 그들의 행동선을 넓히려고 레오가 상상의 창문에 나타나게 하자, 그리샤와 바냐는 멈추고 만다. 왜 멈추냐니까 그리샤는 대본이 없다는 것이다. 연출 선생은 대사는 대본에서만 나오지 않고 마음 속에 감춰진 '서브텍스트'에서도 나오므로 배우가 서브텍스트 찾기를 하지 않으면 내적 본질이 비어 있는 대사만을 기계적으로 하게 된다고 한다. 그리샤는 드디어 이아고가 오셀로에게 납치된 데스데모나를 추적한다는 상황을 기억해내고 장면의 의미를 나타내기 시작한다.

6) 내 방식의 비밀(secret of my method)

이렇게 되자 연출선생은 너희가 이제야 '내 방식의 비밀'을 벗겨내서 자기의 연기로 드러냈다고 한다.

(1) 텍스트(대본)를 빼앗지 않았었다면(not taken the text away)

이 연습을 시작하기 전에 우리의 '텍스트를 빼앗지 않았었다면', 인쇄된 대사에만 매달려서 의미는 모르고 형식적 대사만 계속하게 됐을 것이라고 한다. 그러면 대사는 중요한 의미가 없어지고 기계적이고 습관적 소리에 불과하게 되므로, 맡은 역할의 흐름을 파악할 때까지 대본을 빼앗아서 필요할 때 쓰게 아껴야 한다.

(2) 대사가 오직 무기가 되어(words becom for you only the weapons)

대사는 배우가 내적 본질을 나타내기 위한 외적인 수단이다. '대사가 오직 무기가 되어' 행동으로 자연스럽게 드러내어서 과제를 정확히 달성하게 해야 한다. 즉 브레벤쇼를 납득시키기 위해서 대사가 무기가 될 때까지 기다릴 필요가 있다.

(3) 대본의 대사를 귀중히 여겨야(treasure the words of a text)

인물의 과제를 달성하려면 천재작가가 쓴 대사 이상의 좋은 수단은 없다. 배우가 '대본의 대사를 귀중히 여겨야' 하는 큰 이유는 두 가지가 있다.

⟨1⟩ 광채를 닳지 않게(not to wear the sheen off)

대사를 귀중히 여기는 것은 대사에서 뿜는 '광채를 닳지 않게' 하기 위함이다.

⟨2⟩ 희곡 서브텍스트의 혼 잃지 않게(bereave of soul in the subtext of play)

'희곡 서브텍스트의 혼을 잃지 않고' 기계적으로 쏟아내지 않기 위해서이다.

(4) 상대의 설득 과정(process of convincing a person)

연출선생은 그리샤와 바냐가 찾았던 서브텍스트의 흐름을 확실히 해주기 위해서, 신체적 그리고 심리적 과제와 행동이 이뤄지는 순서대로 장면을 연기시킨다.

그들에게 부족한 부분이 있는 이유는 '상대의 설득 과정'을 모른다는 것이다.

　〈1〉 느낌을 이해(understanding feelings)

　　　상대를 설득하려면 먼저 자신의 '느낌을 이해'해야 한다. 지금 자기의 느낌이 구체적으로 어떠한 감정인지를 정확히 알아야 상대를 잘 설득시킬 수 있다.

　〈2〉 완충기(보호막)를 설치(set up buffers)

　　　그리고 상대에게 전하려는 소식이 불쾌한 것이면, 상대는 본능적으로 많은 '완충기를 설치'하게 된다. 〈오셀로〉의 첫 장면을 살펴보자.

　　　이야고와 로데리고 두 사람이 브레밴쇼를 설득하러 갔는데 브레밴쇼는 두 사람의 말을 믿고 싶지 않아서 술취한 난봉꾼으로 보려고 완충 보호막을 친다.

7) 위기 상황의 논리적 단계(crisis take place of logical steps)

우리의 실생활에서도 어떤 위기 상황에서 일어나는 '위기 상황의 논리적 단계'가 있다. 자신에게 닥친 불행을 의식하기까지 심리적으로 전개되는 순서가 있다. 우리의 이 장면에서 브레벤쇼가 만들어가는 상황의 논리적 과제들을 살펴보자.

　(1) 두 난봉꾼 꾸짖기(scolds the two drunken revelers) - 발전1

　(2) 가문의 명예로 분개(indignant by family's good name) - 발전2

　(3) 끔찍한 소식 믿지 않기(not to belive the terrible news) - 발전3

　(4) 가슴 찌르는 말, 더욱 거부(words have pierced, rubuffs more) - 위기

　(5) 증거 제시, 극도의 고통(convincing proof, the most painful) - 절정

(6) 해야 할 일 결정(decides what to do) - 결말

2. 군중씬 연습

(rehearsal of the crowed scene)

한밤에 잠자던 모든 사람들이 바깥의 소란으로 모두 깨어나면 군중 씬이 된다.

1) 한밤의 경보와 추적(noctunal alarm and pursuit)

이야고와 로더리고가 경보를 알림으로 브러벤쇼가 '한밤의 경보와 추적'을 위해 신체적, 심리적 과제와 행동을 한다.

(1) 서로 질문(to question each other)

잠이 덜 깬 상태에서 무슨 일이 일어났는지를 파악하려고 '서로 질문'을 한다.

(2) 로더리고의 외침 듣기(listen to Roderigo's yelling)

'로더리고의 외침을 듣고' 데스데모나가 그런 일을 했으리라고 믿지 않는다.

(3) 점차 진실임을 믿기(gradually believe the truth)

그의 말이 '점차로 진실임을 믿고' 집안 식구들을 깨운다.

(4) 무어인 저주하기(curses on the Moor)

일어난 일에 대한 치욕감과 비탄을 드러내고, 무어인을 저주한다.

(5) 해결방법을 생각하기(think all sort of solution)

이 상황을 풀 수 있는 온갖 '해결방법을 생각한다'.

(6) 추적 명령에 귀 기울여(listen to orders concerning the pursuit)

내린 '추적 명령에 귀 기울여' 저택 안 모든 인물들의 과제와 행동이

달라진다.

이제 군중씬이 구체적으로 진행된다. 누구는 무기를 가져오고, 누구는 등불, 누구는 투구, 무기, 곤돌라 준비 등을 하고 지휘관은 작전계획을 설명한다.

2) 워크 어라운드(walk around)

'워크 어라운드' 란 군중씬에서 여러 무리가 한 방향으로 계속적으로 움직이는 것이다. 한 무리가 저택에서 나와서 대화하고 오른쪽으로 나가고, 또한 무리는 똑같이 하지만 왼쪽으로 나가는 계속적인 움직임이다. 무대 뒤에서 눈에 띠는 소품들을 바꾸어 나와서 다른 인물같이 계속 반복하여 단체적 조직화된 움직임의 느낌을 준다.

3) 베리어게이션(variegation)

반면에 '베리어게이션'이란 산만하게 움직이는 상황에서 사용한다. 두 무리가 무대 중간에서 만나서 얘기하다가 서로 다른 방향으로 각각 흩어지면 부산하고 서두르는 인상을 준다. 브러벤쇼의 집은 조직적인 병력이 없고, 하인들로 구성된 집단이어서 혼란스럽게 이뤄지는 '베리어게이션'이 이 분위기에 더 맞다.

4) 첫 장면의 신체적 행동(play the physical actions of the first scene)

우리는 훈련생들의 정교하고 훌륭한 첫 장면의 시범연기를 본 후에, 우리들의 '첫 장면의 신체적 행동'을 시작하기 전에, 연출선생이 첫 장면 총보의 주요 부분에 대한 기본 과제와 행동인 제목을 얘기해 준다.

(1) 첫째는 '이야고가 로더리고에게 자신을 돕게 설득하기'

(2) 둘째는 '브레벤쇼 집안 전체를 잠에서 깨우기'

(3) 셋째는 '이들을 추격에 나가게 만들기'

(4) 넷째는 '적절한 추격대 조직하기'

연출선생의 당부는 이제 많은 자료를 확보했으니 두려움을 가지지 말고, 훌륭한 과제와 행동만이 배우를 감동시키고 창조를 불러일으킬 수 있으니, 과제와 행동의 흐름을 파고들다 보면 역할창조의 새 단계로 넘어갈 수 있다고 한다.

3. 다시 출발점으로
(come back to our point of departure)

우리는 다시 출발점으로 돌아가기로 한다. 작품의 역할에 접근하기보다는 자연스럽고 직접적이고 직관적이고 내적인 새로운 방법을 어떻게 찾을까로 되돌아간다.

1) 신체적 생활의 창조(creation of the physical life)

한 역할에 대한 작업의 절반은 '신체적 생활의 창조'이다. 그 이유는 역할도 우리처럼 외적인 성격과 내적인 성격의 두 가지의 성격을 가지고 있다. 그리고 예술의 주된 의도는 외적인 것이 아니고 정신적 생활을 창조하는 것이므로, 신체적인 생활이 완성되어야 정신적인 생활을 살 수 있다. 역할이 배우의 내부에서 저절로 생기지 않으면 배우는 외적인 것부터 시작해서 내적으로 접근할 수밖에 없다. 신체적 생활은 눈에 보여서 명령, 습관, 훈련, 연습에 따라서 반응을 하므로 변덕스런 느낌보다 다루기가 쉽다.

2) 메소드에 숨겨진 중요한 요소
(important factors hidden in my method)

신체적 행동이 순수하고 과제가 있고 생산적이면, 정신은 따르지 않을 수 없다. 이것은 실제행동보다 무대에서 더 중요하다.

(1) 하나의 원천인 희곡(same source, the play)

등장인물의 외적 내적 행동의 두 흐름(two lines)이 과제에 도달하려는 노력으로 하나가 되어야 한다. 그러려면 이 두 흐름이 다르지 않은 '하나의 원천인 희곡'에서 나와야 한다.

(2) 형식적인 무뢰한 태도(formalistic, hack attitude)

그런데 배우가 습관적 기계적으로 행동하면서 내적 흐름이 없어지고 개인적 습관으로만 흐르는 것은 왜일까? 그것은 배우의 '형식적인 무뢰한 태도' 때문이다.

(3) 일종의 축전기(kind of storage battery)

역할에 대한 신체적 접근은 창조적 느낌을 얻기 위한 '일종의 축전기' 역할이다. 정서와 감정은 전기와 같아서 공간에 뿌리면 사라져 버리고 신체 속에 감정을 채워 넣으면 신체 속에 뿌리를 내리게 된다.

(4) 내적 감정의 표현력 얻기(inner feeling finds its expression)

신체적 성격과 정신적 성격이 결합되어서 신체적 삶이 내면의 내용을 얻게 된다. 배우의 내적인 감정은 신체적인 상태의 외적 구현(external embodiment)을 통해서 '내적 감정의 표현력을 얻을' 수 있다.

3) 인간정서의 압도적 매력(most irresistible lures)

신체적 관점에서 작업을 시작하는 다른 이유는 '인간정서의 압도적 매력'이다.

(1) 진실, 믿음(truth, faith)

그 매력 속에는 '진실, 믿음'이 있다. 배우가 무대에서 자기 행동이나 상황에 신체적으로 조금이라도 진실성을 느끼면, 정서는 배우가 신체로 느끼는 진실에 믿음으로 따라준다.

(2) 정신적 본성보다 신체가 더 쉽다(easier to physical than spiritual nature)

배우가 진실과 믿음을 불러오는 것은 '정신적 본성에서보다는 신체가 더 쉬워서' 배우 자체가 믿음을 가지면 그의 영혼이 문을 열고 받아들인다.

(3) 강요에 의한 감정은 믿을 수 없다(forces his feeling will never believe)

그러나 배우가 억지스럽게 감정을 일으키려는 '강요에 의한 감정은 믿을 수 없어서' 배역을 진실하게 느낄 수 없다.

4) 적당한 재료를 가져야 한다(must have appropriate material)

배우가 외적인 신체행동에 내적인 본질 즉 역할의 내적인 생활을 배어들게 하려면 '적당한 재료를 가져야' 한다. 이 재료는 배우가 작품과 맡은 역할에서 스스로 찾아내야 한다. 그래서 이제부터는 희곡의 내적 내용을 연구해보기로 한다.

6장
분석(Analysis)

1. 희곡과 역할에 대한 연구과정 <분석>
(the process of studying the play and the role <analysis>)

역할 전체가 배우의 내부에서 저절로 형성된다면 얼마나 좋을까. 하지만 이런 일은 누구에게도 일어나지 않는다. 최소한 상상력을 일깨우고 느낌을 자극할 많은 수단으로 시도해봤지만, 생명이 아른거리는 것을 볼 수 있을 뿐이다. 어떻게 해야 역할의 내적 삶에 좀 더 가까이 다가갈 수 있을까? 여기에서 분석이 필요하다.

1) 분석의 목적(what is analysis's purpose?)

분석은 무엇으로 이뤄졌고 '분석의 목적은 무엇'인가? 배우를 매혹시킬 '창조적 자극(creative stimuli)'을 찾는 것이 분석의 목적이다. 창조적 자극제가 없으면 배우가 맡은 배역과 하나가 될 수 없다. 그러니까 인간 정신의 삶인 영혼의 본성을 이해하기 위해서 '역할의 영혼(the soul of a part)'을 '정서적으로 깊이 있게(emotional deepening)' 하는 것이다.

그리고 분석은 분해(dissects), 찾기(discovers), 조사(examines), 연구(studies), 평가(weighs), 인식(recognizes), 거부(rejects), 확인(confirms)하는 것이다.

(1) 초과제, 행동의 일관된 흐름(super task, through line of action)

분석은 배역의 기초를 이루는 방향, 생각과 '초과제, 행동의 일관된 흐름'을 드러낸다.

(2) 창조적 반응(creative response)

분석은 희곡 속의 '창조적 자극'이라는 진주를 찾아내어서 배우의 '창조적 반응'을 일으키게 한다. 창조적 반응으로 어두운 곳에 빛을 비춰서 진실한 감동을 불러일으켜 준다.

(3) 이성 쪽이 먼저(use our mind first)

분석을 할 때는 정서보다는 통제하기가 쉬운 '이성 쪽을 먼저' 살펴봐야 한다.

먼저 작품과 역할의 방향과 구성요소들을 이성을 선발대로 보내 정찰을 하고 나서 선발대의 경로를 따라 창조적 정서가 나서야 한다. 그러나 분석은 머리로만 하는 게 아니고 배우 본성의 역량과 자질과 많은 요소들이 함께 해야 한다.

(4) 지적 과정 홀로만이 아닌(not solely an intellactual process)

분석은 머리로만 하는 '지적 과정 홀로만이 아닌' 것이다. 진실한 정서적 경험을 거쳐야 영혼 속에 가려져 있는 보이지 않는 것들을, 의식적 접근으로는 닿을 수 없는 것들을 알고 느낄 수 있다. 이성이 갖는 의식은 가끔 창조에 가장 중요한 느낌을 짓누르고 부숴버린다.

2) 지식을 위한 연구(studying just for the sake of knowledge)와 활용을 위한 연구(studying it for use)

단순한 '지식을 위한 연구'와 무엇인가 '활용을 위한 연구'는 크게 다르다.

전자의 경우는 얻은 것을 저장할 공간이 없지만, 후자는 저장할 곳이 이미 마련되어 있어서 자연스럽게 그곳으로 흘러 들어간다. 작품 분석도 마찬가지로 단순히 감정을 얻기 위한 목표로 분석한다면 저장할 곳이 필요하지만, 역할의 신체적 생활을 정당화하거나 생명을 불어넣기 위해서라면 저장할 필요 없이 당장 필요한 적재적소에 바로 사용할 수 있는 것이다.

3) 총보는 시작에 불과(score is only the beginning)

역할의 신체적 생활에 대한 '총보는 시작에 불과' 하지만, 이제부터 가장 중요한 부분을 우리의 목표를 이룰 때까지, 역할의 내적 삶 깊숙이 도달할 때까지 '우리의 삶을 심화시켜(deepening of our life) 나가야 한다. 이제 우리는 역할의 신체적 생활에 대한 신체적 흐름을 뒷받침할 것들을 많이 갖췄으니까 다져진 길을 갈 수 있다. '신체는 유순'하지만 '감정은 변덕'이 심하다. 그래서 인물의 내면을 자연스럽게 만들 수 없으면 인물의 외적인 면부터 만들도록 해야 한다.

2. 희곡과 등장인물의 분석
(analysis of a play and its roles)

'희곡과 등장인물의 분석'의 방법에는 여러 가지가 있다.

1) 사실, 제시된 상황의 목록 작성
(make lists of facts, proposed circumstances)
분석을 위해서 작가가 제시하는 사건의 '사실, 제시된 상황의 목록을 작성'한다.

2) 희곡을 부분으로 나누기(divided the play up into pieces)

'희곡을 부분으로 나누어'서 각층(layers)별로 질문을 하고 그 답을 찾는다.

3) 과거와 미래를 추측(glance into the past and future)

이렇게 텍스트를 읽음으로 등장인물의 '과거와 미래를 추측'하여 정리할 수 있다.

4) 비트와 과제의 제목 찾기(find names for bits and tasks)

읽으며 빛이 비치는 부분을 확인하고 '비트와 과제의 제목을 찾아서 적는다.

이 모든 것을 현재 연습 중인 장면에 다 적용할 수 없어서 혼란스러우니 이제부터 분석의 기술적 방법을 각 장면별로 적용하면서 연습하기로 한다.

3. 텍스트에서 내 것을 만들 모든 것
(everything we could mine from the text)

지금까지 맡겨뒀던 〈오셀로〉의 대본을 되돌려 받는다. 그리고 작가가 의도한 것들, 등장인물의 특징, 상호관계, 제시된 사실의 전후 상황 등 '텍스트에서 내 것으로 만들 모든 것'을 모두 베끼게 한다.

1) 대사와 독백 베끼기(copy from the dialogues and soliloguies)

텍스트에서 내 것으로 만들 것들을 인물의 '대사와 독백 베끼기'를 선택적으로 하고' 대본은 다시 맡기게 한다.

2) 극적인 인물(dramatic personae)

그리고 조교가 우리에게 대본을 읽어주다가 인물화(characterization)를 위해서 '극적인 인물'들 사이의 상호관계나 심리상태 등 작가가 강조하는 부분에 이르러서는 읽기를 멈춘다.

3) 새 목록 작성(constituted a new list)

그러면 우리는 그 중요하고 필요한 것들을 다 적어서 '새로운 목록을 작성'한다. 즉 필요한 부분의 선택적인 베끼기를 하여 새 목록을 작성하여 텍스트에서 내 것을 만들 모든 것을 찾아내는 것이다.

4. 질문과 대답
(questions and answers)

작가가 텍스트에서 완성하고자 했던 것들과 암시했던 것들을 다 이루기 위해서 우리가 이전에 이용했던 것들을 자기 스스로의 '질문과 대답'으로 활용한다.

1) 이 행위가 언제 일어나는가?(when does the action take place?)

"이것의 시대적 배경이 언제인가?" "16세기 베니스 공화국의 전성기다." "어느 계절이고, 낮인가 밤인가?" "바다의 폭풍으로 봐서 가을이나 겨울이고, 베니스가 잠에 빠져있는 밤이다."

2) 이 행위가 어디서 일어나는가?(where does the action take place?)

"이것의 공간적 배경은 어디인가?" "베니스의 운하 부근 귀족들 거주 지역이다." "이곳의 구체적 모습은 어떤가?" "수상 도시의 전형적 모습으로 수문 앞에 선착장이 있고 저택의 각 층에는 창문이 배열되어 있다."

3) 특수 영사기의 재연(reproduced by special projector)

"물의 효과와 물 위의 곤돌라를 어떻게 재연하는가?" "출렁이는 물은 회전채광판(chromotrop)를 갖춘 특수 영사기로 재연할 수 있다."

5. 생명 불어넣기
(to breath life)

배우가 어떻게 자기가 하는 작품에 생생한 '생명 불어넣기'를 할 수 있을까?

1) 확대경 사용(use the telescope)

배우가 자기가 하는 작품 중에서 분명히 알 수 없고, 확실히 드러나지 않는 부분이 있으면, 읽기의 '확대경 사용' 방법을 배워야 한다. 어떻게 해야 하나?

(1) 텍스트 일구기(plow up the text)

단단한 땅을 쟁기로 일구듯이 '텍스트 일구기'로 분명치 않는 희곡을 천천히 다시 읽으며 그 속으로 파고 들어가야 한다. 많은 배우들이 진작 읽었다며 달달 외고 있지만 많은 부분을 제대로 해석하지 못하고 있다.

(2) 밝은 빛의 조각들(bright patches)

우리가 부르는 '밝은 빛의 조각들'이라는 것도 실은 대략적인 개념만 알고 있다.

유명한 〈오셀로〉 1막 3장의 원로원에게 하는 오셀로의 대사를 예로 들어보자.

'최고의 권위로 존엄하신 의원님들, 숭고함과 덕망을 갖추신 주인 어르신들, 제가 이 노인의 따님을 데려간 것은 정말 사실입니다. 솔직히 저는 그녀와 결혼했습니다. 바로 그것이 제가 저지른 범죄 의 전부이고 그 이상은 없습니다.'

이 대사를 확대경을 사용하여 텍스트를 일구고 밝은 빛의 조각들을 찾아보자.

2) 대사에 담긴 모든 내용(all the contents of this speech)

위의 모든 '대사에 담긴 모든 내용'을 말하라고 하자, 학생들은 '데스 데모나를 납치했다'라고 하자, 연출선생은 그것은 완전하지 않은 내용이 라고 한다.

(1) 외국인의 입장(position of foreigner)

오셀로가 원로원의 지휘 아래에 있는 '외국인의 입장에서' 했다는 게 중요하다.

(2) 용병, 집행권 가진 통치자(mercenary soldier, plenipotentiary governors)

오셀로는 단지 용병에 불과하고, 원로원들은 집행권을 가진 통치자들 이다.

(3) 계급뿐 아닌 민족 간의 갈등(conflict not only classes but also nationality)

그리샤가 배우가 왜 그런 것까지 알아야 하냐고 하자, 기가 막힌 연 출선생은 이 상황은 용병과 통치자의 계급뿐 아닌 백인과 흑인의 민족간

갈등도 있고, 오셀로는 원로원들이 경멸해 마지 않는 흑인으로서 무어인이라는 것이다.

(4) 인물의 사회적 지위(social status of the charactors)

이 상황은 베니스인 전체의 비극이고 등장인물이 처해있는 사회적 갈등으로서 두 주인공 간의 러브스토리에 큰 역할을 하고 양쪽 간의 첨예한 대립을 가져온다.

3) 각 대사의 분석(analysis of each speech)

(1) '제가 이 노인의 따님을 데려간 것은 정말 사실입니다'

도대체 어떻게 이런 납치사건이 일어날 수 있었는가? 오셀로에게 어떤 죄가 어느 정도 있는지 알기 위해서는 더 세부적인 내용들을 알아야 한다. 브러벤쇼, 총독, 의원들 같이 상처받고 모욕당한 쪽과, 죄지은 오셀로와, 오셀로를 사랑한 데스데모나의 입장에서도 생각해야 한다.

(2) '솔직히 저는 그녀와 결혼했습니다 − (... true, I have married her−)'

그럼 누가 어디서 두 사람의 결혼식을 해줬나? 오셀로가 무슬림이니 목사를 못 구해서 카톨릭 교회에서 했나? 오셀로는 어떤 의식을 결혼이라고 하는가? 관습법상 결혼인가? 그렇다면 너무 뻔뻔스럽지? 우리는 아무도 대답을 못한다.

4) 전체적 서브텍스트(whole subtext)

결국 우리는 〈오셀로〉에 적힌 대사를, 인쇄된 활자를 읽었지만 형식적인 껍데기만 이해하고 있어서 셰익스피어가 쓴 의도와는 거리가 먼 것이다. 참된 의도를 이해하려면 생명 없는 활자에서 제시하는 비전(vision)과 정서(emotion)와 감정(feelings)을, 한마디로 말해서 '전체적 서브텍스트'를 되살려내야 한다. 이 작업이 이뤄져야 희곡을 읽고 이해한다고 말할 수 있다.

(1) 현재 시제로서 희곡(play as in the present)

그러니까 우리의 한결같은 실수는 알면서도 계속되었고, 지금도 '현재 시제로서 희곡'의 글자에만 죽어라고 목메어 매달려 있다.

(2) 과거와 미래는 누가 말해?(who will tell about its past and future?)

희곡 속에 묻혀있는 그 중요한 '과거와 미래는 누가 말해'줄까? 배우는 대사의 행간과 그 속에서 느껴지는 힌트를, 셰익스피어가 제시하는 인물의 내면에 숨어있는 삶을 감추지 말고 느낀 대로 드러내야 한다. 배우는 단순한 해설자가 아니고 창조자이기 때문이라고 하자, 그리샤가 자기는 작가가 희곡에 쓴 그대로 할 것이 니 마음에 안 들어도 그 책임은 작가에게 있다고 한다.

(3) 과거 없는 현재가 있을 수 있나?(can the present exist without the past?)

작가는 막이 오른 후에 펼쳐지는 것만을 쓰기 때문에 현재 시제이지만 '과거 없는 현재가 있을 수 있나?' 과거가 없는 현재는 가치 없는 뿌리 없는 식물이다.

(4) 과거와 미래 없으면 현재도 없다(no present without the past and future)

과거가 현재를 만들었고, 현재에서 미래를 희망하고 생각해야 하므로 '과거와 미래가 없으면 현재도 없다'는 것이다.

(5) 현재가 미래의 결실을 낳는다(present bear future fruit)

지금 연습하면 앞으로 좋은 배우가 되니 '현재가 미래의 결실을 낳게' 된다. 작가는 작품에서 현재를 보여주지만, 잘 들여다보면 과거와 미래의 암시가 있다.

(6) 배우가 과거와 미래를 채워(actors should fill out the past and future)

작가가 현재의 서브텍스트(subtext)로 써서 안 보이는 것들을 '배우가 과거와 미래를 채워'서 보이게 해야 한다. 텍스트에 담긴 작은 암시에서 배우는 상상력으로 작가가 쓰지 않은 부분을 생각하여 찾아내는 공동 집필자가 되어야 한다. 그리고 서로 토론하고 자극하고 흥미를 일으켜서 핵심을 찾고 오해를 없애야 한다.

6. <오셀로>의 주제 토론
(talk on the subject of Othello)

교사와 학생들이 함께 〈오셀로〉를 주제로 토론을 하기로 한다. 연출 선생 토르초프가 〈오셀로〉를 어떻게 보는지를 얘기해 보라고 하지만 모두 침묵하고 있다.

1) 토르초프의 설명 시작(Tortsov begin to explain)
그래서 연출 선생이 우리가 지금까지 한 것들에 대해서 설명을 시작한다.

처음에는 급하게 〈오셀로〉를 읽으며 희미한 기억을 갖었고, 두 번째 읽고 그 인상이 더해지기는 했지만 역할에 대한 재료가 빈약하므로, 오늘의 토론으로 재료를 확실히 채워 넣어야 하니 의견들을 발표하라고 하나 계속 침묵이 계속된다.

2) 라흐마노프의 발언 요구(Rakhmanov asked for the floor)
조교 라흐바노프가 발언을 요구하여 시작한다. 자기는 〈오셀로〉를 선택하는 것에 동의하지 않았고 다음과 같은 이유로 침묵했다고 한다.
(1) 학생을 위한 희곡 아님(not a play for students)
학생들이 연습하고 공연하기에 맞는 '학생을 위한 희곡'이 아니라는 것이다.

(2) 셰익스피어의 최고 작품이 아님(not the best work of Shakespear)

'셰익스피어의 최고 작품이 아니'며 비극이 아니고 멜로드라마라는 것이다.

(3) 너무 사실적이 아닌(so improbable)

'너무 사실적이 아닌' 구성과 사건으로 믿을 수 없다. 누가 흑인 장군을 본 적이 있으며, 흑인 장군이 백인 공주를 앗아가는 것은 있을 수 없다는 것이다.

그러자 몇 명이 라흐바노프의 의견에 반대하며 작품에 대해 변론을 시작한다.

3) 논쟁의 불꽃에 기름 부어(pour oil on the flames of the argument)

연출 선생이 조교에게 '지금 무슨 소리하느냐'고 추궁하자, '논쟁의 불꽃에 기름 부어'서 조교가 바냐와 마리아에게 지지를 구하고, 나도 논쟁에 끼어든다. 그리고 그리샤와 바샤는 작품 반대의 이유가 자기의 취향에 맞는 배역이 없기 때문인 것 같다. 논쟁은 점점 치열해지고, 연출 선생은 방관자로 지켜보기만 한다. 어쩌면 논쟁을 위해서 연출 선생과 조교가 의도적으로 벌린 것 같기도 한데, 불이 붙기 시작한 이 토론은 저녁까지 성공적으로 계속되었다.

7. 밭을 새로 갈고 씨 뿌린 후
(after a fresh plowing and sowing)

연출 선생은 우리에게 오랜 토론을 했으니 뭔가 새로운 걸 느꼈느냐고 묻는다. 우리는 있기는 있는데 너무 혼란스러워서 이 상태로는 아무것도 할 수 없다고 한다. 그러면 이제부터 정리를 해보자고 한다. 어제의 진지한 문답을 통해서 '빛의 조각들(patches of light)'이 늘어나지는 않았지만 그 토론으로 인해서 '다른 감각(different sensation)'과 힌트와 질문이 수없이 모여졌단다.

1) 빛이 비치는 지점들 확인(confirm our bright spots)

큰 별들의 옆에서 작은 별들을 발견했으니, 이제 어디서 빛이 비치는지 그 '빛이 비치는 지점들 확인'을 하자고 한다.

(1) 원로원에서 하는 대사(speech to the Senate)

오셀로가 '원로원에서 하는 대사'를 어떻게 우리의 기억 속에 넣고서 확대할 수 있을까? 기억 속에 가진 것들의 성격이 어떤 것인지, 청각적인지, 시각적인지, 정서적인지를 판단해 보자고 한다. 나는 뚜렷하진 않지만 '느끼고 보이는 것'이 있다고 하니, 그게 뭐냐고 해서 오페라 가수의 숭고한 모습과 느낌이라고 하자, 실생활에 가깝지가 않아서 좋은 경우가 아니라며 원로원 대사에서 빛이 비치는 지점들에 대해 설명을 한다.

⟨1⟩ 오직 전쟁 구세주인 오셀로의 필요성(need of war's only savior Othello)

전쟁이 코앞에 닥친 급박함 중에 얽히고설킨 상황이 흥미를 끌 수밖에 없다. 국가적 위기 상황에서 '오직 전쟁의 구세주인 오셀로의 필요성'이 절박하다.

⟨2⟩ 베니스인의 인종적 우월감(racial honor of the proud Venetians)

'베니스인의 인종적 우월감'과 혈통 뒤섞임에 대한 통치계급의 분노가 끓는다.

⟨3⟩ 나라를 구하기 위한 진정한 애국심(saving of country by true patriots)

그러나 '나라를 구하기 위한 진정한 애국심은' 또 어떻게 버릴 수 있겠는가?

이 중에서 하나를 택하게 만드는 노련한 극적인 테크닉이 대단하다.

2) 작은 밝은 빛을 큰 빛으로(small bright patch merges a large form)

작은 밝은 빛이 비치는 부분 하나가 다른 부분과 합쳐져서 '작은 밝은 빛을 큰 빛으로' 만들고, 서로 닿아 있는 인물들에게 빛을 반사해서 생명을 불어넣는다.

(1) 전쟁과 납치 얘기 혼합(war episode intertwined with the abduction)

'전쟁과 데스데모나의 납치 얘기가 혼합'되어 작은 밝은 빛이 더 커진다.

(2) 캐시오에 대한 이야고의 분노(Iago's resentment over Cassio), 이아고의 오셀로 복수 (Iago's revenge on Othello)

부관 '캐시오에 대한 이야고의 분노'가 '이아고의 오셀로 복수'로 연결된다.

(3) 별에서 반사되는 빛(reflected light from stars)

원로원에 스타 오셀로가 나타나자 모든 것이 분명해지고, 이 장면과 연결된 다른 에피소드로 들어가고, 그리고 이어지는 장면들에 밝은 빛을 비춰준다.

(4) 은하수 속의 별들(stars in the Milky Way)

우리의 기억 속에 저장되어 있는 모든 부분들은 마치 '은하수 속의 별들'처럼 인식하기 힘든 실마리로 구성되어 있다.

(5) 배우의 열정이 분석 도구(actor's enthusiasm is an instrument of analysis)

'배우의 열정이 분석 도구'가 되어 우리의 작업에 계속 도움을 준다. 그래서 열정은 창조에서 자극제 이상이다. 열정은 마음 속 비밀의 샘으로 안내하는 통찰력 있는 탐구자이고, 센스 있는 비평가이자 예찬가이다.

8. 셰익스피어 같은 재능있는 시인
(gifted poets like Shakespeare)

천재성이 가득한 '셰익스피어 같은 재능있는 시인'들은 매력적 양식, 만약에라는 기술, 주어진 상황으로 재미있게 만들어진 작품을 우리에게 선물로 준다. 배우는 이 작가의 주제를 창조적 연기로 펼쳐나가기 위해 작품의 내적 흐름을 따라가야 한다.

그러기 위해서는 작품에 묻힌 것을 이해하고 평가하기 위해서 상상력이 필요하다.

1) 〈오셀로〉 내용 얘기하기(tell the contents of Othello)

바냐와 폴과 그리샤가 〈오셀로〉의 내용 얘기를 하는데 셰익스피어의 주제를 벗어나고 지엽적이고 지루해진다. 작품의 본질적 부분을 연결하는 것이 쉽지 않다.

그래서 연출선생이 셰익스피어의 주제를 상상으로 윤색하여 얘기를 시작한다.

젊고 아름다운 베니스 여인이 보인다. 풍족하지만 어머니 없이 동화의 로맨스 속에서 자라서 당돌하고 환상으로 가득차 있다. 아버지의 변덕이 싫증나고 동화 속 왕자를 갈망한다. 많은 구애자들이 있지만 오만방탕한 베니스 청년들이다. 그녀는 멀리서 온 꿈속의 신비한 영웅을 찾아서 자신을 바치기 위해 동화 속의 왕국을 향해 떠난다.

그녀가 오셀로를 어디서 만나고 어떻게 사랑하고 결혼하는지를 내게 얘기하란다.

나는 준비가 안 되서 얘기 못하겠다고 하니까 얘기할 수 있는 실마리를 주겠단다.

(1) 마음의 눈으로 보라(see in your mind eye)

이 일이 일어나는 곳과 일어나는 일들을 '마음의 눈으로 보라'고 한다.

내 상상 속의 일이 일어나는 곳은 세바스토폴과 비슷한 베니스이고 브러벤쇼가 살 것 같은 니쯔니 노보고도르 주지사의 집 앞을 곤돌라가 달린다. 볼가 강변의 것과 같은 절벽이 있고, 불행한 기억이 있지만 서정적인 아름다운 곳이다.

(2) 모든 일이 언제 일어났나?(when did all this happen?)

이제 나의 얘기는 바닥이 나서 더 못하자, 또 다른 실마리를 준다.

(3) 모든 일이 어떻게 일어났나?(how did it all happen?)

이제 내적인 이야기 전개인 진행과 흐름이 알고 싶다고 한다. 나는 이제 그의 얘기를 듣고 있다. 무어인 장군 오셀로가 데스데모나에게 얘기하는 무용담이 동화처럼 낭만적이어서 이 여인의 들뜬 가슴을 흥분시켰을 것이란다.

(4) 일의 논리적 순서로 말하기(tell in logical order what happen)

〈1〉 첫 만남에서 오셀로의 야만인 같은 겸손함이 용맹과 비범으로 조화 이룸.

〈2〉 군사훈련 후 돌아오는 모습에 더 강한 인상. 옆의 부관 캐시오도 처음 봄.

〈3〉 데스데모나는 잠을 못 이루는 중에 브러벤쇼가 오셀로를 집으로 식사초대.

〈4〉 그녀의 따스한 눈빛이 그의 가슴에 새겨지며 부끄러워 그도 잠 못 이룸.

〈5〉 그녀의 부추김으로 그를 다시 초청. 테라스에서 둘만의 결정적인 만남.

동화 속의 삶을 갈망해온 불꽃 같은 그녀에게 오셀로 이상의 영웅은 없다.

그 둘만의 자리에서 원로원 장면에 나오는 오셀로의 대사에서 말한 것들을 겸손하고 진실되게 얘기했을 것이다. 그는 그녀의 집에서 편안함을 느낀다.

2) 외적 형식보다 내적 패턴(inner pattern rather than the outer form)

희곡의 내용을 건조한 사실만을 열거하기보다 '개작된 얘기(retelling story)'로 하는 것이 더 재미있지 않나? '외적 형식보다 내적 패턴'을 따라야 더 많은 것을 생각할 수 있다. (셰익스피어 같은) 작가의 말은 상상력으로 범위를 넓혀가고, 작가가 준 재료를 정당화하려면 '만약이라는 마술(magic if)'을 사용해야 한다. 그래서 배우는 '상상력'을 일깨울 방법을 스스로 터득해 나가야 한다.

9. 가치와 의미를 평가
(appraise its worth and significane)

우리는 지금까지 작품의 플롯, 사실, 사건들과 이들의 목적에 대해서 분석을 해왔고 앞으로도 계속 연구할 것이다. 연구는 사실을 설명하고 보고 이해한다는 뜻뿐 아니라 제대로 '가치와 의미를 평가'를 한다는 뜻도 지닌다.

1) 사실에 대한 평가(appraising the facts)
분석이 갖는 이 새로운 면을 '사실에 대한 평가'라고 한다.
(1) 외적인 플롯(external plot)
'외적인 플롯'을 장점으로 하는 3류 희극, 멜로드라마, 보드빌, 소극

등이 있다. 이런 작품들은 일상의 재미있는 외적 행동이 주를 이루는 작품으로 보면 누구나 다 아는 것으로 바로 이해하고 수용하므로 평가할 필요가 없다.

(2) 사실 자체로 큰 의미 없는(facts does not have much significance)

그러나 플롯과 '사실 그 자체만으로는 큰 의미가 없는' 작품들이 있다. 주된 흥미가 작품의 사실이 아니라, '등장인물의 태도(attitude of the characters)'이다.

사실은 내적인 내용을 드러내는 동기와 상황설정일 뿐이다. 플롯과 사실 그 자체만으로는 작품의 의미를 알기 힘드는 안톤 체홉의 작품이 여기에 속한다.

(3) 사실과 플롯에 뗄 수 없는 정신(sprit is indivisible from the facts and plot)

최고의 작품들은 형식과 내용이 직접적 관계로 연결되어 있다. 그래서 작품의 '정신은 사실과 플롯에서 뗄 수 없는' 것이다. 셰익스피어의 작품이 그러하니, 특히 〈오셀로〉는 사실적 흐름과 내적 흐름이 '상호교류' 한다.

(4) 서브텍스트에 도달(reach the subtext)

작품 속의 사실을 제대로 평가하는 것이 중요하다. 외적인 상황을 잘 살펴보면 저절로 내적인 이유를 알게 되고, 역할의 내면 깊숙한 곳에 숨어있는 '서브텍스트에 도달'하게 되어서, 작품의 물결 같은 행동을 일게 한 흐름에 도달한다.

2) 사실 평가의 기술(technique of appraising the facts)

작품의 '사실을 평가하는 기술'은 아주 간단하게 시작할 수 있다.

(1) 평가될 사실을 머리에서 지우기(canceling the fact to be appraised)

먼저 '평가 되어야 할 사실을 머리에서 지우기'부터 해야 한다.

(2) 어떤 영향 미쳤는지 찾아내기(find out how that affects)

그 결과가 자기 역할의 내면에 '어떤 영향를 미쳤는지를 찾아내야' 한다.

(3) 자기 역할로 실험(test in your roles)

위 두 가지의 사실을 평가하는 기술을 실제로 실험해 보자. 1막 1장에서 그리샤(이아고 역)와 바냐(로더리고 역)가 자기들 역할로 실험을 한다.

〈1〉 첫 번째 사실(first fact)

그들이 맞이하는 '첫 번째 사실'은 '브러밴쇼의 저택 앞에 도착'하는 것이다. 이 사실이 빠지면 1장 전체가 있을 수 없다. 이 사실은 작품에서 필요하므로 이 사실에 믿음을 갖고 이 사실이 미치는 파급효과를 실감해야 한다.

〈2〉 두 번째 사실(second fact)

그들의 '두 번째 사실'은 이야고와 로더리고가 다투고, 결백을 주장하고, 경보를 울리고, 무어인 추적을 시작하는 것이다.

〈3〉 이런 사실을 빼버린다면?(remove all these facts?)

다투고 결백을 주장하는 '이런 사실을 빼버린다면' 두 사람은 도착해서 바로 경보를 울릴 것이다. 그러면 다투고 결백을 주장하면서 드러나는 관객이 알아야할 것들 – 로더리고와 데스데모나의 관계, 이아고와 오셀로의 관계, 오셀로의 적개심 – 을 관객이 모를 것이다.

〈4〉 내적 충동에 의한 행동(action because of inner impulse)

재미로 소란을 피우는 것과 '내적 충동에 의한 행동'인 복수를 위한 소란은 다를 수밖에 없고, 그 행동은 효과적이고 뿌리도 깊어서 감동적으로 다가오게 된다.

3) 사실 평가는 사실의 정당화
(appraising the facts is justification of the facts)

사실을 제대로 평가하는 일은 분석이 지닌 또 다른 면으로서, 그러니까 '사실의 평가는 사실의 정당화'로서 서로 떼어놓고는 말할 수 없는 관계이다.

(1) 정당화 없는 사실은 허당(unjustified fact consistutes a blank)

기반이 없고 '정당화 없는 사실은 허당'이어서 허공에 떠 있으므로, 내적인 흐름에 속하지도 않고 반응하지도 않는, 무용지물이고 내적 흐름의 걸림돌이다.

(2) 허당을 채우든지 다리를 놓아야(fill up the hole or throw a bridge)

그러니 정당화 없는 사실은 빈 허공인 '허당을 채우든지 다리를 놓아야' 한다.

(3) 서브텍스트 속으로 녹아들기(included in the subtext)

그래서 사실이 정당화 되면 작품의 내적 흐름인 '서브텍스트 속으로 녹아든'다.

(4) 논리성과 연관성을 두텁게(promote logic and consecutiveness)

그렇게 정당성을 찾은 사실은 배역의 '논리성과 연관성을 두텁게' 해 준다.

4) 과정을 시각적으로 그리기(to visualize the course)

이제 그리샤와 바냐는 이 작품의 첫 장면에 담긴 사실을 이해하고 나름대로 연기했으나, 아직도 사실의 진정하고 타당한 깊이가 미흡하다. 이제 필요한 것은 단지 배우로서가 아니라 '창시자와 작가(inisiator and auther)'가 되어서 사실이 이뤄지는 '과정을 시각적으로 그려'낼 수 있어야 한다.

(1) 이아고와 로더리고의 입장에서(in the place of Iago and Roderigo)

이제는 작품 속의 사실을 남의 얘기가 아닌 자기의 개인적 관점과 '이야고와 로더리고의 입장'에서 첫 장면의 사실 평가가 제대로 되는지를 살펴보자. 사실을 그냥 외적으로 표현하는 것이면 두 사람이 선착장에 도착해서 곤돌라를 밧줄로 아무렇게나 묶겠지. 그러나 이 묶는 것이 목적에 따라서 어떻게 달라질까?

⟨1⟩ 어떤 목적(anyhow purpose)

뭔가 경보를 울리기 위한 단순한 '어떤 목적'이라면 어떻게 행동할까? 경보를 울리는 그 어떤 목적에 합당한 어떤 정도의 행동으로 곤돌라를 묶겠지.

⟨2⟩ 분명한 목적(definite purpose)

마음 속에 또 하나의 '분명한 목적'을 가진다면 어떻게 할까? 무어인을 추적해서 데스데모나를 구해내기 위해 경보를 울리는 목적이라면 더 절실해지겠지.

⟨3⟩ 이 행동이 왜 절실한지?(why these action so urgently necessary?)

그런데 바냐와 그리샤는 이 행동이 왜 절실한지를 이해하지 못하고 있다.

⟨4⟩ 바냐(로더리고 역)가 모른다 (Vanya do not know)

오셀로와 데스데모나가 달아나는 것을 이아고가 도왔다는 걸 '바냐가 모른다'. 바냐는 그녀와 결혼할 교회의 목사와 모든 결혼준비를 자기 돈으로 했는데, 오셀로와 그녀가 결혼식을 그 교회에서 하고, 바냐가 구입한 혼수품이 다 오셀로에게 넘어갔다는 것을 모르고 있다. 그래서 이아고가 바냐의 곤돌라를 타고 브러벤쇼의 저택에 가자는 주장에 동의하고 함께 온 것이다. 아직 평가되지 않은 이 두 인물 간의 상호관계를 이해하려면 이 모든 사실을 잘 파악해야 한다.

〈5〉 그리샤(이아고 역)는 무엇을?(what would Grisha do?)

아직 평가되지 않은 것은 그리샤와 바냐의 인물 간의 관계를 살피는 것이다.

이아고는 사악하고 간교한 수단으로 과제를 이뤄야 한다. 바냐(로더리고)가 온갖 분노와 독설과 증오를 퍼부을 때까지 가만히 침묵하고 있다가 그의 분노와 에너지가 소진된 후에 행동을 개시하여 그를 조종해야 한다. 이제 우정이 끝났으니 그에게서 받은 돈과 귀중품을 꺼내서 돌려주며 "이제 영영 안녕이군!" 한다면 로더리고는 정신이 번쩍 들겠지.

10. 사실 평가는 크고 복잡
(appraisal of facts is big and complicated)

사실의 평가는 지성뿐 아니라 감정과 창조 의지로도 수행되고, 상상적인 측면으로 이뤄지므로 '사실에 대한 평가는 크고 복잡한' 일이다.

1) 자기 자신에게 질문(put to yourself a question)

자신의 느낌으로 사실을 평가하려면 스스로 '자기 자신에게 질문'을 던져야 한다.

모든 상황에 대해 인간과 배우로서 '나는 어떤 태도를 취해야 하나?'라는 자문을 배우는 스스로에게 질문해야 한다.

2) 〈오셀로〉의 사건과 사실 평가
(appraise the facts and events in Othello)

셰익스피어는 우리에게 사건과 사실을 제시하니 배우는 이것을 평가

해야 한다.

(1) 감히 데스데모나를 채어간다면(dared to carry off Desdemona)

베니스의 식민지 무어인이 감히 귀족의 딸 '데스데모나를 채어가려' 한다면?

(2) 터키함대가 사이프러스로 향하면(Turkish fleet heading for Syprus)

베니스가 장악하고 있는 '사이프러스를 향하여 터키의 함대'가 이동 중이라면?

(3) 원로원이 무적 무어인을 부르면(Senate call to the invincible More)

터키함대를 격파시킬 원정군의 지휘자로 '원로원이 무적인 무어인을 부르면'?

(4) 이 모든 것의 평가(appraise all this)

가문의 명예와 베니스 귀족의 위신, 그리고 각자의 요구가 강하게 일어난다면 이 모든 사건과 사실의 평가와 입장들을 어떻게 받아들여야 할 것인가?

〈1〉 정부의 입장(position of government)의 평가.

〈2〉 브러밴쇼 가문의 명예(Brabantio's fair name of his family)의 평가.

〈3〉 원로원의 입장(position of Senate)의 평가.

〈4〉 주요인물의 시선(view of the principal characters).

〈5〉 연출, 스탭의 제의(propose the director, staff).

〈6〉 배우의 배역인물 채우기(fill out our role).

이렇게 하여 우리는 평가 자료를 늘리면서 외적인 사실에 친숙해지게 됨으로 실제의 작업에 들어가기가 쉽게 되었다.

11. 이론에서 실제로 넘어가기
(turn from theory to practice)

연출선생이 이제부터는 이론에서 실제로 넘어가서 작품을 위에서부터 아래까지 여러 층으로 살펴보자고 한다.

1) 사실과 플롯(facts and plot)
작품의 첫 단계인 맨 위층은 '사실과 플롯'인데 이것은 우리가 지금까지 충분히 살펴 본 것이니 여기서는 생략하자고 한다.

2) 베니스인의 생활, 태도와 관습(Venetian life, manners and customs)
다음 단계는 베니스인의 생활, 태도와 관습인데 우리에게 얘기해보라고 하지만 아무도 생각해 보지 않아서 얘기들을 못한다. 우리에게 힌트를 줘서 약간은 쥐어짜내 보기도 하지만 역부족이어서 역시 연출선생의 몫이 된다.

(1) 로더리고와 이아고(Roderigo and Iago)

'로더리고와 이아고'는 어떤 사람인가? 이아고는 장교이고, 로더리고는 귀족이라고 대답하니, 장교이기에는 거칠고 귀족이기에는 천박하다며 이아고는 고참상사이고 로더리고는 부유한 상인이라고 한다.

(2) 이야고의 두 가지의 면(two personality in Iago)

이아고는 타고난 군인으로 지적이고 냉철해서 오셀로가 믿고 의지하지만, '이야고는 두 가지의 면'이 있다. 쾌활하고 거칠지만 천성이 좋은 겉모습과, 사악하고 혐오스러운 실제 모습을 가지고 있다. 그래서 아내도 그를 좋은 사람인 줄 안다.

(3) 이야고를 좋게 보는 오셀로(Othello has a high opinion of Iago)

오셀로에게 이아고는 이성과 예리함이 있는 좋은 조언가이며 친구이다. 훌륭한 유머감각이 있어서 무슨 말이든지 다할 수 있도록 허락 받았다.

(4) 정직하나 기회 놓치지 않는(honest, but never lets an opportunity pass)

이야고는 '정직하나 기회는 놓치지 않고' 로더리고 같은 얼간이를 등쳐 먹는다.

3) 오셀로와 이아고(Oshell and Iago)

그러나 고위층을 상대하기에는 이아고가 자연스럽지 못하고 부족함이 있다.

(1) 부관이 필요(need an adjutant)

오셀로는 원로원을 잘 드나들 '부관이 필요'하니 학자적인 캐시오가 적임자다.

(2) 이야고의 시각은 달라(Iago's view was different)

'이야고의 시각은 달라'서 오셀로의 목숨을 구하기도 했고 우정과 헌신을 바친 자기가 부관으로 가장 적합하다고 확신하고 있었다.

(3) 캐시오를 임명(appointment of Cassio)

오셀로는 책을 읽으며 유식하게 여성들에게 호감을 받고, 권세가들에게도 으시댈 수 있는 부관으로 '캐시오를 임명'한다.

(4) 이야고는 이해 못 해(Iago was never considered)

오셀로가 전쟁이 뭔지도 모르는 애송이 캐시오를 부관에 임명한 것을 '이야고는 이해 못' 하고, 데스데모나와의 사랑과 도피계획을 자기에게 숨긴 것도 무시당한 것이다. 모든 것이 충격과 모욕과 수치였고 용서할 수 없는 배은망덕이다.

(5) 로더리고와 친구 되기(make friend with Roderigo)

이야고는 폭음에 빠져서 만나게 된 '로더리고와 친구가 된'다. 로더리고는 데스데모나와 함께 달아날 것을 꿈꾸고, 이아고는 도와주기로 하고 그를 이용한다.

(6) 헛소문 퍼뜨리다(put out rumors)

이야고를 시기하는 사람들이 아내 에밀리아와 오셀로 사이에 뭔가 있었다는 '헛소문을 퍼뜨리'지만 신경쓰지 않았는데 이제는 오셀로를 의심하기 시작한다.

(7) 독신장군의 여집사(housewife of the bachelor general)

이야고의 아내 에밀리아가 독신장군의 여집사로 숙소물건을 정리 했는데, 이제 헛소문을 사실로 자기최면을 걸고, 오셀로 비난과 울분과 원한의 불을 지핀다.

4) 데스데모나 납치가 이뤄짐
(accomplished of Desdemona's abduction)

이때에 오셀로의 '데스데모나 납치가 이뤄진' 것을 이야고가 알게 된다. 장군숙소에서 무어인 품에 안긴 데스데모나를 보고 믿을 수 없는 이야고는 뛰쳐나간다.

(1) 로더리고와의 입장 난처(embarrassing in relation to Roderigo)

이야고는 데스데모나를 훔쳐 데려오겠다고 약속을 한 '로더리고와의 입장이 난처'해지고 로더리고도 이야고에게 속은 걸 알게 된다.

(2) 납치와 성공적 결혼(abduction and successful weding)

오셀로는 데스데모나의 '납치와 성공적 결혼'을 맞이한다. 캐시오가 브라벤쇼의 하녀를 꾀어서 데이트를 하며 뇌물을 주고, 관습적인 중매결혼을 원치 않는 데스데모나를 오셀로에게로 데려와서 둘만의 결혼을 시킨 것이다.

(3) 포기 않기로 결심(decided not to give up)

이야고는 '포기하지 않기로 결심'한다. 도시에 동요를 일으켜서 고위층의 명령으로 오셀로의 결혼을 무효화시키려는 시도를 시작한다.

(4) 결혼과 전쟁발발 동시 일어남(coinsided the marriage and outbreak of war)

우연하게도 '결혼과 전쟁발발이 동시에 일어나'지 않았더라면 두 사람의 결혼은 있을 수 없었다. 전쟁에는 오셀로가 가장 필요했으므로 결혼 무효화는 불가능했다.

이아고는 악마의 힘으로 웃으며 결혼 축하를 해주고 로더리고를 찾으러 나간다.

5) 로더리고(Roderigo)

로더리고는 부유한 부모를 두고 사치품을 사들여서 비싸게 파는 상인 계급인데 양친의 사망 후에 유산을 탕진한다. 술에 취한 어느 날 데스데모나가 하녀와 곤돌라를 타는 것을 보고 따라가서 교회까지 가지만 브러벤쇼의 저지로 나와서 그녀의 곤돌라를 꽃으로 장식하고 부케와 직접 쓴 연시를 두고 지켜보는데, 그녀는 그것들을 물에 던져버린다. 로더리고는 좌절하여 일주일 동안 술독에 빠져 지낸다.

(1) 한밤 연회(nightly carousing)

승전을 거둔 오셀로가 베니스로 귀환하고, '한밤의 연회'의 비용을 로더리고가 지불하고 이아고와 캐시오를 알게 되고, 로더리고의 몰매당함을 이아고가 말려준다.

(2) 골탕 먹이기(inventing hoaxes)

캐시오는 로더리고가 데스데모나에게 빠진 걸 알고, '골탕 먹이기'를 하여 로더리고가 모욕감을 느끼자, 이야고가 복수해주고 그녀도 만나게 해주겠다고 약속한다.

로더리고는 이아고에게 집착하여 돈을 쏟아붇는다. 이때 이아고가 로더리고를 곤돌라에 강제로 태우고 브러벤쇼 저택 앞에 와서, 1막 1장이 시작된다.

7장
작업결과 확인 및 요약
(Checking Work done and Summing up)

1. 배역 준비
(prepare your role)

우리는 연출선생과 함께 극장으로 가서 극장의 훈련생 중 한 명에게 자기가 맡은 역할에 대해 준비한 '배역 준비'에 대해서 말해 보라고 한다.

1) 거친 곤돌라 사공(rough gondolier)
대사도 없는 엑스트라 같은 역할인 '거친 곤돌라 사공'으로 캐스팅된 훈련생에게 자기 역할에 대한 배역 준비에 관한 연출선생의 물음과 그의 답을 요약한다.

(1) 공간, 시대 배경은? 베니스, 16세기.
　　〈1〉 계절은? 늦가을.
　　〈2〉 낮 혹은 밤? 자정.
(2) 행동,
　　〈1〉 무엇하고 있었나? 잠자고 있었다.

〈2〉 누가 깨웠나? 페트루신.

〈3〉 왜 깨웠을까? 문지기이니까.

〈4〉 깨어서 무슨 생각? 어딘가로 가야할 것.

〈5〉 다음 일은? 서둘러 옷입기.

〈6〉 무슨 옷? 타이즈, 상의, 모자, 망토.

〈7〉 그게 어디 있었나? 선반 위.

〈8〉 넌 어디서 자나? 지하실.

〈9〉 어떠한가? 습하고 추움.

〈10〉 처우가 나쁘네? 곤돌라 사공이니 기대하지 않음.

〈11〉 임무는? 곤돌라 책임.

〈12〉 다음 일은? 집안의 소동. 불이 났다고도, 적이 왔다고도, 밖에서 고함소리. 위층으로 올라가서 납치얘기 들음.

〈13〉 그때 느낌? 엄청난 분노. 그 여인을 사모함. 그녀를 교회로 태워드림. 그녀를 자랑스럽게 여김. 내가 떨어뜨린 꽃을 주워서 입맞추고 간직하면 행복함.

〈14〉 곤돌라 사공이 그렇게도 섬세하고 감상적인가? 우리의 긍지임. 데스데모나에 한해서만 그러하고 그녀의 명예는 제게 소중함.

〈15〉 다음엔 뭘했나? 아래층에 내려가서 갑옷 입고 곤돌라에 가서 명령 기다림.

연출선생의 평가는 "아주 훌륭해! 더 이상 언급할 게 없어"이다. 배역 준비가 모두 논리적이고 일관성이 있어서 준비한 것이 충분히 수긍된단다. 엑스트라에 불과한 역할이라고 생각했는데, 그렇게 철저히 준비를 하다니 우리가 부끄럽다.

2) 훈련생들과 합류(join the apprentices)

이제 우리를 극장의 '훈련생들과 합류'시키고, 제1장의 공연을 준비한다.

(1) 1장의 공연윤곽(outline of the first scene)

우리와 훈련생들을 무대로 올려서 정리한 '1장의 공연 윤곽'을 보여준다.

(2) 무대장치(mise-en-scene)

무대장치도 보여주고 이 장면에 대한 계획과 행동과 장소가 어울린다고 한다.

3) 공연 계획(production plan)

나는 연출선생이 생각하는 공연계획을 다음 같이 작성한다.

(1) 이아고와 로더리고 도착(Iago and Roderigo arrive)

곤돌라를 탄 이아고와 로더리고가 선착장에 도착하면서 곤돌라 사공이 철컥이는 소리를 내자 이아고가 저지시킨다.

(2) 첫 여섯 줄(first six lines)

곤돌라가 집앞에 도착했을 때 이 '첫 여섯 줄' 대사는 흥분된 상태로 처리된다.

⟨1⟩ 이아고의 대사 뒤에 포즈를 두게 한다.

로더리고가 이아고에게 오셀로의 결혼을 모르고 있었다는 게 말이 되냐고 하자,

이아고: 내가 꿈이라도 꾸었더라면 저를 혐오하시라구요.

이 대사 뒤에 이아고가 로더리고의 입을 다물게 하고 포즈를 두게 된다.

⟨2⟩ 이아고의 다음 대사

이아고: 나를 경멸하게. 만일 내가 ...

이 대사는 화난 상태에서 시급한 목표인 로더리고가 고함을 질러서 소동을 일으키게 하려는 것으로 오셀로에 대한 증오의 표현이다. 그리고 이아고는 자기몸을 숨긴다.

〈3〉 로더리고 대사

　　　로더리고: 여보세요, 브러벤쇼씨! 브러벤쇼 각하!

　　　드디어 로더리고가 소리를 질러 경보의 전달이 시작된다.

4) 집 주인 깨우기(rousing the household)

이제 '첫 군중 장면'이 시작된다.

(1) 첫 번째 군중 장면 (first crowd scene)

　　〈1〉 2층 창문 하나가 열린다.

　　〈2〉 하인 하나가 유리창으로 얼굴을 들이민다.

　　〈3〉 다른 창문에 데스데모나 유모가 나타난다.

　　〈4〉 또 다른 창에 브러벤쇼가 나타난다.

로더리고와 이아고의 신체적 목표는 소란으로 겁을 줘서 주의를 끄는 것이다.

(2) 두 번째 군중 장면(second crowd scene)

두 번째 군중 장면에서 브러벤쇼와 로더리고의 대사와 군중의 반응을 보자.

　　〈1〉 브러벤쇼 : 모른다. 넌 누구냐?

　　　　로더리고 : 전 로더리고입니다.

　　　　군중들 분개, 브러벤쇼는 로더리고를 꾸짖고, 사람들이 창문 닫기 시작한다.

　　〈2〉 브러벤쇼 : 허나 분명히 기억해두게, 내겐 그만한 용기도 힘도 있음을 ...

　　　　이아고와 로더리고가 그들을 붙잡으려는 초조함과 리듬을 느낄 수 있다.

〈3〉 이아고 : 원 참 각하 ... 당신 딸이 아랍 말과 교접한다니까요.

이아고는 모자 눌러쓰고 위기모면 방법을 찾고, 다시 창을 열고 보는 사람들.

〈4〉 브러벤쇼 : 너는 악당이다.

이아고 : 각하는 원로원이십니다.

짧은 포즈가 있고, 군중장면이 이뤄진다. 그들은 악당이 누군지 알려고 한다.

〈5〉 로더리고 : 각하, 어떤 것이든 대답하겠습니다.

극도의 초조함을 느끼며 브러벤쇼가 딸의 납치에 대한 극단적 조치를 해서 더 늦기 전에 무어인과 데스데모나를 떼어놓으려는 목표달성을 갈망한다.

〈6〉 로더리고 : 저를 국법으로 처벌해 주십시오.

이 대사 후에 브러벤쇼와 유모는 가장 소중한 것을 빼앗겼다는 것을, 사람들은 데스데모나가 무어인의 아내가 된다는 심리적 전환의 포즈가 생기게 된다.

5) 포즈(pause)는 전환단계(transitional step)

데스데모나가 검은 악마의 품에 안겨있는 모습을 생각나게 하는 이 '놀라는 포즈'는 '극적인 장면(dramatic scene)'으로 넘어갈 수 있게 하는 '전환단계'가 된다.

(1) 한 인간으로서 살아가야(to living human beings)

이때에 가져야 할 '배우들의 목표'는 단순히 등장인물이 아니고 '한 인간으로서 살아가야' 한다.

(2) 어떻게 행동하나?(how he would act?)

배우가 상상으로 만든 상황을 신체적으로 '어떻게 행동하나?' 이 질문의 대답은 신체적 '행동은 느끼는 게 아니라 실행하는 것(to execute)'이다. 신체적 목표가 잘 실행되면 감정은 저절로 생겨서 신체와 감정이 하나가 될 때 배우의 옳은 행동이 되고, 감정을 쥐어짜면 연극쪼의 기계적 행동으로 그 연기는 가짜가 된다.

　(3) 대사 "저를 국법으로 처벌해 주십시오" 다음의 중요한 포즈 (important pause)

　이 중요한 포즈에서 브러벤쇼에게 어떻게 행동할까에 대한 힌트를 준다.

　　〈1〉 들은 소식 중에 받아들일 수 있는 것만 이해하려고 한다.

　　〈2〉 끔찍한 얘기를 하자 방패를 들 듯이 급히 상대를 저지한다.

　　〈3〉 주위를 둘러보며 주변 사람들에게 그건 헛소리라고 말해주길 원한다.

　　〈4〉 데스데모나의 방을 보며 텅 비어있는 광경을 상상해 본다. 그리고 새로운 목표를 찾고, 무슨 수를 쓰더라도 딸을 구해야 한다는 절박감의 대사를 한다.

　(4) 브러벤쇼의 대사 쏟아내기 (Brabantio bursts out the lines)

　　〈1〉 브러벤쇼 : 여봐라, 불을 켜라! 초를 다오! 하인들을 불러라! 이번 일은 내 꿈과 다르지 않구나. 마음이 나를 짓누른다. 불, 불을 가져와라!

　　　이 대사가 끝나면 포즈가 이뤄지고 나서 드디어 소동이 일어난다.

　　〈2〉 이아고 : 이만 헤어지자. 나는 가봐야겠네.

　　　이아고는 자기 뜻대로 행동하며 가장 단순한 목표에 따라 설명해주고, 자기 정체가 드러나면 음모가 밝혀져서 화를 당할 테니 사라진다.

⟨3⟩ 병력 집결 (gathering of force)

'병력 집결'을 보여주는 군중장면이 시작된다. 불빛으로 혼란
이 일고, 큰 자물쇠가 벗겨지고 호롱불을 든 문지기가 나오
고 하인들이 쏟아져 나온다.

⟨4⟩ 브러벤쇼 : 오, 불쌍한 아이! 자네, 그 애가 무어인과 함께 있
다고 했지?

브러벤쇼는딱딱한 어투로 로더리고에게 다시 한번 확인한다.

⟨5⟩ 브러벤쇼 : 한 패는 이쪽으로 한 패는 저 쪽으로 ...

브러벤쇼가 명령을 내리는 이 대사 후에도 포즈가 이뤄진다.

⟨6⟩ 로데리고 : 든든한 호위를 데리고 저와 함께 가시면 무어인
찾을 듯 합니다.

⟨7⟩ 브러벤쇼 : 나를 안내해주게 (로더리고 곤돌라에 올라탄다)

야경원을 깨워라 (병사가 창과 미늘창을 보여준다)

사례는 두둑히 하겠네 (곤돌라에 탄 모두가 출발한다)

2. 생활의 감각 얻기
(to get the feeling of the life)

연출 선생은 이제 우리가 ⟨오셀로⟩ 1장을 연기할 수 있을 정도로 충
분히 준비가 된 상태니까, 배역의 내면과 외면에 대한 '삶의 감각 얻기'를
위해서 '자신의 삶(your own life)'과 '자신의 본성(your own nature)'에 가깝
게 표현해 보자고 한다.

1) 방법과 테크닉 연구(study methods and techniques)

이제 우리가 관심을 가져야 할 것은 연기 자체(acting itself)가 아니다.

우리가 〈오셀로〉를 선택한 것은 맡은 배역에 적용할 '방법과 테크닉을 연구'하기 위해서다. 1장에 대한 실험을 마쳤으니까, 경보와 추적 장면의 근거가 되는 방법과 원칙에 대해서 먼저 이론으로 시작한다.

(1) 희곡 빼앗기(take away from you the play)

처음에 한 것은 각자 가지고 있는 희곡을 빼앗기고 당분간 읽지 못하게 된다.

그래서 대본이 없으면 〈오셀로〉의 내용을 연관짓지 못한다는 걸 실감했지만, 그럼에도 불구하고 뭔가가 우리들 속에 남아 있었다.

(2) 오아시스 같은 그 무엇(something like oasis)

우리들 기억 속에는 사막의 '오아시스 같은 그 무엇'이 남아 있어서 작품 속의 여러 부분들로부터 반짝이는 '빛의 조각(bright patches)'을 떠올릴 수 있었다.

(3) 작품 전체 읽어주기(whole play was read to you)

그리고는 기억을 되살려주기 위하여 '작품 전체 읽어주기'를 하여 '전체적 흐름을 분명히' 알 수 있게 되었다.

(4) 기록하기(wrote them down)

작품내용을 납득할 수 있을 정도로 설명하고 그것의 '기록하기'를 했다.

(5) 1장 연기하기(played the first scene)

그 다음에는 해당 사실에 따라 신체행동을 통해 '1장을 연기하기'를 했다.

(6) 삶의 가장 단순하고 익숙한 것들(simpleest, most familier things in life)

아이로닉하게도 가장 많은 관심과 노력을 했던 것은, 실제 삶에서 걷고 보고 듣는 것과 같이 일상에서 '삶의 가장 단순하고 익숙한 것들'이었다.

(7) 완벽한 진실성(complete truthfulness)

살아있는 완벽한 사람처럼 자유롭게 행동하기가 너무 어려웠다. 진실성은 한꺼번에 얻어지지 않는다. 하지만 계속적인 연습으로, 작고 단편적인 진실들이 샘솟아 하나로 커지면 나중에는 흐름을 따라 '완벽한 진실성'을 이루게 되었다.

2) 등장인물의 2가지 본성(two natures inherent in each chracter)

(1) 신체적 행동과 신체적 존재(physical action and physical being)

진실성이 생기자 뒤를 이어서 '신체적 행동'에 대한 믿음과 자신이 맡고 있는 배역의 '신체적 존재'에 대한 믿음이 바로 이어서 생겼다. 이렇게 우리는 등장인물의 타고난 두 가지 본성 중의 하나인 '신체적 존재'를 만들 수 있었다. 이 신체적 존재는 반복하면 할수록 더욱 강화되어진다. 어려운 것을 습관화시키면 습관화된 것은 쉬워진다. 그래서 우리는 흥미를 가지고 계속 반복할 수 있었다.

(2) 대사와 정신적 존재(words and spiritual being)

우리는 곧 '대사'가 필요함을 느끼게 됐다. 텍스트가 없었기 때문에 자기 자신에게 의지할 수밖에 없었는데, 대사는 외적인 목표의 실천을 위해서뿐만 아니라 '정신적 존재'인 감정의 전달에도 필요했다. 작품의 사상을 나타내야 하고 우리가 잡아내기 어려운 감정을 끌어오려는 필요성 때문에 우리는 작품으로 돌아갔다. '대사'와 '정신적 존재'를 더하여 1장을 우리의 것이 되게 실습했다. 작가가 설정한 행동과 인물의 내적 삶이 우리 자신의 것이 되어 신체적 존재와 정신적 존재의 보조를 맞췄다.

(3) 같은 원천(same source)

등장인물의 '정신적 존재'가 '신체적 존재'와 보조를 맞추지 못하면 인물이 성장할 수 없다. 전자 없이 후자 없고 후자 없이 전자 없다. 등장인물이 갖는 양쪽 측면은 하나로서 '같은 원천' 즉 〈오셀로〉 희곡에서 나온다. 따라서 양쪽은 본질상 떨어질 수 없고 유사하며 하나로 일치하게 된다.

3) 심리 테크닉의 기초(basis of our psychotechnique)

정신적 존재와 신체적 존재가 하나의 원천으로 본질상으로 떨어질 수 없고 하나가 되어야 한다는 것이 바로 '심리테크닉의 기초'이다.

(1) 심리 테크닉적 수단(psychotechnical means)

이 법칙은 우리가 연습할 때 아주 중요한 것으로, 배우에게 등장인물이 직관적으로 살아나지 못할 때, '심리 테크닉적 수단'을 사용하여 인물을 만들어야 한다.

배우가 등장인물의 신체적 삶을 통해 그 인물의 내면에 도달하기도 한다.

〈1〉 우리 방법의 장점은 등장인물의 '생각(thougts), 대사(words), 화술(diction)'과 관련이 있다. 우리는 등장인물의 생각을 배우가 나름대로 표현하고, 머릿속에 떠오르는 생각도 적극적으로 얘기했다.

〈2〉 맡은 배역들의 대사도 같은 과정으로 이뤄졌다. 실생활과 같이 머릿속과 혀끝에 떠오르는 말과 생각하는 목표를 무엇이든 실행하여 대사와 인물이 자연스럽게 성장하고, 악보를 만들고 흐름을 파악할 때까지 조정했다.

〈3〉 '이런 준비가 이뤄진 후(after this preparation)'에 대본을 돌려받았다.

〈4〉 그 결과 다른 사람의 말이 '내 자신의 말이 되(became my own word)'었다.

〈5〉 목표실행을 위해 '말이라는 수단(means of word)'으로 행동하게 되었다.

4) 연극계 대다수가 행하는

(done in the majority of the theatres of the world)

그런데 우리네 '연극계의 대다수가 행하는' 것처럼, 대본을 받자마자 죽어라고 대사만 달달 외는 일부터 시작했다면 과연 우리가 도달한 이런 결과를 얻을 수 있었겠는가? 당연히 아니다. 텍스트를 기계적으로 암기하고 뜻 없는 공허한 소리만 읊어대어서, 배역의 생각은 날아가고 텍스트의 목표는 사라지겠지.

5) 우리의 방법과 비교(compare our method)

일반적으로 행해지고 있는 그들의 방법을 '우리의 방밥과 비교'해보자.

(1) 작품을 읽고, 배역을 나눠주고, 열 번째 연습쯤에 대사 암기를 통고한다.

(2) 대본을 손에 쥐고 무대에서 연기하며 연출자가 요구하고 배우는 기억한다.

(3) 대본을 놓으면, 대사의 완전 암기 때까지 프롬터를 옆에 두고 계속 연기한다.

(4) 토론은 원치 않으므로 됐다 싶으면 드레스리허설을 하고 공연을 한다.

겉으로 보기에는 성공적으로 보일 수도 있지만, 판에 박힌 공연을 되풀이한다.

3. 요약하기
(to sum up)

이제 역할의 신체적 생활의 창조에 대해서는 '요약하기'로 마무리한다.

1) 그것이 불러일으키는 것(what they evoke)

신체행동의 요점은 신체행동 그 자체에 있는 게 아니고 '그것이 불러일으키는 것' 그러니가 '제시된 상황(proposed circumstances)과 느낌(feeling)'에 있다. 자살을 한다는 사실보다는 자살할 수밖에 없는 내적인 이유가 더 중요한 것이다.

2) 끊을 수 없는 연결고리(unbreakable bond)

무대에서 이루어지는 외적 상태인 신체적 행동과 내적 상태인 행동을 불러일으키는 것 그 둘 사이에는 '끊을 수 없는 연결고리'가 있다. 그러니까 등장인물의 내외적 상태는 서로 결합되어 있으므로 우리의 심리테크닉에서 항상 사용하는 핵심이다.

3) 본성(nature) → 신체행동(physical action) →
내적 의미(inner meaning)

(1) 모든 사람은 잠재의식(subconscious), 본능(instinct), 직관(intuition), 습관(habit)과 같은 인간의 '본성'을 가지고 있다.

(2) 이 본성의 도움으로 서로 얽혀있는 '신체행동(physical action)'을 불러온다.

(3) 이 신체적 행동에 대한 내적 이유(inner reasons), 경험의 느낌(experiencedemotion), 감정의 논리와 일관성(logic and consistency of feelings),

이런 것들의 흐름을 발견하게 되면 신체행동의 '내적 의미'를 알게 된다.

(4) 머리가 아닌 가슴(not intellectul but emotional in origin)

이런 깨달음은 '머리가 아닌 가슴'으로 하는 것이니, 배우는 등장인물의 심리의 일부를 배우 자신의 감정을 통해 이해하기 때문이다.

(5) 심리, 감정을 연기 못해(cannot act psychology itself, logical feeling)

그러나 우리는 '심리 그 자체와 논리적 감정을 연기하지 못한다'. 깊이 숨겨진 심리 그 자체를 연기할 수 없고, 감정을 논리적이고 일관성 있게 연기할 수 없다.

(6) 접근 쉬운 신체적 행동의 토대(accessible ground of physical actions)

그래서 '접근하기 쉬운 신체적 행동의 토대'를 사용해야 하며 신체적 행동의 논리와 일관성을 지켜야 한다. 신체적 행동의 패턴은 감정의 내적 패턴과 얽혀있으니 신체적 행동을 통해서 내적 상태에 도달할 수 있다. 그래서 이 신체적 행동의 패턴이 '역할의 총보(score of a role)'를 창조할 때에 요긴한 것이다.

4) 상호작용(interplay)

지금까지 우리는 이런 '상호작용'에 대해서 실습으로 직접 경험해 왔다.

(1) 외부에서 내부로(from the exterior to the interior)

상호작용은 '외부에서 내부로' 접근한다. 외적 상태의 패턴을 계속 반복하면 신체 행동이 확실해지고 그렇게 되면 신체적 행동에 대한 내적 반응도 강해진다. 그렇게 내적 상태와 자연스럽게 연결되는 신체적 행동을 선택적으로 활용할 수 있다.

(2) 완전히 장악 못하는(never fully hold in your grasp)

그러나 '완전히 장악하지 못하는' 내적 자극이 많이 있다. 그건 당연한 일이니까 불평할 거 없다. 의식적으로 하려고 하면 내적 자극의 효과가 부서지기 쉬운 것이다.

(3) 본성에 맞겨 두는(leave that to nature)

내적 자극이 뜻대로 되는 것과 안 되는 것은 정할 수가 없다. 배우가 할 수 있는 것은 '본성에 맞겨 두는' 것이다. 본성만이 의식으로 접근할 수 없는 것에 나아갈 길을 찾아 준다. 배우연기의 창조 순간에는 내적 자극에 연연치 말고 인물의 '외적 상태에 매달려서(stic to the physical being)' 저절로 되게 해야 한다.

제3부

고골리의 〈검찰관〉
Gogol's The Inspector General

8장
신체행동을 생생한 이미지로
(from physical actions to living image)

배우가 자기의 신체적 행동에서부터 시작하여 역할의 살아있는 생생한 이미지를 만들기까지 어떠한 접근을 해야 할까?

1. 새로운 역할에 대한 접근법
(approach to a new role)

연출선생의 '새로운 역할에 대한 그의 접근법'은 희곡의 독회나 협의를 하지 않고 배우들에게 희곡을 연습하게 하는 것이라고 한다.

1) 독회 없이 희곡 연습하기(without reading come to a rehearsal)
우리가 '독회 없이 희곡 연습하기'란 불가능한 일이라고 하자, 그의 머리 속에 있는 희곡을 그가 한 에피소드씩을 우리에게 말해주면 우리가 즉흥적으로 말하고 연기하면 된다는 것이다.
(1) 하나의 전체로 결집(gathers up into a single whole)
내적 창조상태(inner ceative state)에 있는 배우가 무대에서 갖는 느낌을 우리는 실습을 통한 경험해 보았다. 우리는 자신을 깨어있게 해주고 창조적 작업으로 나아가게 하는 모든 요소들을 '하나의 전체로 결집'해야 한다.

(2) 뭔가 부족하다(something is still lacking)

그러나 모든 요소를 하나로 결집하는 것이 말 같이 쉽지 않고 그것만으로는 충분하지 않다. 작품의 핵심을 찾고 아이디어를 개발하려면 그것만으로는 '뭔가 부족하다'는 것을 느낀다. 내적 힘을 움직이게 하려면 필요한 무언가가 빠져있고, 이 무언가가 없으면 배우의 분석이 '순전히 이지적(purely intellectual)'이다.

(3) 정서, 열망의 협조(cooperation of emotions, desires)

우리의 지성(mind)은 언제든지 작동할 수 있지만 그것만으로는 충분치가 않다.

내적 창조상태의 모든 요소와 '정서, 열망의 협조'가 있어야 한다.

(4) 배우의 전존재(actor's whole being)

정서와 열망의 협조를 받아야 역할의 실제적 삶을 창조해낼 수 있고, 그리고 나서야 지성뿐만이 아닌 '배우의 전존재'를 통한 희곡 분석이 가능해진다. 그래서 배우는 자기 배역의 삶에 대한 실제의 감정을 자기가 준비한 내적 창조상태에 정신적 감각뿐 아니라 신체적 감각까지 배우의 전존재를 쏟아부어야 한다.

2) 효모가 발효를 시키듯(just as yeast cause fermentation)

빵의 반죽을 '효모가 발효를 시키듯'이 배우의 효모인 내적 열기(inner warmth)가 빵의 반죽처럼 부풀어 오르고, 배우에게 필요한 원기(ebullition)가 뻗쳐서 창조적 상태에 도달하여 역할에 대한 접근이 이루어진다.

3) 고골리의 〈검찰관〉(Gogol's Inspector General)

연출 선생은 나(코스차)에게 '고골리의 〈검찰관〉' 제2막 2장의 홀레스타코프의 등장(Khlestakov's entrance)을 연기하라고 한다.

(1) 작은 신체적 과제(small physical task)

나는 작품을 기억은 하지만 흐릿한 윤곽뿐이어서 주저하는데, 알고 있는 얼마 안 되는 그것을 연기하라며, 그 배역의 삶 중에서 '작은 신체적 과제'를 연기하라는 것이다. 아는 것이 없기 때문에 못한다니까, 여관 방에 들어가는 법을 모르냐고 해서 안다니까 그러면 들어가란다. 그리고 야단칠 줄 모르냐고 해서 안다니까 침대에서 빈둥거리는 오시프를 야단치라고 한다.

(2) 이용할 수 있는 것을 연기(play what is available to you)

지금 진실로 느끼는 것, 자신이 믿을 수 있는 것을 끌어다 쓰면 '이용할 수 있는 것을 연기'하는 것이다.

(3) 맨 처음 이용할 수 있는 것은?(what is available at first?)

배우가 새로운 역할을 맞아서 '맨 처음 이용할 수 있는 것은' 별로 없다. 다만 플롯에서 보이는 것을 아주 간단한 신체적 목적과 행동으로 전달할 수 있다.

(4) 그 이상을 시도하면(attempt anything more)

만약 과도한 욕심으로 '그 이상을 시도하면' 다음과 같은 문제들이 생긴다.

　〈1〉 자기의 능력을 벗어나게(beyond your power) 된다.

　〈2〉 자기의 갈 길을 잃고 헤매게(going astray) 된다.

　〈3〉 자기의 감정을 넘어 과잉연기를 하게(overacting) 된다.

　〈4〉 자기의 본성에 폭력을 가하게(doing violence to nature) 된다.

(5) '나는 존재한다'의 상태 찾기(to find the state of 'I am')

그러니까 너무 어려운 주제를 택하지 말고 신체적 행동의 좁은 한계 내에서 논리성과 연속성을 가지고 '나는 존재한다'의 상태를 찾아야 한다.

(6) 필요한 것은 플롯에 대한 태도(need is your attitude towerd plot)

작가가 만든 플롯은 그대로 두고, 지금 우리가 '필요한 것은 플롯에 대한 태도'이다. 나는 무대로 가서 홀레스타코프의 장면을 나의 태도로 연기해야 한다.

(7) 자신의 권리, 자신의 책임(in his own right, on his own responsibility)

하지만 내가 대사를 모른다고 하자, 자신의 말로 말하며 자신의 논리와 연속성을 파악하란다. 나에게 '자신의 권리, 자신의 책임'으로 연기하라는 것이다.

(8) 역할에서 자신을 발견 못하면(not find himself in his part)

만약에 배우가 그의 '역할에서 자신을 발견하지 못하면' 그의 '살아있는 감정을 박탈당하게(deprived him of living feeling)' 되어 가상의 인물을 죽이게 된다. 살아있는 감정은 배우 자신에 의해서 창조된 인물에만 불어넣을 수 있다.

(9) 배역 속의 자신을 느끼라(feel yourself in the part)

극작가가 부여한 상황 속에서 배우는 자기 자신의 권리로 연기하여 '배역 속의 자기 자신을 느끼게' 되면 그 '역할 전체를 확장시킬(enlarge the whole role)' 수 있게 된다. 결국 진실한 감정을 생활화해야 배우의 과제를 달성하게 된다.

4) 나의 오래된 상투적 연기(my old clichès)

이제 레오(오시프 역)는 긴 의자에 누워 있고 나(홀레스타코프 역)는 배고픈 젊은 신사의 모습으로 등장한다. 그리고 내가 오래된 상투적 연기를 하고 나니, 연출선생은 '너는 누구냐'고 묻고 '나 자신'이라고 하니, 실생활과 지금의 나는 전혀 다르다고 한다.

(1) 마음속에 무언가 있어야(with something in your mind)

그럼 어떻게 해야 하느냐고 물으니, '마음 속에 무언가 있어야' 한단다. 나의 '내부에 대상(object inside)'이 있어야 하고 호기심이 있어야지 지금처럼 속이 텅 비어 있어서는 안 된다는 것이다.

(2) 배우로서가 아닌 사람으로서(not an actor, but a human being)

내가 보여준 것은 배우가 '무대로 등장(on to a stage)'하는 모습이므로 사람이 방으로 들어오는 모습이 필요하니 '배우로서가 아닌 사람으로서'의 모습이 필요하다고 한다.

(3) 자극을 무대에서 찾아야(find stimuli on the stage)

무대 밖의 일상에서는 행동을 하게 하는 여러 가지 자극들이 있다. 그러나 아무 자극이 없는 무대에서는 배우가 자극을 직접 찾아내야 한다. 과제를 가지고 등장할 수도 있고, 할 일이 없어서 과제 없이 등장할 수도 있다. 어느 쪽이든 상황에 맞는 어떤 행동을 해야 한다. 어떤 행동이 내적 상태를 잘 자극할까?

(4) 연극적, 막연한 행위(theatrical, done in general)

나의 등장은 단지 '연극적, 막연한 행위'여서 논리도 연속성도 없었다는 것이다.

⟨1⟩ 방향 설정(to orient yourself)

실생활에서는 어디에 가면 '방향 설정'을 하고 무슨 일이 있는지를 확인한다.

⟨2⟩ 어떻게 처신?(how to conduct?)

그 일에 따라 '어떻게 처신'할 지를 결정한다. 보지도 않고 대사를 할 수 없다.

⟨3⟩ 일정한 주의와 시간(certain amount of attention and time)

신체행동에는 항상 주의집중과 움직이는 '일정한 주의와 시간'이 필요하다.

(5) 역할에 접근(approach the role)

'역할에 접근'할 때는 '자신의 인간(own person)'에서부터, 인생(life)으로부터 접근해야 한다. 그래야 고무도장식(rubber-stamp) 관행에서 벗어날 수 있다.

⟨1⟩ 인쇄된 지시에 의해(by printed instruction)

대본에 '인쇄된 지시에 의해'서만 하면 맹목적 행위일 뿐 과제 달성은 못 하고, 앵무새의 조잘거림, 원숭이의 행위일 뿐이다.

⟨2⟩ 자신만의 이미지 만들기(making your own image)

그래서 작가의 이미지와 유사하지만, '자신만의 이미지 만들기'를 할 수 없다.

⟨3⟩ 자신 구출하기(to extricate yourself)

배우가 희곡의 주어진 상황에 갇혀서 자기가 알지 못하는 홀레스타코프도 아니고 자기 자신도 아닌 죽도 밥도 아닌 난처함에서 어떻게 자기 '자신 구출하기'를 할 수 있을까?

이런 상황에서는 작가를 맹목적으로 따를 것이 아니라 많은 생각이 필요하다.

(6) 고골리의 인물에 나를 바꿔넣기(transposed myself into Gogol's character)

나는 홀레스타코프라는 '고골리의 인물에 나를 바꿔넣은' 것이 처음이다.

⟨1⟩ 올바른 접근법(right approach)

연출 선생은 고골리 인물의 상황과 환경을 그대로 뒤집어쓰지 않고, 나 자신의 것으로 바꿔넣는 나의 방식은 '올바른 접근법'이라고 한다.

⟨2⟩ 접근 가능한 것부터 시작(begin with accessible to you)

역할에 접근할 때는 강요나 강박감 없이 '접근 가능한 것부터 시작'해야 한다.

(7) 역할 속에 있는 자기 자신 느끼기(feel yourself in the part)

접근 가능한 부분이 아주 작더라도 스스로 그것을 택해서 진행해 나가면, 차츰 '역할 속에 있는 자기 자신을 느끼게' 된다. 그럼 이제부터 고골리가 설정해둔 상황에서 벗어나려면 어떻게 해야할까? 홀레스타코프로서의 나는 오늘 하루를 구체적으로 어떻게 보낼까?

⟨1⟩ 늦게 일어나서 오시프를 설득하여 여관주인에게 차를 가져오게 한다.

⟨2⟩ 화장실 가고 세수하고 옷을 갈아입고 차를 마시는 등 수선을 떤다.

⟨3⟩ 산책을 하면서 나의 도시인 행색이 시골사람들의 주의를 끄는 걸 느낀다.

⟨4⟩ 누군가를 사귀어 등쳐먹을 생각을 하니 홀레스타코프가 된 느낌이 든다.

⟨5⟩ 우체국에 가서 내게 온 송금환이 없는지를 물어보지만 없다.

⟨6⟩ 지치고 배고파서 여관으로 와서 오시프가 주인과 식사협상하게 만든다.

이것들이 내가 2막 시작 전에 홀레스타코프의 역으로서 처해 있는 상황이다.

(8) 사람처럼 무대에 등장(come on the stage like a human being)

위의 열거한 상황들이 내 상황이 되어서 배우처럼이 아닌 '사람처럼 무대에 등장'하려면 등장하기 전에 찾아내야 할 것들은 다음과 같다.

⟨1⟩ 자기가 누구인지를 찾아내야 한다.

⟨2⟩ 자기에게 지금 무슨 일이 일어나고 있는지를 찾아내야 한다.

⟨3⟩ 자기가 지금 어떤 환경에서 살고 있는지를 찾아내야 한다.

⟨4⟩ 자기가 오늘 낮에 무슨 일이 일어났는지를 찾아내야 한다.

⟨5⟩ 자기가 지금 어디서 오는지를 찾아내야 한다.

⟨6⟩ 자기 행동에 영향 미칠 '가상 상황(suposed circumstance)'을 찾아야 한다.

그러니까 무대로 들어오는 이 순간에 '희곡의 삶의 느낌과 그것에 대한 자신의 관계(to sense the life of the play and your reation to it)'를 실제로 느끼며 알고 있어야 한다.

2. 홀레스타코프 역할 계속
(continue the role of Khlestakov)

연출 선생 토르초프는 나와 함께 홀레스타코프 역할을 계속 작업한다.

1) 자연스런 의사 소통 과정(natural process of comunication)

우리는 등장하기 전에 무엇을 가지고 있어야 하는지를 알았으니 이제는 '자연스런 의사소통 과정'에 대해 살펴보자.

(1) 주의를 기울이는 대상(object of your attention)

의사소통을 제대로 하기 위해서는 관객을 즐겁게 해주기 위해서가 아니고 자기가 '주의를 기울이는 대상'을 위해서 행동해야 한다.

(2) 신체적 과제(physical objectives)

주의를 기울이는 대상을 자기의 '신체적 과제'로 정하고 계속 나아간다.

(3) 어떤 의미인지 스스로 질문(ask yourself what it means)

소득 없이 다니다가 여관으로 들어가는 것이 '어떤 의미인지 스스로 질문'한다.

(4) 내가 홀레스타코프라면 어떻게 할까?(what would I do in

Khlestakov?)

내가 내가 아니고, '내가 호레스타코프라면 어떻게 할' 것인가?

〈1〉 침대에 누워서 빈둥거리는 오시프를 어떻게 다룰까?

〈2〉 그가 어떻게 주인을 설득해서 과연 저녁식사를 얻어 올까?

〈3〉 작전 결과를 어떻게 기다리며 그 동안 무엇을 할까?

〈4〉 오시프가 음식을 가져오면 어떻게 맞을까?

결국 이런 등등의 이 막의 에피소드를 구성하고 있는 행동들을 생각하고, 파악하고, 행동의 논리와 연속성을 만들어 나가야 한다.

(5) 장면의 되풀이(repeated the scene)

그리고는 이 '장면을 되풀이'하여 아주 작은 이차적인 상황들까지를 만들어서 신체적 행동의 구체적인 성격을 이해하고 입증한다.

(6) 신체행동의 진실성 느끼기(feeling the physical action's truth)

이제 행동이 가짜가 아닌 진짜라는 '신체적 행동의 진실성을 느끼기' 시작한다. 그와 동시에 논리와 연속성도 이뤄지고 '나의 행동의 신뢰가 구축(establshedmy faith in my action)'되어진다.

2) 상상력의 확대 고양
(be enlarged and enhanced the imagination)

이렇게 하여 다양한 제시된 상황에서 서로의 연결관계가 이뤄지고, '상상력의 확대와 고양'이 이뤄진다. 이제 호레스타코프가 쏘다닌 다음에 여관으로 돌아온다.

(1) 행동하지 말고 말하기(do not act, say what I would do)

연출 선생은 여기가 여관이라면 이제 어떻게 하겠느냐며 시작하라고 한다. '행동하지 말고 말하라'고 한다. 나는 행동이 더 쉬울 것 같은데 왜 말로 해야 하냐고 물으니, 항상 해왔던 상투적 고무도장식의 행동은 쉬우나 가짜라는 것이다.

(2) 상투적 연기는 이미 만들어져 있어(clichès are ready-made)

고무도장 찍는 것 같은 '상투적 연기는 이미 만들어져 있어'서 쉽다는 것이다.

(3) 진실한 행동은 먼저 생활해야(truthful action has to live first)

그러나 내적 충동에 의한, 과제를 가진 '진실한 행동은 먼저 생활을 해야' 한다.

그것이 바로 우리가 이루려고 애쓰는 참된 연기의 방법이다.

3) 미래는 역할 아닌 나와 관련
(for the future is related to me, not to my part)

나는 내 역할의 과거와 현재를 당연히 기억하고, 미래도 알아야 한다. '미래는 나의 역할(흘레스타코프)이 아닌 나와 관련'되어 있다. 역할인 흘레스타코프는 미래를 알 수 없지만 배우인 나는 미래를 알아야 한다.

(1) 미래 준비는 내가 해야 할 일(it is my job to prepare the future)

내가 연기하는 첫 장면부터 그 '미래를 준비하는 것은 내가 할 일'이다. 여관에서의 지금이 절망적일수록, 앞으로 할 일인 시장의 집으로 이사가고 중매 사건 등 일어날 복잡하고 특이한 사건들에 대해서, 내가 알고 내가 준비해야 한다.

(2) 막 전체를 에피소드로 살펴(recall the whole act accoding to episodes)

모든 장면을 하나씩 열거하여 '막 전체를 에피소드로 살펴'서 내가 만든 상황의 뿌리를 찾는다. 그리고 그 찾은 것에 주의를 집중한다.

(3) 만약에라는 마술(magic if)

만약에 내 등 뒤에서 여관 주인의 목소리가 들리면 어떡하지? 이 '만약'이라는 마술이 생각되는 순간 뭔가 번개같이 내 등을 치고, 나는 뛰어서 가상의 여관방에 들어와 있다. 연출 선생은 독창적이라며 계속 제시된 상황을 만들어 보란다.

(4) 새로운 제시된 상황(new proposed circumstance)

나는 방으로 갈지 식당으로 갈지 주춤하다가 방으로 들어가서 문틈으로 살핀다.

결국 내가 찾고 있는 것을 깨닫게 되자 '새로운 제시된 상황'에 나 자신을 적응시킨다. 이제 나는 내가 홀레스타코프의 입장이 된다면 무대등장 전에 무엇을 지니고 들어와야 하는지를 알 것 같다.

4) 나 자신의 인물 속에 있는 맡은 역할(role in my own person)

지금 나는 내가 맡은 홀레스타코프가 처한 제시된 상황 속에, 그러니까 내가 '나 자신의 인물 속에 있는 맡은 역할'에 대해 분석과 연구를 하고 있는 것이다. 역할에 대한 접근과 판단은 '나 자신의 인물로' 하기와 '다른 사람의 인물로' 하는 것이 있다. 내 자신의 눈으로 보는 인물과 작가, 연출가, 비평가의 눈으로 보는 인물은 다른 것이다.

(1) 나 자신의 인물(in my own person)

나 자신의 인물일 경우는 자기 자신의 역할을 직접 생활하는 것이다. 이때는 자기의 지성, 감정, 욕망과 내부존재의 모든 요소로 역할을 파악한다.

(2) 다른 사람의 인물(in the person of someone else)

다른 사람의 인물일 때는 '자기의 지성만으로(only with your mind)' 하게 되서 역할을 가지고 노는 수준에 불과하다.

역할의 이성적인 분석과 이해는 배우에게 부족하다. 그래서 배우는 정신적, 신체적 전존재를 가지고 등장인물을 붙잡아야 한다. 그것이 우리가 추구하는 유일한 접근법이다.

3. 역할 생활의 실제감
(actual sense of life in a part)

토르초프 연출선생은 수업을 시작하면서 무척 답답해 한다. 말로 설명해서는 딱딱하고 지루하고 설득력이 없다는 것이다. 우리가 직접 해보고 느껴야 하는데 아직 그 단계가 아니니 자기가 직접 하면서 생활의 실제감의 창조를 보여주겠다고 한다.

그러기 위해서는 먼저 간단한 과제와 행동으로 '역할의 신체적 삶 (physical life of a part)'을 창조하고, 그리고 신체적 삶에 기반을 둔 '역할의 정신적 삶(spiritual life of a part)'을 창조하면, 둘의 삶이 합쳐서 '역할의 실제감(actual sense of life in a part)'이 실현된다.

1) 역할의 신체적 삶(physical life of a part)
토르초프가 무대에 오르더니 윙으로 사라지고 긴 포즈 후에 레오와 설전을 한다.

(1) 무대에 달려나옴(ran onto the stage)

토르초프가 갑자기 무대로 달려나와서 문을 쿵 닫고 문틈으로 복도를 살핀다.

여관 주인에게서 도망쳐온 상황인 것 같은데 마음에 들지 않는다

(2) 스스로 고백(confessed to himself)

그는 너무 과장됐다고 스스로 고백하고 깊이 생각을 하고 나서 설명한다.

(3) 자기 신체적 행동의 분석(analyzed his physical actions)

역할의 제시된 상황에서 자기의 신체 행동을 분석한다.

〈1〉 행동의 분석을 지성만으로 하지 않고 육체와 영혼 모두로 분석한다.

〈2〉 무엇이 나를 부추기는지를 생각한다. 홀레스타코프가 허풍선이 겁쟁이라면 속으로 겁내면서도 겉으로는 용감한 듯이 차분함을 가장할 것이다.

〈3〉 다시 무대로 가서 눈부신 연기를 한다. 어떻게 했나?

(4) 신체적 행동의 진실성(truthfulness of his physical actions)

자기의 '신체적 행동의 진실성'을 자신이 느끼면 자연스럽게 정서가 따른다.

(5) 나와 나의 역할(I and my role)

'나와 나의 역할'이 해야 하는 상황을 찾고, 나의 모든 내적 요소가 나의 역할에 참여해야 한다.

〈1〉 행동의 충동 불러오기(evocation of impules to act)

마음속의 하고 싶은 '행동의 충동을 불러'일으켜 신체적 행동으로 이어진다.

〈2〉 내적 기반 만들어주기(give them an inner basis)

행동의 타당성에 믿음을 갖으려면 확고한 내적인 기반을 만들어줘야 한다.

〈3〉 나의 내적 존재와 역할의 내적 존재의 융합(my inner being merges with my role's inner being)

행동의 충동과 내적 기반이 갖춰지면 '나의 내적 존재'와 '나의 역할의 내적 존재'가 하나로 융합하게 된다.

(6) 신체적 과제의 목록 작성(make a list of physical task)

배우와 배역들의 '신체적 목표의 목록을 작성'해 두고 살펴보면, 배우와 배역이 융합할 때는 연기가 훌륭하고 융합하지 않으면 삐걱거리는 것을 알 수 있다.

〈1〉 배우가 역할과 융합되는 지점(points of actor merges with his part)

중요한 것은 '배우가 자기 역할과 융합되는 지점'을 찾는 일이 중요하다.

〈2〉 배우를 희곡 속으로 이끌어(draw an actor into the play)

이 융합되는 접촉점들이 '배우를 희곡 속으로 이끌어'간다.

〈3〉 역할이 그의 감정과 비슷해져(his part are close to his feelings)

그래서 희곡 속 생활이 남 같지 않고 '역할이 그의 감정과 비슷해'지게 된다.

(7) 공통분모(common denominator)

연출선생은 목록을 훑어보면서 자기 과제들의 결과인 '공통분모'를 찾는다.

〈1〉 내가 왜 이런 행동을 하나?(why did I do this?)

'내가 왜 이런 행동을 하나?'라는 물음에 대답은 나(홀레스타코프)의 '기본적 과제와 행동'은 '배가 고파서 무언가 먹을 것을 얻고 싶다'이다. 그래서 오시프와 웨이터의 비위를 맞추고 결국 말다툼도 하게 된다.

〈2〉 판박이 습관에 빠지지 않기(not to get into routin habits)

진실한 행동이 정해지지 않은 상태에서 '판박이 습관에 빠지지 않기' 위해서는 하나의 적절한 행동과 과제에서 다음의 적절한 행동과 과제로 옮겨가야 한다.

〈3〉 기적을 가져오는 우리의 본성(miracle-working nature)

우선은 내적 충동으로 시작해서 반복하면서 행동들이 스스로 발전을 하게 되는 '기적을 가져오는 우리의 본성'의 도움으로 행동을 고정시킨다.

〈4〉 행동이 스스로 발전(develop of action's own accord)

움직이지 않고 내면에서 일어나는 것을 눈, 표정, 손끝으로 전달하고 반복하여 '행동이 스스로 발전'하도록 한다. 그러니

까 행동을 유발하는 내적 충동을 만들어서 행동이 저절로
생기게 해야 한다.

〈5〉 전체적인 선(whole line)

작업을 계속하면 개개의 분리된 행동이 모여서 크고 길게 이
어지는 느낌이 들고, 논리적 연속적 행동으로 이어지는 '전체
적인 선'이 드러난다.

〈6〉 신체적 존재의 선(line of physical being)

이 행동들이 뻗어나가면서 움직임을 창조하고, 움직임은 진실
한 내적 생활을 낳게 된다. 이 삶을 느끼면 진실성이 생기고
진실성에서 믿음이 생긴다. 이 장면을 반복할수록 신체적 행
동의 '끊어지지 않는 선'이 강해지니 이것을 우리가 '신체적 존
재의 선'이라고 한다.

2) 정신적 존재(spiritual being)

이제 정신적 존재에 대해 살펴봐야 하는데, 신기하게도 신체적 존재
의 선이 확실해지면, 정신적 존재도 내 안에 저절로 내 의지와 상관없이
들어와 있음을 알 수 있으니, 그것은 나의 신체행동이 이미 '생동하고 내
적으로 정당화(liveliness and inner justification)'되어 있다는 것이다. 어떻게
이런 일이 생기나?

(1) 신체와 영혼은 묶여있어(bond between the body and the soul)

그것은 당연한 일이니 '신체와 영혼은 묶여있어'서 그 둘은 서로 떨어
질 수 없는 관계이기 때문이다. 한 쪽의 삶이 다른 쪽의 생활을 만들어
내는 것이다.

(2) 두 단계의 생활(two levels of life)

어떤 신체적 행동이든지 완전히 기계적이지만 않으면 얼마간의 감정
이 숨어있어서, 내면과 외면이라는 역할의 '두 단계의 생활'이 만들어지는

것이다.

(3) 미치광이 에튜드(etude of the mad man)[6]

우리가 했던 '미치광이 에튜드'를 생각해 보자. 우리는 '자신을 구하려고 혼신의 노력'을 했고, '자기보호라는 선을 따라 진실하게 행동'했다. 이 것을 다르게 생각하면 한쪽은 '자기보호'를 하고 한쪽은 '위험이 증대' 하는 상호파괴적인 둘이 하나로 통일할 수 있는지를 연출선생이 〈검찰관〉의 에튜드로 입증한다.

3) 토르초프의 연기와 설명(Tortsov to act and to explain)

(1) 달리는 또 하나의 선(runs another line)

신체적 행동의 '끊이지 않는 선'을 따라서 평행하여 '달리는 또 하나의 선'이 있으니, 이것이 역할의 '정신적 생활의 선(spiritual line of life)'이다. 이 선은 신체적 생활에 의해 생기게 된다.

(2) 심리신체적(정신물리적) 진실(psycho-physical truth)

그래서 신체적 끊이지 않는 선과 심리적 삶의 선, 이 두 선이 하나로 합쳐지는 것을 배우가 느끼게 되면 '심리신체적 진실'이 만들어진다.

(3) 정신적 존재의 씨앗(seed of the spiritual being)

그래서 신체적 존재는 '정신적 존재의 씨앗'이 자라게 하는 좋은 땅이다. 그래서 배우는 신체인 땅에 정신인 씨앗을 많이 뿌려야 한다. 만약이라는 마술, 제시된 상황, 상상의 아이디어들이 뿌려야 할 씨앗인 것이다.

(4) 신체적만 아닌 심리적이기도(not just physical but psychological as well)

이 작업 동안에 연출선생의 행동은 '신체적만이 아닌 심리적이기도' 했다. 진실하고, 목적의식 있는 생산적 행동(productive action)을 위해서 눈, 표정, 몸, 손가락 등 외적 형상만을 사용한다. 눈은 멍하고 순진해 보

---

6   햅구드의 영문 번역에는 러시아어 원문의 에튜드(etude-Этюд)를 '즉흥연기(improvisation)'로 잘못 번역하였다.

이고, 손가락만 움직이는데 엄청난 것이 표현된다.

(5) 행동 일으키는 내적 자극(inner stimuli to action)

'행동을 일으키는 내적 자극'들을 반복할수록 무의식적인 움직임도 많아진다. 어떤 움직임을 스스로 의식하게 되면 진부하게 될까봐 그 움직임을 끝낸다.

(6) 열 번째 반복(tenth repetion)

'열 번째 반복'이 끝나자 그의 연기는 완결되고, 움직임이 거의 없는 매우 '절제된 동작(paucity of movement)'으로 진실과 생산적인 짙은 과제의 생활이다.

배역을 연기하면서 생활한다는 게 놀랍다.

(7) 진실성(truthful), 생산성(productive), 목표성(purposeful)

그는 홀레스타코프를 연기하지 않고 다만 행동을 유발하는 내적자극을 일으켜서 '진실성, 생산성, 목표성'이 있는 행동을 만들고 있다는 것이다. 그래서 진짜 생활의 느낌, 희곡의 진짜 삶의 느낌을 끌어낸다는 것이다.

(8) 영혼뿐 아니라 신체로 느끼는(feel with your body as well as your soul)

진짜 삶의 느낌을 끌어낸다면 두세 번의 연습으로도 역할의 실제적 분석을 할 수 있다. 분석이란 단어와 움직임을 지적으로 파고들게 되면 배역의 생명을 잃는다. 역할의 분석은 영혼뿐 아니라 신체로 느껴야 한다.

(9) 내 인물 안, 내 책임으로(in my own person, on my own responsibility)

가수가 발성 연습하듯, 무용수가 춤 연습하듯, 연출선생은 무대에 선지 오래지만 다양한 상상으로 매일 10~20분 동안, 소품 없이 행동의 타당성 연습을 '내 인물 안에서 내 책임으로' 계속하고 있단다.

(10) 오랜 훈련의 테크닉 개발(work out a technique through long training)

연출선생의 시범을 통해 깨달은 것은 토르초프가 '오랜 훈련을 통해 테크닉을 개발'한 것처럼 우리도 체계적 훈련을 계속해야 한다는 것이다.

(11) 상투성 극소화, 진실성 극대화(minimum of clichès, maximum of truth)

훈련을 통해 자기도 모르게 직관을 통한 내적 창조생활을 할 수 있고, 그러면 자기의 연기는 '상투성은 극소화되고 진실성은 극대화'되어질 수가 있다.

(12) 신체적 존재는 당신의 것(physical being is yours)

이렇게 희곡 전체를 점검하면서 모든 제시된 상황, 단위, 과제 등 우선 접근 가능한 것들을 조사하고 이들과 일치하는 행동들을 자기 내부에서 찾아내면 '신체적 존재는 당신의 것'이 된다. 그러면 과제와 제시된 상황이 '역할의 것이면서 당신의 것(these are common to you both)도 된다.

(13) 어디서 당신의 역할이 시작되나?(where does your chacter begin?)

그러면 어디서 당신의 것이 끝나고 '어디서 당신의 역할이 시작되나?'

〈1〉 단순히 외적인 것이 아닌(not simply external)

그런데 이 신체적 행동들이 '단순히 외적인 것이 아닌' 것이니, 감정으로 내적 정당화가 되고, 믿음으로 강화되고, '나는 존재한다'로 생명력을 얻은 것이다.

〈2〉 완벽한 일치점(complete corespondence)

'신체적 행동의 선'을 따라 함께 평행하는 또 하나의 '감정의 선'이 저절로 만들어져서 이 선은 잠재의식을 일깨운다. 이 두 개의 선 사이에는 '완벽한 일치점'이 있어서 외면과 내면이 다르면 감정을 느낄 수도, 연기도 할 수도 없다.

〈3〉 감정은 누구에게 속하나?(to whom do these feelings along?)

자기와 역할의 내부에 있는 것은 긴밀하게 엉켜있어서 어디서 자기가 끝나고 어디서 역할이 시작하고, 감정이 누구에게 속하는지 구별할 수가 없게 된다.

(14) 내 안에서 역할을, 역할에서 자신을(it inside me, myself inside of it)

이 상태가 되면 자기가 역할에 가까이 다가가게 되어서 '내 안에서 역할을, 역할에서 자신을' 느끼게 되어 한쪽은 상대 없이는 존재할 수 없게 된다. 이것은 지적이나 형식적 방식이 아니라 사실적, 신체적, 정신적 방식으로 그 안에 피와 살이 있고, 살아있는 영혼인 인간과 배우와 인물의 영혼이 깃들어 있다.

⟨1⟩ 3인칭이 아닌 1인칭(in the first and not the third person)

인물에 대하여 이런 상황에 오게 되면, 그 인물의 삶을 3인칭(그)이 아닌 1인칭(나)으로 말할 수 있게 된다. 이제는 역할이 '그'가 아니고 '나'가 된 것이다.

⟨2⟩ 역할 속 자기, 자기 속 역할(being inside of part, its being inside of you)

이제는 맡은 역할에 제3자처럼 추상적으로 다가가지 않고, 자신에게 다가가듯 구체적으로 접근하여 '역할 속에 자기가 있고 자기 속에 역할'이 있어야 한다.

(15) 가상인물의 신체적 행동 목록(imaginary character's list of the physical actions)

⟨1⟩ 어떤 가상의 등장인물이 처한 상황에 자신이 들어있을 때, 자신이 하고 싶은 '가상인물의 신체적 행동의 목록'을 작성한다.

⟨2⟩ 희곡의 플롯에 따라 신체적 행동 목록을 작성한다.

⟨3⟩ 이 두 개의 목록을 상호 비교한다.

희곡은 이미 살아 있는 원천에서 나왔고, 자신이 원하는 목록이 자신의 살아있는 본성에서 나왔다면, 두 목록의 여러 곳에서 일치점이 있을 것이다.

⟨4⟩ 이 일치현상이 기초적이고 중요한 지점에서 나타난다면, 이것이 자신이 역할과 화합하는 순간으로 대단한 성과로서 '자신

과 역할 융합의 첫 단계'다.

4. 심리기술

(psychotechnique)

심리에도 기술이 있을 수 있는가?

1) 신체적 존재를 통한 역할의 정신적 생활

(spiritual life of a role through the physical being)

연출선생은 오늘도 '신체적 존재를 통한 역할의 정신적 생활'을 만드는 심리기술에 대해 기차 여행(train travel)을 실례로 들어서 설명한다.

(1) 내적 외적 변화(transformed both inwardly and externally)

달리는 기차도 나라에 따라서 '내적 외적인 변화'가 있다. 북쪽 나라에서 남쪽나라로 가면 창밖의 외부는 눈이 녹아 있고, 객실의 승객들도 달라져서 말도 다르고 옷차림도 달라진다. 변함없는 것은 무한히 뻗어있는 철길뿐이다.

(2) 철길이 아닌 기차 내부나 외부(not the rails but inside or outside the train)

여행자의 관심을 끄는 것은 '철길이 아닌 기차 내부나 외부'에 펼쳐지는 새로운 인상들의 체험이다. 그것이 여행자의 기분을 흥분시키고 변화시킨다.

(3) 무대에서도 같은 일 일어나(same thing happened on the stage)

⟨1⟩ 무엇이 철길을 대신하나?(what takes the place of the rails?)

'철길 대신에 희곡이 있어야' 처음부터 끝까지 무사히 달릴 수 있다.

〈2〉 최고의 재료는 살아 있는 감정(best material is living feelings)

배우가 사용할 수 있는 '최고의 재료는 살아 있는 감정'이다.

〈3〉 정신적인 것은 사라지기 쉬워(spirit are evanescent)

그러나 '정신적인 것은 사라지기 쉬워'서 정신을 붙잡아서 튼튼한 철길을 깔 수가 없다. '구체적인 어떤 것'이 필요한데, 신체는 감정보다 구체적이고 단단하니 '신체적 과제'라는 철길(rails of physical task)'을 놓을 수 있다.

〈4〉 새로운 나라로 출발(start off to new lands)

신체적 과제로 철길을 놓으면 기차를 타고 '새로운 나라로 출발'하게 된다. 그래서 '희곡의 삶(life of the play)'으로 들어가게 된다.

〈5〉 행동하기(take action)

희곡 속의 사물을 머리로 생각하기보다는 철길을 따라 움직이며 신체적인 '행동하기'를 시작한다.

〈6〉 철길(rail)과 끊어지지 않는 선(unbroker line)

여행자에게 철길이 필요하듯이 배우에게도 '철길' 같은 신체적 행동의 '끊어지지 않는 선'이 필요하다. 여행자가 여러 나라를 지나가듯이, 배우도 만약이라는 마술, 주어진 상황, 상상력의 나라들을 지나며 함께 공동의 삶을 산다.

2) 오직 새로운 나라와 장소(only in the new countries and places)

여행자는 철길 자체보다 '오직 새로운 나라와 장소'에만 관심을 가진다. 이와 마찬가지로 배우의 창조적 욕구는 신체적 행동 자체보다는 역할의 외적 생활을 정당화해주는 내적 상황과 환경에 열중한다.

(1) 상상력의 아름다운 허구 필요(need the beautiful fictions of imagination)

그래서 배우에게는 '상상력의 아름다운 허구가 필요'하다. 이 상상력의 허구가 배우에게 감정을 만들어주고, 배우가 연기하는 인물들에게 살아 꿈틀거리는 생명을 가져다준다.

(2) 매력적 과제 필요(need attractive tasks)

그리고 마지막으로 배우가 희곡 전체를 가로질러 가는 동안 배우에게 떠오르는 선명하고 '매력적인 과제'가 필요하다고 강조한 연출 선생은 말을 멈추고 잠깐 침묵이 흐르는데, 그리샤의 희미한 투덜거림이 들린다.

"땅 위의 진정한 예술가는 기차를 타고 다니지 않고, 비행기를 타고 구름 위로 솟아오릅니다." 토르초프가 미소 지으며 하는 마무리는 "재미있는 비유이다. 다음 시간에 우리가 그곳으로 올라가보기로 하자."

5. 구름 위로 솟아오르는 비행기
(an airplane to soar above the clouds)

연출 선생은 들어오면서 "우리의 비극 배우께서는 땅 위를 달리는 기차가 아니라 구름 위로 솟아오르는 비행기가 필요하단 말이지?"라면서 수업을 시작한다.

1) 비행기 조종사와 배우(pilots and actors)

(1) 비행기 조종사는 땅이 필요(airplane pilots need the earth)

하늘을 나는 비행기는 이륙 전에 상당한 거리의 활주로를 달리지 않으면 하늘로 나를 수가 없으니 '비행기 조종사는 땅이 필요'하다. 조종사에게 이륙하려면 땅이 필요하듯 배우는 고감도의 연기를 하려면 '신체적 행동의 선'이 필요하다.

(2) 구름 속으로 날아오르기(fly straight up into the clouds)

비행기가 활주로 없이 수직으로 날아오를 수는 없을까? 기술자들은 그런 기술이 개발되었다는데, 배우들이 잠재의식에 직접 들어갈 수단은 아직 없다.

(3) 영감의 회오리 바람을 타면(caught up in a whirl of inspiration)

만약에 '영감의 회오리 바람을 타면' 활주로의 예비동작 없이도 날아오를까?

그러나 영감의 비행은 배우의 마음대로는 절대 이뤄지지 않는다.

(4) 터 닦고, 철길 깔기(prepare the ground, lay our rails)

영감은 아무에게나 생기지 않으니 방법은 '터를 닦고 철길을 까는 것' 뿐이니,

진실과 신뢰로 보강된 신체적 행동을 창조해야 한다.

2) 초(超)본성(ultra naturalistic)

초본성이란 우리의 '정신적 신체적 본성(spiritual and physical nature)'으로서 배우의 상승은 '초본성이 끝나면서' 시작된다.

(1) 정신적 원천이 열림(spiritual wellsprings open wide)

배우의 '정신적 원천이 활짝 열리는' 것은 이 초본성의 상태에 있을 때이다. 이 초본성의 원천으로부터 '창조적 감정(creative feeling)'의 암시, 명암, 향기가 표면으로 떠오르게 된다.

(2) 초본성 한계에 진실할 때(truthful to the limits of ultranaturalism)

배우의 깊은 정신적 원천은 내적 외적의 감정이 일치되어 이탈이 없고, 관행적, 상투적 연기가 없을 때 활짝 열린다. 그러니까 '초본성의 한계에 진실할 때' 배우의 깊은 정신적 원천이 모습을 드러낸다.

3) 본성을 침해하면(infringe upon your nature)

배우가 자기의 본성을 침해하면 잠재의식적인 섬세한 것들이 죽어버리고, 노련한 배우들일지라도 진실에서 벗어나고 허식에 빠지게 된다.

(1) 오히려 신체적 존재에 주의집중(attention rather on physical being)

그래서 배우가 정상적 감정을 쫓아버리지 않으려면, 정서적이 아닌 '오히려 신체적 존재에 주의를 집중'시켜야 한다.

(2) 신체적 행동의 진실성(truth of our physical action)

배우에게 '신체적 행동의 진실성'이 필요한 것은 사실주의를 위해서가 아니고 역할의 '내적 감정을 불러오기' 위해서이다.

4) 날기 전에 땅을 버리지 말라
(not to forsake the earth before your flight)

배우는 하늘로 '날기 전에 땅을 버리지 말아'야 하고, '잠재의식을 향해 들어가면서(into your subconscious)' 신체적 행동을 포기하지 말아야 한다.

5) 솟아오름이 능사가 아니다(not enough just soar upward)

하늘로 '솟아오름이 능사가 아니'니 올라가서도 방향을 잡아야 한다. 하늘에서 길을 잃거나 방향을 못 잡으면 우주의 미아가 된다. 의식으로 접근이 불가능한 영역으로 감정이 솟구칠 때는 자극이라는 미끼의 도움으로 '우회적으로 정서에 접근(work on our emotions obliquely)'할 수 있다. 이 자극은 직관을 가동시키고 감정에 반응을 불러낸다.

6. 홀레스타코프의 역할 논의
(discussion the role of Khlestakov)

오늘 수업은 연출선생 토르초프가 실험한(Tortsov's experiment) 홀레스타코프의 역할에 대한 논의를 하기로 한다.

1) 높아진 인간정신의 생활(elevated life of human spirit)

역할을 연기해야 하는 배우는 단순하고 신체적이고 사실적 행동으로 '높아진 인간정신의 생활'을 만들 수 있다. 정말 그럴 수 있냐고 웃기는 소리라고 하겠지.

2) 전체적인 창조의 연결(whole creative sequence)

그 핵심은 그냥 사실적인 행동 그 자체만으로 하는 것이 아니고, 그 신체행동을 통해서 만들어지는 자극으로 인해서 효과를 발휘하게 하는 '전체적인 창조의 연결'에 있는 것이다.

3) 홀레스타코프 역의 실험(experiments with the role of Khlestakov)

토르초프가 했던 '홀레스타코프 역의 실험'에 대해 그가 연기한 것을 얘기한다.

(1) 만약이라는 마술(magic 'if')

자기와 나 코스챠는 한 인간이든 배우이든 무작정으로 무대에 오를 수 없다.

먼저 '만약에 내가 홀레스타코프라면'이라는 마술을 마음 속에 가져야 한다.

(2) 가상의 상황(imaginary circumstances)

그래서 나 자신이 아닌 마술로 꾸며진 어떤 '가상의 상황'이 주어지는 것이다.

(3) 신체적 행동의 정당화(justification for physical action)

그러면 아주 간단하더라도 자기가 하는 '신체 행동에 정당화'가 필요하다.

(4) 비트와 과제(bits and tasks)

그리고 간단한 행동을 하기 위해서는 이 장면의 '비트와 과제'가 있어야 한다.

(5) 논리와 일관성 만들어내야(evolve a logic, consistancy)

이제는 자기가 하는 행동과 감정에 대한 '논리와 일관성을 만들어내야' 한다.

(6) '나는 존재한다'는 감각 이뤄야(establish sense of 'I am')

그리고는 지금 여기에 '나는 존재한다'는 감각을 스스로 이뤄내야 한다.

(7) 행동은 이론으로 분석치 않아(not analyze our action theoretically)

우린 지금까지 행동을 차가운 이성을 통해 이론으로 분석하지 않았다.

(8) 직관과 잠재의식(intuition and subconscious)

신체적으로 경험으로 감각으로 그리고 '직관과 잠재의식'으로 접근한 것이다.

(9) 행동으로 실행(execute our actions)

행동에 도움이 되는 것은 직접 찾아 나서서 실제 '행동으로 실행'한 것이다.

(10) 내적, 외적 분석(internal, external analysis)

본성이 인도해줘서 역할의 생활환경에 처한 인간의 '내적, 외적 분석'이다.

(11) 동시에 수행(carryed out simultaneously)

인간 본성의 정신적, 신체적 힘이 '동시에 수행'된 것이다.

(12) 실질적 탐구(practical reseach)

진정한 과제 달성을 위한 '실질적 탐구'인 것이다.

(13) 나의 방식(my method)

역할의 신체를 만드는 '나의 메소드'이다.

(14) 끊어지지 않는 연결(unbroken series)

가상적 허구와 제시된 상황을 연결하는 길고 '끊어지지 않는 연결'이다.

(15) 자기분석(self−analysis)

자연스러운 수단에 의해서 도출되는 자연스러운 '자기 분석'이다.

7. 나의 방식 계속 검토
(continue the examination of my method)

역할의 신체적 존재를 창조하는 토르코초프의 방식을 계속 살펴본다.

1) 홀레스타코프의 입장(in Khlestakov's situation)

만약에 내 자신이 홀레스타코프의 입장에 놓여서, 그 역할의 신체적 존재를 창조하려면 어떻게 해야 할 것인가?

(1) 모든 내적 본성의 도움(aid of all the inner nature)

그러면 신체적 본성뿐만 아니라 '모든 내적 본성의 도움'을 받아야 한다.

(2) 이해뿐 아니라 느껴야(not only to understand but to feel)

희곡을 한꺼번에 파악할 수는 없고 그 분위기를 '이해뿐 아니라 느껴야' 한다.

(3) 잠재의식의 삶에서(from the life of subconscious)

창조적 본성과 행동을 함께 일으키려면 나의 방식이 도움이 된다. 배우가 신체 행동을 하려면 '잠재적 의식의 생활에서'부터 끌어내야 한다.

(4) 창조자도 의식하지 못해(creator unaware of it)

본성의 행동과 잠재의식은 섬세하고 오묘하여 '창조자도 의식하지 못'한다.

(5) 창조작업의 외적 반응일 뿐(eternal refrections of creative work)

그래서 신체적 행동은 '창조작업의 외적 반응일 뿐'이여서, 잠재의식에 의해서 나의 의식을 넘어서 나의 내면으로 옮겨진다. 이런 신비로운 작업은 배우의 의식을 통해서는 이루어지지 않으니, 의식을 대신해서 본성 그 자체가 해주고 있다. 그렇다면 창조작업을 잘할 수 있게 이 본성을 유도해 주는 방법은 무엇일까?

2) 나의 방식(my method)

창조작업을 위한 본성을 자연스럽게 이끌어내기 위해서 배역의 '신체적 존재의 삶을 창조(creating the life of the physical being)'하는 '나의 메소드'가 있다. 그것을 이해는 해도 적용법을 모르니 기술적인 설명이 필요하다.

(1) 자연스러운 수단으로(by natural means)

섬세한 자연의 창조적 힘이 행동하도록 '자연스러운 수단'으로 끌어들인다.

(2) 선명, 진실, 그림형태(vivid, true, pictorial form)

신체로 행동을 하거나 전달할 때는 '선명하고 진실하고 그림형태'로 해야 한다.

(3) 함께 생각하고 들어야(think and feeling together)

중요한 것은 혼자가 아니고 연기하는 상대방과 '함께 생각하고 들어야' 한다.

(4) 성공은 다른 문제(succeed is another question)

실패나 '성공은 다른 문제'이고, 희구와 목표달성의 가능성을 믿는 것이다.

(5) 신체적 행동이 창조적 본성(physical action is creative nature)

배우의 '신체 행동이 창조적 본성'이고, 억지로부터 감정을 보호해 준다.

(6) 자신 속에서 발견(find in yourself)

작가의 인간적인 소재를 배우인 자기 '자신 속에서 발견'해야 한다.

(7) 오직 창조적 배우의 영혼(only the soul of the creative actor)

배우의 창조작업은 관행적 행위가 아닌 '오직 창조적 배우의 영혼' 속에 있다.

(8) 자신의 인간적 경험 추구하기(to pursue my own human experience)

배우의 행동은 방해받지 않고 독립적이며 '자신의 인간적 경험 추구하기'이다.

(9) 강요가 아닌 자신의 필요로(not forced on him but one's own need)

다른 사람의 도움은 '강요가 아닌 자신의 필요로' 받아야 독립성이 유지된다.

(10) '나만의' 감정이 배역 고유의 감정('own' feeling must be inherent his part)

자신의 개인적 재료는 즉시 제자리를 잡고 샘물처럼 신체행동이 솟아나니, '나만의 감정이 역할 고유의 감정'이 되는 것이다.

3) 내 방식의 비교(compare my method)

연출 선생은 방식을 평가하고 싶으면 전세계의 대부분의 극장에서 하고 있는 것과 자기의 메소드를 비교해 보라고 한다.

(1) 자신들의 경험에 의존(rely on their own experience)

실제로 많은 연출가들은 희곡의 연구보다는 '자신들의 경험에 의존'한다. 노련한 연출가들은 틀에 박힌 자기의 습관에 의해서 모든 것을 설정하고 진행한다.

(2) 지적인 선을 꾸며(formulate an intellectual line)

좀 더 진지하고 문학적 성향을 가진 연출가들은 상세하게 연구를 하고 하나의 '지적인 선을 꾸며'내어서 호소력이 없고 창조적 배우에게는 소용이 없다.

(3) 배우에게 보여주는 연출가(director who shows the actor)

배역을 연기하는 것을 시범으로 '배우들에게 보여주는 연출가'가 있다. 깊은 인상을 주고 배우를 사로잡을 수도 있지만, 배우의 자유와 주장은 없어진다.

(4) 배우는 할 수 있는 것만 해야(actor produce what he can)

무릇 '배우는 할 수 있는 것만 해야 한다' 배우가 자신의 창조적 역량에서 벗어나는 것을 탐하고 추구하면 안 되니, 좋은 모델의 '구차한 복사(poor copy)'보다 평범한 패턴의 '좋은 독창성(good original)'이 훨씬 더 낫다.

(5) 연출가를 위한 충고(advise for the director)

⟨1⟩ 배우에게 떠맡기지 말라(not to foist anything on their actors).

⟨2⟩ 역량 이상 요구하지 말라(not to tempt them beyond their capacities).

⟨3⟩ 스스로 질문하게 하라(make them ask of their own).

연출선생은 대부분의 극장에서 사용하는 것과 창조적 예술가의 자유를 지키는 나의 방식을 비교하고 선택하란다.

8. 토르초프의 새 방식의 토론
(discussion Tortsov's new method)

토르초프는 그의 새로운 방식에 대해서 몇몇 노련한 배우들과 토론한다.

1) 어떤 과제에 열중하는가(what taskes are you preoccupied?)

토르초프는 그 배우들에게 확실한 역할 하나를 정하게 한 후에, 무대에 오르기 전에 무슨 생각과 무슨 준비와 '어떤 목적에 열중하는가'를 질문한다.

(1) 첫 과제를 생각(think about first task)

한 배우는 무대로 향하면서 '첫 과제를 생각'하고, 그것을 달성하면 두 번째가 따라오고, 세 번째, 네 번째로 넘어간다고 한다.

(2) 일관된 행동(through action)

나이든 배우는 '일관된 행동'을 가지고 시작하면 내 앞에 끝없는 고속도로가 펼쳐지고 그 끝에 초과제라는 탑이 보인다고 한다.

(3) 궁극적 목적달성(to attain ultimate goal)

'궁극적 목적 달성'을 위하여 어떤 노력을 하느냐고 토르초프가 묻는다. 그는 '과제를 하나씩 차례로 달성해 간다'고 대답한다.

"행동을 하고 그 행동에 의해서 궁극적 목표에 다가 가는가?" "그렇다."

"친숙한 배역의 이런 행동은 어떤 개념인가, 손에 잡히지 않는 것인가?"

"그러곤 하지만 결국에는 열 개 정도의 분명하고 접근가능한 행동이 된다."

"그들은 섬세한 심리적 행동인가?" "그렇다. 그 심리로 내적 감정을 만든다."

"왜 그렇게 되나?" "튼튼한 심리는 접근가능해서 연기하면 감정이 뒤따른다."

"우리의 신체행동이 당신들에는 마무리다. 왜 접근 가능한 것으로 시작하지 않나? 왜 처음부터 감정을 끌어내지 않고, 몇 개월씩 책상에서 지성을 튼튼하게 살찌워서 감정을 끌어내는가? 왜 감정을 행동과 떼어놓고는, 잠든 감정을 다시 억지로 살려내고 애를 쓰는가?"

2) 지금 접근 가능한 행동을 해야

(to do what is accessible to you at the time)

지금 직접 무대로 나가서 행동을 하라. 시간 낭비하지 말고 '지금 접근 가능한 행동을 해야' 그 행동을 따라 접근 가능한 감정이 신체와 조화를 이루며 생겨진다.

나는 그 나이든 배우들이 이 간단하고 자연스러운 진실을 알아차리지 못하는 것이 이상해서 그들 중 한 명에게 왜 그렇게 해야 하냐고 물으니, 작업 탬포, 희곡 착수, 공연 목록, 리허설, 연기, 임시 대역, 배우 교체, 특별 재공연, 중지된 작업 등 모든 여건이 배우의 생활을 방해해서 자욱한 연기 속에 있다며, 예술에 빠져서 사는 우리가 행복한 줄 알아야 한다지만 나는 그가 부러웠다.

9. 나의 방식 검증 작업 요약

(sum up in investigating my method)

이제 토르초프의 방식에 대한 우리의 이 검증 작업을 요약해 보자.

이 방식은 배우가 역할의 신체적, 정신적 선을 만들어서 그의 내면에 창조적 상태를 형성하는 데 효과적이다. 배우가 심리기술의 도움으로 무대에서 '진정한 내적 창조 상태(true inner creative state)'를 만들 수 있게 했다. 이 내적 상태에다 희곡의 상황과 일치하는 '역할의 진정한 삶의 느낌(genuine sense of life in role)'을 부어줘야 안전한 기적적인 변화를 만들어 낼 수 있다.

1) 고대인의 생활 (life of antiquity)

연출선생은 고대인들의 생활에 관심이 많아서 조사도 하고 전문가와 대화와 서적, 사진, 엽서 등을 수집하며 그 시대를 나름대로 느껴왔다고 한다.

(1) 폼페이 찾아감(visit Pompeii)

폼페이를 찾아가서 일주일 동안 도시를 산책하고 골목과 집에도 들어가서 고대 영웅들의 대리석 석판에도 앉아보고 만져보면서 많은 체험을 했다고 한다.

(2) 정신적 신체적 깊이 깨닫기(deeply aware both spritually and physically)

그리고 과거의 생활을 정신적 신체적으로 깨달을 수 있었다고 한다. 실제의 자연과 엽서, 정서적 자각과 지적 이해, 머릿속 이미지와 신체적 접촉 사이에 엄청난 차이가 있음을 절실히 느끼면서 배역의 접근에 대해서도 생각했단다.

2) 역할에 첫 접근(first approach a part)

역할에 처음 접근할 때도 이것과 비슷한 일이 일어난다.

(1) 피상적 친분관계(superficial acquaintance)

배우의 배역에 대한 피상적인 친분관계는 정서적 인식이라는 관점에서는 너무 미미하니, 한 시대를 책으로만 보고서 다 안다고 생각하는 것과 같다는 것이다.

(2) 지적 개념을 넘어서(beyond the intellectual conception)

희곡의 지적이고 이론적인 개념을 넘어서 극작가의 설정과 제시된 상황의 배역에 정확한 신체적 행동을 할 수 있어야 한다.

3) 자신의 전존재(your own whole being)

그리고 살아 움직이는 생생한 인물의 삶을 소통하며 느낄 수 있고, 자기 '자신의 전존재'로서의 삶을 연기해낼 수 있다.

(1) 신체적 존재의 선 꿰뚫어야(carry through the line of the physical being)

배우는 자기 배역 전체에 흐르고 있는 '신체적 존재의 선을 꿰뚫어야' 한다.

(2) 역할의 살아있는 정신을 느껴야(feel the living spirit in a part)

배우는 자기가 맡고 있는 '역할의 살아있는 정신을 느껴야' 한다.

(3) 창조작업의 튼튼한 토대(solid foundation for creative work)

그러면 각각 떨어져 있는 감각들이 제자리를 찾아들어 새롭고 진정한 의미를 갖추게 되고 '창조작업의 튼튼한 토대'가 이뤄지게 된다.

(4) 내적 상태의 모든 요소(all the elements of inner creative state)

이 작업은 지성만으로는 안 되고 희곡의 삶에 대한 실질적 감각과, 무대 위의 '내적 창조상태의 모든 요소'가 함께 어울어져야 한다.

4) 소규모의 작업을 위한 창조상태(lesser working creative state)[7]

작품의 생활에 대한 정신적 감각뿐만 아니라 신체적 감각까지도 자기 내면에서 창조되어야 한다. 이렇게 생긴 감정은 내적 창조상태와 하나가 되어서 '소규모의 작업을 위한 창조상태'가 된다.

---

7 '덜 작동하는 작업'(신은수, p.180)이나 '작은 작업'(김균형, p.312)보다는 '소규모의 작업'이 더 적절하다고 사료된다.

(1) 분석과 연구(analysis and study)

이 작은 작업의 창조상태에 들어가야 '분석과 연구'의 작업을 시작할 수 있다.

이 작업은 지성만이 아닌 정신적 신체적 모든 창조적 힘이 함께하는 작업이다.

(2) 잠재의식과 직관(subconscious and intuition)

배우의 '잠재의식과 직관'은 계속 신선하고 자유롭게 유지해야 한다. 그리고 감정으로 접근해선 안 되듯이 지성으로 접근해도 안 된다. 이렇게 되면 인물들이 모두 자신만의 색깔을 가지게 된다.

5) 배우와 역할의 융합(actor mergeed with his part)

연출선생은 홀레스타코프를 시범 연기하면서 자신이 홀레스타코프의 영혼 속에 융합되어 들어가 있는 것처럼 느낀단다.

(1) 끊어지지 않는 전체의 선(whole unbroken line)

나(코스차)도 쟁반에서 음식을 낚아채며 절실히 느낄 때가 배우와 역할이 융합되는 순간으로서 신체적, 정신적 '끊어지지 않는 전체의 선'을 만든 거란다.

(2) '나는 존재한다'의 상태에 근접(close to the state of 'I am')

이런 식으로 느끼게 되면 '나는 존재한다'의 상태에 근접'했다는 것이다.

⟨1⟩ 외적 인물화(external characterization)

여기까지 오면 훈련된 습관의 도움으로 '외적 인물화'를 해낼 수 있다고 한다.

⟨2⟩ 내적 인물화(inner characterization)

그리고 제시된 상황과 논리적 감정의 내적 소재로 '내적 인물화'도 가능하다고 한다.

〈3〉 살아있는 이미지 창조(create a living image)

이 두 개의 진실한 외적 인물화와 내적 인물화가 이뤄지면 이 둘이 융합되어서 '살아있는 이미지를 창조'할 수 있다는 것이다.

6) 나의 방식 (my method)

(1) 신체적 존재 창조(creating a physical being)

나의 방식은 '신체적 존재'를 창조하여 '희곡을 분석(analyzes a play)' 한다.

(2) 살아있는 자연(organic nature)

그리고 나의 방식은 자동적으로 '살아있는 본성'을 끌어들여서 '내적 창조의 힘(inner creative force)'을 작동하여 신체적 행동을 하게 만든다.

(3) 새롭고 중요한 가능성(new and important possibility)

이 방식은 배우가 새로운 희곡을 향하여 첫발을 뗄 때 분위기와 기분을 감지하게 하는 메소드의 '새롭고 중요한 가능성'을 보여준다.

부록

Appendices

A

<역할창조> 보충
(Supplement to Creating a Role)

1. 작업계획
(a plan of work)

1) 플롯의 스토리(story of the plot)
'플롯의 스토리'를 너무 자세하지 않게 말한다.

2) 외적 플롯(external plot)
(1) 신체적 행동의 측면(terms of physical action)에서 '외적 플롯'을 연기한다.

(2) 거친 '주어진 상황의 윤곽(outline of given circumstance)'을 정당화한다.

(3) '희곡에서 행동을 끌어(actions are drawn from the play)'내고 빠진 것은 희곡정신에 맞게 만들어낸다. 만약 내가 지금 이 플롯의 상황과 비슷한 상황에 놓인다면 어떻게 할 것인가?

3) 에튜드(etude-Этюд)

과거와 미래를 다룬 '에튜드'를 한다. (현재는 무대에서 행해지고) 나는 어디서 와서 어디로 가는 중인가? 지난 무대와 지금 무대 사이에 무슨 일이 있었나?

4) 신체적 행동의 스토리 말하기(tell the story of physical action)

희곡의 플롯 속에 있는 '신체적 행동의 스토리 말하기'를 한다. 자세하고 튼튼한 토대 위에서 '제시된 상황(proposed circumstances)'과 '만약 내가(magicif)'를 생각해낸다.

5) 대략적 윤곽(approximate terms)

초과제(super task)를 비슷한 용어로 임시로 정하여 '대략적 윤곽'을 잡는다.

6) 일관된 행동(through action)

소재를 토대로 '만약에'라는 계속적 질문으로 대략적 '일관된 행동'을 정한다.

7) 커다란 신체적 비트(large physical bits)

과제에 맞춰서 희곡을 신체적 행동에 따라 '커다란 신체적 비트'로 나눈다.

8) 신체적 행동 실행(act out the physical action)

'만약 ~라면' 나는 어떻게 할 것인가? 라는 질문에 맞춰 '신체 행동 실행'한다.

9) 중간 비트, 더 작은 비트
(medium-sized bits, smaller and smaller bits)

큰 비트가 버거우면 '중간 비트, 더 작은 비트'로 쪼개서 신체적 행동의 성격을 연구하여 큰 행동으로 연결한다. 이때 소품을 사용해서는 안 된다.

10) 논리적 연속선(logical consecutive line)

유기적, 신체적 행동의 '논리적 연속선'을 만든다. 이 선이 군더더기를 없애고, 이 선으로 논리와 일관성과 신뢰성이 생기게 된다.

11) 여기, 오늘, 이 순간(here, today, this very minute)

'여기, 오늘, 이 순간'의 논리성, 일관성, 진실성, 신뢰성의 바탕이 확고해진다.

12) '내가 바로 여기에'의 상태(state of 'I am')

'내가 바로 여기에'의 상태가 만들어진다.

13) '나는 존재한다'를 달성 (achieved the 'I am')

드디어 '나는 존재한다'를 달성하여 유기적 성격 및 그 잠재의식에 도달한다.

14) 텍스트의 제 1 독회(first reading of the text)

지금까지는 배우 자신의 말을 사용했다. 이제 '텍스트의 제 1 독회'를 한다. 그리고 필요한 어휘나 구절을 파악하고 배우 '자신의 자유로운 텍스트(your own free text)'에 포함시킨다. 그리고는 실제의 희곡 텍스트의 공백이 채워진다.

15) 텍스트 연구(study the text)

이제 '텍스트 연구'를 한다. 그리고 그것을 머리에 고정시킨다.

(1) 텍스트 큰 소리로 읽기를 피한다.

(2) 기계적 재잘거림과 말재주를 피한다.

(3) 논리성, 진실성, 신뢰성, 나는 존재한다, 잠재의식의 선을 반복 고정한다.

(4) 희곡내용을 점차 상세하게 검토를 거듭한다.

(5) 신체적 행동의 토대(basis for your physical actions)

행동의 관통선과 초과제로 심리적으로 정교한 '신체적 행동의 토대'를 얻는다.

16) 희곡 연기 (act the play)

이렇게 설정된 선들을 따라서 '희곡 연기'를 계속한다. 이때 어휘들을 '리듬이 있는 음절들(트라-랄라)'로 대체한다.

17) 희곡의 진정한 내적 패턴 (true inner pattern)

신체 행동의 정당화 과정에 의해서 드러난 '희곡의 진정한 내적 패턴'을 고정시키고 리듬있는 음절을 사용하여 희곡을 계속 연기한다.

(1) 생각의 패턴(pattern of thought)

(2) 희곡의 시각화 패턴 패턴(pattern of visualization of the play)을 자기 자신의 용어(your own word)로 점검한다.

(3) 의사소통을 위해서 이 두 패턴과 내적 행동 패턴을 상대 배우에게 설명한다.

이런 기본적 패턴으로 '배역의 서브텍스트(subtext of your role)'가 생긴다.

18) 작가 자신의 말로 희곡 읽기(read the play in the author's own words)

위의 두 패턴이 확정되어도 책상에서 계속 '작가 자신의 말로 희곡을 읽는'다.

움직임이 없이 상대 배우들에게 자기가 작업한 모든 것을 상세히 전달한다.

19) 양손과 몸 자유로이 사용(with your hands and bodies free)

'양손과 몸을 자유롭게 사용'하고 비즈니스(business)도 사용한다.

20) 비즈니스를 잠정적으로 안 하기(business block out provisionally)

이제 무대에서 같은 것을 되풀이하되 '비즈니스를 잠정적으로 안'한다.

21) 무대세트 계획 확정(fix the plan of the stage sets)

배우들에게 위치를 확인하여 무대세트 계획을 확정해서 공감대를 이뤄야 한다.

22) 무대 비즈니스 작업과 기록(work out and fixed stage business)

함께 상의해서 무대 비즈니스의 작업과 기록을 하고 배우에게 맞춘다.

23) 무대 비즈니스의 패턴 테스트
(test the patten of the stage business)

4개의 벽 중에 하나를 개방하여 '무대 비즈니스의 패턴을 테스트'한다.

24) 희곡의 다른 면에 대한 대화

(conversations concerning other aspect of the play)

책상에 앉아서 문학, 정치, 예술 등의 '희곡의 다른 면에 대한 대화'를 진행한다.

25) 내적 인물화(inner characterization)

이제까지 이루어진 것들이 모두 모여서 '내적 인물화'가 성취된다. 그동안에 '외적 인물화(external chacterization)'는 이미 드러나 있어야 한다. 외적 인물 화가 저절로 안 되면 외부에서 찾아서 접목시켜야 한다.

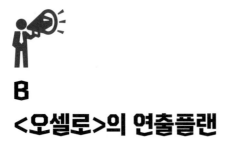

B
<오셀로>의 연출플랜

1. 과제, 일관된 행동, 초과제
(task, through action, super task)

　내가 오셀로 역이고 폴이 이아고의 역을 맡아서, 〈오셀로〉 3막 3장의 에튜드부터 시작한다. 나는 준비도 없이 흥분된 상태로 하느라고 자신을 주체하지 못하여 무엇을 하고 있는지를 나도 모른다.

1) 토르초프의 강평(tortsov's comment)
　나의 연기가 끝나자 토르초프의 강평은, 오토바이를 타고 고속도로를 달리면서 "날 좀 잡아줘. 사고 나겠어!"라고 외치는 사람 같다고 한다. 나는 흥분에 빠져서 자신을 통제할 수 없다고 변명한다.
　(1) 창조적 과제의 결여(lack creative task)
　그 이유는 '창조적 목표의 결여' 때문이라고 한다. 과제가 없기 때문에 비극을 막연히 연기하게 된다며 예술에서 막연함은 가장 해롭다는 것이다.

〈1〉 하나의 초과제(only one super task)

어떤 배역이든 여러 비트와 과제를 포함하는 '하나의 초과제'를 두어야 한다.

한 막에 과제 다섯을 두면 희곡 전체에 20~25개의 과제가 생기는데 이것들이 하나가 되면 참 좋은 결과가 된다.

〈2〉 창조적 여정은 철길 같아(creative path is like a railway)

배우의 '창조적 여정은 철길' 같아서 큰 역, 작은 역, 간이 역이 있다. 그 역 사이에는 대도시와 중소도시 그리고 작은 마을도 있어서 오래 머물 수도 있고 지나가버릴 수도 있다. 특급열차는 대부분의 역을 지나치고 우편열차는 다 선다.

〈3〉 목적지를 확실히 모르면(not really know your destination)

여행자가 '목적지를 확실히 모르면' 지나쳐서 과제들이 순간적으로 사라진다. 내가 허겁지겁 했던 연기에는 과제가 없어서 흥미유발도 못하고 사라진 것이다.

2) 과제를 살펴봐야(must see the task)

배우는 설정한 과제가 선명하고, 진실하게 잘 됐는지 과제를 '살펴봐야' 한다.

(1) 관리감독 해야(must direct)

배우는 과제가 확인됐으면 계속해서 과제를 향해 욕망과 노력을 '관리감독 해야' 나와 같이 탈선하지 않게 된단다.

(2) 명확하고, 매력적, 자극적이어야(be definite, attractive, exciting)

과제는 '명확하고, 매력적, 자극적이어야' 한다. 그래서 과제는 창조 의지를 낚을 수 있는 '살아있는 미끼(live bait)'이다.

(3) 강한 욕구로 영감 불어넣어(inspired by passionate desires)

매력 없는 과제는 주의를 끌지 못하니, 과제에 '강한 욕구로 영감을 불어넣어'야 창조의지가 힘을 발휘하게 된다.

(4) 과제는 진실한 것(task be a true one)

'과제는 진실한 것'이다. 과제가 진실해야 진실한 욕구를 일으키고, 진실한 욕구가 또 진실한 노력을, 진실한 노력이 마지막의 진실한 행동을 일으킨다.

(5) 진실한 연기하기(you play truly)

쉬엡킨은 '연기를 잘 하느냐 못 하느냐는 중요하지 않다. 중요한 것은 진실하게 연기하는 것이다'라고 했다.

　〈1〉 진실한 과제로 된 경로(path of true task)

　　　진실하게 연기하기 위해서는 '진실한 목표로 된 경로'를 밟아

　　　가야 한다.

　〈2〉 과제들이 이정표 같은(taskes are like signposts)

　　　바르게 가야할 길을 가르쳐 주는 '과제들이 이정표 같은' 길

　　　잡이인 것이다.

　〈3〉 실수교정(correct your mistake)

　　　우리는 '실수교정'을 하기 위해 다시 연기를 해야 된다.

(6) 전 장면을 다시 연기하기(play the whole scene over again)

먼저 장면 전체를 대, 중, 소의 비트와 과제로 구분한다. 그리고 큰 비트와 과제에 따라서 '전 장면을 다시 연기'를 한다.

　〈1〉 이아고의 목표(Iago's objective)

　　　연출선생이 이이고역의 폴에게 '이아고의 과제'가 무엇이냐

　　　고 질문하니 폴은 '오셀로의 질투심을 자극하는 것'이라고

　　　답한다.

　〈2〉 어떤 행동을 하나?(what does he do?)

　　　과제의 달성을 위해 이아고가 '어떤 행동을 하나?'는 질문의

　　　답은 '교활과 모략으로 오셀로의 마음을 뒤흔든다'이다.

〈3〉 과제 달성하기(accomplish this task)

　　그러면 그 '과제를 달성하기' 위해서 여기에 없는 오셀로가 아 닌, 여기에 살아 있는 오셀로 역을 맡은 코스챠를 확신시켜야 한다.

(7) 오셀로의 과제(Othello's task)

이제 나(코스챠)에게 '오셀로의 과제'는 무엇이냐고 묻는다.

　　〈1〉 나는 '오셀로는 이아고를 믿지 않는다'고 한다. 믿지 않으면 비 극이 안 되니 희곡에 맞게 정하란다.

　　〈2〉 나는 '이야고를 믿지 않으려고 애쓴다'고 하니, 그것은 과제가 안 된단다.

(8) 새로운 과제(new task)

그래서 나는 새로운 과제를 제시해 본다.

　　〈1〉 나는 '이아고의 말을 이해하려고 애쓴다'고 하니 그게 당연할 뿐 아니라

　　〈2〉 '이아고가 무슨 말을 무엇 때문에 하는지' 알려고 노력해야 된 다고 한다.

　　　　이렇게 해서 폴(이아고)은 코스챠(오셀로)를 뒤흔들어야 하 고, 코스챠는 폴의 말을 이해하려고 노력해야 한다. 이제 두 사람이 자기의 과제를 잘 해내야 한다.

(9) 행동의 일관된 흐름(through line of action)

　　이제 보조적인 과제들을 하나씩 취해서 작품 전체에 흐르는 '행동의 일관된 흐름'인 총체적 과제에 맞춰라. 그리고 초과제를 관통선의 끝에 갖다 놓아라. 그러니까 과제에 따라서, 행동의 일관된 흐름을 가지고, 초 과제에 맞추어 연기하라는 것이다. 우리는 연기를 시작한다.

(10) 우리의 비평받기(we were given a criticism)

　　우리의 연기가 끝나자 '우리의 비평받기'와 추가적인 설명을 듣는다.

〈1〉 생각이 행동을 의미하지 않는다(thinking does not mean action)

생각이 과제를 달성하는 행동이 되지 않고, 지성으로는 초과제 달성을 못한다.

〈2〉 초과제는 분명한 행동을 요구(super task requires unequivocal action)

'초과제는 분명한 행동을 요구'하고, 완벽한 복종과 강열한 욕구가 필요하다.

〈3〉 쪼개진 과제(separate task)

희곡의 근본인 초과제에 근접하려면 작은 '쪼개진 과제'들이 모두 다 필요하다.

〈4〉 창조한다는 것(to creative)

'창조한다는 것'은 정열, 노력, 강력, 목적, 정당화를 가지고 초과제로 향한다.

〈5〉 과제를 각자 따로 취해선 안 돼(never taking each task separately)

보완할 때도 초과제 안에서 해야 하고, '과제를 각자 따로 취해서는 안 된'다.

〈6〉 초과제에서, 초과제로(from the super task, to the super task)

'초과제에서' 출발하여 욕구, 행동의 일관된 흐름을 거쳐서 다시 '초과제'로 돌아간다.

〈7〉 초과제를 마무리(master the super task)

희곡의 핵심을 나타내는 초과제는 배우의 창조적 욕구, 노력, 행동을 촉발해서, 결국에는 맨 처음 자기의 창조과정을 가동시켜준 초과제를 마무리한다.

2. 텍스트를 통해서 서브텍스트로
(through the text to the subtext)

1) 이아고와 오셀로 장면연기(play a scene Iago and Othello)

폴과 나는 무대에 올라가서 이아고와 오셀로의 장면을 연기하기 시작한다.

(1) 다시 예전 낡은 길로 빠짐(go off again the old track)

연출선생이 교정하고 수정해준 것들이 연기를 시작하자 다시 '예전의 낡은 길로 빠져'들고 있다. 왜 이런 일이 일어나는가?

(2) 우연한 과제(casual task)

난 의식은 못했지만 연기를 하면서 예전의 어떤 우연한 과제를 생각하고 있었기 때문이다. 그래서 몸에 배인 굳어진 연기가 나왔던 것이다.

(3) 과장된 연기(exaggerated acting)

그 연기를 정당화하려고 주어진 상황과 행동에 힘을 쓰니 '과장된 연기'가 됐다.

(4) 기계적인 발음(pronounnced mechanically)

그리고 말은 뱃노래를 부르듯이 무의식적으로 '기계적인 발음'이 나오게 됐다.

(5) 작가 의도와 같지 않음(could't coinciside with the author's intentions)

나의 과제가 '작가의 의도와 같지 않아'서, 대사는 행동을 방해하고 행동은 대사를 가로막는 결과를 가져오게 된다.

2) 연기 중단(stopped acting)

연출선생이 우리의 연기를 중단시킨다.

(1) 자기 몸 쥐어짜기(contorting oneself)

나는 '생활하는 게 아니(not living)'고 '자기 몸을 쥐어짜고' 있다는 것이다.

(2) 감정은 어디에 있나?(where were your feelings?)

지금 나의 '감정은 어디에 있냐'고 묻지만 나는 대답을 못한다.

〈1〉 즉각적, 직관적 반응(respond instantly, intuitively)

그 감정들이 나의 창조적 도전에 '즉각적, 직관적으로 반응'했
냐고 물어서 나는 아니라고 인정한다.

〈2〉 내버려 둬야(leave them alone)

감정이 창조적 도전에 직관적으로 저절로 반응하지 않으면
'내버려 둬야' 한다.

〈3〉 힘으로 굴복 안되(not bow to force)

감정은 사람의 '힘으로는 굴복이 안 되'는 것을 배우는 알고
있어야 한다.

〈4〉 지성으로 시작(begin with mind)

의지, 지성, 감정의 3주체 중에 의지와 지성으로 방향을 전환
해야 하는데, 가장 접근이 쉬운 '지성으로 시작'으로 다시 하
는 게 좋다.

3) 희곡과 처음 접함으로 시작
(begin with your acquaintance with the play)

(1) 텍스트 조심해 읽기(carefull reading of the play)

배우가 희곡과 처음 접할 때는 '텍스트를 조심해서 읽어'야 한다.

(2) 불변의 형태(permanent form)

검은 것은 글자고 흰 것은 종이니, 흰 종이 위에 검은 글자로 된 희곡
은 '불변의 형태'로서 배우에게는 이 텍스트가 놀라운 예술작품으로 주
워진다.

(3) 빛나는 재료(splendid material)

우리의 텍스트인 비극 〈오셀로〉는 창조적 연기를 할 수 있는 '빛나는 재료'다.

(4) 재료 써먹기(to use this material)

이 빛나는 재료를 버려두는 것은 어리석으니 이 '재료를 써먹어야' 한다.

(5) 천재가 쓴 텍스트로 시작(to start using this play by a genius)

이 '천재가 쓴 텍스트로 시작'하면 간단하고 더 자연스럽지 않을까?

　　〈1〉 셰익스피어가 '바른 창조의 길(right creative path)'을 제시할 것이다.

　　〈2〉 '과제와 행동(task and action)'을 명쾌하게 지적해 줄 것이다.

　　〈3〉 제시된 상황을 구축하는데 '올바른 힌트(right hints)'를 전해 줄 것이다.

　　〈4〉 대사 속에 희곡의 '정신적 진수(spiritual essence)'가 심어져 있다.

4) 텍스트 가지고 시작(begin with the text)

지금까지는 텍스트 없이 해왔는데 이제 '텍스트를 가지고' 시작하기로 한다.

(1) 자기의 '지성을 가동(put your mind)'시켜서 텍스트를 깊이 읽어야 한다.

(2) 자기의 '감정이 지성과 손잡기(feelings join your mind)'를 한다.

(3) 자기를 깊은 '서브텍스트 속으로(into the subtext)' 이끌어 준다.

5) 텍스트는 서브텍스트를 탄생시켜(text give birth to the subtext)

서브텍스트에는 희곡을 쓰도록 작가를 고무시킨 동기들이 감추어져 있어서, 결국 '텍스트는 서브텍스트를 탄생시키는' 것이다.

(1) 텍스트를 재창조(recreate the text)

서브텍스트를 만든 목적은 서브텍스트를 통해 '텍스트를 재창조'하려는 것이다.

⟨1⟩ 이제 폴과 나는 연기를 멈추고 대사를 말로만 하기 시작한다. 그래서 아무 '의미 없는' 대사가 되풀이 되니 연출선생은 바로 중단시킨다.

⟨2⟩ 기계적 행동(mechanical action)

연출선생이 우리에게 지성에 호소하라는 것은 감정과 서브텍스트를 위한 것인데 지금 우리가 하는 것은 지성도 생각도 없는 '기계적 행동'이라고 한다.

(2) 대사의 의미 속 파고들기(penetrate into the meaning of the words)

대사를 콩볶듯이 입으로만 늘어 놓는 기계적 행동은 지성과 생각과는 관계없다.

그래서 우리는 '대사의 의미 속으로 파고들기' 시작한다. 이야고의 유혹장면이다.

이아고: 장군님 ... (계산된 어조)

오셀로: 왜 그러는가, 이아고? (깊은 생각으로)

이아고: 캐시오는 장군님께서 부인에게 구혼을 하셨을 때 두 분의 사랑을 알았었나요? (어렵게 묻는다)

오셀로: 다 알고 있었지. (포즈를 둔 후) 처음부터 끝까지...

6) 우리의 벅찬 노역작업 중단(interrupted our arduous labor)

여기서 연출선생은 몹시도 힘들게 하는 '우리의 벅찬 노역작업을 중단'시킨다. 그리고 우리의 연기에 대해 코멘트를 한다. 우리 둘의 연기가 믿어지지 않는단다.

(1) 나(오셀로)는 데스데모나의 사랑을 얻기 위한 노력이 전혀 없고, 자신의 과거에 대해서도 아는 게 없단다.

(2) 폴(이아고)은 자신이 묻는 질문에 대해서 실질적인 관심이 없다는 것이다. 질문만 하고 답변을 바라지도 않는단다.

(3) 대사는 제시된 상황(proposed circumstance), 만약(magic if)이라는 가정 속에 기반을 두고 정당화 되어야 한다는 이 진리를 우리는 잊고 있었다.

(4) 그러나 우리는 다른 사람의 실제 대사와 맞추어보는 것은 처음이다. 에튜드(Этюд)에서 우리는 대사가 나오는 대로 했고, 과제와 행동의 일부로서 입에서 그냥 나왔다.[8]

(5) 나 자신의 말을 사용(use my own words)하는 것과 다른 사람의 말과 생각을 빌려쓰는 것은 다르다. 다른 사람의 것은 영원히 고정되어(permanentryfixed)있어서 변경이 불가능하다.

(6) 그러나 이들은 다시 태어나야(have to be reborn)하니, 진실로 필요하고, 자신만의 것이고, 편한 것으로 '다시 태어나야' 한다.

(7) 다른 사람 말에 동화시키기(assimilating the words of another person)
우리는 난생 처음으로 우리 자신을 '다른 사람 말에 동화시켜야' 한다.

(8) 살아 있는 언어 창조(creation of the living word)
이제 우리는 '살아 있는 언어 창조'라는 새로운 국면에 이르렀음을 깨달았다.

⟨1⟩ '뿌리는 영혼 속으로 뻗어(roots run into our soul)' 우리 감정으로 산다.

⟨2⟩ '줄기는 의식 속으로 뻗어(stem reaches up into consciousness)' 올라와서 능숙한 언어형태라는 무성한 잎사귀들로 돋아난다.

8　'즉흥연기'를 '에튜드'로 바꾸어야 한다.

그리고 언어형태들이 활력을 얻어서 온갖 깊은 정서를 전달
한다.

(9) 이 혼란스런 상황에 빠져(embarrassed by this occasion)

우리는 '이 혼란스런 상황에 빠져'서 이 어려운 문제에 대처하기 불가
능하다 는 생각이 들어서 이 작업을 다음 시간까지 연기해달라고 한다.

3. 다양한 상황을 생각
(thought about various circumstances)

저녁에 폴이 와서 함께 역할의 대사를 정당화시킬 '다양한 상황을 생
각'한다.

1) 희곡 전체 훑어보기(go through the entire play)
우리는 먼저 '희곡 전체 훑어보기'를 하고, 장면의 생각들을 연구한다.

2) 지성으로 대사 읽기(read with our mind)
창조적인 3 주체 중에서 지성을 선택하여, '지성으로 대사 읽기'를 한다.

3) 희곡 속에 환상 끌어들이기(bring into fantasy in the play)
무어인의 과거를 가져오려면 '희곡 속에 환상 끌어들이기'를 많이 해
야 한다.

4) 희곡 시작 전의 일(happened before the play begin)
작가가 말하지 않고 남겨둔 것들, '희곡 시작 전의 일'은 어떤 것이
있나?

데스데모나와 처음 사랑에 빠진 일, 그녀를 몰래 데려다 결혼한 일과 원로원에서의 오셀로 연설 속에 담긴 많은 것들이 있다.

5) 장면들 사이 (intervals between scenes)

장면과 '장면들 사이'나, 행동이 무대 밖에서 일어날 때 생기는 일들도 있다.

세익스피어가 쓰지 않고 남겨둔 것들도, 상상력으로 상황들을 결합도 하고 바꾸기도 하니까, 우리가 창안한 것들이 우리를 흥분시키고, 시적이기도 하고 아름답기도 하다. 새벽 한 시가 넘어서 우리 작업이 끝났다.

4. 제시된 상황 만들기[9]
(work of inventing proposed circumstance)

오늘도 저녁에 폴과 만나서 우리 장면에 '제시된 상황 만들기'를 계속한다.

1) 이아고에 대한 작업(go to work on Iago)

우리는 각자의 상황을 두세 가지밖에 찾지 못해서 이아고에 대한 작업을 함께 하기로 한다. 우리의 지성(minds)을 동원해서 텍스트를 훑어가면서 분석한다.

---

9   제시된 상황(proposed circumstance)과 주어진 상황(given circumstance)의 차이는 '주어진 상황'이 희곡에 쓰여 있는 작가가 제시한 '섭리적 상황'이라면 '제시된 상황'은 배우가 에튜드를 실행하면서 필요에 의해 제시되는 '인위적 상황'인 세부적 섬세함이다.

(1) 과거 조사해 보기(look into the past)

셰익스피어의 고전적 악당인 이아고의 '과거를 조사해 보기'로 한다. 희곡에 직접 언급된 것은 거의 없으나 상상력을 펼칠만한 희망 조짐(silver lining)이 있다.

　　〈1〉 내가 바라는 이아고(I feel a great urge to see Iago)는 혐오스런 사람이 아니고 매력적인 외모를 지닌 사람이다. 오셀로인 내가 그를 믿음직한 사람으로 느껴야 하기 때문이다.

　　〈2〉 에밀리아와 오셀로는 불륜의 관계인 것 같은 암시가 있으니, 이아고는 아내 에밀리아와 오셀로를 질투해야 한다.

　　〈3〉 사악한 성격을 정당화(justify vicious qualities)

　　　　 이렇게 되면 이야고의 영혼을 지배하고 있는 적대감, 증오심, 복수와 같은 '사악한 성격을 정당화'할 수 있다.

2) 오셀로에 대한 작업(go to work on Othello)

그러나 오셀로를 연기할 나의 입장에서는 오셀로에게 불륜 같은 그림자를 드리운다는 것은 내 계획과는 맞지 않는다.

　　〈1〉 오셀로는 비둘기 같이 순수한 인물(pure as dove)이어야 한다.

　　〈2〉 오셀로는 여자관계에 순진한(innocent of relations with woman) 사람이다.

　　〈3〉 내 주문은 그의 영혼 속의 사악한 감정이 드러나지 않게 연기하라는 것이다.

3) 나의 시선 (my view)

　　〈1〉 나는 이야고가 많은 지성을 갖고 있지만 우직한 사람으로 느껴진다.

〈2〉 나는 이아고에게서 거칠고 유치하지만 충성스런 군인상을 보고싶다.

〈3〉 거칠고 선량한 외모 속에 악당의 기질을 숨기기는 쉽다.

이런 견해를 나는 어느 정도 폴에게 설득시켰다고 생각한다.

5. 내 마음에 의문이 떠오름
(question arouse in my mind)

나는 잠자리에 들려다가 문득, 이전에 했던 연기와 오늘 연기의 차이는 무얼까?라는 내 마음에 의문이 떠오른다.

1) 이전에는 대사 없이 에튜드를 하면서,

(1) 제시된 상황에서 출발하여 신체 행동에 도착한다.

(2) 반대로 과제에서 출발하여 제시된 상황에 도착한다.

2) 오늘은 극작가의 텍스트에서 출발하여 제시된 상황에 도착한다.

그러니까 '모든 길은 로마로 통한다'는 것이 이런 것을 말하는가?

6. 나의 첫 텍스트로 연기하는
(first time I play the text)

이제 준비가 안 된 듯한 느낌으로 '나의 첫 텍스트로 연기하는' 수업에 들어간다.

1) 제시된 상황(proposed circumstances)

연출선생은 나(오셀로)와 폴(이아고)에게 준비해온 제시된 상황을 머릿속으로 점검할 시간을 충분히 준 후에, 나의 첫 번째 텍스트로 연기하기가 시작된다.

(1) 지성에 호소(call on our intellect)

우리는 3대 원동력 중에서 가장 반응을 잘하는 지성에 호소한다.

⟨1⟩ 두 인물에 갇혀 있던 삶, 사실, 생각, 환경들이 '생겨(produced)' 나온다.

⟨2⟩ 그리고 곧 궤도에 오르고 텍스트의 '밑바닥으로(underlies)' 접근되어진다.

⟨3⟩ 그로 인해 편한 느낌으로 '무대에 존재(to be on the stage)' 한다.

⟨4⟩ 제시된 상황과 텍스트 자체의 '매듭이 풀려(unrolling of the ribbon)'진다.

⟨5⟩ 에튜드로 연기할 때는 가끔 느꼈던 것이 이젠 오랫동안 느껴진다.

(2) 중요한 것(main point)

⟨1⟩ '중요한 것'은 전에는 '무의식적(unconscious), 우연적(accidental)' 이였는데

⟨2⟩ 지금은 내적 기술과 체계적 접근으로 '의식적(consciously)'으로 이뤄진다.

2) 이런 감각은(this sensation)

이제 주목해야 할 것은 '이런 감각은' 어떤 매력(what charms)이 있고 어떤 단계(what steps)를 거쳤는가이다.

(1) 폴이 만들어낸 이아고 역의 우직한 인물의 외모가 탁월했다.

(2) 나는 그의 '변화된 모습(transfiguration)'에 믿음을 가졌다.

(3) 이아고의 아래의 대사에서

"케시오는 장군님께서 부인에게 구혼하셨을 때 두 분의 사랑을 알고 있었나요?"

〈1〉 볼가강변의 저택을 회상하고, 데스데모나를 알게 된 일, 케시오의 도움으로 그녀와의 밀회의 순간들을 기억에 떠올렸다.

〈2〉 머릿 속의 이런 생각과 그림이 떠오르자, 이아고와의 대화가 즐거웠다.

(4) 그러자 그의 '생각과 감정을 믿게(belief in thouts and feeling)' 되었다.

생각과 감정과 믿음은 '무대에서 중요한 요소(great thing on the stage)'다.

〈1〉 많은 것이 내적으로 가시화되어 '끊어지지 않는 선'이 만들어 졌다.

〈2〉 이것을 전달하기 위해서는 그 '소통형식으로 말'을 사용해야 한다.

3) 가장 적합한 표현적인 말(most suitable expressive words)

세상에 훌륭한 말이 많이 있지만 상호 의사소통에서 '가장 적합한 표현적인 말'은 셰익스피어의 말일 것이다.

(1) 그는 '천재시인(poet of genius)'이다.

(2) '알고 싶은 것(need to know)'이 그의 말 속에 있다.

(3) '그의 말이 내 자신의 말(his word become my word)'이 된다.

(4) 공허하던 말을 내가 '믿을 수 있게(able to believe)'된다.

(5) 희곡의 '정신적 진수(spiritual essence)'를 감지하게 한다.

4) 본성 자체의 창조적 방식(creative ways of nature itself)

나는 너무 황홀한 본성 자체의 창조적 방식에 얼마나 가까워져 있는가!

과일의 씨를 발라서 심고, 싹을 틔워서 기르고, 똑같은 열매를 열리게 한다.

(1) 텍스트의 '핵심바탕(kernel substance)'을 취하여

(2) 작가의 말을 '나의 말(my own word)'로 새롭게 표현하고

(3) '텍스트는 서브텍스트를 기르고(text had bred the subtext)', '서브텍스트를 다시 텍스트로 부활'(subtext had resurrected the text)시킨다.

5) 내 아파트에서 폴과 작업한 것
(Paul and I worked on in my apartment)

내가 한 것은 새벽이 되도록 폴과 함께 '내 아파트에서 폴과 작업한 것'이었다.

(1) 잘 준비하고 상상한 것(well- prepare and well- imagined)

그리고 그것을 다시 '잘 준비하여 상상한 것' 뿐인데 이런 놀라운 현상이 일어났다. 그러나 아직 내 배역에 공백이 있고 제시된 상황을 잘 정당화하지도 못했다.

(2) 이아고 대사에 주의 기울임(my attention in all Iago's line)

그러나 나는 하나도 놓치지 않으려고 '이아고의 대사에 주의를 기울였'다.

(3) 악당의 힘 느낌(feel diabolical power)

그래서 이아고의 질문 밑에 깔려있는 '악당의 힘'을 잘 느낄 수 있었다.

(4) 계획된 논리적 생각(logicallly plotted thoughts)

'계획된 논리리적 생각'으로 희생자의 땅 밑을 나도 모르게 파들어 갔다.

(5) 마지막 복수심 불러 일으킴(awake finally vengeance)

그리고 의심, 공포, 비탄, 질투, 저주 그리고 '마지막 복수심을 불러 일으켰다'.

6) 놀라운 정신적 변신(terrifying spritual transformation)

10여 페이지밖에 안 되는 작은 인쇄된 종이 안에 오셀로의 '놀라운 정신적 변신'이 들어있다는 것은 얼마나 놀라운 일인가? 그리고 또 이 셰익스피어의 걸작 (Shakespeare's masterpiece)의 내적 페턴(inner patten)은 또 얼마나 천재적인가! 나에게는 이 모든 것들이 엄청난 충격으로 다가 왔다.

7) 내 연기의 잘, 잘못은 모른다
(I don't know whether I play well or badly)

(1) 분명한 것은 내가 처음으로 텍스트를 연기했고(first time I played the text).

(2) 그리고 처음으로 서브텍스트를 보았다(first time I saw into the subtext).

(3) 희곡의 실제 선(actual lines of the play)이 나를 그들 영혼 속으로 끌고갔다.

(4) 연출선생과 조교뿐 아니라 그리샤와 동료 학생들의 칭찬을 다 받은 것이다.

(5) 셰익스피어를 믿었다(I believed Shakespeare).

7. 우리의 수업을 상세 리허설
(rehearsed in detail at our lesson)

폴과 나는 기분이 좋아서 고골리 기념비 옆에서 우리의 수업을 상세히 복습한다.

1) 대사의 리허설(rehearsed the lines)

폴은 이야고가 은근히 오셀로를 놀리는 아래의 대사부터 시작한다.

(1) 대사1(이야고 대사)

"제 생각을 확인해 보는거고요. 나쁜 뜻은 없습니다."

이 대사는 이야고의 마음 속에 뭔가가 있으면서 없는 척 하는 대사다. 나는 좀 더 직접적이고 구체적인 아래의 대사를 제시한다.

(2) 대사2(오셀로 대사)

"나 원 참, 내 말을 그대로 따라하네, 마치 머리 속에 무슨 괴물을 생각하면서 못 보여 줄 괴물이 있기라도 한 듯이 말이야 ..."

폴은 정확히 이 대사라고 동의하면서 자기 보기에 내가 편하고 좋은 기분을 느끼는 것 같았다고 한다. 나는 폴을 통해서 이아고에게서 보고 싶었던 착한 군인상을 느꼈고, 바로 믿었고, 내가 무대에 존재할 권리를 갖는다는 느낌이 들었다.

(3) 대사3(오셀로 대사)

"그리고는 자네의 이마를 찌푸렸어. 어떤 무서운 생각을 머리 속에 가둬두려는 듯이..."

이 대사를 할 때 나는 기쁜 느낌이 들었다. 너가 농담이나 우스게 소리로 너와 나의 기분을 좋게 만들려고 하는 것을 느꼈다. 폴이 그럼 자기가 나를 심각한 기분으로 몰아 넣은 대사는 어디냐고 묻는다.

(4) 대사4(이아고 대사)

"사람은 겉보기와 속이 같아야지요. 안 그런 자는 사람같이 보이지 않겠지요."

이 대사는 내가 폴(이아고)의 말에 귀를 기울이기 시작하고 셰익스피어의 생각을 받아들이기 시작한 대사이다. 그리고 나서 폴이 수수께끼 같은 대사를 한다.

(5) 대사5(이아고 대사)

"그렇다면 캐시오 부관님은 정직한 분이라고 생각합니다."

이 이아고의 대사에 오셀로는 뭔가가 있으니 생각하는 것을 말해달라고 한다.

(6) 대사6(이아고 대사)

"장군님, 그것만은 용서해 주십시오. 저는 직무상 무슨 일도 아니할 수 없지만 노예도 말하지 않아도 되는 일은 말할 의무는 없습니다."

이 대사에서 이아고에게 악마의 독기가 있는 듯한 암시를 느꼈다. 상대의 믿음을 얻기 위해서 일부러 화난 척하고 있으니 뱀같은 놈이란 생각이 들었다. 그리고 이아고의 말들을 그냥 받아들일 수는 없지만 점점 빠져들게 된다. 바로 이것이 셰익스피어의 천재성이다.

2) 희곡을 철학적 심사숙고(philosophized and mulled over the play)

폴은 나에게 희곡을 생활했기보다 '희곡을 철학적으로 심사숙고'하여 해석했다고 한다. 동의 하지만 네게 질문하면서 내가 편안했으면 됐지 무슨 상관이냐고 한다.

폴은 자기도 그랬다며 내 질문을 빠져나오며 나를 당황하게 하는 게 과제였단다.

3) 과제와 텍스트로부터 출발(started from the task and the text)

과제! 바로 그거다. 우리의 모든 연습이나 에튜드를 하면서 생각과 말을 하게 해주는 '과제로부터 출발'했었다. 생각과 말은 주워진 과제를 수행하는데 필수적인 일종의 우연한 텍스트(accident text)이다.

그러나 이제 우리는 작가의 '텍스트에서 출발'해서 우리의 과제에 도달했다.

4) 경로 추적(trace the path)

우리가 나의 아파트에서 작업하면서부터 지금까지의 '경로를 추적' 해보자.

(1) 아파트에서의 우리의 작업은 '텍스트에서 출발(from the text)'해서, '제시된 상황(to the proposed circumstance)으로' 나아갔다.

(2) 오늘의 작업은 우리가 의식하지도 못하는 사이에 '텍스트에서 출발'해서, '제시된 상황'을 거쳐서 우리의 '창조적 과제(creative task)'에 도달했다.

(3) 유도된 정서 회상하기(to recall the induced emotions)

우리가 그 장면을 연기할 때 '유도된 정서를 회상하기' 시작한다.

〈1〉 처음에 폴은 나의 주의를 그에게 끌어들이려고 애쓴다.

〈2〉 그는 선량한 군인이라는 것을 바라고 그렇게 재현하려고 노력한다.

〈3〉 그리고 캐시오나 데스데모나와 화해하라는 그의 생각을 내 마음 속에 떨어뜨려본다. 그 과정에서 그의 생각은 강한 '서브 텍스트로 정해(fixed on the subtext)'진다.

(4) 나의 과제들(my tasks)은 다음과 같다.

〈1〉 처음에는 어릿광대짓으로 나 자신과 이아고를 '놀리고(pocked fun)' 있다.

〈2〉 그리고 대화를 심각하게 바꾸면서 그 악당의 생각을 이해하려고 한다.

〈3〉 다음에는 고독과 '가망 없는 전망(joyless prospect)'을 만드려고 한다.

〈4〉 마지막에는 환영에 파묻혀서 악당 이아고를 제거해야함을 깨닫게 된다.

이것들은 텍스트에서 만들어진 과제들이다. 우리는 텍스트와 서브텍스트에서 자연스럽게 생기고 제시되는 상황과 과제들을 발견하게 된다.

5) 창조 작동의 경로(course of creativeness operates)

텍스트에서부터 행동에 이르기까지의 '창조 작동의 경로'는 아래와 같다.

(1) 텍스트에서 지성으로(from the text to the mind)

(2) 지성에서 제시된 상황으로(from the mind to the proposed circumstances)

(3) 제시된 상황에서 서브텍스트로(from the proposed circumstances to thesubtext)

(4) 서브텍스트에서 정서로(from the subtext to the emotion)

(5) 정서에서 과제 및 욕구로(from the subtext to the task and desire)

(6) 과제 및 욕구에서 행동으로(from the task and desire to the action)

8. 좀 더 많이 작업
(worked some more)

폴과 나는 내일 수업에서 한 번 더 우리의 훌륭한 연기를 시범해 보이기 위해서 제시된 상황과 과제의 연습을 '좀 더 많이 작업'한다. 우리는 그 장면을 끝까지 성공적으로 능란하게 되풀이할 수 있었다. 이 얼마나 대단한 작업인가! 우리는 토르초프 연출선생 앞에서 다시 한 번 멋있게 해보일 꿈에 부풀어 있다.

9. 텍스트에 짐을 과하게 실어
(overload the text)

우리가 연기를 다시 하게 해달라고 말하기 전에 연출선생이 다시 한 번 해보라고 해서 우리는 의욕적으로 연기를 했는데 전혀 성공적이지 못했다.

환멸스럽다는 우리의 고백에 연출선생은 '텍스트에 짐을 과하게 실어'서 그렇단다.

1) 복잡하고 상세한 서브텍스트(too complicated and detailed subtext)

너무 '복잡하고 상세한 서브텍스트'로 인해서 텍스트가 무게를 감당하지 못했다는 것이다. 서브텍스트 속의 모든 내적인 내용을 텍스트로 전달하려니까 그렇단다.

2) 공허한 말, 꽉 채워진 말(empty word, overstuffed word)

'공허한 말'은 꼬투리 속의 완두콩처럼 딸그락거리지만, '꽉 채워진 말'은 수은이 가득 찬 공처럼 굴러간다.

3) 실질적 서브텍스트 창조(to create a substantial subtext)

이제 우리가 해야 할 가장 어려운 일은 '실질적 서브텍스트의 창조'이다.

내적 진수(inner essence)를 품고, 실체를 갖고, 투명, 간결, 경쾌, 유창
해야 한다.

〈역할창조〉 끝.

미 주

An actor prepares, Constantin Stanislavski, translated by Elizabeth Reynolds Hapgood, pp.127-162,
배우수업, 신겸수 역, 예니, pp.158-197

8-1장 배우의 순박성
나상만의 연기학 어떻게 볼 것인가, 나상만, 예니 pp.85-99

9장 정서 기억(Emotion Memory)
An actor prepares, Constantin Stanislavski, translated by Elizabeth Reynolds Hapgood, pp.163-192
배우수업, 신겸수 역, 예니, pp.198-231

10장 교류(Commumication)
An actor prepares, Constantin Stanislavski, translated by Elizabeth Reynolds Hapgood, pp.193-222
배우수업, 신겸수 역, 예니, pp.232-265

10-1장 <교류>의 장에 대한 보충
나상만의 연기학 어떻게 볼 것인가? 나상만, 예니 pp.58-77

11장 적응(Adaptation)
An actor prepares, Constantin Stanislavski, translated by Elizabeth Reynolds Hapgood, pp.223-243
배우수업, 신겸수 역, 예니, pp.266-289

11-1장 배우와 관객의 상호관계
나상만의 연기학 어떻게 볼 것인가, 나상만, 예니 pp.78-84

12장 내적 원동력(Inner Motive Forces)
An actor prepares, Constantin Stanislavski, translated by Elizabeth Reynolds Hapgood, pp.244-251
배우수업, 신겸수 역, 예니, pp.290-298

13장 끊어지지 않는 선(The Unbroken Line)
An actor prepares, Constantin Stanislavski, translated by Elizabeth Reynolds Hapgood, pp.252-260
배우수업, 신겸수 역, 예니, pp.299-308

14장 내적 창조 상태(The Inner Creative State)
An actor prepares, Constantin Stanislavski, translated by Elizabeth Reynolds Hapgood, pp.261-270
배우수업, 신겸수 역, 예니, pp.309-320

15장 초과제(The Super task)
An actor prepares, Constantin Stanislavski, translated by Elizabeth Reynolds Hapgood, pp.271-280
배우수업, 신겸수 역, 예니, pp.321-331

16장 잠재의식의 문턱에서(On The Threshold of The Subconscious)
An actor prepares, Constantin Stanislavski, translated by Elizabeth Reynolds Hapgood, pp.281-313
배우수업, 신겸수 역, 예니, pp.332-368

참고서적

■ 인용서적

* Constantin Stanislavski An actor preapares,

   translated by Elizabeth Reynolds Hapgood, 1989, Theatre Arts Book, Routledge

* Constantin Stanislavski Building a Character,

   translated by Elizabeth Reynolds Hapgood, 1979, Theatre Arts Book, New York

* Constantin Stanislavski Creating a Role,

   translated by Elizabeth Reynolds Hapgood, 1980, Theatre Arts Book, New York

* 스타니스랍스키 전집1, 스타니스랍스키 어떻게 볼 것인가, 나상만 저, 1996, 예니

* 스타니스랍스키 전집2, 배우수업, 신겸수 역, 2001, 예니

* 스타니스랍스키 전집3, 성격구축, 이대영 역, 2001, 예니

* 스타니스랍스키 전집4, 역할창조, 신은수 역, 2001, 예니

* 나상만의 연기학 어떻게 볼 것인가? 나상만, 2013, 예니

* 스타니슬라브키의 배우수업, 오사량 역, 1970, 성문각

* 배우의 성격구축, 오사량 역, 1985, 한국프뢰빌사

* 배우훈련-스타니슬라브스키 연기론1, 김균형, 2001, 소명출판

* 역할구성-스타니슬라브스키 연기론2, 김균형, 2001, 소명출판

* 역할창조-스타니슬라브스키 연기론3, 김균형, 2002, 소명출판

* K. S 스타니슬라브스키 역에 대한 배우의 작업, 양혁철, 2000, 신아출판사

621

■ 참고서적

* 나의 예술인생, 스타니슬라브스키 저, 강량원 역, 2000, 이론과 실천

* 스타니스랍스키 전집5, 액터스 북, 스타니스랍스키 저, 김동규 역, 2001, 예니

* 갈매기 스타니슬라브스키 연출노트, 안톤 체홉 저, 오사량 역, 1990, 예니

* 소냐 무어의 스타니슬랍스키 연기수업, 소냐 무어 저, 한은주 역, 1990, 예니

* 스타니슬라브스키 연극론, 김석만 편, 1993, 이론과 실천

* 스타니슬랍스키의 삶과 예술, 김태훈 편, 1999, 태학사

* 미카엘 체홉의 테크닉 연기, 미카엘 체홉 저, 윤광진 역, 2000, 예니

* 연출가 메이예르홀드, 이주영 저, 2005, 연극과 인간, 한국문화사

* 스타니슬랍스키 시스템과 한국 극예술의 접점, 홍재범 저, 2006, 연극과 인간

* 연기교육자 연출가 발탄코프, 박상하 저, 2009, 동인

* 스타니슬랍스키 배우교육1, 크리스티 저, 박상하 외 역, 2012, 동인

* 무대 에튜드, J I. 쉬흐마포프, 박상하 역, 2013

* 스텔라 애들러 입센, 스트린드베리, 체홉에 대해, 배리패리스 편, 정윤경역, 2013, 연극과 인간

* 한국에서 하는 러시아 연기유학, 신대식, 2008, 월인

* 배우수업 오디세이 [서] 여행의 시작, 오순한, 2018, 미래사

* 체험의 창조적 과정에서 자신에 대한 배우의 작업 천줄읽기, 이진아, 2019, 지만지드라마

* Acting Stanislavsky Method, Toby Cole, Lee Strasberg, 1955, Crown Publishers

* Stanislavski on the art of the stage, David Magarshck, 1986, faber and faber

* Stanislavski and the actor, Jean Benedetti, 1998, Routledge

* Stanislavski an introduction, Jean Benedetti, 2004, Routledge

* The art of the actor, Jean Benedetti, 2005, Methuen

* Stanislavsky, An Actor's work, Jean Benedetti, 2010, Routledge

* Stanislavsky, An Actor's work on a Role, Jean Benedetti, 2010, Routledge

* Stanislavsky, An Actor's work, Jean Benedetti, 2016, Routledge Classic

스타니스랍스키 시스템

초판 인쇄	2022년 10월 31일
초판 발행	2022년 11월 9일

편 저 자	이종한
감 수 자	나상만
펴 낸 이	김재광
펴 낸 곳	솔과학
등 록	제10-140호 1997년 2월 22일
주 소	서울특별시 마포구 독막로 295번지 302호(염리동 삼부골든타워)
전 화	02-714-8655
팩 스	02-711-4656
E-mail	solkwahak@hanmail.net

I S B N   979-11-92404-16-5 (13680)

값 45,000원